U0679475

汉语词汇知识与习得研究

邢红兵◎主编

北京语言大学校级重大研究专项研究（中央高校基本科研业务专项资金）资助，项目号为 15ZDY03

九州出版社
JIUZHOUPRESS

图书在版编目（CIP）数据

汉语词汇知识与习得研究 / 邢红兵主编.
—北京：九州出版社，2019.10
ISBN 978-7-5108-8396-5

Ⅰ.①汉… Ⅱ.①邢… Ⅲ.①汉语 - 词汇 - 文集
②汉语 - 词汇 - 对外汉语教学 - 教学研究 - 文集
Ⅳ.①H13-53②H195.3-53

中国版本图书馆CIP数据核字（2019）第234770号

汉语词汇知识与习得研究

作　　者	邢红兵　主编
出版发行	九州出版社
地　　址	北京市西城区阜外大街甲35号（100037）
发行电话	（010）68992190/3/5/6
网　　址	www.jiuzhoupress.com
电子信箱	jiuzhou@jiuzhoupress.com
印　　刷	河北盛世彩捷印刷有限公司
开　　本	710毫米×1000毫米　16开
印　　张	30
字　　数	490千字
版　　次	2019年11月第1版
印　　次	2019年11月第1次印刷
书　　号	ISBN 978-7-5108-8396-5
定　　价	79.00元

前　言

语言获得过程中语言知识体系的构建是语言习得能否成功的重要基础，无论是母语习得过程还是二语习得过程，也无论是儿童语言习得还是成人语言学习。语言知识体系按照语言学的视角来观察，可以分为文字知识、语音知识、词汇知识、句法知识、篇章知识、语用知识等；按照心理学的视角，这些知识可能是一个既相对独立又互相关联的综合的特征体系。从基于用法的语言习得观点来看，语言知识体系的建立和语言知识的输入关系密切，因此，对语言自身属性的分析一直是语言习得研究的基础和依据，特别是近些年来，由于联结主义等理论强调频率因素在语言习得过程中起到非常重要的作用，研究者们一直重视研究频率在语言习得过程中的关键作用。在语言习得过程中，语言的属性特征分布是语言知识获取的源头，语言知识是通过对语言的真实使用过程中语言特征进行认知抽象加工而形成的知识表征的生理实现。本论文集甄选的论文都是基于这样的理论背景来进行研究的。

母语习得既是一个基本语言认知能力构建过程，也是一个自然语言环境的特征提取过程。因此，母语习得首先要观察学习者的基本认知能力的发展，儿童书面语合成词的年级分布和书面语意识的发展研究主要是观察儿童的基本认知能力的发展，其中非常重要的就是语素意识的发展问题。在词语使用方面，我们也要观察类似于同类词语的特征分布是否有差异，比如以单音节依存反义动词的句法结构与功能的不对称性为统计分析点，观察一组反义词的两个词语各自的特征是否存在差异，为母语习得及二语习得研究做好了准备。对于儿童母语习得过程的研究，目前实证研究较少，基于语料库的研究还不充分，比如书面语表达问题，就是一个很值得关注的角度。本论文集比较集中地探讨了汉语儿童母语书面表达过程的特点及其变化过程，比如儿童书面表达中成语的使用情况、“有”字句和

“把”字句等句型次类型的使用情况，以及从句法结构、句法位移和形态标记等角度来分析中小学生书面语表达中的语体转换分析，发现书面表达过程中语体特征转换是书面表达是否成熟的重要标志。这些研究对汉语母语习得研究都有很好的参考价值。

二语习得则受到学习者母语的影响，因此，在二语习得过程中，学习者的母语特征对二语特征的获得有着促进的作用，但是也有一定的干扰作用，因为两种语言之间，在语言知识体系上会有不同的特征差异，甚至在表征体系上也会有不同。因此，基于大规模语料库进行不同语言之间的语言知识体系的对比研究，对二语习得研究起到非常重要的作用，这方面的内容在本论文集中也有一定的探讨，比如英汉“看”类动词使用的语义范畴分析、以“开—open”为例分析英汉两种语言中词汇的语义范畴差异、汉韩空间形容词“宽/窄”和“넓다/좁다”使用的对比分析等。本论文集比较集中进行了二语词汇知识的习得过程的研究探讨，这主要包括理解性词汇知识和产出性词汇知识的分析研究、二语口语产出的复杂性、准确性和流利性等特点、不同语言的形容词之间的差异研究、搭配关系和结构框架等方面的研究，这些研究提出的观点和观察的角度有一定程度的创新。同时还进行了目的语和中介语的一些对比研究，特别采用了全句词共现的方法提取词语共现知识，该研究具有很好的创新角度。

在近30年的研究中，我带领我的研究生及访问学者团队进行多角度、不间断的探索研究。从2001年开始，我们就把联结主义理论以及以此理论为基础的计算机模拟研究引入汉语词汇习得研究中来，到目前的以词汇知识为核心的语言知识体系的构建，已经经历了一个漫长的过程。目前由于主要承担行政管理工作，自己的研究已经很难再快速推进，希望自己培养的学生能够结合我们的一些宏观的理论框架进行进一步的研究。研究生同学们都有很好的创新能力，因此这方面的研究也得以不断推进，这也是让我感到很欣慰。从2000年我开始指导第一届硕士研究生到现在为止，19年间，我培养的中外博士研究生、硕士研究生、访问学者等已经达到了105人，我相信他们在各自的研究和相关工作中会有更好的突破。本论文集选取的都是我的研究生撰写的论文，主要的研究内容包括词汇知识、句法知识、语体知识等方面，研究的角度涉及汉语研究、汉语母语习得研究、汉语二语习得研究、汉外语言知识对比研究、语言能力评价研究等方面，研究的手段既有基于语料库的描写研究也有基于心理学的实验研究。收录的21篇文章都各具特点，视角独特，方法科学，数据充分，研究深入，结论丰富，为今后语言知识体系的习得过程研究打下了较为扎实的研究基础，为后续相关研究提供了更广阔的视野。由于本论文集所选论文大都是学生第一次发表的论文，加上时间仓促，难免有不足和错漏之处，敬请读者指正。感谢我的博士研究生穆雅丽、石高峰在论文的收集整理过程中所做的大量细致的工作。本论文集可以作为语言学及应用语言学和汉语国际教育等专业的研究生参考。

邢红兵

2019年7月19日

CONTENTS · 目录

上编

下编

汉语作为第二语言的习得研究 / 185

上编

汉语母语习得及汉外对比研究

小学生书面表达中“把”字句使用的发展研究

孟　莹

摘要： 本文主要采用语料库统计研究的方法，从“把”字句结构类型、语义图式、动词特性和语体特征等方面，对汉语中小学生书面“把”字句的发展过程做了整体考察。研究发现：随年级水平的提高，“把”字句的结构类型越来越丰富；“把”字句的语义图式由具体的空间位移发展到出现更抽象的心理位移；“把”字句中谓语动词的形态越来越丰富，谓语动词的语义特征由具体的、口语中常使用的动作动词，发展到出现抽象的心理感知动词和书面色彩较强的动词；小学生书面语中“把”字句的表达整体上呈现出从口语化向书面化转变的发展过程。

关键词：“把”字句　语料库　小学生　书面表达

1　基于小学生作文语料库的“把”字句统计

1.1　语料来源及标注说明

本研究所选用的“把”字句语料，均来自小学一至六年级作文。其中，三至六年级作文选自第九届“语文报杯”全国小学生作文大赛参赛作品中的山西省作文，各50篇，这些作文题目并不统一。由于一年级和二年级参赛作品非常少，为了平衡数据，我们在山西省运城市人民路小学随机抽取了一年级和二年级各一个班，班级人数分别是68人和77人，要求学生随堂完成开放式命题作文《第一次……》，并从中将“把”字句提取出来作为研究语料。

为了统计和分析方便，我们将一至六年级分为三个年级等级：一、二年级为低年级，三、四年级为中年级，五、六年级为高年级。各年级的语料信息如表1：

表1　各年级语料信息

年级	低年级	中年级	高年级
作文篇数（篇）	145	100	100
“把”字句数量（个）	106	139	120

我们的标注内容主要有：“把”字句结构类型、“把”字句语义图式类型、“把”字句谓语动词及其语义特征等。

1.2　“把”字句的结构类型

在给“把”字句进行结构分类时，主要以“把”字结构为考察对象，即“把+N”之后的谓语核心结构VP。我们参照了高煜波（2005）对“把”字句的11种结构类型分类（详见附录1），并根据此次研究需要，最终将“把”字句的结构类型定义为12类。

1.2.1　动结式

典型的动结式指“把+N”之后语言成分的核心结构是“动词+结果补语”。例如：

（1）小猴赶快从口袋里掏出一块洁白的手绢，把小兔的伤口<u>包扎好</u>。（高年级）
（2）我不小心把毛线团<u>弄丢了</u>。（低年级）
（3）（我）要把懒这个习惯<u>改掉</u>。（中年级）

动结式“把”字句在各年级分别出现了25例、30例、28例，分布较多。

1.2.2　动趋式

动趋式指“把+N”之后语言成分的核心结构是“动词+趋向补语”。例如：

（4）……把脏衣服<u>拿来</u>。（低年级）
（5）我急忙把眼睛闭<u>起来</u>，头一转。（高年级）

动趋式“把”字句在各个年级分别出现了9例、13例和12例，分布也是较多的。

1.2.3 动量式

动量式指“把+N”之后语言成分的核心结构是“动词+数量补语”。例如：

（6）下午她养母又来找她把她骂了一顿。（中年级）
（7）我下车和姥姥把事情的经过讲了一遍。（高年级）

该结构类型在低年级作文“把”字句中没有出现，在中年级和高年级作文“把”字句中分别出现了2例和4例，分布相对较少。

1.2.4 动“得”式

动“得”式指“把+N”之后语言成分的核心结构是“动词+得+情态补语”。例如：

（8）小兔子乱跑，把我们家弄得一片糟糕。（低年级）
（9）……让这火辣辣的阳光把夏天变得更有魅力。（中年级）
（10）我的生日快到了，而我却把这事忘得一干二净。（高年级）

该类型在三个年级段作文“把”字句中各出现6例，分布情况较为相似，而且出现不多。

1.2.5 动叠式

动叠式指“把+N”之后语言成分的核心结构是动词重叠的形式，主要有“VV”“V一V”“V呀V”几种情况。例如：

（11）你去把鸡窝洗一洗。（低年级）
（12）我把袜子洗呀洗。（低年级）

动叠式“把”字句只在低年级出现，在中高年级段没有出现。

1.2.6 述宾式

述宾式指“把+N”之后语言成分的核心结构是“述语+宾语”。这里的“述语”不单指一般的动词，也包括由动词加补语（“介词/趋向词/成/作”等）构成的“后补式动词”。这里的“宾语”既可以是动作的受事宾语，也可以是物体位移终点的处所宾语，甚至可以是数量短语充当的动作行为的结果宾语。

例如：

（13）所以阿里巴巴就把什么都告诉了卡西姆。（低年级）

（14）妈妈把我送到学校门口。（中年级）

（15）是谁又把垃圾撒了一地？（高年级）

动宾式“把”字句的数量在我们的统计结果中占了最高的比例，这是因为我们参考了张纯鉴（1980）的观点，将“把V+介词/趋向词+宾语”这样的结构也归入“动宾式”。

1.2.7 状动式

状动式指“把+N”之后语言成分的核心结构是“状语+动词”。

（16）我把腿一撇……（低年级）

（17）用力把仲国往他的座位上推。（高年级）

状动式“把”字句在小学生作文中出现得较少，而且，以“把N一V”为主，这样的“把”字句一般都是有后续句的，语句表达才够完整。

1.2.8 连谓式

连谓式指“把+N”之后语言成分的核心结构是连谓结构，该结构涉及了两个连续发生的动作行为事件。连谓式“把”字结构在各年级作文“把”字句中分别出现了4例、6例和5例，分布相对较少。例如：

（18）我也把我的小狗带过去玩。（低年级）

（19）我就悄悄地把王强的《格林童话》拿过来看。（中年级）

（20）可老师又把我调到张航那去坐。（高年级）

1.2.9 兼语式

兼语式指“把+N”之后语言成分的核心结构是兼语结构，即“把”字结构第一个动词所带宾语是第二个动词的主语。我们在低年级作文中没有发现这样结构的“把”字句，在中年级作文中出现了3例，在高年级作文中只出现了1例。例如：

（21）我低着头把作业给了老师过目。（中年级）

（22）回去后它们把发生的事情讲给小动物们听。（中年级）

（23）请把钳子借我用用吧。（高年级）

1.2.10 动“了”式

动“了”式指“把+N”之后语言成分的核心结构是“动词+了”，这种结构在各年级作文“把”字句中分别出现了4例、10例和1例，分布较少。例如：

（24）说完，小刚走进了小东的卧室，把小东那本书撕了。（中年级）

1.2.11 动“着”式

动“着”式指“把+N”之后语言成分的核心结构是“动词+着”。例如：

（25）别忘了把介绍信带着。（王惠《“把”字句中的“了”“着”“过”》中的例子）

许多研究表明，能进入此类“把”字句的动词必须具有[+持续] [+附着]义，共同表示受事者所处的结果状态——附着或留存在某处。一般“把+N+V+着”多为祈使义，用于要求别人做什么事。我们在小学生作文中没有发现这样的“把”字句。

1.2.12 “动词+过”式

“动词+过”式指“把+N”之后语言成分的核心结构是“动词+过”。例如：

（26）我把所有钥匙都试过，可是没有一个能打开这把锁。（自造）

（27）我从来没有把饭做糊过。（自造）

能带“过”的“把”字句，其谓语动词的动作性都很强，而且都是复杂结构，要么是动词前有状语如例（26），要么动词后有结果补语如例（27）。我们在小学生作文中没有发现动“过”式的“把”字句。

下面，我们来看看各结构类型在小学各年级的整体分布情况，以及各年级出现的“把”字句结构类型的数量（见图1）。

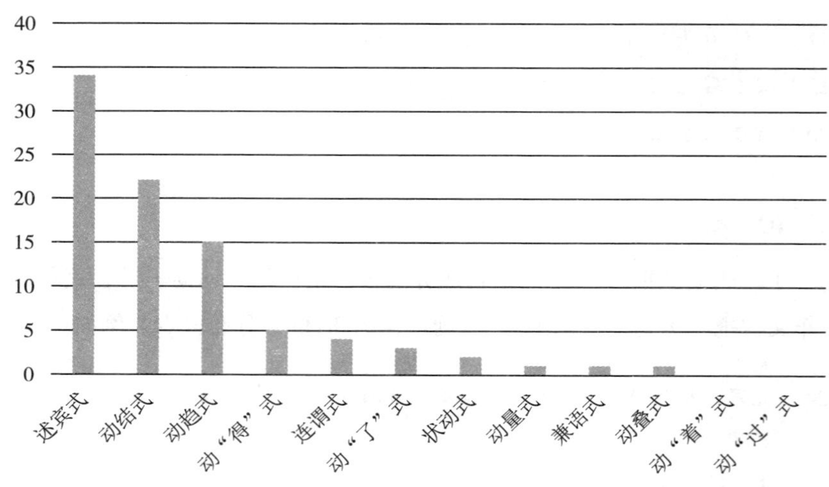

图1 “把”字句12种结构类型在小学生作文“把”字句中的分布

从图1统计的12类“把”字句结构分布情况来看，述宾式“把”字句是分布最广的类型，其次是动结式“把”字句和动趋式“把”字句。动“着”式和动“过”式在本次调查的小学生作文中没有出现。

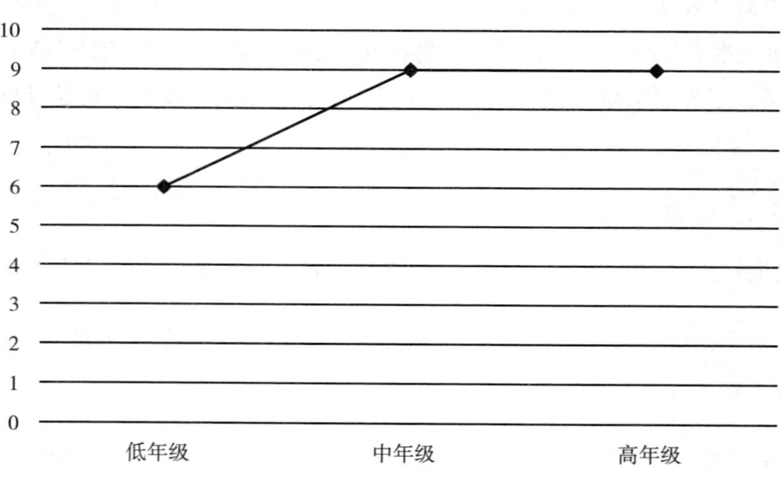

图2 各年级段出现的“把”字句结构类型数量统计

图2所示的各年级段出现的“把”字句结构类型的数量统计来看，低年级作文中出现了6类“把”字结构，中年级和高年级作文中都出现了9类“把”字结

构，并且这9类都是相同的。由此可见，随着年级水平的提高，小学生书面“把”字句的结构类型也是渐趋丰富的。

1.3 “把”字句的语义图式

张旺熹（2001）曾对《人民日报》统计的2160个“把”字句进行了语义图式的类型归纳与统计，我们参考了其相关研究，也对小学生作文“把”字句进行了语义图式标注与统计，下面我们先对几种语义图式做简要的说明。

1.3.1 “把”字句的语义图示类别

1.3.1.1 位移图式

位移图式是“把”字句的典型语义图式，其凸显的是物体在某种外力的作用下发生空间位置移动的过程（张旺熹，2001）。它的典型句法形式表现为“把+V+方位介词短语/趋向动词”。例如：

（28）下课了他把那本《格林通话》放在书包里，就出去玩了。（中年级）

（29）我的脖子长，看看能不能伸进洞里把球取出来。（高年级）

在小学生作文“把”字句中，我们发现了很多“把+N+告诉+N”，“把+Np说出来/写出来/记下来”的句子，虽然这些句子表达的事件并不是实在物体的空间位移，但信息的传递本身也是有位移的特征，因此我们也将这些归之为位移图式。

1.3.1.2 结果图示

结果图示表现的是某一物体在外力作用下发生性质或者状态的局部改变，动词后一般有结果补语或者状态补语，其“把”字结构形式一般为“把+N+V+C”或者“把+N+V得+C”，还有一些动词自身就带有结果义的单动“把”字句“把+N+V+（了）”。在小学生作文“把”字句中有很多这样的例子，比如：

（30）……我就慢慢地把药喝完。（低年级）

（31）你可把我吓了个半死。（中年级）

（32）不巧又刮起了大风，把雨伞吹得东摇西晃。（高年级）

1.3.1.3 变化图式

变化图示是指一个物体在外力作用下从甲状态变成了乙状态，或达成乙状态的过程，其“把”字句结构形式一般为“把+A+动作动词+成+B”。例如：

（33）你把我变成熊吧！（高年级）

1.3.1.4 等值图式

等值图式是指通过心理联想，将两个不同的事物建立等位的过程。其“把”字句的结构形式通常为“把+A+当/理解/看+成/作+B”，例如：

（34）宾宾像体操运动员一样，把木板当作杆子，跳了过去。（中年级）

1.3.1.5 系联图式

系联图示是指两个本来分开的物体在外力作用下连为一体，或一个整体在外力作用下向各部分分离。例如：

（35）我的泪水涌了出来，第一次把老师、妈妈、家人这三个词连起来。（高年级）

（36）你为什么不把它和它们分开？（高年级）

1.3.1.6 特殊图式

特殊语义图示的“把”字句在结构上主要有：

“把+N+V+动量词”，例如：

（37）我把事情跟她说了一遍……（高年级）

“把+A+动词重叠形式”，例如：

（38）我把袜子洗呀洗……（低年级）

“把+A+单个动词（自身不带结果义）”，例如

（39）……把土豆竖着切。（低年级）

1.3.2 “把”字句语义图式的整体分布

“把”字句语义图式体现的是“把”字句的语义功能，根据不同语义图式类型的出现频率，可以发现句式的典型语义范畴和语言使用者的认知特点。我们对小学生作文“把”字句的语义图式类型分布做了统计，结果如下：

表2　各语义图式在所有小学生作文“把”字句中的分布

类型	位移	结果	变化	等值	系联	特殊	合计
数量（个）	229	107	12	5	2	10	365
比例（%）	62.7	29.3	3.3	1.4	0.5	2.7	100

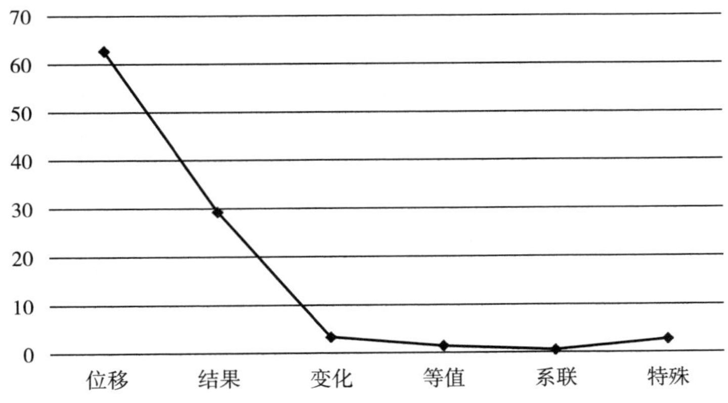

图3　各语义图式在所有小学生作文“把”字句中的分布

从上述图表中不难看出，典型的位移图式所占比例过半，等值图式的“把”字句在小学生作文“把”字句中的分布比例很小，我们考虑到等值图式的“把”字句是一种建立在心理联想的主观判断，如果要描述“通过联想使A事物与B事物在心理上建立等值关系”这样的事件时，需要一定的抽象思维，因此在低年级作文语料中没有发现等值图式的“把”字句，在中高年级段也很少见。

下面，我们再来看各语义图式在各年级的分布情况。

1.3.3 “把”字句语义图式在各年级的分布

“把”字句语义图式在各年级的分布统计如下：

表3　各语义图式在三个年级“把”字句中的分布

类型＼年级	低年级		中年级		高年级	
	数量（个）	比例（%）	数量（个）	比例（%）	数量（个）	比例（%）
位移	67	63.2	85	61.2	77	64.2
结果	30	28.3	45	32.4	32	26.7
变化	4	3.8	6	4.3	2	1.7
等值	0	0	2	1.4	3	2.5
系联	0	0	0	0	2	1.7
特殊	5	4.7	1	1	4	3.3
总计	106	100	139	100	120	100

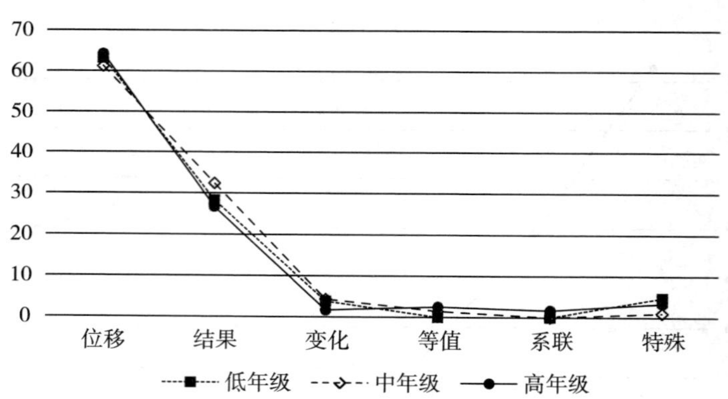

图4　各语义图式在三个年级“把”字句中的分布

从以上分布图来看，三个年级的作文“把”字句语义图式分布基本一致，都是典型的位移图式所占比例超过60%，其次分布较多的是结果图式、等值图式和系联图式在低年级“把”字句中没有出现，中年级也没有出现系联图式的“把”字句。从整体来看，高年级的“把”字句语义图式更加丰富，一些建立在心理联想之上的抽象关系（等值关系）的事件表述，在中高年级才出现，从中反映出随着年级水平的提高，儿童的认知水平也随之提升，在“把”字句书面表达中则表现为从仅描述具体事件关系到会描述抽象事件关系、从仅描述简单的事件关系到会描述较复杂的事件关系的发展过程。

1.4 “把”字句中的动词

之所以研究“把”字句谓语动词，不仅因为它是构成“把”字句必不可少的一部分，而且我们希望通过观察各年级段小学生“把”字句谓语动词，发现小学生书面表达能力的发展规律。本节我们将从小学生作文“把”字句谓语动词的音节数、动词的语义特征、动词使用的丰富度等维度，考察小学生“把”字句书面表达的发展过程。这里所说的“把”字句谓语动词，主要是指“把”字结构中的主要动词，在连谓式或者兼语式“把”字结构中，只将位置在前的动词列为观察对象。

我们对各年级作文中出现的“把”字句谓语主要动词进行了统计和归纳，具体内容如下。

1.4.1 各年级作文“把”字句谓语动词的统计分析

1.4.1.1 低年级作文“把”字句谓语动词的统计分析

低年级共有106个“把”字句，相应的有106个谓语动词，在归并了相同的动词后，剩下56个不同的动词，统计如下：

打开、告诉、下（“卸”之义）、拿、放、卖、翻、打、弄、给、累、吓、抖、喝、装、买、玩、带、教、倒、盖、卸、运、撕、切、做、晾、记、交、撒、抱、伸、吞、送、养、洗、倒、拔、捐、扶、运、伸、装、煮、端、开、冲、搭、泡、喷、捉、合、撇、关、切、滑

从这些动词的音节数目来看，有97%都是单音节动词，双音节动词只有“打开”和“告诉”。通过观察所有动词的语义特征发现，除了2个心理感知类动词“累”“吓”之外，几乎所有的单音节动词都是动作动词。从语体来看，低年级“把”字句谓语动词基本都是口语中常用的一些动词，比较口语化。

1.4.1.2 中年级作文“把”字句谓语动词的统计分析

中年级共有139个“把”字句，相应的有139个谓语动词，我们归并了相同的动词之后，得出不同的动词93个，统计如下：

打通、抚养、固定、绊倒、打败、告诉、打开、合成、揭露、包围、装饰、打扮、变成、悬空、统治、收拾、聚集、吸引、气、吃、打、夹、翻、啃、弄、刮、砸、关、擦、撕、骂、破、给、救、吵、扔、拍、贩、抱、拔、拴、拿、画、抽、扶、踢、找、编、拽、讲、借、踢、围、害、当、甩、扫、贴、挤、丢、忘、熏、变、改、交、传、还、递、卖、让、分、送、带、放、装、缩、伸、吓、写、摊、生、倒、掐、搅、捞、铲、修、买、说、叫、抛、冲、发

从这些动词的音节数目来看，双音节动词有17个，占12%，比低年级作文"把"字句谓语双音节动词多了近10%。从语义来看，中年级"把"字句谓语动词中，动作动词共70个，占92%；心理感知类动词有6个：吸引、气、吓、害、当、忘。从语体来看，中年级"把"字句有一些很书面的谓语动词，比如"抚养""揭露""装饰""统治"等，具有书面写作特点。

1.4.1.3 高年级作文"把"字句谓语动词的统计分析

高年级共有120个"把"字句，相应的有120个谓语动词。我们归并了相同的动词之后，得出动词90个，统计如下：

丢三落四、分开、召唤、处理、吸引、包扎、批评、打动、告诉、绊、变、转、吓、照、浇、压、抬、打、乘、咬、摔、碰、迷、挤、洗、炸、逼、调、讲、倒、拿、赶、抓、减、撑、拎、逋、拉、闭、叫、写、连、偷、取、送、想、当、带、推、捉、搬、吞、洒、吹、烧、抬、忘、吃、弄、粘、递、借、缩、搬、请、扔、伸、领、带、抱、抛、踢、掉、埋、花、用、晾、放、贴、扶、定、乐、吵、挥、毁、说、剪、卷、看、甩

从音节来看，除了1个四音节动词、8个双音节动词外，其余都是单音节动词。从动词语义来看，除83个动作类动词外，其余是7个心理感知类动词：吸引、忘、吓、迷、想、当、乐。从语体来看，高年级"把"字句也有一些更书面、更高级的谓语动词，比如"召唤""处理""包扎""打动""逋"等。

1.4.2 各年级“把”字句谓语动词的比较

上述分别讨论了各年级作文“把”字句谓语动词的数量、音节数、语义、语体等情况，下面我们将从动词的丰富度及动词的属性，对三个年级作文“把”字句谓语动词做一个综合的比较及说明。

1.4.2.1 动词的丰富度

这里所说的丰富度是指不同年级小学生“把”字句谓语动词的多样性，根据之前的统计数据，我们得到了下面的计算结果：

表4 各年级“把”字句谓语动词的使用数量及动词丰富度统计

年级	低年级	中年级	高年级
动词总数（个）	106	139	120
动词总数-重复数（个）	56	93	90
动词丰富度（%）	52.8	66.9	75

动词的丰富度（%）=（动词总数-重复数）/动词总数（“把”字句总数）×100%

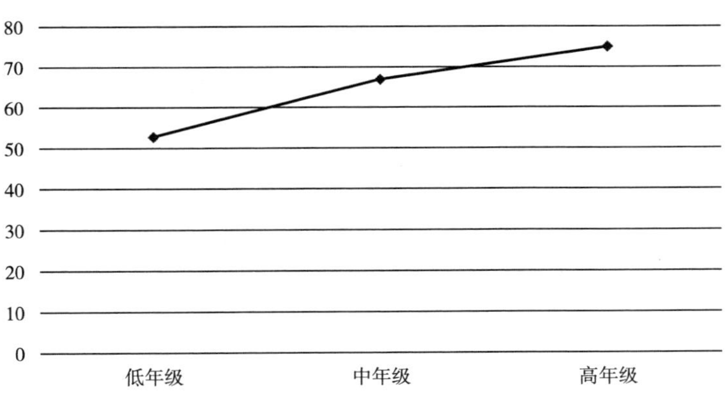

图5 各年级“把”字句谓语动词丰富度统计

从图5可以看到，随着年级水平的提高，小学生作文“把”字句谓语动词也越来越多样，说明年级水平越高，书面表达的词汇越丰富。

1.4.2.2 动词的属性

统计显示，低年级“把”字句动词中“弄”字出现了7次，例如：

（40）先倒一盆水把袜子弄湿……

（41）因为它刚去找骨头的时候把自己弄脏了。

“弄”这个词的口语性很强，“弄”在低年级“把”字句书面表达中的多次使用除了反映出文本很强的口语性外，也从侧面说明，低年级小学生动词的词汇量还是较少的，语言表达比较简单，并且低年级段儿童的“把”字句谓语动词几乎都是动作动词。

随着年级水平的提高，中年级和高年级作文“把”字句出现了心理感知类动词、书面性质的动词等较为高级的词汇，语义表达上也使所在“把”字句显得更为书面。

2 小学生“把”字句产出情况调查

金立鑫（1997）曾对一部中篇小说《红河》中的所以“把”字句进行了调查，发现有很多“把”字句的前接句都有成分与后面的“把”字句中“把”的宾语是同指成分，该研究由此得到的启示是：当前接句中有成分与后续句的宾语同指时，后续句有使用“把”字句的倾向；选择“把”字句的表达方式是由句法、语义、上下文篇章、语句重点和个人风格决定。而我们此次调查问卷的特点，就是在不设定语境的情况下，研究小学生在描述某一独立事件时的句式使用倾向。

本文看图写话的题目共由五幅目标图和三幅填充图组成，要求学生根据提示词对每幅图用一句话进行书面描述。填充图是与“把”字句无关的事件，而五幅目标图都是期望学生用“把”字句描述，我们最后只摘取出描述目标图的句子进行统计，图片信息见附录2。这五幅图从图1至图5，期望学生依次写出：

a.“小男孩把小女孩的头发拽疼了。”（提示词为：小男孩、小女孩的头发、拽疼）

b.“小孩子把猫画成了老虎。”（提示词为：小孩子、猫、画成、老虎）

c.“可能是小花猫把花瓶打碎了。”（提示词为：小猫、花瓶、打）

d.“奶奶把胡萝卜切成许多小块儿。”（提示词为：奶奶、胡萝卜、切、许多

小块儿）

e.“姐姐把书当（成）椅子（坐）。”（提示词为：姐姐、书、椅子）

在看图写话的题目说明里，并未对图片的表达句型有限制，只是要求学生根据图片下方的词语提示，用一句话对看到的图片做描述。我们给出词语提示，是考虑到这些词语更能让学生有倾向地使用“把”字句，而实验的目的之一就是想观察这种倾向性在不同学龄的小学生言语表达中，是如何表现的。同时，本题目也想考察我们在表达哪类事件时更倾向使用“把”字句。

此次实验，我们在山西省运城市人民路小学随机选取了一年级、二年级、三年级和五年级（该小学共六个年级）各一个班，人数分别是75人、71人、80人、79人。在播放实验PPT前，我们对学生说明了做题要求，并给出示例，示例并非与“把”字句有关，只是告知学生如何用提示词连成句子来描述图片内容。下面是我们对各年级看图说话中使用“把”字句的情况统计。

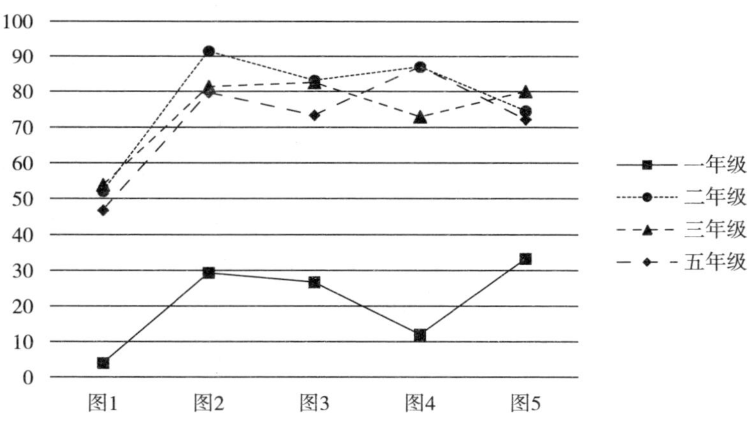

图6　各年级使用“把”字句表达图片内容的情况统计（%）

从图6可以看出，整体来说，从一年级到二年级，学生选择“把”字句表达图片信息发生了量的飞跃。一年级学生使用“把”字句对各幅图描述的比例明显低于二、三、五年级的使用比例。调查中发现，一年级学生的看图写话，很多都没有按照要求用所给提示词完成句子，在描述图片4（奶奶把胡萝卜切成许多小块儿）时，很多句子写成“奶奶切胡萝卜”。

在完成本次给定提示词的看图写话任务中，一年级学生利用提示词及有意识使用特殊句式“把”字句来表达图片内容的情况并不十分理想，而是更多使用SVO型句式直接描述动作性事件。从二年级起，大多数学生能很好地利用提示词，并有意识地选择特殊句式“把”字句来描述动作性事件。

另外，我们也发现了一些规律，即在表达一些抽象的关系事件时，使用“把”字句的概率更高，而在表达一些具体的动作事件时，使用“把”字句的概率相对低，因为可以直接用一般的主动陈述句表达；在描述已完成的动作性事件时，要比描述正在进行的动作事件更倾向使用“把”字句。

3 综合讨论

前几部分我们主要论述了两大问题：一是小学生作文“把”字句的发展特点，二是针对小学生的有关“把”字句的看图写话问卷调查。综合目前的研究状况，我们从以下几个方面展开讨论。

3.1 小学生书面“把”字句结构类型的发展

小学阶段，学生正处于书面表达能力打基础的关键时期，从口头表述所见所想到用书面文字描绘主客观世界，从简单的单句表达到复杂的成段叙述，都应该是一个能力不断提升的发展过程。我们在考察小学生作文“把”字句的时候，首先分析了“把”字句的结构类型，在借鉴前人的研究和本次语料的新发现后，将“把”字句的结构分为12种类型。之所以分类细致，是因为“把”字句作为汉语特有且特殊的句式，每种结构类型分别强调了一种语用功能，表达了一种语用意义。从统计的结果看到，低年级学生的书面“把”字句结构类型只出现了12类中常见的6类，而中高年级比较接近，分别出现了9类，小学生书面“把”字句的结构类型是一个逐级丰富的发展过程。而且我们通过进一步分析“把”字句中除主要成分外的修饰成分，也发现随着年级水平的提高，修饰成分逐渐增多和复杂，从侧面也反映出小学生书面表达能力的逐渐提高。

3.2 小学生书面“把”字句语义类型的发展

传统的语言学研究认为“把”字句是一种表达“处置”义的句式，后来学者们通过实证研究发现，“处置”说并不能够解释所有的“把”字句。我们在本研究中借鉴了“位移”说，认为其能较好地解释“把”字句的深层语义功能。“把”

字句的“位移图式”是其典型语义范畴，由此衍生出的其他意义范畴则是更深层的，有些需要通过抽象思维来建立事物之间关系的高级表达。我们在分析小学生作文“把”字句的具体语义类型后发现，虽然各年级书面“把”字句的语义类型分布基本相似，但是低年级学生的书面“把”字句语义类型以典型范畴“位移图式”和“结果图式”为主，而中高年级学生的书面“把”字句语义类型除此特征外，还逐渐出现了语义类型更为深入、需要建立心理联想的“系联图示”和“等值图式”。这说明，随着年级水平的提高，小学生书面“把”字句的语义类型不断深入，其书面表达能力也在不断提升。

3.3 小学生书面“把”字句语体色彩的发展

心理学家认为，书面表达是一种高级的心理机能活动，儿童的书面表达能力是建立在口头言语表达能力已经初步完备的基础上。我们认为，儿童在书面表达初期（小学低年级），正是处于口语化记录的言语运用阶段，而随着年级水平的提高，其书面表达出现了从口语化向书面化的过渡。在本研究中，我们主要通过“把”字句谓语动词的语义特性，以及“把”字句结构类型和语义类型的特征，论证了小学生“把”字句书面表达也是经历了从口语化向书面化的发展过程，而这一过程，也从语体的角度说明了小学生书面表达能力的发展特点。

3.4 关于“把”字句的问卷调查

为了补充基于小学生作文语料库的“把”字句研究，同时也出于研究兴趣，我们还设计了有关“把”字句的看图写话调查问卷，通过抽样调查来对比不同年级学生使用“把”字句进行书面表达的异同。在完成有文字提示的看图写话题目中，从二年级开始，小学生使用“把”字句的倾向在整体上比较接近，并且要远高于一年级。在描述抽象关系（如建立在心理上的等价关系）的事件上，学生更倾向使用“把”字句。

4 结论

本研究通过语料库分析和问卷调查研究，得出的结论如下：

随着年级水平的提高，小学生书面“把”字句的结构类型越来越丰富，修饰性语言成分越来越复杂。

随着年级水平的提高，小学生书面“把”字句的语义图式由具体的空间位移发展到出现更抽象的心理位移。

随着年级水平的提高，小学生书面“把”字句中谓语动词的形态越来越丰富。

随着年级水平的提高，小学生书面“把”字句谓语动词的语义特征由具体的、口语中常使用的动作动词，发展到出现抽象的心理感知动词和书面色彩较强的动词。

整体来看，从二年级开始，小学生使用“把”字句进行书面表达的意识开始增强。随着年级水平的提高，小学生书面“把”字句的表达呈现出从口语化向书面化转变的发展过程。

参考文献

[1] 崔希亮（1995）“把”字句的若干句法语义问题，《世界汉语教学》第3期。

[2] 丁　薇（2012）谓语中心为心理动词的“把”字句，《汉语学报》第1期。

[3] 范　晓（2001）动词的配价与汉语的“把”字句，《中国语文》第4期。

[4] 高　艳（2011）光杆动词进入“把”字句的条件论略，《沈阳师范大学学报（社会科学版）》第5期。

[5] 高立群（2004）汉语“把”字句认知表征图式的实验研究，《心理科学》第1期。

[6] 高煜波（2005）现代汉语特殊句式标注及统计研究，北京语言大学硕士学位论文。

[7] 弓月亭（2008）“现代汉语研究语料库”趋向补语统计研究，《河池学院学报》第6期。

[8] 龚少英（2007）4—5岁儿童“把”字句和“被”字句句法意识发展的特点，《教育科学》第1期。

[9] 龚少英、彭聃龄（2008）句法复杂性对句法意识发展的影响，《语言研究》第1期。

[10] 郭　锐（1993）汉语动词的过程结构，《中国语文》第6期。

[11] 郭德润（1981）“把”字句的动词，《江淮论坛》第6期。

[12] 金立鑫（1997）“把”字句的句法、语义、语境特征，《中国语文》第6期。

[13] 李向农、周国光、孔令达（1999）2—5岁儿童运用“把”字句情况的初步考察，《语文研究》第4期。

[14] 李亚伟（2009）动词后不带“其他成分”的“把”字句和“被”字句，《现代汉语（语言研究）》第9期。

[15] 刘海君（2007）“把”字句中动词特征，《现代语文》第6期。

[16] 刘海云（2009）PIC与汉语儿童非宾格动词句、“把”字句和被动句的习得，湖南大学硕士学位论文。

[17] 刘培玉（2001）关于“把”字句的结构分析，《上海财经大学学报》第3期。

[18] 刘培玉、赵敬华（2006）“把”字句动词的类和制约因素，《中南大学学报（社会科学版）》第1期。

[19] 刘月华等（2001）《实用现代汉语语法》，北京：商务印书馆。

[20] 吕文华（1994）“把”字句的语义类型，《汉语学习》第4期。

[21] 齐沪扬、唐依力（2004）带处所宾语的“把”字句中V后格标的脱落，《世界汉语教学》第3期。

[22] 施春宏（2010）从句式群看“把”字句及相关句式的语法意义，《世界汉语教学》第3期。

[23] 孙宏林等（1996）《第五届国际汉语教学讨论会论文选》，北京：北京大学出版社。

[24] 王　欢（2012）普通话儿童“把”字句习得个案研究，首都师范大学硕士学位论文。

[25] 王　惠（1993）“把”字句中的“了/着/过”，《汉语学习》第1期。

[26] 肖　丹（2004）早期句法发展：儿童早期“把”字句的个案研究，清华大学硕士学位论文。

[27] 邢红兵、张旺熹（2004）现代汉语语法项目的标注及统计研究，《对外汉语教学的全方位探索——对外汉语研究学术讨论会论文集》。

[28] 岳中奇（2001）处所宾语“把”字句中动词补语的制约机制，《汉语学习》第2期。

[29] 张　黎（2007）汉语“把”字句的认知类型学解释，《世界汉语教学》第3期。

[30] 张伯江（2000）论“把”字句的句式语义，《语言研究》第1期。

[31] 张纯鉴（1980）关于“介词结构作补语”的几个问题，《西北师大学报》（社会科学版）第3期。

[32] 张旺熹（2001）“把”字句的位移图式，《语言教学与研究》第3期。

[33] 赵淑华、刘社会、胡翔（1995）北京语言学院现代汉语精读教材主课文句型统计报告，《语言教学与研究》第2期。

[34] 赵淑华、刘社会、胡　翔（1997）单句句型统计与分析，《语言教学与研究》第2期。

附录1

11种“把”字句结构类型汇总表

11种“把”字句结构类型	标记数（个）	占总数比例（%）
“把”字句的动词有结果补语	1220	41.23
“把”字句的动词有趋向补语	1028	38.12
“把”字句的动词是单个动词带“了”	201	6.79
“把”字句的动词有情态补语	104	3.51
“把”字句的动词是状语加上单个动词	102	3.45
“把”字句的动词有介词短语作补语	70	2.37
“把”字句的动词后有间接宾语	66	2.23
“把”字句的动词有数量补语	36	1.22
“把”字句的动词是动词重叠形式	24	0.81
“把”字句的动词是单个动词带“着”	8	0.27
“把”字句的动词是单个动词带“过”	0	0
总计	2959	100.00

附录2

看图写话：请根据提示词，用一句话对每幅图片进行描述。

图1　小男孩儿　小女孩儿的头发　拽疼

图2　小孩子　猫　画成　老虎

图3　姐姐　书　椅子

图4　小猫　花瓶　打

图5　奶奶　胡萝卜　切　许多小块儿

儿童“有”字句发展过程中的语体变化差异

柴云露

摘要：本文基于小学生作文语料库，选取三到六年级共四个年级的中国小学生作文语料，采用语料库统计分析的方法，考察了不同年级的小学生对“有”字句7种结构类型的语体发展过程。研究发现，随着小学生年级的提高，在小学生所使用“有”字句的7种结构类型中，书面表达中表现出具体内容减少、抽象内容增多的现象，从而发现小学生书面表达中存在从口语向书面语转化的过程。

关键词：“有”字句　语体差异　结构类型　小学生

1　引言

“有”字句在现代汉语中是一个使用频率很高的句式。“有”字句句法结构多样、表义丰富，“有”字句在汉语表达中被大量使用，包括书面语和口语，在使用中表现出了特定的规律与特点。从《马氏文通》开始，这一句式就一直受到许多研究者的关注。目前，学界关于“有”字句的研究主要集中在汉语本体上，大部分研究者从“有”字句的范围界定、“有”字句的结构类型、“有”字句的语义类型以及“有”字句的语用分析这几个方面进行大量的研究。

当前，我们已经对“有”字句本体研究进行了大量的探讨，从母语为汉语的儿童（以下简称“汉语儿童”）习得的角度的研究较少。也许有人质疑，为什么要选择汉语儿童作为“有”字句研究的对象？对汉语儿童来说，习得汉语不是一种“本能”吗？

现实生活中，儿童在使用母语表达时很少出现错误连篇的情况，但是现在越来越多的学生（尤其是小学生）出现了阅读障碍的现象。这类学生的汉语阅读水平普遍较低，理解能力较差，除了大脑认知出现问题的患病儿童，正常儿童也存在阅读理解能力较差的问题。这些问题的产生与儿童汉语语法知识的模糊认识有关系。因此，目前已有学者开始关注汉语儿童习得汉语语法的问题，并且取得了较大的成果。

本研究在前人对“有”字句和汉语儿童语法研究的基础上，重点考察汉语儿童“有”字句的习得过程。众所周知，儿童习得母语是从口语开始的，儿童在学前时期以口语表达为主，在一定的语言环境中，无意识地习得汉语，而进入学龄期开始认字、识词、组词、造句、阅读文章以及学习写作。从这一时期开始，儿童才真正地接触书面语表达。由于口语与书面语在表达上有很大的差别，在使用中表现出明显的语体特征差异。因此，本文选取语体这一角度，以小学生作为研究对象，以“有”字句为代表，考察小学生习得“有”字句的语体转换过程。

2　语料来源及研究方法

2.1　语料来源

本研究所使用的语料库主要是：小学生作文语料库，该语料库由北京语言大学邢红兵、李姝雯等人共同创建，语料选自全国小学生“语文报”杯作文竞赛中的参赛作文，共收入全国11个省小学3—6年级的作文，每个省200（每个年级50篇）篇作文，共2200篇，该语料库已经对内容进行单句切分，经过统计大约有44000多个单句。

2.2　研究方法及步骤

本研究基于小学生作文语料库的数据统计，对作文语料进行人工提取和标注，对统计的数据进行详细分析。具体的研究步骤与统计方法如下：

本研究在每个年级中随机抽取5000个单句进行标注，以保证每个年级的基数一致。因为“有”字句具有格式标记“有”，笔者采取人工查找的方法提取出所有带“有”字标记的句子，从中选出以“有”字或与之对应的“没有”作谓语中心的句子，需要说明的是，以“有”字句做定语成分句子不计算在内。最后按照不同年级，建立对应的“有”字句语料库。

统计每个年级“有”字句的使用总数，并计算“有”字句的使用频率，分析不同年级小学生使用“有”字句的情况和趋势。

确定“有”字句结构类型的小类标注规范。本研究的“有”字句结构类型的小类主要参考詹开第（1981）对“有”字句的分类结果，选取其中的10个小类，主要包括：名+有+名、名+有+动、动+有+名、名+adv有+名、兼语类、空语类省略型、空语类隐含型、空语类移位型、连动类、名+有+动态助词。在语料标注过程中，我们采用英文和拼音的缩写，每一类用两个或三个字母命名，每一类的格式标记如表1所示。

表1 “有”字句结构类型的小类标记规范表

句法格式	格式标记
名+有+名	nn
名+有+动	nv
动+有+名	vn
名+adv有+名	nadvn
兼语类	jy
空语类省略型	sl
空语类隐含型	yh
空语类移位型	yw
连动类	ld
名+有+动态助词	ndz

基于四个年级的“有”字句语料库，按照“有”字句的结构类型分类，对每个小类的“有”字句进行提取并标注，得出“不同年级的‘有’字句结构类型小类表格”。

3 小学生“有”字句结构类型的语体差异

在现代汉语中，“有”字句的每种结构类型的结构复杂性和表义的复杂性不一致，有的适于表达具体内容，用在口语中；有的适于表达抽象内容，用在书面语中。这里值得注意的是，本文的书面语和口语不同于一般定义的语体。口语表达即具体内容的表达，书面语表达即抽象意义的表达。因此，“有”字句每种结构类型的语体表达倾向是有差异的。本小节通过研究四个年级小学生“有”字句中主要的7种结构类型的语体差异情况，从而考察小学生在书面表达中的语体转化过程。

3.1 “有”字句“nn”结构的语体差异

在“有”字句的10种结构类型中，“A（名1）+有（没有）+B（名2）”（以下内容简称“nn”）结构在四个年级中均被大量使用。该类型中，A和B的位置均为名词性词语，能够出现在A、B两部分的名词性词语包括名词、代词、偏正短语、并列短语、数量短语和“的”字短语等。

小学生在使用“nn”结构时，A位置的名词性词语种类比较单一,一般只是名词、代词或“形容词+名词”的偏正短语，但是B位置的名词性词语种类很丰富，数量最多的是偏正短语，并且偏正短语中的修饰语成分种类多样、结构的复杂性不一，不同的年级呈现出不同的特点。

例如：

2004年雅典奥运会，有（一个让全世界瞩目而惊讶）的名字——刘翔。（六年级例句）

在上面的例句中，B位置是一个偏正短语，括号中的内容是修饰语成分，结构类型较为复杂，是“数量词+兼语短语”的结构，这一节内容中，我们研究的便是修饰语成分的类型和复杂性。在四个年级小学生使用“nn”结构中，出现在B位置的修饰语成分类型有16个，并将这16个类型按其结构和表义的复杂程度分为3种：简单、较为复杂、复杂。如表2所示：

表2　B位置名词修饰语类型和复杂度表

修饰语类型	用例	复杂性（度）
量词	个、只、棵、位、颗、种、堆等	简单 （1）
程度	很多、许多、好多、无数、一点、半点、一些等	
零修饰语	抽象名词：希望、恶意、动静、损失、功劳； “的”字短语：电视上的； 具体名词：花纹、书等	
代词	这样、什么、自己等	
性质形容词	小小、长长、大大	

续表

<table>
<tr><th>修饰语类型</th><th>用例</th><th>复杂性（度）</th></tr>
<tr><td>状态形容词</td><td>这么蠢、崭新、不懂、仪态端庄、不计其数、不顺心等</td><td rowspan="5">较为复杂
（2）</td></tr>
<tr><td rowspan="2">形容词前有其他成分</td><td>量词+形容词：一个漂亮</td></tr>
<tr><td>程度+形容词：很多绿色</td></tr>
<tr><td>数词</td><td>5亿</td></tr>
<tr><td>动词</td><td>改过自新、丝毫不屈服、知难而进</td></tr>
<tr><td>主谓短语</td><td>我最喜欢</td><td rowspan="10">复杂
（3）</td></tr>
<tr><td>动宾短语</td><td>动宾：疼爱我
量词+动宾：沉迷书本</td></tr>
<tr><td>动补短语</td><td>一种说不出来、一匹雕出来、一个个数不清、一种说不出</td></tr>
<tr><td rowspan="3">并列短语</td><td>零修饰+并列：美丽善良而又有才气、不长不短</td></tr>
<tr><td>量词+并列：一本本精典而美好动人、一朵好笑又惊奇</td></tr>
<tr><td>程度+并列：许多奇怪奇特</td></tr>
<tr><td>兼语短语</td><td>让我敬佩、让我说不出、比我做事更慢、
很多像晶晶这样善良</td></tr>
<tr><td>连动短语</td><td>如此不为名利干好事、</td></tr>
<tr><td>其他</td><td>越来越明显、拇指般大</td></tr>
</table>

通过对语料的筛选和整理，我们发现（见表3）：从整体来看，随着小学生年级的提高，学生使用复杂性1度的简单类型的比例在逐渐下降，由三年级的72.73%一直降到60.86%，下降幅度为11%左右，降幅较大。与之相应的，学生使用复杂性2度、3度类型的比例在逐渐上升，尤其是复杂性3度的比例，增幅较大，由三年级的4.5%增加到六年级12.5%，增幅为8%。因此，从小学生使用“有”字句“nn”类型表达时，开始大量使用简单类型来修饰B位置的名词，表义较为简单，内容偏口语化，随着年级的提高，逐渐趋向使用复杂性2度和3度的类型来表达复杂的语义内容，内容偏向于书面语。由此可见，小学生的书面表达是一个从口语向书面语转化的过程。

表3　四个年级小学生“有”字句“nn”类型B位置名词修饰语的复杂性分布表

年级	三年级	四年级	五年级	六年级
简单（1度）	72.73%	68.09%	66.30%	60.86%
较复杂（2度）	21.97%	19.63%	19.10%	26.64%
复杂（3度）	4.50%	12.28%	14.60%	12.50%

在这一类型中，除了A、B位置出现的名词性词语在结构上有不同类型之分以外，从名词性词语指向的语义来看，主要分为表具体语义和抽象语义，并且在不同的年级中小学生对具体语义和抽象语义使用的比例是不同的，而且随着小学生年级的增加，具体语义的使用呈现出下降的趋势，而抽象语义的使用呈现出上升的趋势。但总体来说，四个年级的具体语义的使用比例均高于抽象语义的比例。我们从表4可以得出这样的结论。

表4　不同年级的小学生“nn”结构中使用具体语义和抽象语义的分布表

	具体名词（个）	比例（%）	抽象名词（个）	比例（%）	总计（个）
三年级	104	75.91	33	24.09	137
四年级	124	74.70	42	25.30	166
五年级	124	65.25	69	35.75	193
六年级	115	61.17	73	38.83	188

3.2　“有”字句“vn”结构的语体差异

这一类“有”字句结构中，B位置的词语为名词，能进入这种结构的名词一般都是抽象名词，如“方法”“方式”“注意事项”等，因此“vn”结构主要用来表达抽象意义的内容，适用于书面语的表达。我们同样对这一类型的“有”字句的小学生使用情况进行统计，得出下面结论。

表5 不同年级的小学生“vn”结构中A、B位置用例表

年级	数量	A位置词语	B位置词语
三年级	7	钓鱼、劳动、玩什么玩具、您找我们、您来我家、这么快、走路说话	我的份、事（3）、耐性、收获、力气
四年级	9	难离难舍、你找我、做事、看书、猫不捉老鼠、到哪里、医院离我家、离比赛、距春节	一些、事、信心、好处、用、路（2）、一个星期、4天
五年级	12	系鞋带、学习、贪心不足、开卷、爸爸妈妈去上海、这样做、走进去看病、我家离那个书报亭、月亮离我们、从比赛场地到宿舍、大家都离他	距离、恒心、结果、益处（2）、三年半、一只动物、路、98万公里、三四百米、距离
六年级	13	保护环境、他们参加、自食恶果、找我、鳄鱼国离鼠国、送君千里、当一个工人、做事、A到B（2）、A离B（2）	错误、责、用、好报、事、距离、别、责任感、有始有终、15米、5米、路程、十个小耗子那么高

由上表可以看出，B位置的词语除了数词以外，都是抽象名词，抽象名词的比例很高，小学生使用“vn”结构表达的是抽象意义的内容，并且随着年级的提高，小学生使用“有”字句“vn”结构的数量越来越多。因此，通过分析小学生“vn”结构的使用情况，我们发现从三年级到六年级，小学生的书面表达是一个发展的过程，书面语表达的使用越来越多。

3.3 “有”字句“nv”结构的语体差异

现代汉语中，这一结构中的“有”在句中主要表示事物的出现或者变化，B由动词性词语充任，表示主语的变化或者出现，主要用来表达抽象意义的内容。小学生在使用这一结构类型时，B位置出现动词的情况很少，但是B位置是形容词的情况很多，出现频率最高的是“多/多么+形容词”。“多/多么+形容词”表示形容词的程度很高，适用于复杂语义的表达。

下表是对四个年级“有”字句“名+有+动”格式中B位置词性的统计情况。从表可以看出，“有”字句“nv”结构更适用于书面语的表达。小学生在使用这一结构类型时，三年级小学生的数量最少，只有2个，但是4—6年级小学生的使用量分别是14、10和8个，数量增加较多。由此可见，从四年级开始，小学生在书面表达中较多地使用“nv”结构来表达抽象意义的内容，书面语表达的比例越来越高。小学生的书面表达从口语向书面语转化。

表6　四个年级“有”字句“nv”结构中B位置的词性分布表

年级	动词（个）	形容词（个）	多/多么+形容词（个）	总计（个）
三年级	1	1	0	2
四年级	2	3	9	14
五年级	3	1	4	8
六年级	0	3	7	10

3.4　“有”字句“ndz”结构的语体差异

这一类“有”字句的基本式中A是名词性词语，动词“有”字后面附加动态助词“着”“了”“过”等，作为补语来补充说明“有”字的状态。

表7　不同年级小学生“ndz”结构中不同助词的使用情况分布表

	“有+着”数量（个）	“有+了”数量（个）	“有+过”数量（个）	总计（个）	“有”字句总数（个）	比例（%）
三年级	6	25	2	33	245	13.47
四年级	5	47	0	52	474	10.97
五年级	22	54	0	76	525	14.48
六年级	24	52	6	82	551	14.88

首先，我们来看小学生对“有”字后面附着不同助词结构的使用情况。从表7中，我们可以看出小学生在使用这一类型时，“有+过”的使用较少，用来表示过去的经历；“有+着”表示动作行为的伴随方式，同时也有表示状态持续的意思，其中B的位置可以是具体名词，也可以是抽象名词，但是抽象名词更多；“有+了”的使用频率最高，一般用来表达主语A有了什么性质或是发生了什么变化，B位置出现的词语基本上都是表达抽象意义的，表示具体意义的特别少。这可能是因为“有+了”本身就是表“发生”意义，与之搭配的抽象词语更多，比如“有了变化”“有了主意”等。

其次，我们来看B位置的词语属性情况。B位置上使用名词性词语、动词性词语均可。现代汉语中，B位置如果是名词性词语，基本上都是表达抽象意义。小学生在使用“有”字句“ndz”结构时，B位置出现了具体名词，并且四个年级都有这种现象。因此，我们可以通过考察不同年级小学生使用“ndz”结构B位置具体名词和抽象名词的分布，来研究口语和书面语的分布差异。

经过对四个年级小学生使用“有”字句“ndz”结构B位置名词的标注，我们得出不同年级的B位置具体名词和抽象名词的分布如下：

表8　不同年级小学生“ndz”结构中B位置具体名词和抽象名词的分布表

年级	具体名词（个）	比例（%）	抽象名词（个）	比例（%）	总计（个）
三年级	15	45.45	18	54.55	33
四年级	23	44.23	29	55.77	52
五年级	24	31.58	52	68.42	76
六年级	28	34.15	54	65.85	82

从表8中我们可以看出，四个年级中B位置是抽象名词的比例均明显高于具体名词的比例，三年级的抽象名词和具体名词的比例差距最小，为9.1%；五年级的差距最大，为36.84%。由此可见，“有”字句“ndz”结构更倾向于表达抽象语义的内容，适用于书面语表达。此外，随着小学生年级的提高，B位置为具体名词的比例在逐渐下降，虽然六年级小有回升，但是增幅很小；与之对应的是，B位置为抽象名词的比例在逐渐上升，在五年级最高达到68.42%。从这一变化趋势可以看出，小学生在使用“有”字句“ndz”结构表达抽象语义的内容有一个发展的过程，逐渐从具体语义向抽象语义过度。由此我们可以发现，随着小学生年级的发展，其书面表达是从口语逐步向书面语过度的。

3.5　“有”字句“jy”结构的语体差异

在“有”字句的结构类型中，“A+有（没有）+B+C”是一个兼语短语，我们称之为兼语类“有”字句，其中“有+B”为动宾短语，“B+C”是主谓短语，经过对兼语类“有”字句的分析，我们发现这一类型的“有”字句句式结构比较复杂，C位置词语的种类多样，有动词、名词以及形容词。基于以上的两个因素，与其他五种“有”字句基本式相比，兼语类“有”字句在表义上所表达内容更为复杂，更适于长句子内容的表达。

不同年级的小学生对兼语类“有”字句的使用情况各不相同，其中存在特定的变化。从三年级到六年级，整体来看，兼语类“有”字句的比例逐渐上升，虽然在六年级时有所下降，但是依然明显高于三年级的比例。由此可以看出，随着小学生年级的提高，小学生使用兼语类“有”字句来表达复杂语义的内容也逐渐在增加。

表9　不同年级小学生兼语类“有”字句的使用数量分布表

	三年级	四年级	五年级	六年级
兼语类（个）	17	85	105	79
“有”字句总数（个）	245	474	525	551
比例（%）	6.94	17.93	20	14.34

另外，现代汉语中，兼语类“有”字句B位置的词语可以是抽象名词，也可以是具体名词，但是由于兼语类“有”字句本身结构的复杂，所以更适于复杂内容的表达。因此通过考察小学生兼语类“有”字句B位置具体名词和抽象名词的分布，也可以发现小学生书面表达中的语体变化。

小学生使用兼语类“有”字句时，B位置的词语主要是具体名词，其比例均在80%以上。此外，不同年级小学生兼语类“有”字句B位置抽象名词的比例不一样，从三年级到六年级，虽然变化规律不太明显，但是不同年级之间B位置抽象名词的分布存在差异，由此也可反映出小学生书面表达中具体语义和抽象语义的比例有变化，其书面表达是一个动态的发展过程。

表10　不同年级小学生“jy”结构B位置具体名词和抽象名词的分布

年级	“有+具体名词”数量（个）	比例（%）	“有+抽象名词”数量（个）	比例（%）	总计（个）
三年级	14	82.35	3	17.65	17
四年级	73	85.88	12	14.12	85
五年级	84	80	21	20	105
六年级	64	81.01	15	18.99	79

3.6 “有”字句“ld”结构的语体差异

在现代汉语中，连动类“有”字句B位置主要是抽象名词，倾向于表达抽象意义的内容，所以从表达上来看，连动类“有”字句适于书面语表达。因此，我们通过考察小学生连动类“有”字句的使用情况，来发现小学生书面表达中的特点。

表11　不同年级小学生“ld”结构的使用数量分布表

	三年级	四年级	五年级	六年级
连动类（个）	8	17	28	33
“有”字句总数（个）	245	474	525	551
比例（%）	3.27	3.59	5.33	5.99

由表11可以看出，随着小学生年级的提高，小学生使用连动类“有”字句的数量逐渐增加，连动类“有”字句占所有“有”字句的比例也在逐渐提高，三年级到六年级依次为3.27%、3.59%、5.33和5.99%。因此，连动类“有”字句数量和比例的增加，反映出小学生书面表达中抽象内容的增加，说明小学生在书面表达中逐渐从口语向书面语过渡。

现代汉语中，连动类“有”字句B位置的词语主要是抽象名词，因此连动类“有”字句适于书面语表达。但是，在小学生的书面表达中，B位置为具体名词的现象也很常见。通过考察小学生连动类“有”字句B位置具体名词和抽象名词的分布，也可以发现小学生书面表达中的语体变化。

表12　不同年级小学生“ld”结构B位置具体名词和抽象名词的分布表

年级	“有+具体名词”数量（个）	比例（%）	“有+抽象名词”数量（个）	比例（%）	总计（个）
三年级	4	50	4	50	8
四年级	9	52.94	8	47.06	17
五年级	9	32.14	19	67.86	28
六年级	8	24.24	25	75.76	33

从表12中可以看出，从三年级到四年级，小学生连动类“有”字句B位置具体名词和抽象名词的比例均有变化。具体名词的比例逐渐降低，由三年级的50%下降到六年级的24.24%，降幅很大，为25.76%。与之对应的是，抽象名词的比例逐渐升高，由三年级的50提高到六年级的75.76%。增幅很大。由此可见，小学生使用连动类“有”字句时，B位置具体名词的减少，反映出具体内容的减少；B位置抽象名词的增加，反映出抽象内容的增加。因此，随着小学生年级的提高，其书面表达中的抽象内容逐渐增加，其书面表达从口语逐渐向书面语转化。

4　结语

本文通过对儿童作文语料库中“有”字句的结构、语义和语体表现进行了调查分析，主要发现：

“有”字句“nn”类型是小学生使用频率最高的结构。“nn”类型虽然句法结构简单，但是B位置名词性词语的修饰语成分却相当复杂，其修饰语成分共有15种类型，分为3个复杂度。另外，B位置的中心语名词本身也有具体语义和抽象语义区分。因此，“nn”类型在表义上存在明显的口语和书面语差异。

小学生从三年级到六年级，使用“有”字句“nn”类型时，存在一个修饰语成分类型由少到多，复杂度由低到高的发展过程。另外，B位置的中心语名词具体名词的比例逐渐减少，抽象名词逐渐增加。这一现象反映出，小学生的书面表达中，具体语义的内容在减少，而抽象语义的内容在增加。因此，我们认为随着年级的提高，小学生的书面表达是一个从简单到复杂的过程，其中存在从口语向书面语转化的阶段。

除了“有”字句“nn”类型，其他9种类型中，“nv”类型结构特殊，B位置是动词性词语；“vn”类型和“ndz”类型和连动类“有”字句B位置抽象名词的比例均明显高于具体名词的比例。因此，这4种类型更适合抽象语义内容的表达，适用书面语中。随着年级的提高，这4种类型的使用频率逐渐提高。可见，小学生的书面表达是从口语向书面语转化的。

兼语类“有”字句B位置是抽象名词的比例低于具体名词的比例，更适合表达口语的内容。但是小学生在使用兼语类“有”字句时，随着年级的提高，B位置为具体名词的比例在逐渐下降，抽象名词的比例在逐渐上升。我们也可看出，随着小学生年级的发展，其书面表达是从口语逐步向书面语过渡的。

参考文献

[1] 曹　炜（1987）也谈“有”的词性，《汉语学习》第2期。

[2] 陈建民（1986）《现代汉语句型论》，北京：语文出版社。

[3] 崔建新（1990）也谈“有”字句，《逻辑与语言学习》第2期。

[4] 丁声树（1961）《现代汉语语法讲话》，北京：商务印书馆。

[5] 杜瑞银（1982）“定名谓语”存在句，《汉语学习》第4期。

[6] 范方莲（1963）存在句，《中国语文》第5期。

[7] 范继淹（1985）无定NP主语句，《中国语文》5期。

[8] 冯胜利（2006）论汉语书面正式语体的特征与教学，《世界汉语教学》第4期。

[9] 高慎贵（1990）用“有”的存在句试析，《逻辑与语言学习》第2期。

[10] 高耀墀（1957）关于“有”的用法，《语文教学通讯》第12期。

[11] 贺　阳（1994）“程度副词+有+名”试析，《汉语学习》第2期。

[12] 胡明扬（1993）语体和语法《汉语学习》第2期。

[13] 胡裕树（1961）《现代汉语》，上海：上海教育出版社。

[14] 胡裕树、范晓主编（1995）《动词研究》，郑州：河南大学出版社。

[15] 李德鹏（2006）“被”字句在法律语体中的分布研究，云南师范大学硕士学位论文。

[16] 黎锦熙（1924）《新著国语文法》，北京：商务印书馆。

[17] 黎锦熙、刘世儒（1957）《汉语语法教材》（第一编），北京：商务印书馆。

[18] 林泰安（1986）这个“有”可以看作介词，《汉语学习》第5期。

[19] 林泰安（1986）“有”字兼语式初探，《殷都学刊》第4期。

[20] 林泰安（1993）介词“有”字初探，《殷都学刊》4期。

[21] 刘月华等（1983）《实用现代汉语语法》，北京：外语教学与研究出版社。

[22] 吕叔湘（1942）《中国文法要略》，北京：商务印书馆。

[23] 吕叔湘主编（1980）《现代汉语八百词》，北京：商务印书馆。

[24] 马建忠（1898）《马氏文通》，北京：商务印书馆，1983年版。

[25] 潘　文（2006）“被”字句的语体差异考察，《南京师大学报（社会科学版）》第2期。

[26] 彭少峰（1986）谈形容词性述宾词组，《汉语学习》第5期。

[27] 施其生（1995）论“有”字句，论文打印稿。

[28] 宋玉柱（1979）泛论语法形式和语法意义相结合，《中学语文教学》第5期。

[29] 宋玉柱（1987）介词“有”应该肯定，《汉语学习》第2期。

[30] 陶红印（1993）试论语体分类的语法学意义，《当代语言学》第3期。

[31] 王　力（1943）《中国现代语法》，北京：商务印书馆，1985年版。

[32] 杨　卓（2009）现代汉语被动句在叙事语体中的分布模式探究，河北师范大学硕士学位论文。

[33] 易正中（1992）“有”字句研究，《天津师大学报（社科版）》第3期。

[34] 云　汉、峻　峡（1991）“有”的宾语琐谈，《逻辑与语言学习》第1期。

[35] 詹开第（1981）有字句，《中国语文》第1期。

[36] 张志公（1953）《汉语语法常识》，上海：上海教育出版社，1959年版。

[37] 赵元任（1979）《汉语口语语法》，北京：商务印书馆。

[38] 郑懿德（1985）福州方言的“有”字句，《方言》第4期。

[39] 朱德熙（1982）《语法讲义》，北京：商务印书馆。

[40] 朱德熙（1985）《语法答问》，北京：商务印书馆。

附录：

表1　不同年级的小学生“有”字句结构类型分布表

句法格式	格式标记	三年级（个）	比例（%）	四年级（个）	比例（%）	五年级（个）	比例（%）	六年级（个）	比例（%）
名+有+名	nn	137	55.91	164	34.60	185	35.23	188	34.12
名+有+动	nv	7	2.86	14	2.95	8	1.52	10	1.81
动+有+名	vn	7	2.86	10	2.11	13	2.48	16	2.90
名+adv有+名	nadvn	20	8.16	38	8.02	38	7.24	34	6.17
兼语类	jy	17	6.94	85	17.93	105	20	79	14.34
空语类省略型	sl	11	4.49	62	13.08	37	7.05	58	10.53
空语类隐含型	yh	5	2.04	25	5.27	29	5.52	48	8.71
空语类移位型	yw	0	0	7	1.48	6	1.14	3	0.54
连动类	ld	8	3.27	17	3.59	28	5.33	33	5.99
名+有+动态助词	ndz	33	13.47	52	10.97	76	14.48	82	14.88
总计		245	100	474	100	525	100	551	100

表2　不同年级小学生“ld”结构B位置名词的用例表

年级	用例
三年级	事（2）、意、机会
四年级	本事、精神、钱、心思、食物、一大半、机会、权利
五年级	不懂的、生命危险、优点、时间（4）、必要、困难（2）、办法（2）、营养、本领、武器、后悔药、机会、钱（2）
六年级	时间（4）、机会（3）、责任、内容、勇气（2）、能力（2）、权利、方面、多久、夜晚、钱、体力、必要、爱、工具、感情、英雄

表3　三年级小学生“有”字句“nn”类型B位置名词的修饰语类型分布表

<table>
<tr><th>种类</th><th>用例</th><th>类型（个）</th><th>总量（个）</th><th>比例（%）</th><th>复杂性（度）</th><th>比例（%）</th></tr>
<tr><td>量词（后无其他修饰词）</td><td>个（14）、只（7）、条（3）、个个、五亿万、对、封、位、块（瓜地）、盒、把、瓶、双、座、根、团、片、股</td><td>18</td><td>39</td><td>29.55</td><td rowspan="5">简单（1）</td><td rowspan="5">72.73</td></tr>
<tr><td>零修饰</td><td>价值（2）、一份（2）、办法（2）、记性、能耐、力气、短处、生命、功能、具体名词（19）</td><td>—</td><td>31</td><td>23.48</td></tr>
<tr><td>代词</td><td>什么（4）、这样</td><td>2</td><td>5</td><td>3.79</td></tr>
<tr><td>表程度的形容词</td><td>许多（5）、很多（4）、一点（2）、一些（2）、一丁点、好多</td><td>6</td><td>15</td><td>11.36</td></tr>
<tr><td>性质形容词</td><td>小（2）、大（2）、好、不好</td><td>4</td><td>6</td><td>4.55</td></tr>
<tr><td>状态形容词</td><td>七彩、各人、一丝丝、懒惰、郁郁葱葱、漂亮</td><td>—</td><td>6</td><td>4.55</td><td rowspan="4">较为复杂（2）</td><td rowspan="4">21.97</td></tr>
<tr><td rowspan="2">形容词前有其他成分</td><td>数量+形容词</td><td>—</td><td>21</td><td>15.91</td></tr>
<tr><td>程度+形容词</td><td>—</td><td>2</td><td>1.51</td></tr>
<tr><td>数词</td><td>—</td><td>1</td><td>1</td><td>0.76</td></tr>
<tr><td rowspan="2">动宾短语</td><td>动宾短语：胜过你（2）</td><td>1</td><td>2</td><td>1.51</td><td rowspan="3">复杂（3）</td><td rowspan="3">4.5</td></tr>
<tr><td>数量+动宾短语</td><td>—</td><td>1</td><td>0.76</td></tr>
<tr><td>其他</td><td>什么太大、爸爸妈妈、拇指般大</td><td>—</td><td>3</td><td>2.27</td></tr>
<tr><td>总计</td><td>—</td><td>12</td><td>132</td><td>100</td><td>—</td><td>—</td></tr>
</table>

表4　四年级小学生“有”字句“nn”类型B位置名词的修饰语类型分布表

类型	用例	种类（个）	总量（个）	比例（%）	复杂性（度）	比例（%）
量词	个（15）、只（6）、棵（5）、位（3）、颗、种、堆、双、家、张、份、封、朵、枚、本、群	16	41	25.15	简单（1）	68.09
程度	很多（4）、许多（3）、有些、好多、无数、不少、一点、很多很多、半点、一些	10	15	9.20		
零修饰	事、希望、恶意、动静、悲伤，损失、功劳、能源、缘分、书籍、残疾、困难、优点、真情、友情、母爱、电视上的、具体名词（21）	3	37	22.70		
代词	这样（4）、什么（7）、自己、他的、我的、我们的	3	15	9.20		
性质形容词	小小、长长、大大	—	3	1.84		
状态形容词	这么蠢、崭新、不懂、仪态端庄、不计其数、特别、不顺心	—	7	4.29	较为复杂（2）	19.63
形容词前有其他成分	量词+形容词	—	21	12.88		
	程度+形容词	—	2	1.23		
数词	—	2	2	1.23		
主谓短语	我最喜欢	1	1	0.62	复杂（3）	12.28
动宾短语	动宾 量词+动宾	2	3	1.84		
量词+动补短语	一种说不出来、一匹雕出来、一个个数不清、一种说不出	—	4	2.45		
并列短语	零修饰+并列：美丽善良而又有才气、不长不短	—	2	1.23		
	量词+并列：一本本精典而美好动人、一朵好笑又惊奇	—	2	1.23		
	程度+并列：温暖幸福、又大又深、许多奇怪奇特	—	3	1.84		
兼语短语	让我敬佩、让我说不出、比我做事更慢、很多像晶晶这样善良	2	4	2.45		
程度+连动短语	如此不为名利干好事	—	1	0.62		
总计	—	18	163	—	—	—

表5　五年级小学生“有”字句“nn”类型B位置名词的修饰语类型分布表

<table>
<tr><th>类型</th><th>用例</th><th>种类（个）</th><th>总量（个）</th><th>比例（%）</th><th>复杂性（度）</th><th>比例（%）</th></tr>
<tr><td>量词</td><td>个（22）、座（4）、条（4）、只（3）、颗（2）、位（2）、本（2）、顶、处、块、段（2）、棵、户、种、件、副、亩、张、片、句</td><td>20</td><td>53</td><td>29.78</td><td rowspan="5">简单（1）</td><td rowspan="5">66.30</td></tr>
<tr><td>程度</td><td>许多（4）、很多（3）、一些、不少、一点、许许多多、很多很多</td><td>7</td><td>12</td><td>6.74</td></tr>
<tr><td>零修饰</td><td>爱心（2）、益处、爱、句号、本事、伤、本领、证据、时间、营养、忠实感、甜蜜感、的字短语、具体名词（23）</td><td>—</td><td>37</td><td>20.79</td></tr>
<tr><td>代词</td><td>什么（7）、这样（2）、我（2）、自己、多少</td><td>5</td><td>13</td><td>7.3</td></tr>
<tr><td>性质形容词</td><td>同样、不一样、一样、</td><td>—</td><td>3</td><td>1.69</td></tr>
<tr><td>状态形容词</td><td>华丽（2）、健全、艳丽、咚咚、阵阵沙沙沙、坚忍不拔、美丽、红通通、新奇、顽强、绝对、谦虚、玲珑</td><td>—</td><td>14</td><td>7.87</td><td rowspan="4">较为复杂（2）</td><td rowspan="4">19.10</td></tr>
<tr><td rowspan="2">形容词前有其他成分</td><td>量词+形容词</td><td>—</td><td>12</td><td>6.74</td></tr>
<tr><td>程度+形容词：如此深刻、这么感人</td><td>—</td><td>2</td><td>1.12</td></tr>
<tr><td>数词</td><td>—</td><td>6</td><td>6</td><td>3.37</td></tr>
<tr><td>主谓短语</td><td>名叫吱吱、一种心情明朗而畅快、许多我喜欢、牡丹绚丽夺目、梅花婀娜多姿、她那天绷着脸</td><td>6</td><td>6</td><td>3.37</td><td rowspan="6">复杂（3）</td><td rowspan="6">14.60</td></tr>
<tr><td>动宾短语</td><td>许许多多沉迷书本、能飞奔、疼爱我、</td><td>—</td><td>7</td><td>3.93</td></tr>
<tr><td>量词+动补短语</td><td>长得十分茂盛
说不出（2）</td><td>—</td><td>3</td><td>1.69</td></tr>
<tr><td>并列短语</td><td>零修饰+并列：如诗如画，充满欢声笑语、又大又红、多种多样</td><td>—</td><td>4</td><td>2.25</td></tr>
<tr><td>兼语短语</td><td>比你们家族更坏</td><td>—</td><td>1</td><td>0.56</td></tr>
<tr><td>其他</td><td>越来越明显、同事、大海、脂肪之类、白云</td><td>—</td><td>5</td><td>2.80</td></tr>
<tr><td>总计</td><td>—</td><td>—</td><td>178</td><td>100</td><td>—</td><td>—</td></tr>
</table>

表6　六年级小学生“有”字句“nn”类型B位置名词的修饰语类型分布表

类型	用例	种类（个）	总量（个）	比例（%）	复杂性（度）	比例（%）
量词	个（13）、只（4）、条（3）、棵（2）、句（2）、座（2）张（2）、下（2）、道、排、名、桩、份、篇、种、口、瓶、层、位	19	41	22.28	简单（1）	60.86
程度	许多（6）、很多（4）、些（2）、千千万万、许许多多、不少、一些、一点	8	17	9.24		
零修饰	帮助（4）、嫉妒心理（2）、病、缺陷、感动、真情、心灵感应、反弹力、爱心、动静、灵性、生机、成绩、具体名词（21）	15	38	20.65		
代词	什么（5）、这样（2）、多少、赵馆长、我们	5	10	5.43		
性质形容词	高、矮、很深、极大、那么大、好	6	6	3.26		
动词	吃、降烧、无法弥补、改过自新、丝毫不屈服、知难而进、意想不到、正值双华	—	7	3.81	较为复杂（2）	26.64
状态形容词	优美、动听、足够、顽强、共同、轻飘飘、优秀、洁白无瑕、啰唆	—	9	4.89		
形容词前有其他成分	量词+形容词： 1.量词+性质形容词（9） 2.量词+状态形容词：一棵婀娜多姿、一张光滑、一双温柔、几颗晶莹、一位白发苍苍、一条清澈见底、一片圣洁、一颗大方、一颗容忍、一个心地善良、一颗纯洁	—	22	11.96		
	程度+形容词：好多数不胜数、许多悲伤、一些很特别、很多心酸	—	6	3.26		
数词	—	5	5	2.72		
主谓短语	大家特熟悉、他热爱、年过七旬	3	3	1.63	复杂（3）	12.50
动宾短语	一头挂着铃铛、来自星球S、自内而外、烧开水、散发着书香味、能再次救人类、可以信赖	量词+动宾 可能+动宾	7	3.81		
量词+动补短语	说不出3	—	3	1.63		
并列短语	独一无二的，各自不同、许多又红又大	2	3	1.63		
兼语短语	比我更聪明（2）、使我最为感动、一个让全世界瞩目而惊讶	—	4	2.17		
其他	失败、任何、满肚子	—	3	1.63		
总计	—	—	184	100	—	—

中小学生书面语表达中的语体转换分析

吴芳妍

摘要： 本文采用语料库分析方法，主要考察中小学生书面语表达中的语体转换现象，探讨中小学生语体转换的发展特点。研究发现，中小学生书面语表达中的语体转换发展过程是一个渐进性的、不平衡的过程。初三年级时学生的语体转换能力发展基本完成，且“NP+是+XP+的”“因果连词”“—着”三小类的句法形式在评价中小学生的书面语表达中的语体转换能力方面具有更加显著的特点，可以作为语体转换能力的重点评价标准。

关键词： 中小学生　语体转换　渐进性　不平衡性

1　引言

当今关于语体对语言学习影响的研究大多集中在对外汉语教学领域，而对于中小学生母语习得中的语体意识研究较少。本文采用李熙宗（2005）的观点，将语体定义为“在长期的语言运用过程中历史地形成的与由场合、目的、对象等因素所组成的功能分化的语境类型形成适应关系的全民语言的功能变异类型”。根据Douglas Biber（1988）、曾毅平（2009）、冯胜利（2006）的观点，考虑到中小学生语言学习的需要，我们把语体分为“口语非正式语体、通用语体、书面正式语体”三类。参考吴丽君（2004）和冯胜利（2006）的观点，对口语非正式语体、通用语体、书面正式语体进行进一步划分，结果如下：

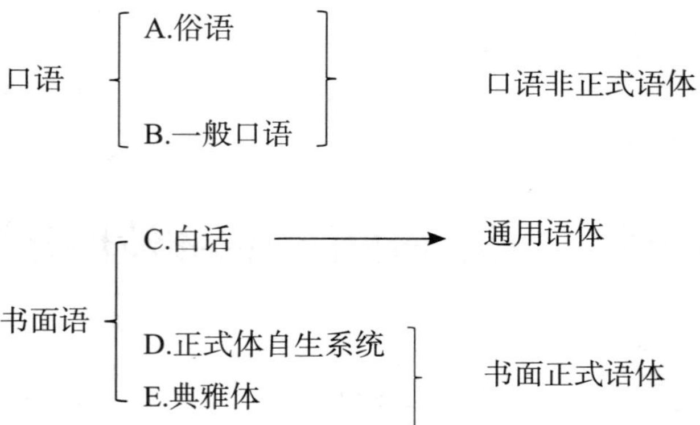

然而语言作为一个连续系统，其各种语体类型之间并不可以截然分开，而是有所交叉的。对于语体的判定，我们结合胡玥龙（2013）、汲传波（2008）、侯敏等（2009）、冯胜利等（2008）的研究方法，找出明确表达书面正式语体的表达形式作为标准，按照书面正式语体表达形式在文章中出现的比例进行判定，书面正式语体表达出现的比例越高，表达正式的程度越高，就越偏向于书面正式语体，反之，则越偏向于通用语体。

语体意识是学习者一项重要的言语能力。结合丁金国（1999、2008、2010）和李泉（2004）的观点，我们认为语体意识这一言语能力应该包括理解和产出两方面的能力，并且从理解到产出的发展过程中对语体意识的要求逐渐提高，不同语体的转换能力是产出阶段具有语体意识的重要体现。

按照《小学语文教学大纲（试用修订版，2000）》《初中语文课程标准》《普通高中语文课程标准（实验）2003》等教学大纲和课程标准的规定，从小学到中学学生的语体意识应该是逐渐增强，语体转换能力应该是逐渐发展的，然而在实际写作过程中，中小学生的语体意识特别是语体转换意识是否是逐步发展，其发展水平和发展特点如何需要我们进一步探究。

本文将通过大规模的语料分析，将书面正式语体语法形式在成年汉语母语者语料中的分布状况与中小学作文中的分布状况进行对比，考察不同阶段中小学生语体转换意识的发展过程。主要考察以下几个问题：成年汉语母语者书面语言中具有较高书面正式语体倾向性的语法形式在中小学生书面语中是否具有较高的分布比例？具有较高书面正式语体倾向性的语法形式的不同的结构类型在中小学生书面语分布中的比例是否相同？分布比例是否随着年级的变化而发生变化？中小学生语体转换意识的发展有怎样的特点？

2 书面表达的语体转换研究

2.1 语料选择及抽样

本研究使用的语料来源有两部分：中小学语言能力测试作文语料库中的语料是教育部重大项目“学生语言能力发展研究”[①]中学生作文测试，文体要求为议论文，当堂完成，该语料具有较强的真实性，能够反映学生真实的书面语水平。成年汉语母语者的语料来自“央视新闻—评论”，其内容皆是对某一现象发表评论，保证了与中小学语料文体的一致性，该语料代表了汉语母语者书面语写作的较高水平。

在此次研究中，采取随机分层抽样的方法抽取样本。以年级为单位进行分层抽样，从小五、初三、高三年级各抽取1000个句子，共抽取约60000字的语料进行考察。“学生语言能力发展研究”中所有文章均已由研究工作人员分为A+、A、B+、B、C+、C、D等级，就抽取结果来看，覆盖每个等级，以中等水平等级文章为主，故而语料抽取具有较好的代表性，能够代表中小学生的水平。成人语料抽取了“央视新闻-评论”中的“评论”类文章，共计1000个句子。

2.2 参数设定

2.2.1 语体研究视角下的句式研究

根据冯胜利（2009）观点，书面正式语体具有独立的语法属性。郑远汉（1987）、冯胜利（2008）、林文金（1983）、高煜波（2005）、孟莹（2013）、柴云露（2014）等学者发现句式在不同语体中的分布具有一定的倾向性，也就是说，不同的句式具有不同的书面正式度。王永娜（2010）的研究结果表明，书面正式语体语法客观存在，且具有系统性，并整理出十六类37个正式语法形式（见附录）。我们根据成年汉语母语者的书面正式语体语法形式的使用状况对王永娜（2010）所收集的书面正式语体语法形式的分类进行调整。汇总如表1：

① 该项目由北京师范大学牵头，全国六大高校联合执行，旨在了解我国中小学生语言能力的发展状况，并为教育改革提供依据。项目涉及范围广泛，共有北京、天津、内蒙古、湖南、江西、云南6省（直辖市、自治区）近60所中小学192个班级约一万名学生参与测试，收集作文语料超过300万字。

表1　书面正式语体语法形式分类汇总表

大类	具体句式	简称
句法结构形式	判断句结构	判断
	谓词性成分名词化构成的结构	谓名
	“和”字非名词性并列结构	和字
	连词构成的复句	连词
	中性化的被字句	被字
	介词结构	介词
句法移位	$[V_0+N_0]V^0$+NP	移位1
	V+往/向	移位2
形态标记	—着：	形态1
	—有：	形态2
	当……的时候：	形态3
	—们：	形态4
	—等NP：	形态5
	非计数“一+量词”	形态6
古句式		古句式

2.2.2　书面语体表达的正式度

借鉴冯胜利（2006）以书面句型的数量为分子，以文章的句数为分母来计算书面句型比例的方法。结合中小学语料的实际我们将篇章的正式度定义如下：

公式1　篇章正式度=正式语体小句数/篇章总小句数

公式2　书面语句型比例=书面语体句型的出现次数/篇章总小句数

如果这种类型的书面语体句型所占比例较高，则说明对于此类书面语体语法形式的掌握程度较好，那么此种书面语体语法形式对应的口语形式得到了较好的语体转换，这种语法形式的语体转换能力也就越强。

2.3 数据分析

2.3.1 篇章正式度

根据公式1，我们计算出来各年级所抽出的每篇语料的正式度，在此基础上计算了年级的平均正式度。我们可以看出，随着年级的增加，篇章平均正式度呈现递增趋势。

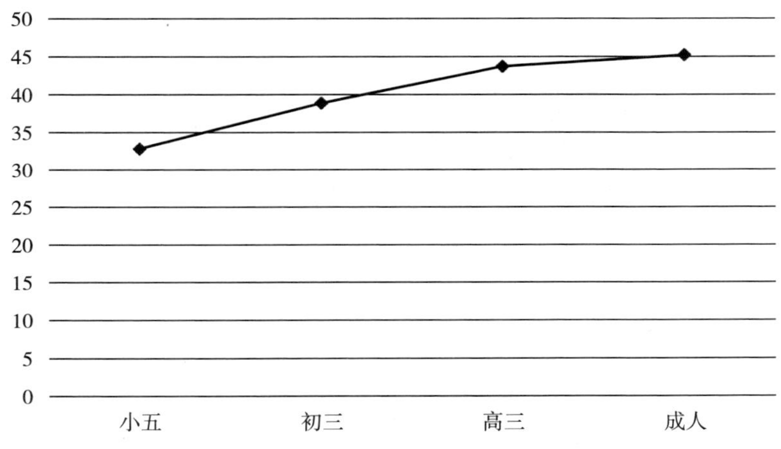

图1 篇章平均正式度

以30%、60%为分界点对正式度进行高、中、低划分后发现每个年级在不同正式度上分布的篇章数并不相同。随着年级的增长，正式度较低的篇章在各年级所占比例不断降低，而正式度较高的篇章在各年级所占比例则不断上升（见图2）。

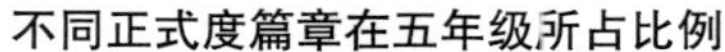

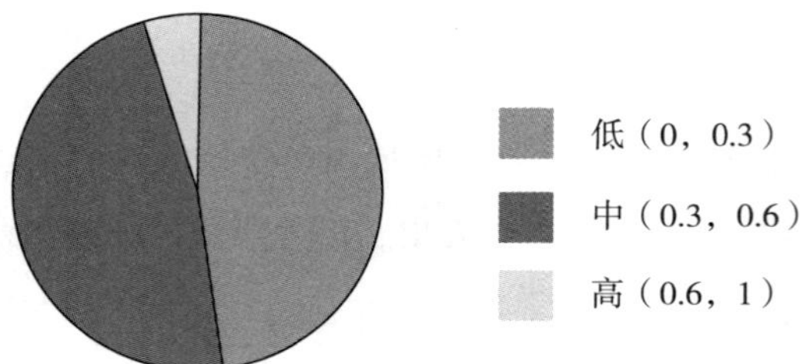

不同正式度篇章在初三年级所占比例

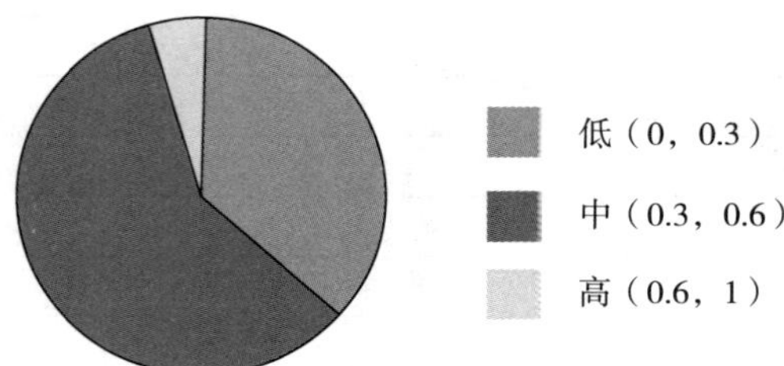

不同正式度篇章在高二年级所占比例

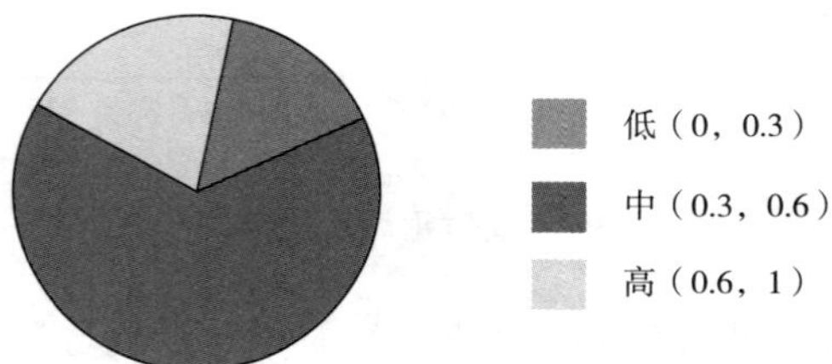

图2　不同正式度篇章在不同年级所占的比例

2.3.2　各类参数的整体分布及其变化

对各类参数出现的次数进行统计后，根据公式2，我们计算了各年级不同书面语句型在该年级所占的比例（见表2），并对其发展趋势进行分析。总体上，各书面句型在三个年级比例的发展是不断上升的（见图3）。

表2　各书面句型整体分布

具体句式＼人群类型		小五		初三		高三		成人	
		数量（个）	比例（%）	数量（个）	比例（%）	数量（个）	比例（%）	数量（个）	比例（%）
句法结构形式	判断	9	0.89	44	4.32	47	4.55	78	7.68
	谓名	3	0.30	17	1.67	17	1.64	66	6.50
	和字	2	0.20	11	1.08	9	0.87	14	1.38
	连词	312	11.86	243	11.48	281	13.44	163	10.25
	被字	4	0.40	6	0.59	6	0.58	11	1.08
	介词	11	1.09	72	7.07	79	7.64	189	18.62
句法移位	移位1	0	0.00	0	0.10	0	0.19	5	0.30
	移位2	0	0.00	1	0.00	2	0.00	3	0.00
形态标记	形态1	4	0.40	11	1.08	11	1.06	5	0.49
	形态2	0	0.00	1	0.10	2	0.19	6	0.59
	形态3	2	0.20	8	0.79	8	0.77	1	0.10
	形态4	0	0.00	1	0.10	1	0.10	2	0.20
	形态5	0	0.00	0	0.00	2	0.19	5	0.49
	形态6	0	0.00	2	0.20	1	0.10	13	1.28
古句式		4	0.40	18	1.77	40	3.87	7	0.69

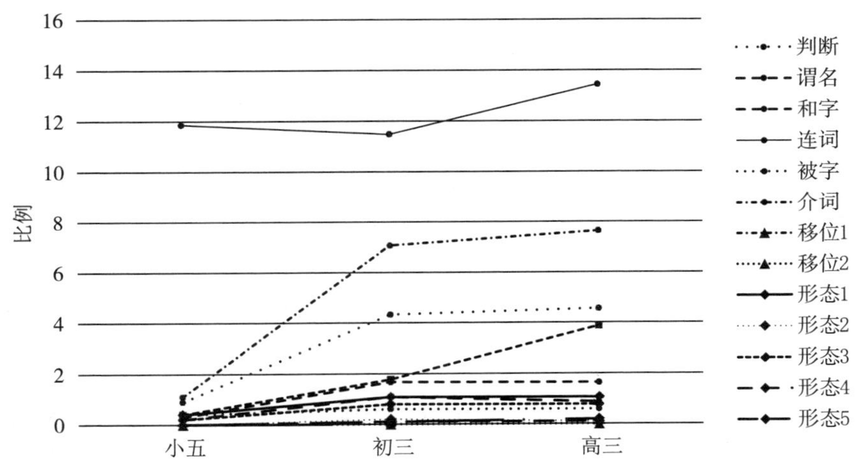

图3　各句法句式在不同年级的分布

其中连词、介词、判断所占比例最大，可对其进行进一步的划分。根据王永娜（2010）的划分标准，我们将连词、判断分为以下小类，并对其进行统计。

表3　连词构成的复句结构在不同年级中的分布

人群类型	连词构成的复句							
	因果连词（因果）		并列连词（并列）		转折连词（转折）		NP+VP+的（假设）	
	数量（个）	比例（%）	数量（个）	比例（%）	数量（个）	比例（%）	数量（个）	比例（%）
小五	192	18.97	20	1.98	100	9.88	0	0
初三	126	12.37	12	1.18	105	10.30	0	0
高三	142	13.73	16	1.55	123	11.90	0	0
成人	59	5.81	26	2.56	76	7.49	2	0.2

表4　判断句结构在不同年级中的分布

人群类型	判断句结构							
	NP+是+XP+的（判断1）		$NP_{种概念}$+是+XP+的+$NP_{属概念}$（判断2）		V+NP_2+的+是+XP+NP_1（判断3）		NP_1+V+的+是+XP+NP_2（判断4）	
	数量（个）	比例（%）	数量（个）	比例（%）	数量（个）	比例（%）	数量（个）	比例（%）
小五	7	0.69	2	0.20	0	0	0	0
初三	23	2.26	21	2.06	0	0	0	0
高三	15	1.45	31	3.00	0	0	1	0
成人	28	2.76	44	4.33	5	0.49	1	0.10

2.4　中小学生语体转换能力发展对比研究

2.4.1　大多数参数的发展在初三阶段出现拐点

在“判断1”“谓名”“和字”“被字”“形态1”“形态3”“形态6”结构的使用方面，初三年级使用比例在三个年级中达到峰顶。在连词的使用方面，其所占比例不断降低，初三年级所占比例最接近成人。在“形态4”结构方面，初三年级初次出现，高三年级使用比例与初三年级持平。在我们划分出的15类句法形式，

21种小类中，除“判断3”“假设”“移位1”三类在中小学阶段未出现，其余18个句法形式中有9个句法形式结构的发展在初三年级出现了拐点。

2.4.2 一些参数在初三之后稳定发展，变化不大

在剩余的句法形式参数中，经过初三阶段仍处在略微上升趋势中的有：“介词结构”“判断2”“移位2”“形态2”，在前两种结构中，小学五年级到初三年级同比高速增长，而初三年级到高三年级同比增长率急速降低。在后两种结构中，小学五年级的使用比例为0%，初三年级开始出现此类结构的使用。

2.4.3 各书面句型的分布具有差异性

我们结合分类对于中小学生的四个年级的小句进行标注，发现四大类书面语形式在各个年级中所占的比例是不相同的。其中句法结构形式明显地更占优势，在各年级中都是书面正式语法形式的主要方式。但所占比例随着年级的增加而不断降低，从五年级的97.15%降低到高三年级的87.1%，平均每个阶段的降幅都达到3%左右。其余三大类均呈上升趋势。如形态标记手段由五年级的1.71%增加到高三年级的4.60%，古句式由五年级的1.14%上升到高三的7.94%，句法移位手段在小五的语料中未曾出现，但在初三和高三学生的语料中分别占到了0.23%和0.40%。书面正式语体的语法形式使用的种类不断增加，范围不断扩大。

表5 四大类书面语形式在各个年级中分布

语法形式 / 人群类型	句法结构形式（句法结构形式数/书面正式语体语法形式数）	句法移位手段（句法移位手段数/书面正式语体语法形式数）	形态标记（形态标记数/书面正式语体语法形式数）	古句式（古句式数/书面正式语体语法形式数）
成人	91.73%	1.41%	5.63%	1.23%
高三	87.1%	0.40%	4.60%	7.94%
初三	90.34%	0.23%	5.30%	4.14%
小五	97.15%	0%	1.71%	1.14%

2.4.3.1 句法结构形式的整体分布

根据中小学生作文语料的实际，结合王永娜（2010）观点，我们将句法结构形式分为判断句结构、谓词成分名词化、“和”字非名词性并列、连词构成的复

句、中性化被字结构和介词结构六个大类。表6为句法结构形式在中小学作文语料和成人语料中的整体分布。

表6　句法结构形式在中小学作文语料和成人语料中的整体分布

人群类型	句法结构形式（100%）											
	判断句结构				谓词成分名词化	和字非名词性并列	连词构成的复句				中性化“被”字句	介词结构
	NP是XP的	$NP_{种概念}$+是+XP+的+$NP_{属概念}$	V+NP_2+的+是+XP+NP_1	P_1+V+的+是+XP+NP_2			因果连词	并列连词	转折连词	NP+VP+的（表假设义）		
成人	5.37%	8.45%	0.96%	0.19%	12.67%	2.69%	11.32%	4.99%	4.59%	0.38%	2.11%	36.28%
高三	3.42%	7.06%	0%	0.23%	3.87%	2.05%	32.35%	3.64%	28.02%	0%	1.37%	18%
初三	5.85%	5.34%	0%	0%	4.33%	2.80%	32.06%	3.05%	26.72%	0%	1.53%	18.32%
小五	2.05%	0.59%	0%	0%	0.88%	0.59%	56.3%	5.87%	29.33%	0%	1.17%	3.23%

连词构成的复句不同类型的使用。

中小学各年级“连词构成复句”这一语法形式的使用比例均占一半以上，明显高于成年汉语母语者。连词的使用突出了小句之间的逻辑关系，弱化了事件间的时间顺序或空间顺序，从而成为书面正式语体的表达方式。各年级学生都能在进行书面正式表达时注重表达的逻辑性，与平时口语表达中注重时间和空间顺序性相区别。在写作过程中较多使用了连词来将两个一般叙述句变为复句，而不是采用平时口语表达中的意合法来进行两个一般叙述句语义的联合。在连词构成的复句中，使用因果连词和转折连词的情况最多。提出论点之后需要提供论据，故而使用了较多的因果连词。如：（1）如果不让他跳，他就会变得暴怒无常。在论证的过程中使用了驳论的方法，针对观点后进行反驳，所以使用了较多的转折连词。如：（2）虽然没有做好，做得完美，但如果天天坚持呢？并列连词在四个年级中都有一定的使用量，但是所占比例较低。如：（3）他通过跳舞不仅能够学到一样重要的东西，而且能认识更多的好朋友。而表示假设义的“NP+VP+的”在中小学三个年级中均未出现，仅在成人语料中出现，如：（4）对为官不为、懒政怠政的，要公开曝光、坚决追究责任。说明这种构成复句的书面正式语体语法形式还未能被中小学生较好地掌握，学生在写作时没有使用意识或者回避使用。

在中小学生连词的使用方面，出现了本应成对出现的复句连词单一出现的现象。如：

（5）林肯如果被磨难打倒，也不会有半个美洲的美国。

（6）也许他这次失败了，但是下一次总结了上次失败的原因就能成功。

（7）奥利弗每天忍受着同伴们的嘲笑却依旧热爱踢踏舞，并且坚持不懈地努力着。

另外，在中小学生对于这些连词的使用中出现了混合使用的现象，如“如果……那么……”“不仅……并且……”“虽然……可是……”等。自由组合来表达两个一般叙述句的逻辑关系，将其变为由两个或多个分句组成的复句结构，降低事件的具体性，提高表达的书面正式度。

介词结构的使用。

介词结构使用比例是仅次于“连词构成的复句”的书面正式语体语法形式。一般叙述句的表达具有较强的具体性，动作性比较明显，而根据两个一般叙述句之间的关系，通过介词（根据、按照、经过、随着、通过、为了、为着、关于、对于、至于等）把其中一个小句变为介宾短语，来表达抽象的条件、目标、方面、依据，降低了该小句的具体性和个体性，从而使该类介词结构具有了表达书面语语体的功能。在中小学语料中，表达书面语正式语体的介词结构所占比例从五年级的3.23%随着年级的发展逐渐上升，高三年级到达18%。但在小五年级更多使用了一些表达具体时间、地点、方式的介词短语，未起到表达泛时空化的效果。如：

（8）我在场上表演得十分出色，取得了第一名。

（9）你应该继续去跟那位老师学习舞蹈。

判断句结构不同类型之间的不平衡性。

判断句结构将由谓词性成分充当句子谓语的陈述句变为判断句，拉开了与口语非正式表达之间的关系，以此来进行书面正式表达。这些判断句结构不再叙述事物的一般状况，而对概念内涵进行解释，或者进行判定，这就使得原来的谓词性成分失去现实性和具体性，表现出泛时空化的特征，从而具有了表达正式的语体功能。在语料标注过程中我们使用王永娜（2010）的分类，将判断句分为四小类。在王永娜的研究中，对不同的判断句在表达正式性上的差异进行了论述，发现从整体上看，"NP_1+是+XP+的+NP_2"比"NP是XP的"要正式。从判断句结构的整体使用状况来看，使用量是逐年上升的。在小五年级，"NP是XP的"所占比例大概是"NP_1+是+XP+的+NP_2"的4倍。而到高三年级，"NP是XP的"所占比例大约增长了1.67倍，"NP_1+是+XP+的+NP_2"增长了11.86倍，所占比例是"NP是XP的"的2倍。这些说明在判断句书面正式语体语法形式的使用方面，中小学生随着年级的增加更加倾向于使用表达正式程度高的判断句，使得文章的正式度提高，也说明了学生语体转换意识的增强。

谓词成分名词化手段的运用。

谓词性成分具有较强的动作性，其所表达的动作事件的具体性和个体性较强，而名词化后则弱化了这些特征，从而拉开了与口语非正式语体之间的距离。通过含"的"字结构、前加"一+量词（片/阵/种）"、前加形式动词等形式将谓词成分名词化，实现书面正式度。对于这一句法结构形式的使用，小五年级使用占比在1%以下。初三年级和高三年级所占比例有所上升，但所占比例也仅为4%左右。且发展出现反复，高三年级低于初三年级。在王永娜文中列出的"进行、加以、保持、实现、具有"等形式动词，在中小学生作文语料中大多数还是作为具有实际动作意义的动词来使用的，如（10）加油！去实现自己的梦想吧！（11）文中的奥利弗不喜欢进行男孩子的游戏。而前加"一+量词（片/阵/种）"的情况在中小学生作文语料中较少出现，所修饰的还是以名词性成分为主，很少后修饰双音节形容词或动词这些谓词性成分。

和字非名词性并列结构的运用。

进入这一结构形式的动词或形容词要求具有双音节的特征，根据冯胜利韵律语法的观点，"双音化是现代汉语动词变成名词或兼类词的必要条件和形式标记"，这些双音节的动词或形容词同时兼有了谓词和名词双重属性，动作性被降低。同时，进入"和"字结构的动词不能被能增加动作行为具体性的修饰成分修饰，这也降低了谓词性成分的具体性，实现了泛时空性。中小学生作文语料中也出现了

“和”字连接两个谓词性成分的现象。如（12）奥利弗应该坚持和更加努力地学习跳舞。在中小学语料中，“和”字非名词性并列结构的使用比率是呈上升趋势的，由五年级的0.59%上升到高三年级的2.05%。但使用率总体偏低，对于可以使用“和”字连接非名词性谓语形式表达的情况，较多是利用“并且”这一连词进行连接，如（13）只要是你认为正确的并且值得的就应该将事情坚持到底。而非名词性的限定成分（如状语、定语、介词短语等）在中小学作文语料中并列的情况很少出现，对于“和”字连接非名词性限定成分，在中小学书面语中往往采用使用两个分句的形式进行表达。

中性化被字句运用。

相对于主动句来说，被字句降低了动作施事与动作之间的关系，降低了动作事件的具体性，因为在被字句结构中，施事完全可以省略。相对于口语中经常出现的消极色彩的被字句来说，中性色彩的被字句去除了动作的消极意义，降低了动作的处置性和具体性，实现了泛时空化。在中小学作文语料中，随着年级的增长，中性色彩被字句所占的比例增长较小。总体来说，被字句使用较少，大都直接采用主动句的形式进行表达。同时，被字句的使用中也是以消极意义为主，如（16）奥利弗被大家嘲笑。（17）如果他这次被打倒，他就不会有成就了。在中小学生的写作的过程中，被字句的使用还是以口语形式为主，没有进行进一步的语体转换。

2.4.3.2　句法移位手段的整体分布

表7　句法移位手段在不同年级上的分布

人群类型	句法移位手段（100%）	
	$[V_0+N_0]V^0+NP$	V+往/向
成人	62.5%	37.5%
高三	0%	100%
初三	0%	100%
小五	0%	0%

句法移位手段则通过将表达具体时空性（处所、时间或对象）的介词结构进行位移，将介词结构变为整个谓词结构的关涉对象，通过这一移位降低了原来介词结构表达的具体性，从而拉开了与具体时空的距离，具有了泛时空性，提高了

表达的书面正式度。在中小学书面正式语体表达中，却往往从采用了口语非正式语体的介词结构，由介词“在/往/向”等引出一个地点性的NP来表达，如（19）他向报社投的几份稿件十分令主编欣赏。中小学生句法移位手段所占的比例仅为成年人使用的2/7。小五未出现句法移位手段的使用，而初三、高三年级的句法移位手段的使用也全部是“V+往/向”形式。“[V_0+N_0]V^0+NP”形式的正式度相对“V+往/向”形式来说会更高，因为在将介词移位之前，[V_0+N_0]V^0就包含了动作和受试的语义内容。但作为一个词，它无法具体化为现实的时间，所以其本身就具有泛时空化特征，具有一定是书面正式语体表达性。这些说明句法移位手段对于中小学生的使用具有一定的难度。

2.4.4.3 形态标记的整体分布

表8 形态标记手段在不同年级上的分布

人群类型	形态标记（100%）					
	一着	一有	当……的时候	一们	一等NP	非计数“一+量词”
成人	15.63%	18.75%	3.13%	6.25%	15.63%	40.63%
高三	44%	8%	32%	4%	8%	4%
初三	47.83%	4.35%	34.78%	4.35%	0%	8.70%
小五	66.67%	0%	33.33%%	0%	0%	0%

从小五年级到高三年级，形态标记手段的使用率不断上升，分别为五年级1.71%，初三年级5.30%和高三年级4.60%，在总体中所占比例不断加大。在形态标记手段的内部分类方面，小五年级“—着”和“当……的时候”就占了全部比例，其他四种类型没有涉及。初三年级增加了“—着”“当……时”“—们”“非计数‘—+量词’”“—有”类型，高三年级增加了“—等NP”类型。可见，随着年级的增长，形态标记的使用手段越来越丰富。但是中小学生和成年汉语母语者之间还是存在很大不同的。在成年母语者的语料中，“非计数‘—+量词’”所占比例最大，而中小学书面语料中，“—着”结构所占比例更多。这是因为“—着”形式降低的是动作的现实时空性，而“非计数的‘—+量词’”一是用在判断句中，二是用在抽象名词或名词化动词之前，都是用于修饰名词性成分的。我们在前文讨论中也已经指出，相对于动词性成分来说，名词更具有书面正式语体特征。“—

着”形式的使用降低了动词的动作性，是整个结构趋向名词化，而“非计数的‘一+量词’”则是在名词性结构的基础上进一步去掉了结构意义的具体内容性，因此更具有书面正式语体特征。

2.4.4.4　古句式的分布变化

古句式的使用主要包括两种形式，一是直接引用古代的诗词，如（20）杜甫曾在诗中对初唐四杰这样评价“王杨卢洛当时体，轻薄为文哂未休”。另一种是使用古代的文言句式，如（21）也许我们坚持，不一定会做得最好，但尽吾志也，吾可以无悔矣。对于古句式的使用，从小五到高三年级是呈上升趋势的，特别是高三年级，古句式的使用达到了近8%。古句式的使用提高了篇章的典雅度和正式程度。但是，古句式在成人语料中所占比例仅为1.23%，这说明，在成人的评论性文章的写作中，“引经据典”并不是主要的论证手段。中学生使用较多的是直接引用古代文言诗词的方式，成年汉语母语者则较多采用使用文言句式的方法，能够更好地将古代汉语中的文言成分“活化”，将其纳入现代汉语的语言系统，变为典雅体的书面语。

3　综合讨论

3.1　语体转换具有不平衡性和渐进性特点

同一年级的中小学生对于不同类型的书面正式语体语法形式使用频率不同，说明其对这些语法手段的掌握程度是不同的，其中中小学生使用语法结构形式手段将内化的口语化思维语言转换成书面语言的能力最高。而对于利用古句式、句法形态标记、句法移位手段进行句法转换还存在不足。

在语法结构形式手段的使用中，各年级的学生更倾向于使用连词构成复句的方式来降低两个一般叙述句关系的具体性，从而提高文章的书面正式程度。而在连词使用的内部，又更倾向于使用因果连词和转折连词，而并列连词和表达假设的“NP+VP+的”使用较少。古句式的使用以直接引用古代诗歌、文言文中的语句为主。在句法形态标记中包含的六种语法手段的比例分布也是不平衡的。在中小学语料中“—着”和“当……时”使用比例最大，其他手段的使用比例较低。句法移位的两种小类，“$[V_0+N_0]V^0+NP$”和“V往/向”在小五年级并未出现，“V

往/向”也在初三年级才出现，“$[V_0+N_0]V^0+NP$”形式则在中小学书面语语料中的比例一直为0。然而在成年汉语母语者的语料中，不仅两种形式均出现，而且“$[V_0+N_0]V_0+NP$”所占比例大于“V往/向”。

语体转换能力发展的渐进性主要体现在两个方面。首先，语体转换能力的发展不是一蹴而就的。句法结构形式方面，从小学五年级到高中三年级所占比例依次下降，每两个年级之间下降5%左右；句法移位手段方面，从小学五年级到高中三年级所占比例是呈上升趋势的。其次，语体转换能力的发展在有些阶段还存在反复现象。在形态标记和古句式的使用方面，其所占比例并不是一直增大的。

3.2 评价中小学书面语篇章正式度的标准

经统计，从句法角度看，中小学生的语体转换能力的发展在初三阶段基本完成，统计几个主要参数在文章里平均使用率，如果达到或超过初三水平，则基本完成了语体转换能力发展的要求。

表9 可作为主要参照的句法形式在初三年级的平均分布比例

判断1	谓名	和字	因果	被字	形态1	形态3	形态4	形态6
2.26%	1.67%	1.08%	12.37%	0.59%	1.08%	0.79%	0.10%	0.20%

我们可在平时的教学活动中结合各小类在各年级的使用比例的分布，从中选择几类作为评判学生语体转换发展状况的标准。在不同的年级，以上9小类使用比例从高到低为：

表10 可作为主要参照的句法形式在小五年级的平均分布比例

书面句型	因果	判断1	被字	形态1	谓名	和字	形态3	形态4	形态6
该书面句型数/书面句型总数	54.70%	1.99%	1.14%	1.14%	0.85%	0.57%	0.57%	0.00%	0.00%
该书面句型/小句总数	18.97%	0.69%	0.4%	0.4%	0.3%	0.2%	0.2%	0%	0%

表11　可作为主要参照的句法形式在初三年级的平均分布比例

书面句型	因果	判断1	谓名	和字	形态1	形态3	被字	形态6	形态4
该书面句型数/书面句型总数	28.97%	5.29%	3.91%	2.53%	2.53%	1.84%	1.38%	0.46%	0.23%
该书面句型/小句总数	12.37%	2.26%	1.67%	1.08%	1.08%	0.79%	0.59%	0.20%	0.10%

表12　可作为主要参照的句法形式在高三年级的平均分布比例

书面句型	因果	谓名	判断1	形态1	和字	形态3	被字	形态4	形态6
该书面句型数/书面句型总数	28.17%	3.37%	2.98%	2.18%	1.79%	1.59%	1.19%	0.20%	0.20%
该书面句型/小句总数	18.97%	6.50%	2.76%	0.49%	1.38%	0.10%	1.08%	0.20%	1.28%

三个年级中的“因果”“判断1”“形态1”这三类在三个年级中排名均靠前，可把这三类作为判断学生书面语表达中语体转换能力的标准。

3.3　对于教学的指导意义

从教育者的角度来说，要提高学生的语体转换能力，首先要重视中小学生书面语体写作中的语体转换意识的培养。而初三年级之前是语体转换能力发展的关键阶段，在这一阶段更要多措并举，提高学生的语体转换能力。

根据中小学书面表达中的语体转换具有渐进性的特点，要针对不同年级的学生来设定不同的教学计划。低年级学生在书面语体表达中出现的篇章字数较少，句子长度较短、行文中也出现了大量口语非正式语体的语法形式和语气词，要重点培养低年级学生的语体鉴别意识。对于高年级学生，应该针对与成年汉语母语者的不同，注重增加各种书面正式文体材料的阅读，为学生今后的顺畅输出提供基础，将古代汉语中的典雅体形式内化于心，以免出现“掉书袋”“学生腔”。同时应该增加平时的转写训练，提高学生的语体转换能力。

针对中小学书面表达中的语体转换具有不平衡性的特点，要进行分类教学，有所侧重。对于句法结构手段，特别是其中的“连词构成复句”方式，学生使用频率高，较为熟悉，在今后的语体教学时没有必要过多强调。句法位移手段、形态标记等手段使用较少，应多加讲解练习，在书面语写作中要有意识地使用这些手段提高文章的正式度。

最后，要重视语体转换能力重要参数的教学，“因果”“判断1”“形态1”这三类是判断语体转换能力的重要参数，可以此为标准对学生的语体转换能力进行评测。

4 结论

经过以上研究，我们发现中小学生的语体转换意识的发展具有以下特点：

语体转换意识的发展具有渐进性和不平衡性特点。利用不同句法形式所表现出的语体转换意识上的发展并不是一蹴而就的，而是逐渐增强的。语体转换意识在不同句法形式上的表现也是不均衡的，同一句法形式在不同年级所占比例不同，同一年级的不同句法形式所占比例也不相同。

从句法角度看，中小学生的语体转换能力的发展在初三阶段基本完成，大多数参数在初三最接近成人标准，初三阶段后，语体转换能力的发展速度逐渐放缓，初三年级是语体转换能力发展的重要节点。

我们可利用“因果”“判断1”“形态1”三个主要参数来测量学生的语体转换能力是否处于他所处年级的正常水平，是滞后还是超前。

参考文献

[1] 柴云露（2014）儿童“有”字句发展过程中的语体变化差异，北京语言大学硕士学位论文。

[2] 程　艳（2007）语体转换及其语用功能分析，《沈阳大学学报》第3期。

[3] 丁金国（1997）对外汉语教学中的语体意识，《烟台大学学报（哲学社会科学版）》第1期。

[4] 丁金国（1999）再论对外汉语教学中的语体意识，《语言文字应用》第2期。

[5] 丁金国（2008）语文教育与语体意识，《鲁东大学学报》（哲学社会科学版）第1期。

[6] 丁金国（2010）语体意识及其培育，《当代修辞学》第6期。

[7] 冯胜利（2006）论汉语书面正式语体的特征与教学，《世界汉语教学》第4期。

[8] 冯胜利（2006）《汉语书面用语初编》，北京，北京语言大学出版社。

[9] 冯胜利、王洁、黄梅（2008）汉语书面语体庄雅度的自动测量，《语言科学》第2期。

[10] 冯胜利（2010）论语体的机制及其语法属性，《中国语文》第5期。

[11] 高煜波（2005）现代汉语特殊句式标注及统计研究，北京语言大学硕士学位论文。

[12] 侯敏等（2009）基于口语度的口语词语自动提取研究，《中国计算机语言学研究前沿进展会议论文》。

[13] 胡明龙（2013）汉语作为第二语言学习者写作中的语体偏误分析——以英国学生为例，陕西师范大学硕士学位论文。

[14] 汲传波（2008）中级综合汉语教材语体不匹配研究，《第九届国际汉语教学研讨会论文选》。

[15] 李　泉（2003）基于语体的对外汉语教学语法体系建立，《汉语学习》，第6期。

[16] 李　泉（2004）面向对外汉语教学的语体研究的范围和内容，《汉语学习》第1期。

[17] 李熙宗（2005）关于语体的定义问题，《复旦学报（社会科学版）》第3期。

[18] 孟晓亮、侯敏（2009）话语标记的语体特征研究及应用，《中文信息学报》第4期。

[20] 孟　莹（2013）基于作文语料库的小学生"把"字句书面表达发展研究，北京语言大学硕士学位论文。

[21] 潘世松（2003）不同年龄段语用主体语体特征研究，复旦大学博士学位论文。

[22] 潘世松（2007）中小学语文教学中语体意识的思考，《修辞学习》第5期。

[23] 王永娜（2010）汉语书面正式语体的语法手段，北京语言大学博士学位论文。

[24] 吴丽君（2004）口语词汇与书面语词汇教学研究，《云南师范大学学报》第3期。

[26] 曾毅平（2009）语体理论在对外汉语教学中的应用，《修辞学习》第5期。

[27] 郑远汉（1987）句式与语体，《语文研究》第2期。

[28] Douglas Biber（1988）.*Variation across Speech and Written*, Cambridge:Cambridge University Press.

附录

书面正式语体语法形式的分类表

<table>
<tr><th>大类</th><th colspan="2">具体句式</th></tr>
<tr><td rowspan="25">句法结构形式</td><td rowspan="5">判断句结构</td><td>NP+是+XP+的</td></tr>
<tr><td>NP种概念+是+XP+的+NP属概念</td></tr>
<tr><td>NP处所词+是+XP+的+NP存在物</td></tr>
<tr><td>V+NP_2+的+是+XP+NP_1</td></tr>
<tr><td>NP_1+V+的+是+XP+NP_2</td></tr>
<tr><td rowspan="11">谓词性成分名词化构成的结构</td><td>[VV+NP]+的+NP抽象：</td></tr>
<tr><td>（P+）NP+（的）+VV+ NP抽象：</td></tr>
<tr><td>（P+NP1）+（的）+VVNP：</td></tr>
<tr><td>ADJ/NP+ NP抽象：</td></tr>
<tr><td>NP+的+ ADJ：</td></tr>
<tr><td>NP+的+ Vi：</td></tr>
<tr><td>NP+的+被+V：</td></tr>
<tr><td>一+量词（片/阵/种）+VV：</td></tr>
<tr><td>一+量词（片/种）+ AA：</td></tr>
<tr><td>普通动词+[…VV…]NP：</td></tr>
<tr><td>形式动词+[…VV…]NP：</td></tr>
<tr><td rowspan="2">「和」字非名词性并列结构</td><td>“和”字非名词性谓语的并列</td></tr>
<tr><td>“和”字非名词性限定成分的并列</td></tr>
<tr><td rowspan="4">连词构成的复句</td><td>因果连词</td></tr>
<tr><td>并列连词</td></tr>
<tr><td>转折连词</td></tr>
<tr><td>NP+VP+的（表假设义）：</td></tr>
<tr><td colspan="2">中性化的“被”字句</td></tr>
<tr><td rowspan="2">介词结构</td><td>口语介词的正式化</td></tr>
<tr><td>正式的双音节介词</td></tr>
</table>

续表

<table>
<tr><th>大类</th><th colspan="2">具体句式</th></tr>
<tr><td rowspan="4">句法移位构成的结构</td><td colspan="2">$[V_0+N_0]V^0$</td></tr>
<tr><td colspan="2">$[V_0+N_0]V^0+NP$</td></tr>
<tr><td colspan="2">V+往/向</td></tr>
<tr><td colspan="2">[NN+VV+N（N）]</td></tr>
<tr><td rowspan="8">形态标记</td><td rowspan="2">—着：</td><td>“着”字存在句</td></tr>
<tr><td>“着”字一般句</td></tr>
<tr><td colspan="2">—有：</td></tr>
<tr><td colspan="2">当……的时候：</td></tr>
<tr><td colspan="2">—们：</td></tr>
<tr><td colspan="2">—等NP：</td></tr>
<tr><td rowspan="2">非计数「一+量词」</td><td>判断动词“是”的宾语“一+量词+名词具体”</td></tr>
<tr><td>一种+抽象名词/动词的名词化</td></tr>
</table>

成语的语义透明度及中小学生成语产出研究

吴　迪

摘要： 成语作为现代汉语词汇范畴之下的一个特殊种类，其高度概括、凝固、复杂的语义特点给中小学生的学习与使用带来了一定的困难。为了更好地对成语的语义进行研究，我们引入了“语义透明度”这一概念，结合成语的语义特点以及成语的词典释义模式对中小学生产出的成语进行了语义透明度等级划分，并且采用了实验设计的思路和方法考察了语义透明度、频度、年级对成语使用率的影响，结果发现语义透明度因素、频度因素、年级因素的主效应显著，语义透明度与频度的交互作用显著。

关键词： 中小学生　成语　语义透明度　产出

1　引言

成语作为组成现代汉语词汇必不可少的部分，其高度概括的语义特点往往给中小学生感知和使用成语带来了不少障碍。有关中小学生成语使用的研究多集中在错误用例的归类与纠正方面，基于统计以及实证方面的研究相对较少。我们认为成语的语义可能对中小学生的成语的使用产生重要影响，所以引入“语义透明度”这一概念以期对成语语义进行量化方面的研究。“语义透明”概念最早是由Ullmann（1962）在其著作Semantics:An Introduction to the Science of Meaning提出，他在文中提出transparent word即透明词汇和opaque word即隐晦词汇。Sandra（1990）提出“语义透明度”（semantic transparency）这一概念，Zwitserlood（1994）和Libben（1998）等人也对这一概念进行了解释补充和发展，认为复合词的语义透明度取决于词与其内部语素在语义上的关联程度。

国内对于语义透明度的研究最早出现在心理学领域，如王春茂和彭聃龄

（1999、2000），徐彩华、李镗（2001）等人的研究，王春茂和彭聃龄（1999）认为"所谓语义透明度，指的是复合词的语义可以从其所组成的各个词素的语义推知的程度，其操作性定义为整词与其词素的语义相关程度"。

语言学界对语义透明度的研究（李晋霞，2008；董于雯，2011；孔建源，2013；任敏，2012；等）认为语义透明度是整词意义的外在表现，其内部的整体意义可以通过组成整词的语素直接或者间接地推知，如果整体义可以通过语素义直接得出则整词的意义较为透明，如果间接得出，则透明度相对较低。

这里我们明确语义透明度的理论内涵，认为复合词的语义透明度取决于整词意义与各语素义之间的关系；整词意义可以从各语素义推知，但推知的程度有所不同。符淮青（1985）曾将汉语复合词语素义和整词意义之间的关系概括为以下五类：语素义直接地、完全地表示词义；语素义直接地、部分地表示词义；语素义间接表示词义；表词义的语素有的失落原义；语素义完全不表示词义。

本文参照语义透明度理论，类比符淮青（1985）对于复合词语素义与整词义关系的判定标准对成语的语义透明度进行考察，制定成语的语义透明度等级划分标准并且对成语进行分级，最后采用基于统计和实验的研究方法探索成语语义透明度对于中小学生成语产出的影响。

2 成语的语义透明度及分级标准

成语的界定问题一直以来是学术界争论的话题，我们这里对成语的判定采用学界比较认可的多重判定标准，即成语之所以为成语要包含以下这几个要素：相沿习用、结构稳定、意义完整、多为四字固定短语。

2.1 成语的语义透明度

Cruise（1991）认为语义透明度是一个连续统，由完全透明到完全隐晦是一个渐进的过程。对这一渐进过程进行可操作的等级划分通常有两种方式。

心理学界对词语语义透明度的等级划分主要是采用量表的方法，让被试根据问卷的相关提示对词语的透明度进行主观判定。被试会被要求根据一定的规则选择语素义和整词义之间的关系，根据二者的关联程度来进行透明度高低的判断，根据得到的透明度的数据划分出不同的等级。比如刘伟（2004）对中介语语料库中双音节词语义透明度的分级就是以调查问卷的形式对收集到的数据进行分析处理，最后形成0到5六个等级的语义透明度量表。

语言学界对于复合词语义透明度的等级划分通常是根据词典中的释义，从构词的语素义和整词义联系的紧密度方面进行。Libben（1998）等人根据词典释义将英语复合词的语义透明度划分为完全透明型、隐晦—透明型、透明—隐晦型和完全隐晦型四类。类似的划分方法也见于李晋霞（2008），董于雯（2011），孔建源（2012），任敏（2012）等人的研究中。

同样地，获得成语语义最为直接的方式也是参阅成语词典，通过成语词典，我们能够获取成语本义、引申义等意义。余桂林（2002）对《现代汉语词典》中的四字词语（包含成语）的释义模式进行了考察，总结为三种方式：一是定义说明式，即尽可能用简练的语言对词语所反映的概念的本质特征做确切的说明，通常包有表示范畴的类词语和表示特征的限制词语两部分内容；二是直接描绘式，即抓住词语所反映的客观事物的性状或情态来进行直接描绘或者叙述，这种描绘中有些会使用特定的提示词“指”来体现；三是间接描绘式，有些词语所反映的事物性状或情态不便直接描绘，就会借助形象化的语言注释词，常常会使用诸如“比喻”“形容”“指”等提示词。

我们认为，成语中用“比喻”引出的释义属于整体义，具有高度概括性，和比喻义有关，并且与字面义的差距较大，比如“左右逢源”释义为“比喻做事得心应手，非常顺利”；用“指”引出的释义和引申义有关，引申义与字面义的关系一般分为两种：通过相似性的隐喻方式得到的引申义和字面义的距离较近，比如“自知之明”解释为“指了解自己的情况，对自己有正确的估计”；通过相关性的转喻方式得到的引申义和字面义的距离较远，如“不三不四”释义为“指不正派或指不像样子”；关于“形容”一词，苏新春（2005）认为是指形容性词义，并且认为形容性功能的出现使词义脱离了词的原本、内在、底层的意义层面，而进入了概括、整体、词语的意义层面，使整个词的意义显得更完整、更圆润，简言之，这类成语的意义处于字面意义和实际的表意之间，比如“息息相关”解释为“呼吸相互关联，形容彼此关系非常密切”。

2.2 成语语义透明度等级划分标准

我们参考成语的语义特点、复合词语义透明度等级划分的研究以及成语的词典释义模式分析研究，并结合本研究的需要制定了成语语义透明度等级划分标准。

本文在对成语语素义及整词义进行考察时主要使用《汉语成语大词典》（王兴国主编）。同时，我们将利用《现代汉语成语规范词典》（李行健主编）和《汉语成语大词典》互相印证。如果释义有冲突，我们将利用其他成语词典以及网络资源进行综合考量并最终明确其意义。

在对成语语义透明度进行等级划分之前，我们将充分考虑来自语素和语序这两方面对成语整体义感知可能产生的影响。

语素方面，我们首先对成语中出现的语素进行归类，这会涉及语素的切分问题。成语中出现的语素以单音节的为主，比如“跋山涉水、无稽之谈、心不在焉”等成语中的每个字都代表着一个独立的语素，但是成语中也会包含其他一些非单音节的语素，具体分为以下几种：

双音节的单纯语素

这类语素通常不可拆成两个语素进行理解，可分为连绵语素和叠音语素。

连绵语素：酣畅淋漓　忐忑不安　波涛汹涌

叠音语素：津津乐道　蒸蒸日上　比比皆是

双音节的复合式合成语素

比如：发扬光大　自然而然　意味深长　满不在乎

我们将按照以上语素切分的标准去考察每个成语中各个语素的含义。

由于成语多数形成于古代，首先有些语素的语素义会跟现代汉语中的意义有较大出入，而这部分语素可能会给我们理解成语整体义带来困难；其次，不同于现代汉语的古汉语语序也会给我们理解成语带来困难。

语素方面：

a. 成语中含有古今义差异较大的语素

实词：比如，无稽之谈、感激涕零、求全责备

虚词：比如，有生以来、突如其来、心不在焉

b. 成语中的语素属于古语词范畴

比如：司空见惯（古代官职）、乱七八糟（七国之乱、八王之乱）、胡说八道（胡人、佛家用语）

c. 成语中含有此类活用的语素（包括活用、使动、意动等）

比如：取长补短（形容词活用作动词）、不耻下问（名词活用作状语）、闭月羞花（动词的使动用法）、草菅人命（名词的意动用法）

d. 含有通假字的语素

比如：信口开河（合）、不过尔尔（耳）、受益匪浅（非）

语序方面：

成语中出现的不同于现代汉语语序多为“宾语前置”“状语后置”和“省略宾语”三种。具体如下：

a. 宾语前置

比如：文以载道（“文”做“以”的宾语，被前置）

b. 状语后置

比如：爱人以德（“以德”做状语、被后置）

c. 成分省略

比如：不以为然〔“以”字后省略了代词“之”（指代前面内容）〕

束之高阁（“之”字后省略了介词“于”）

d. 其他特殊的语法结构

“所”字结构　　　　比如：众所周知　不知所云

“……何”　　　　　比如：无可奈何　无论如何

针对成语语义透明度等级的划分，我们主要从语素意义以及词典释义两方面进行。具体操作流程如下：

首先我们先参考成语字典中的释义，看成语的释义中是否有“形容”“比喻”等提示词，如果没有，我们再对成语中的每个语素进行考察，如果成语的整体义等于每个语素意义的简单相加（此时的语素意义不包含上述“语素方面”及“语序方面”里的情况），我们认为这类成语为完全透明成语。

如果成语词典里的释义包含有“比喻”“形容”“指”提示词，再做以下处理：

词典释义中含有“比喻”提示词，我们认为是不透明成语；

词典释义中含有“形容”“指”等提示词，并通过转喻表达整词意义的成语，我们认为是不透明成语。不透明成语中的语素也包含有上述“语素方面”及“语序方面”里的情况。

除了上述两种情况外的其他成语，我们认为是半透明成语。

详细的成语语义透明度等级划分标准如下：

a. 不透明成语

划分依据：整体义非字面义

条件1.词典释义中包含“比喻”提示词，整体义在每个语素义的基础上生成了比喻义。比如：

拔苗助长：比喻违反事物发展的客观规律，急于求成，反而坏事。

背道而驰：比喻彼此的方向和目的完全相反。

条件2.含有“形容”“指”等提示词，并且整体义通过转喻的方式而获得。比如：

白驹过隙：形容时间过得极快。

藏龙卧虎：指隐藏着未被发现的人才，也指隐藏不露的人才。

b. 半透明成语

划分依据：符合下面条件1或条件2或同时满足条件1和条件2。

条件1：此时整体义是字面义。但成语中包含有较难理解的语素和语序。具体表现为：

语素方面：

（a）含有连绵语素和叠音语素

比如：酣畅淋漓、忐忑不安、津津乐道、蒸蒸日上

（b）含有古今义差异较大的语素

比如：求全责备、有生以来、心不在焉

（c）含有的语素属于古语词范畴

比如：司空见惯、乱七八糟、胡说八道

（d）含有词类活用的语素（包含活用、使动、意动等）

比如：不耻下问、闭月羞花、草菅人命

（e）含有通假字的语素

比如：信口开河、图穷匕见、秣马厉兵

语序方面：

（a）宾语前置

比如：时不我待、唯命是从、何罪之有

（b）状语后置

比如：嗤之以鼻、重于泰山、持之以恒

（c）成分省略

比如：流芳百世、引以为荣、欲速不达

（d）其他特殊结构

比如：无所事事、无可奈何、无论如何

条件2：此时整体义非字面义。整体义在字面义的基础上有近距离引申。

词典释义中含有“形容”“指”等提示词，针对“指”，整体义在字面义的基础上进行了近距离的引申并且整体义通常以隐喻的方式表达。针对“形容”，整体义在字面义的基础上进行了程度方面的加深、减弱或者重申。

比如：疑神疑鬼：这也怀疑，那也怀疑。形容非常多疑。

德厚流光：指道德高，影响便深远。

c. 透明成语

划分依据：整体义即字面义。词典释义中不含有“比喻”“形容”等提示词，并且不含有难以理解的语素和语序。

比如：百战百胜、不骄不躁、千辛万苦

在语义透明度等级划分的过程中，有些成语的整体义和字面义一致，但是前面也会有“形容”“指”等提示词，此时我们认为提示词使用不当。我们将忽略多余的提示词，之后按照上述标准进行判断。比如：大有裨益：形容益处很大。此时忽略提示词“形容”，只有一个较为陌生的语素“裨”，此时该成语满足半透明成语条件1，而非满足半透明成语条件2。奋笔疾书：指快速的挥笔书写。此时忽略提示词“指”，该成语原义并没有引申。这个成语中只有一个较为陌生的语素“奋”，此时该成语满足半透明成语条件1，而非条件2。

对于多义成语，如果出现提示词“比喻”，我们判定为“不透明成语”；除此之外，判定为“半透明成语”，因为多义成语绝大多数都在字面义的基础上产生了新的意义。

对于意义发生转变的成语，比如有类似“后（多）指/泛指/形容”“现（多）指/比喻/形容”等提示词，我们就以后来出现的意义为准去进行透明度判定。

2.3 成语的语义透明度判定与各等级分布情况

我们对中小学生作文语料进行了处理，共得到1274个成语（数据来源与处理详见下文）。我们按照上述标准进行了透明度等级划分，为保证等级划分的严谨性，我们让两个人同时对所有的成语按照上述标准进行划分，第一次成语等级判定结束后两人判定的结果有1069个成语相同，重合率为83.9%，之后对剩下的不同的成语再次进行判定，第二次判定结束后相同的有1187个，重合率为93.2%。针对剩下的判定结果不一致的成语，由二人讨论，最终形成一致意见。

以下呈现部分示例：

语义完全透明的成语：和蔼可亲、人人皆知、从容不迫

语义不透明的成语：白日做梦、一无是处、开天辟地

语义半透明成语1（满足半透明条件1）：阿谀奉承、背井离乡、不以为然

语义半透明成语2（满足半透明条件2）：火冒三丈、风雨无阻、独到之处

语义半透明成语12（同时满足半透明条件1和2）：孜孜不倦、高人一等、夜以继日

不同等级透明度成语的个数如下：

表1　不同透明度成语占比（包括小类）

透明度	计数（个）	比例（%）
完全透明	258	20.25
不透明	266	20.90
半透明1	238	18.68
半透明2	334	26.22
半透明12	178	13.97
总计数	1274	100

表2　不同透明度成语占比（只包括大类）

透明度	计数（个）	比例（%）
完全透明	258	20.25
不透明	266	20.90
半透明	750	58.87
总计数	1274	100

3　语料来源与处理

3.1　语料来源

本文以中小学生作文中出现的成语作为研究对象，作文语料则来自“中小学生语言能力测试作文语料库”，该语料库是在教育部人文社科重大攻关项目“学生语言能力发展研究”学生作文测试的基础上建立的。整个测试共有来自6个不同的省市自治区直辖市（包括：北京、天津、湖南、云南、江西、内蒙古）约60所中小学四个年级（包括小学五年级、初一、初三、高三）192个班级的近10000名学生的参与，共收到有效作文样本8775份，总字数约250万。在录入公司将所有语料录为TXT格式之后，我们对所有语料进行了初步的整理和归类。

3.2　语料提取与处理

我们利用中国科学院计算技术研究所汉语分词系统NLPIR〔又名：ICTCLAS（2015版）〕，对作文语料进行了分词与词性标注，共得到成语1274个。

我们将所有包含成语用例的TXT文本导入Visual FoxPro9.0数据库处理软件中，按照研究需要编写相应代码，最终以“成语”“出现总次数”“透明度”“小五出现次数”“初一出现次数”“初三出现次数”“高三出现次数”等字段形式呈现。样式见图1所示。

Chengyu

Chengyu	Ljct	Lx	Cx	G1ct	G2ct	G3ct	G4ct
大放异彩	11	V	不透明1	1	0	3	7
举世闻名	17	A	半透明1	4	2	5	6
奇装异服	97	N	半透明2	19	15	39	24
与众不同	236	A	完全透明	16	32	86	102
各种各样	70	N	完全透明	7	11	22	30
气喘吁吁	1	D	半透明1	1	0	0	0
若无其事	3	V	完全透明	2	1	0	0

图1　经Visual FoxPro处理后的成语信息表截图

4　基于语义透明度的成语产出实验研究

为了了解影响中小学生成语产出的因素，我们以实验设计的思路和方法对现有的数据进行进一步处理和利用。我们引入语义透明度、成人成语的使用频度因素、年级这三个因素来对中小学生的成语使用情况做进一步的考察。

4.1　研究问题

我们主要想探讨以下几个问题：

成语的语义透明度是否对中小学生的成语产出有影响；

成语的频度是否会影响中小学生的成语产出；

成语在年级间的产出是否存在差异；

成语的语义透明度因素、频度因素和年级之间是否存在相互的影响。

4.2　实验设计与被试选择

本实验将采用2×2×4三因素混合实验设计，自变量分别是语义透明度A（两个水平，A1语义比较透明：A2语义比较不透明），成人的成语使用频度B（两个水平，B1高频：B2低频），年级C（四个水平，C1小五：C2初一：C3初三：C4高三）。因变量是学生成语的使用率。

由于本研究的各种数据都是来源于近9000份中小学生作文，因此可以将这些学生当作我们的被试，从作文中收集到的有关成语的使用频次信息将成为我们实验的数据来源。

4.3 实验材料

我们从1274个成语中匹配出200个成语作为我们的实验材料。

我们从CCL现代汉语语料库中提取了这1274个成语的频度值，所有成语的平均频度值为517.83，排序之后通过人工处理，以频度419这个数值为标准，最终形成高频成语500个，平均频度值为986.62，低频成语774个，平均频度值215.00。高低频成语个数差异可能比较大，是因为我们考虑到在低频成语中存在大量频度相同的成语这一现象。

我们匹配了100个高频成语和100个低频成语。其中，100个高频成语中又分为50个高频比较透明成语，50个高频比较不透明成语；100个低频成语中又分为50个低频比较透明成语，50个低频比较不透明成语。针对语义透明度的界定，我们参照上文的划分标准，并对其进行综合，我们认为字面义即整体义的成语比字面义非整体义的成语的语义透明度要高。基于此，我们将完全透明成语和半透明1成语划至语义比较透明成语的范畴之中，将半透明2、半透明12和不透明成语划至语义比较不透明成语的范畴之中。我们按照这个划分标准对每组成语进行透明度匹配，将50个高频比较透明成语又划分为25个完全透明成语和25个半透明1成语，将50个高频比较不透明成语划分为16个半透明2、17个半透明12和17个不透明成语；将50个低频比较透明成语划分为25个完全透明成语和25个半透明1成语，50个低频比较不透明成语划分为16个半透明2、17个半透明12和17个不透明成语。参见下表。完整实验材料参见附录。

表3 200个成语的类型分布

<table>
<tr><td rowspan="7">200个成语的分布</td><td rowspan="3">100高频</td><td>50比较透明：</td><td>25完全透明</td><td>25半透明1</td><td>—</td></tr>
<tr><td colspan="4">—</td></tr>
<tr><td>50比较不透明：</td><td>16半透明2</td><td>17半透明12</td><td>17不透明</td></tr>
<tr><td colspan="5">—</td></tr>
<tr><td rowspan="3">100低频</td><td>50比较透明：</td><td>25完全透明</td><td>25半透明1</td><td>—</td></tr>
<tr><td colspan="4">—</td></tr>
<tr><td>50比较不透明：</td><td>16半透明2</td><td>17半透明12</td><td>17不透明</td></tr>
</table>

我们对100个高频成语中两组成语的频次进行了成对样本t检验，结果显示t=0.649，df=49，p=0.519，这两组成语的频次差异不显著，且频次分布趋于均衡；对100个低频成语中的两组成语的频次进行了成对样本t检验，结果显示t=–0.335，df=49，p=0.739，这两组成语的频次差异不显著，且频次分布区域均衡；

我们对100个高频词和100个低频词进行成对样本t检验，结果显示t=13.676，df=99，$p<0.0005$，这两组成语的频度差异显著。

4.4 实验实施

我们通过Visual Foxpro9.0，统计出以上两百个成语在每个年级出现频次，然后分别除以每个年级的总字数，由于得出的数字太小，我们将所有数据同时乘以100000，得出这两百个成语在不同年级的使用率，部分示例如下：

表4 不同年级不同透明度成语的使用率（单位：频次/十万字）

成语	成人频度	透明度	小五使用率	初一使用率	初三使用率	高三使用率
与众不同	1915	比较透明	3.24	6.50	10.82	14.89
梦寐以求	904	比较不透明	0.00	0.20	0.63	0.44
三从四德	57	比较不透明	0.00	0.00	0.00	0.15

4.5 实验结果分析

我们将两百个成语在不同年级的使用率进行汇总，之后使用统计软件对这些数据进行统计分析。

表5 不同年级不同类型成语使用率的平均数（单位：频次/十万字）

年级	高透高频	高透低频	低透高频	低透低频	合计
小五	0.255	0.093	0.170	0.049	0.567
初一	0.422	0.102	0.171	0.081	0.776
初三	0.670	0.148	0.242	0.121	1.181
高三	0.815	0.169	0.248	0.201	1.433
合计	2.162	0.512	0.831	0.452	3.957

上表中的数据是不同年级不同类型成语使用率的平均数，单位为频次/十万字。

对中小学生成语的使用率进行重复测量方差分析，结果显示，成语语义透明度主效应显著，F（1，196）=8.634，p=0.004，这说明不同语义透明度类型的成语使用率存在差异。观察上表数据可以得知，高透明成语的使用率要高于低透明成语的使用率。

成语的频度主效应显著，F（1，196）=19.280，p＜0.0005，这说明不同频度类型成语的使用率存在差异。观察上表数据可以得知，高频成语的使用率要高于低频成语的使用率。

年级的主效应显著，F（1，196）=2.972，p=0.033，这说明不同年级的使用率存在差异。观察上表数据可以得知，四个年级成语的使用率表现为，高三＞初三＞初一＞小五。

透明度与频度的交互作用显著，F（1，196）=7.451，p=0.007，我们对此做进一步的简单效应检验，结果显示，在高频度水平上，透明度的简单效应显著，F（1，199）=8.35，p=0.004；在低频度水平上，透明度的简单效应不显著，F（1，199）=0.45，p=0.504。这些结果说明，成语透明度效应（即高透明度与低透明度之间的差异）受成语频度高低的影响，在高频成语中，透明度效应显著，即透明度越高，成语的使用率越高，在低频成语中，透明度效应不显著，即透明度的高低对于成语使用率的高低没有明显影响。

4.6 实验结果讨论

我们将主要讨论成语语义透明度因素以及频度因素对于中小学生成语使用率的影响，以及二者之间的相互作用。

成语的语义透明度因素对于中小学生的成语使用率存在影响，透明度越高的成语，使用率会越高。前人曾对语义透明因素进行过其他方面的探讨，比如彭聃龄（1994）曾用重复启动方法考察了透明度词与不透明词的判断时间，发现单字启动条件下，透明词的判断时间显著短于不透明词。刘颖（1997）也系统研究过词的语义透明度和词汇加工方式的关系，得出透明词的激活早于不透明词的结论。可见语义透明度这一因素对词汇认知和加工存在影响，而我们则是通过使用率这一因素从侧面观察语义透明度对于产出方面的影响。综合而言，语义透明度因素无论对于词汇的输入或者输出都有一定的作用。

成语的频度因素对于中小学生成语的使用率也有影响，频度越高的成语的使用率也会越高。Ellis（2002）认为语言加工的所有方面，比如语音、词汇、语法的加工和语言的理解、产出，都受到输入频率的影响。二语习得理论将其称为“频度效应”，词语在实际语言中是有使用频度的差异，有高低频之分，高频词更容易被人们识别理解和使用，通常错误较少，而低频词的熟悉性则较差，在理解和使用过程中可能会比较容易出错（徐彩华，2001；邢红兵，2015）。

成语的语义透明度与频度因素相互影响，以频度作为参照，在高频成语中，越是透明的成语其使用率越高，但是在低频成语中，透明度不同的成语的使用率没有明显的差异。对于中小学生而言，频度因素或许对成语的使用影响更大。我们推测学生对于高频成语更为敏感，对于越是能够全面把握意义的成语就越倾向于使用；低频成语对于学生而言是陌生的，他们似乎在心理上默认自己不能很好地使用低频成语，而无论其透明度是高或者是低。

4.7　基于实验结果的中小学生成语教学建议

掌握一个词语，其实就是掌握和这个词语有关的词汇知识。Nation（1990）曾对词汇知识的内容做过形式、意义、功能和位置方面的概述，形式方面主要包括口语和书面语，意义方面包括概念意义和联想意义，位置方面包括语法框架、搭配方式，功能包括频率和使用场合等。而成语作为一类特殊的词，其词汇知识较之于一般复合词而言更为丰富。习得成语最重要的标志就是准确掌握其整体意义和搭配方式。如何更好地习得词汇？邢红兵（2009）曾对词汇习得过程中的关键因素进行了总结，强调“频度”这一词汇的统计属性在词汇获得中的作用，认为频度因素决定了词语的常用度和加工策略并且会影响词语形、音、义之间的联结强度。

首先，通过实验中频度的主效应可以看出成语的使用率会受到频度因素的影响，高频成语的使用率高于低频成语。对于教学而言，教师在成语的教学过程中要培养成语使用的频度意识，一方面，是关注成语的频度，主要是成语在真实语料中的使用频度，这些数据可以通过基于大规模语料库的统计获得;另一方面，针对频度不同的成语，教学时应有所区别，相比于高频成语，低频成语更需要教师的反复讲解，从而来平衡成语在高低两个频度上的差异，使学生能够产出更多的低频成语，从而拓展学生的词汇量。

其次，教师应关注成语语义透明度这一因素。从上文的研究中我们可以看出成语有字面义和整体义的区别，同时又会有引申义、形容义、比喻义的差异，这些给中小学生感知成语意义带来了不小的困难。教师作为教学的引导者，应该有意识地对成语进行语义透明度分级，针对不同透明度成语进行区别教学。从上文的语义透明度主效应显著我们能看出语义越是透明度，使用率就越高。这也从侧面给教师提供了一些信息，相比于高透明度成语，低透明度成语更应该成为教师的教学重点，需要花费更多的时间去讲解，从而让学生能够更多更准确地产出语义低透明的成语。

5 结论

本文采用语料库统计和实验设计的方法，考察了语义透明度因素、频度因素、年级因素对成语使用率的影响，研究发现高透明成语的使用率高于低透明成语的使用率；高频成语的使用率高于低频成语的使用率；高年级成语的使用率高于低年级成语的使用率，并且发现语义透明度因素与频度因素交互作用明显，在高频成语中，透明度越高，成语的使用率越高；在低频成语中，透明度的高低对于成语使用率的高低没有明显影响。

参考文献

[1] 董于雯（2011）汉语常用双音节词语义透明度研究—兼论对外汉语词汇教学的启示，《国际汉语学报》第1期。

[2] 符淮青（2004）《现代汉语词汇》，北京：北京大学出版社。

[3] 孔建源（2013）汉语双音节合成词的语义透明度考察——以HSK词汇大纲为例，《现代语文（语言综合版）》第8期。

[4] 李行健主编（2010）《现代汉语成语规范词典》，北京：华语教学出版社。

[5] 李晋霞、李宇明（2008）论词义的透明度，《语言研究》第3期。

[6] 刘　伟（2004）语义透明度对留学生双音节合成词词汇通达的影响，北京语言大学博士论文。

[7] 刘　颖、彭聃龄（1997）中文词汇加工中词素的作用，《第八届全国心理学学术会议文

摘选集》。

[8] 彭聃龄、李燕平、刘志忠（1994）重复启动条件下中文双字词的识别，《心理学报》第4期。

[9] 任　敏（2012）影响现代汉语双音复合词语义透明度的机制研究，《河北师范大学学报》第4期。

[10] 苏新春（2005）《汉语释义元语言研究》，上海：上海教育出版社。

[11] 王春茂、彭聃龄（1999）合成词加工中的词频、词素频率及语义透明度，《心理学报》第7期。

[12] 王春茂、彭聃龄（2000）重复启动作业中词的语义透明度的作用，《心理科学》第4期。

[13] 王兴国主编（2010）《汉语成语大词典》，华语教学出版社。

[14] 邢红兵（2009）基于联结主义理论的第二语言词汇习得研究框架，《语言教学与研究》第5期。

[15] 邢红兵（2015）基于语料库的词语知识与二语词汇教学，《中国言语文化学研究》第4号。

[16] 徐彩华、李镗（2001）语义透明度影响儿童词汇学习的实验研究，《语言文字应用》第1期。

[17] 余桂林（2002）《〈现汉〉四字词语的分类及其特点》，厦门大学硕士学位论文。

[18] Cruise, D. A. *Lexical Semantics*. Cambridge: Cambridge University Press, 1991

[19] Ellis, N. C. Frequency effects in language processing. Studies in second language acquisition. *Studies in Second Language Acquisition*, 2002,（24）

[20] Libben. Semantic transparency in the processing of compounds: consequences for representation, processing, and impairment. *Brain and Language*, 1998,（1）

[21] Nation, I. S. P. *Teaching and learning vocabulary*. New York: Newbury House, 1990

[22] Sandra, D. On the representation and processing of compound words: Automatic access to constituent morphemes does not occur. *The Quarterly Journal of Experimental Psychology*, 1990, 42A（3）

[23] Ullmann, Stephen.*Semantics: an introduction to he science of meaning*. Oxford: Basil Blackwell, 1962

[24] Zwitserlood, P. The role of semantic transparency in the processing and representation of Dutch compounds. *Language and Cognitive Processes*, 1994, 9（3）

附录1

不同语义透明度成语[①]（部分）

258个语义完全透明成语（部分）

粗心大意	从始至终	毫不相干	求同存异	心服口服	自高自大	无私无畏
当之无愧	不足为奇	毫无疑问	全神贯注	心灵手巧	自愧不如	无言以对
和蔼可亲	层出不穷	豪情壮志	全心全意	心满意足	自强不息	无依无靠

266个语义不透明成语（部分）

白日做梦	付诸东流	名垂千古	完璧归赵	出头之日	一席之地	来龙去脉
大放异彩	改头换面	名列前茅	亡羊补牢	春暖花开	一拥而上	老生常谈
一无是处	肝肠寸断	南柯一梦	望尘莫及	从一而终	异想天开	力挽狂澜

750个语义半透明成语，其中

238个半透明1成语（部分）

阿谀奉承	无论如何	神采奕奕	强人所难	倾盆大雨	后事之师	刚正不阿
悲观失望	无所不能	审时度势	倾家荡产	肃然起敬	哗众取宠	格格不入
背井离乡	无所顾忌	生而知之	取长补短	喜上眉梢	恍然大悟	各司其职

334个半透明2成语（部分）

不能自已	绞尽脑汁	手无寸铁	斩钉截铁	一统天下	一朝一夕	泣不成声
大步流星	节衣缩食	首屈一指	张灯结彩	一笑置之	一成不变	千方百计
大惊小怪	经久不衰	熟视无睹	长话短说	一星半点	一点一滴	千古绝唱

178个半透明12成语（部分）

百战不殆	参差不齐	家徒四壁	忘乎所以	饱经沧桑	一往直前	何去何从
不假思索	曾几何时	价值连城	望眼欲穿	标新立异	意气风发	何足挂齿
楚楚动人	朝气蓬勃	匠心独具	惟妙惟肖	不胜枚举	游手好闲	轰轰烈烈

附录2

实验材料[②]（部分）

50个高透明高频成语信息（部分）

成语	频度	透明度	小五使用率	初一使用率	初三使用率	高三使用率
想方设法	2235	完全透明	0.41	0.20	0.25	0.00
与众不同	1915	完全透明	3.24	6.50	10.82	14.89
各式各样	1665	完全透明	0.41	0.61	0.63	0.73
不可思议	2861	半透明1	0.20	0.20	0.88	0.29
理所当然	2398	半透明1	0.00	0.41	0.00	0.44
不以为然	1838	半透明1	0.81	0.00	1.26	0.44

50个高透明低频成语（部分）

成语	频度	透明度	小五使用率	初一使用率	初三使用率	高三使用率
毫不相干	412	完全透明	0.00	0.00	0.00	0.15
风和日丽	399	完全透明	0.41	0.20	0.00	0.00
似曾相识	382	完全透明	0.00	0.00	0.13	0.00
幸灾乐祸	415	半透明1	0.00	0.00	0.00	0.15
自欺欺人	412	半透明1	0.00	0.00	0.13	0.00
真相大白	393	半透明1	0.00	0.00	0.13	0.00

50个低透明的高频成语（部分）

成语	频度	透明度	小五使用率	初一使用率	初三使用率	高三使用率
成千上万	3515	半透明2	0.20	0.41	0.88	0.29
家喻户晓	1552	半透明2	0.00	1.02	2.26	1.46
轻而易举	1305	半透明2	0.81	1.22	1.01	1.17
莫名其妙	2653	半透明12	0.20	0.00	0.25	0.00
自然而然	1614	半透明12	0.81	0.41	0.63	0.15
轰轰烈烈	1332	半透明12	0.00	0.20	0.13	0.29
名列前茅	1617	不透明	0.61	0.61	0.50	0.29
再接再厉	1352	不透明	1.62	0.41	0.50	0.15
无济于事	1086	不透明	0.61	0.00	0.25	0.15

50个低透明度低频成语

成语	频度	透明度	小五使用率	初一使用率	初三使用率	高三使用率
名正言顺	406	半透明2	0.00	0.20	0.00	0.00
三言两语	384	半透明2	0.00	0.61	0.25	0.44
张灯结彩	376	半透明2	0.20	0.00	0.00	0.00
按部就班	407	半透明12	0.00	0.00	0.13	0.15
无懈可击	374	半透明12	0.00	0.00	0.00	0.44
嗤之以鼻	362	半透明12	0.00	0.00	0.38	0.29
打成一片	418	不透明	0.00	0.81	0.00	0.29
一波三折	412	不透明	0.00	0.00	0.13	0.00
天壤之别	403	不透明	0.00	0.00	0.00	0.15

①② 完整的不同语义透明度成语表及实验材料参见吴迪（2016）《成语的语义透明度及中小学生成语产出研究》，北京语言大学硕士论文。

儿童书面语合成词的年级分布和书面语意识的发展

李姝雯

摘要：文章结合儿童作文原文对小学生作文语料库中生造合成词进行了详细的分类和描写，统计分析了其在不同年级中的分布特点，并基于小学生对生造词的使用情况，讨论了儿童构词意识和语素意识的发展情况。

关键词：书面语　合成词　语素　作文

1　引言

生造词是词汇学习中的产物，一般只出现在语言学习者的语言产出中。在本文中，生造词是指儿童在书面语产出中使用的汉语中并不存在的词语。对这些生造词进行分析，有助于我们了解儿童词汇学习过程中表现出来的特点和规律。同时，不同于口语的习得，儿童的书面语是通过学校教育学习的，因此对儿童在书面语产出中使用的生造词进行研究，有助于我们进一步了解儿童的书面语学习过程。

目前关于儿童生造词方面的研究较少，邢红兵（2003）对汉语作为第二语言的学习者所产生的生造词进行了研究，该研究对“汉语中介语语料库系统”词表中出现的全部520条错误合成词进行了分析，将错误合成词分为5大类17小类。该研究认为留学生具有较强的合成词结构相关意识，包括语素构词意识、结构意识和语义相关意识等。留学生习得复合词存在两种不同的方式：分解学习和整词学习，其中分解学习应占主导地位。梁丹丹、刘秋凤（2008）一文收集了听力障碍学习者在学习汉语过程中所造的433个词语。姜自霞（2016）对学龄前汉语儿童口语产出中的自造词进行了研究，指出儿童造词的策略主要有加合、类比和复合，不同策略反映了儿童词法意识的发展。加合仅反映了组合意识的发展，类比说明儿童具备了分解复合词的意识，复合造词则说明儿童具备一定的词法结构意识，从而实现构词成分的意义融合。

相比于汉语作为第二语言的学习者、听力障碍学习者以及学龄前儿童的生造词产出，汉语为母语或者第一语言的儿童在作文中所产出的生造词表现出了一定的独特性。虽然生造词的使用是一种错误表达，但这类词不仅表现出儿童的构词意识、还表现出儿童的书面语意识的发展和写作创造性的发展。在本研究中，我们对小学生作文语料库中的生造词进行标注和整理，并结合儿童作文原文进行分类统计，对不同类型生造词的出现数量和年级分布进行了描写和分析。

2　生造词的分类

邢红兵（2003）将错误合成词分为5大类17小类，分别是新造词、语素替代、语素错误语素顺序错误和其他错误五大类。

我们对生造词的标注方案借鉴了邢红兵（2003）对错误合成词的分类，并结合小学生生造词的产出特点，对分类方案进行了补充。我们根据邢红兵（2003）研究中的定义，将学生出现在作文中而汉语中没有的合成词叫作生造词，而将汉语中与生造词对应的词语叫作目标词，并将生造词进行分为：新造词、语素替代、语素错误、语素顺序错误、儿向词。每类中又分为若干小类，合起来共18个类别。同时，因读音错误（如“纪念”写成“记念”）和字形错误（“熊猫”写成“能猫”）造成的无理据意义的错字、别字不纳入统计范围。

2.1　新造词

“新造词”为学生使用的合成词在汉语中没有对应的词，或者虽然有对应词，但其中至少有一个语素与目标词无关。“新造词”分为以下几类。

2.1.1　语素相关对应词（XZ1），是指生造词在汉语中有对应的目标词，生造词和目标词之间有一个或多个语素相同，但是至少有一个语素完全不同并且语义无关，如例（1），生造词“飞空”和目标词“天空”之间有一个语素相同。

（1）人们开着私人宇宙飞船在飞空中飞行着，想到哪个地方旅游，就到那（哪）个地方旅游。

2.1.2 无对应词（XZ2），指生造词在汉语中没有对应的目标词，如例（2），生造词“畅扬”在汉语中没有对应的目标词。

（2）阳光，在花瓣上跳荡；春风，在草叶上畅扬；书香飘飘，点亮一天的生活！

2.1.3 类比造词（XZ3），是指生造词在汉语中没有对应的目标词，但是有对应的构词模式或者相关的语素造词方式，如例（3），生造词“落上落下”对应现代汉语中“A上A下”的结构，如“跑上跑下”。

（3）键（毽）子好像彼（被）报（根）弹簧绳拴在脚上拟（似）的（地）不停地轻快地落上落下。

2.1.4 单音节合成双音节词（XZ4），是指生造词是由两个单音节词合成一个双音节词。这两个单音节词都能够独立使用，并且这两个词之间有同义关系、近义关系或者语义相关，如例（4），“碰摔”是由单音节动词“碰”和“摔”组成的，其中“摔”是“碰”的结果。

（4）等所有人走开了，我不好意思地说：“对不起，是我用了你的卷笔刀，不小心碰摔坏了，我们还是朋友吗？”

2.1.5 多词混合（XZ5），是指生造词的使用可能是受到两个或者多个汉语中原有词语的影响，如例（5），“丢头失尾”可能是受到“丢三落四”和“虎头蛇尾”两个词语的影响。

（5）以后别在（再）这样丢头失尾。做每件都事考虑到前面怎么样，后面怎么样。做事不能粗心。

2.1.6 想象造词（XZ7），是指儿童用新创造的词用来表示自己想象出的概念，如例（6）中的“凹越车”，我们结合上下文可知，这是作者用自己造的词来表示想象出的一种车。

（6）也许，那时候人们用的不是什么公共汽车，飞机、出租车、摩托车……而是能越过宇宙、游过海底的凹越车。

2.1.7 多词组合（XZ8），多词组合是一类简缩词，就是把一个词组或者句子表达的意思，取其中的几个关键词造成一个新词，如例（7），生造词“晚觉”是将词组“晚上睡觉”中的关键语素“晚”和“觉”提取出来，简缩成一个词。

（7）她晚觉的姿势各种各样。一会儿双目紧闭，双手直上，好像在投降似的；一会儿，又翻来覆去，还会把嘴巴张开笑。

2.2 语素替代

“语素替代”是指小学生的生造词和目标词相比，在词的构造上没有差异，在语素上有差异，但是生造词和目标词中有差异的语素之间是同义关系、近义关系、反义关系或者语义相关（邢红兵，2003）。

2.2.1 音节相同语素替代（ST1），是指生造词使用的语素和目标词的语素是同义、反义或语义相关，并且结构相同，这类替代的语素一般都是单音节的，如例（8），生造词“哭涕”和目标词“哭泣”中语素“泣”和“涕”是语义相关的，并且音节相同，都是单纯语素。

（8）我想：要不是同学们在我哭涕时伸出了援助之手，我恐怕早已丧失了自信，这次也不会成功。（4GDF50）

2.2.2 复合语素替代单纯语素（ST2），是指生造词中包含了另外一个合成词；使用了一个复合语素替代目标词中的单纯语素，如例（9），生造词“学术名”和目标词“学名”相比，是用“学术”替代语素“学”。

（9）重头戏来了：15只印对中国太极图的怪兽出现do，它们下面有一个紫色涡轮，经科学论证，是可以连通别的空间的，学术名“蠕虫洞”。

2.2.3 单纯语素替代复合语素（ST3），是指生造词中使用了一个单纯语素替代目标词中的复合语素，如例（10），生造词“垃桶”中，语素“垃”替代了“垃圾桶”中的“垃圾”。

（10）如今还在垃桶旁，孤零零地坐着。

2.2.4 同词语素替代（ST4），是指生造词中错用的语素和目标词的对应语素是另外一个相同词中的语素。如例（11），生造词“照册”的目标词是“相册”，而“照”“相”实际上是“照相”一词的两个语素。

（11）在我的照册里有许多照片它们记录的我快乐的童年，但只有这张让我终生难忘。

2.3 语素错误

2.3.1 错用语素（SW1）。是指和目标词相比，生造词中包含一个错误的语素，这个语素和目标语素之间没有音形义的关系，如例（12），错误合成词“公心”是“开心”的意思，但语素“公”和目标语素“开”之间没有关系。

（12）它们一个躲，一个找，玩的（得）十分公心。

2.3.2 语素多余（SW2）。是指和目标词相比，生造词中多了一个语素，如例（13）。

（13）突然，我一不小心就把我的手割出了血，我就撒娇，我就哭，妈妈一听到了我的声音就来了，张帆，“什么事，你哭什么哭，为什么要哭脸呀！”

2.3.3 语素缺失（SW3）。是指和目标词相比，生造词中少了一个或者两个语素，如例（14），生造词“皮骨头”的目标词为“皮包骨头”的意思，其中缺失语素“包”。

（14）但在这场比赛当中，小狗熊虽然用了九牛二虎之力，可也没赢得动物们的掌声。因为它皮骨头，走路说话都没有力气，还怎么比赛呢？

2.3.4 语素记音（SW4）。语素记音的不是因为汉字书写问题而导致的错误，而是由于儿童不懂这个词的真正含义或是只听过没写过，于是就用音近或者音同的语素来对要表达的概念进行“记音”。语素记音与别字的区别是，我们能从这个词中看出儿童对这个词的理解。语素记音生造词中用来记音的音近或者音同的语素，往往和整词的意义相关，如例15中的“犹豫症”，对应的目标词应该为“忧郁症”，但是由于作者不是真正明白“忧郁症”的含义，因此使用了比较熟悉的“犹豫”一词来“记音”。

（15）让有着犹豫症的孩子透露出甜蜜的微笑，让大家知道自己活着很有价值，要振作起来，努力前进。

2.4 语素顺序错误

语素顺序错误（SS1）是指生造词中的语素和目标词的语素位置颠倒或者位置混乱，如例（16）中的“娇生惯养”写成了“惯生娇养”。

（16）只要我碰到不顺心的事，就张开嘴巴哇哇大哭，一点儿也不像牛那么温顺，倒像个惯生娇养的小猫咪，又懒又馋。

2.5 儿向词

儿向语（baby talk/infant-directed speech）是指成人跟小孩说话的时所采用的一种特殊的说话方式，表现为语速慢、句子短、重复多等；在词汇上，儿向语主要表现在两方面。第一方面是重复，如“吃饭饭”“睡觉觉”；第二方面是一些特殊的称名，如把洗澡叫作“洗香香”，把“苹果”叫作“小果果”等。我们把有这两种表现的词汇称为“儿向词”，如例（17）中的“小树树”。

（17）小树树抖抖手臂，火红的树叶一片片落了下来。

生造词的标注方案见表1。

表1　生造词的标注方案

新造词	1语素相关对应词（XZ1）
	2无对应词（XZ2）
	3类比造词（XZ3）
	4*两个单音节合成一个双音节词（XZ4）
	5多词混合（XZ5）
	6*想象造词（XZ7）
	7*多词组合（XZ8）
语素替代	1音节相同语素替代（ST1）
	2复合语素替代单纯语素（ST2）
	3单纯语素替代复合语素（ST3）
	4同词语素替代（ST4）
语素错误	1错用语素（SW1）
	2语素多余（SW2）
	3语素缺失（SW3）
	4语素记音/义（SW4）
语素顺序错误（SS1）	
*儿向词（SR）	

表中带有“*”为邢红兵（2003）研究中没有的类别

3　生造词类型出现频率的统计结果分析

通过对作文中出现的生造词，我们共统计出399个生造词，从数量来看，各类偏误词的数量差异较大。生造词各个类型的数量和比例的计算结果见表2。

表2　生造词各个类型的数量和比例

类型	新造词	语素替代	语素错误	语素顺序错误	儿向词
数量（个）	192	120	52	30	5
比例（%）	48.12	30.08	13.03	7.52	1.25

从统计结果看，新造词的数量最多，占全部偏误合成词的48.12%。其次是语素替代生造词，占全部生造词的30.08%；语素错误生造词占13.03%，语素顺序错误占7.52%，儿向词占全部生造词的1.25%。下面我们对新造词、语素替代、语素

错误、语素顺序错误这四大类生造词内部各个生造词小类别的数量和年级分布进行具体分析。由于儿向词一共出现5次，并且都集中在三年级的作文中，因此不再具体分析。

3.1 新造词类统计结果

从表3和图1的统计结果可以看出，小学生作文中出现的语素相关对应词较少，并且只在三年级的时候出现；类比造词较多，占全部新造词的37%。此外，多词组合的数量也较多，占到了全部新造词的19%。

表3 新造词各个类型的数量和比例

新造词类别	三年级	四年级	五年级	六年级	总和	小类比例	总比例
语素相关对应词	2	0	0	0	2	0.010417	0.005013
无对应词	2	3	10	18	33	0.171875	0.082707
类比造词	16	19	20	16	71	0.369792	0.177945
两个单音节合成一个双音节词	7	2	2	3	14	0.072917	0.035088
多词混合	4	0	1	3	8	0.041667	0.02005
想象造词	7	2	3	15	27	0.140625	0.067669
多词组和	18	6	6	7	37	0.192708	0.092732

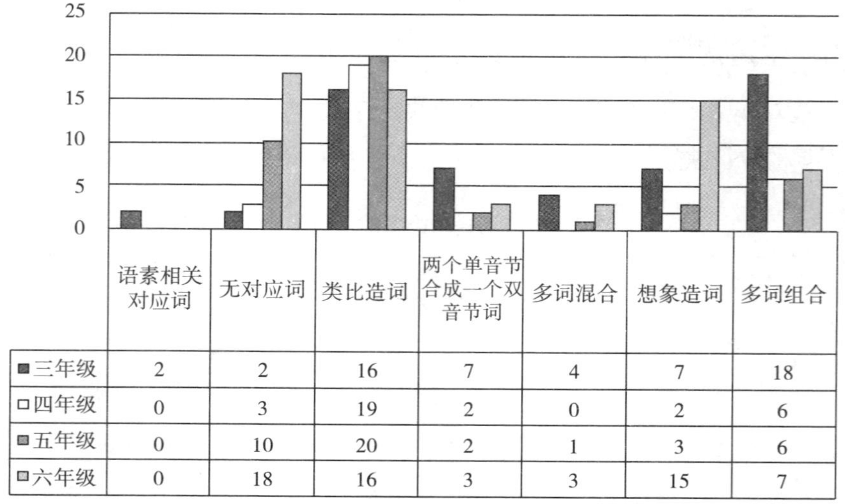

图1 新造词各个类型的数量在不同年级的分布

从年级的发展来看，无对应词类生造词的整体发展趋势是随着年级的升高而逐渐地增多。想象造词在三年级的出现次数多于四、五年级，但远远少于六年级该类生造词的出现次数。从四到六年级，随着年级的升高而逐渐地增多，六年级作文中想象造词使用的最多。相对的，多词组合的数量基本是随着年级的升高而逐渐减少。

两个单音节合成一个双音节词和多词混合两类生造词的使用次数都是相比于四、五年级，三年级和六年级出现得较多，但是其在三年级出现的次数要多于在六年级的出现次数。

类比造词在三到五年级期间基本是随着年级的升高，其使用量也逐渐增加；但是到了六年级，类比造词的数量又出现了减少。

3.2 语素替代统计结果

根据表4和图2所显示的统计结果，音节相同语素替代的生造词最多，占全部语素替代的90%；其次是单纯语素替代复合语素，占全部语素替代的8%左右；复合语素替代单纯语素和同词语素替代数量较少，分别在六年级和三年级各出现了一例。

表4 语素替代各个类型的数量和比例

语素替代类型	三年级	四年级	五年级	六年级	总和	小类比例	总比例
1音节相同语素替代（ST1）	27	18	39	24	108	0.9	0.270677
2复合语素替代单纯语素（ST2）	0	0	0	1	1	0.008333	0.002506
3单纯语素替代复合语素（ST3）	3	1	2	4	10	0.083333	0.025063
4同词语素替代（ST4）	1	0	0	0	1	0.008333	0.002506

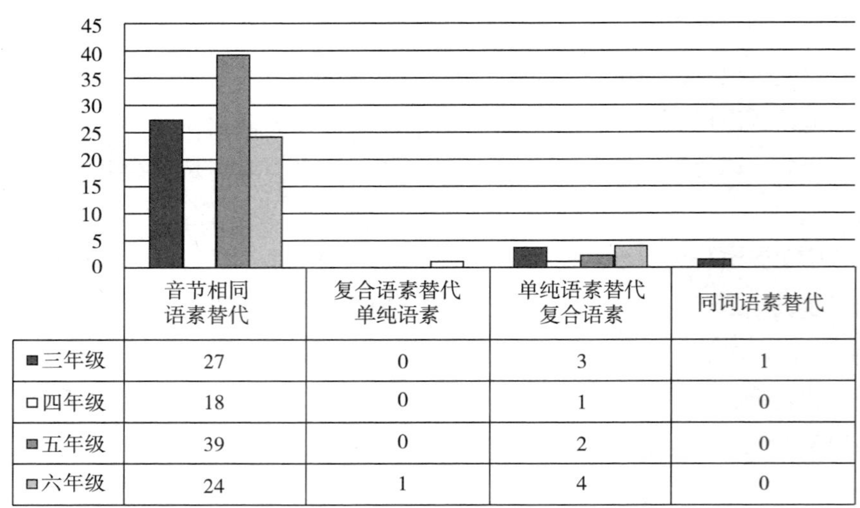

图2 语素替代各个类型的数量在不同年级的分布

从年级的发展来看，从三到五年级随着年级的升高，音节相同语素替代的使用量也逐渐增加；但六年级时，该类生造词的数量出现了明显减少。单纯语素替代复合语素在三到五年级的数量分布比较均匀，在六年级作文中出现得最多。

3.3 语素错误统计结果

根据表5和图3语素错误生造词的统计结果，语素记音/义的生造词最多，占全部语素错误的50%以上；其次是语素缺失，占全部语素替代的25%；语素多余的数量较少，仅占全部语素错误的6%左右。

表5 语素错误各个类型的数量和比例

语素错误类型	三年级	四年级	五年级	六年级	总和	小类比例	总比例
1错用语素	6	2	0	0	8	0.153846154	0.020050125
2语素多余	0	1	0	2	3	0.057692308	0.007518797
3语素缺失	3	6	2	2	13	0.25	0.032581454
4语素记音/义	5	8	9	6	28	0.538461538	0.070175439

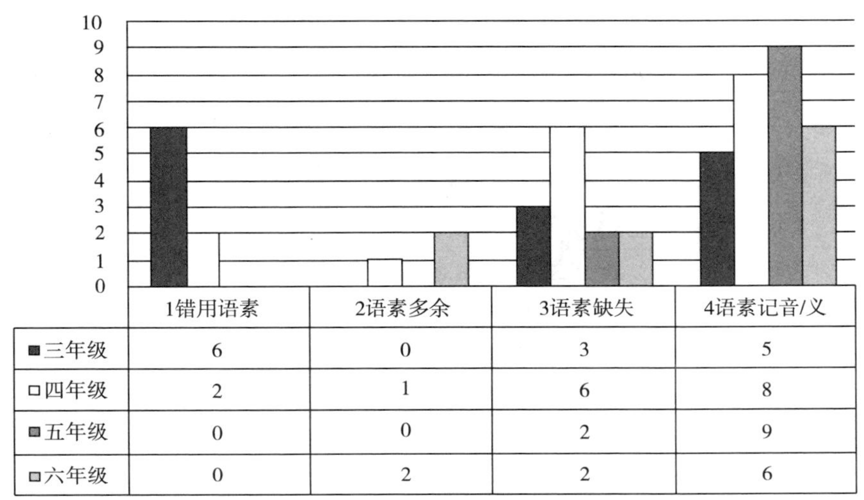

	1错用语素	2语素多余	3语素缺失	4语素记音/义
■三年级	6	0	3	5
□四年级	2	1	6	8
■五年级	0	0	2	9
□六年级	0	2	2	6

图3　语素错误各个类型的数量在不同年级的分布

从年级的发展来看，三到五年级，语素记音/义生造词随着年级的升高使用量也逐渐增加；但六年级时，该类生造词的数量又出现了减少。错用语素和语素缺失在三到六年级基本上呈现下降趋势，到了五、六年级，作文中就没有出现错用语素的生造词。

3.4　语素顺序错误统计结果

根据表6和图4语素顺序错误生造词的统计结果，我们可知，语素顺序错误占生造词的7%左右；从年级的发展来看，语素顺序错误这一类生造词在二年级出现最多，在其他年级的分布比较均匀。

表6　语素顺序错误的数量和比例

年级	三年级	四年级	五年级	六年级	总和	总比例
语素顺序错误	7	11	6	6	30	0.0752

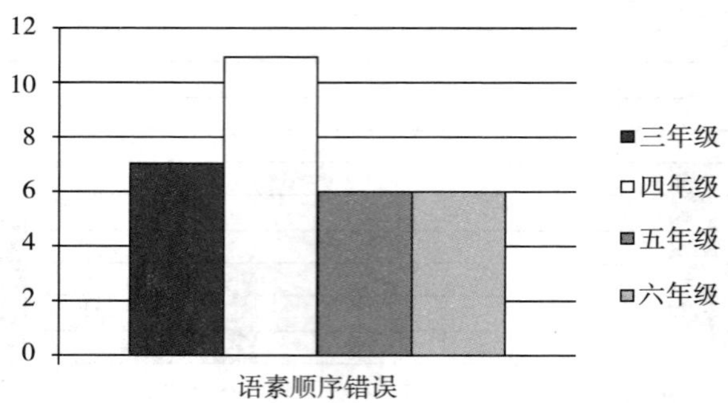

图4　语素顺序错误的数量在不同年级的分布

4　讨论

4.1　儿童构词意识和语素意识的发展

从生造词的使用情况看，新造词的数量最多（48.12%），其次是语素替代生造词（30.08%）；而新造词中的类比造词（17.8%）和多词组和（9%）最多。由此可见，儿童生造词中的47.88%都是儿童运用汉语的语素知识和汉语的构词规律创造的。发生语素使用错误的生造词所占比例较少（20.55%）。

4.2　新造词所表现的语言创造性

4.2.1　多词组合

儿童在使用语素进行构词时，表现了很强的创造性，在新造词中，“多词组合”的数量也较多，占到了全部新造词的22%。“多词组合”是一类简缩词，就是把一个词组或者句子表达的意思，取其中的几个关键词造成一个新词，这类词的构成原理。这与近几年流行的网络词“多词组合”（虽然不明白，但好像很厉害的样子）、“喜大普奔”（喜闻乐见、大快人心、普天同庆、奔走相告）的构成原理相似。比如，“远道而来的客人”称为“远道人”、把“困惑的感觉”称为“困感”以及为了表达“委婉地劝说”的意思而造的“委劝”。“多词组合”表现了儿童根据汉语构词规律将几个不同词汇简缩为一个词的构词能力。

4.2.2 想象造词

“想象造词”是指儿童用新创造的词用来表示自己想象出的概念，如“八海鱼”“活车”“科学省”“马可苹果号”等，这类生造词的总量虽然不多，但是随着儿童年级的增长，数量逐渐增多。这类词表达的是儿童在书面语表达中创造的新概念，反映了儿童写作的创造性。

4.3 语素替代生造词的“陌生化”和书面语意识的发展

在语素替代生造词中，“音节相同语素替代”的数量最多，“音节相同语素替代”是指生造词使用的语素和目标词的语素是同义、反义或语义相关，并且结构相同。我们发现，儿童在生造词中使用的替代的语素相对于目标语素，常常是比目标语素使用频率低的同义、反义或语义相关的语素，这使得语素替代生造词出现一种“陌生化”。如学生将“软肋”中的“肋”用“筋”替代，构成了“软筋”；“放眼”中的“眼”用“眸”替代，构成了“放眸”；“千辛万苦”中的“苦”用“险”替代，构成了“千辛万险”。

学生使用一些更加生僻的语素替代常用的语素，使得这种词看起来更不常用。我们推测造成这一现象的原因是学生由于书面语意识的发展，逐渐意识到书面语中使用的词语相对于口语中的用词往往更生僻、不好写也不好认，对于儿童来说也更为“陌生”。因此，为了让自己的写作看起来更像书面语，学生就使用语素替代的方法生造一些词，把常用词变成非常用词。

从年级的发展来看，音节相同语素替代在三到五年级时，随着年级的升高使用量也逐渐增加；但六年级时，该类生造词的数量出现了明显减少。我们推测，六年级学生书面语的写作能力相对于其他低年级学生有所提升，同时书面语写作也更符合现代汉语的写作规范，较少出现使用语素替代的方法生造词汇，使得常用词“陌生化”的现象。

参考文献

[1] 邢红兵（2003）留学生偏误合成词的统计分析，《世界汉语教学》第4期。

[2] 姜自霞（2016）汉语儿童造词策略和词法意识发展，《语言文字应用》第2期。

[3] 梁丹丹、刘秋凤（2008）聋生汉语构词偏误的描写与统计分析，《中国特殊教育》第12期。

附录

生造词

1. 新造词

XZ1

飞空（天空） 经路（纹路/经脉？）

XZ2

水剂药 弓拉 凝悟 兴心 茫暮 香迷 忧悠忧悠 武保 源水 畅扬 强眠 绽芽 蓝莹莹 馨香 锦锦 一悚 贵豪 小话 感怀 横拒 娇娆 姗弛 书坑 晨会课 晚学 小茸 年过老人 小食品 国垒 小丫崽子 余晕 原此 干骨头

XZ3

人养的（野生的） 饿咕咕（ABB） 哼哼好好（AABB） 乱蹦乱跳（连蹦带跳） 苗苗条条（AABB） 秋冷风寒 东闻西嗅（东A西A） 套套（AA） 黑酸酸（ABB） 阴凉凉（ABB） 千曾百次（千辛万苦） 东刷西刷（东A西A） 一声没知（一言不发） 再三再四（再三） 落上落下（A上A下） 飘飘悠悠（AABB） 哆哩哆嗦（啰里啰唆） 吱吱喳喳（叽叽喳喳） 连走带跑（连A带B） 千心百计（千方百计） 日久千长情 漂漂洒洒（AABB） 还躬不止 哭哭泣泣（AABB） 走东道西（走南闯北） 左求右求（左思右想） 左借右借（左思右想） 三摸两摸（三下两下） 抽抽噎噎（AABB） 绒乎乎（A呼呼） 争鲜夺艳（争奇斗艳） 不张不扬（不A不B） 无边无境（无A无B） 一声秋雨一层寒 拭目不见（视而不见） 千风万雨（千辛万苦） 酸不溜叽（A不溜秋） 无贪无念（无A无B） 迷迷茫茫（AABB） 翠色欲流（翠色欲滴） 川流奔波（川流不息） 苦上浇苦（火上浇油） 左劝右说（左思右想） 纯纯绿绿（AABB） 神勇无缘 冷意（暖意） 东飞西转（东A西A） 百治不愈（百看不厌） 文书（画书） 急冲冲（ABB） 紫盈盈（ABB） 手不择卷 急忽忽（ABB） 叶肥体壮 吼吼喳喳（AABB） 相依相靠（相亲相爱） 喜甜不喜淡 呼呼噜噜（AABB） 怒火万丈（火冒三丈） 现生一念 左亲右吻（左思右想） 恬谈

闲达　着着急急（AABB）胜气凄人（盛气凌人）假思弥想（苦思冥想）一言为定，驷马难追（一言既出，驷马难追）千磨万击（千辛万苦）葱葱茸茸（AABB）山青水美　勤勤奋奋（AABB）瘦甲甲（ABB）

XZ4

招引　懊丧　讲说　飘飞　甜醉　蒸晒　橙桔　尖长　碰摔　鲜动　搞弄　刮涂　搜找　追超

XZ5

一哼一声（一声不吭/一A一B）丢东忘西（丢三落四/A东A西）丢头失尾（丢三落四/虎头蛇尾）忙来忙去（跑来跑去/忙上忙下）东摇右摆（东A西A/左A右A）似懂似疑（似懂非懂/半信半疑）似信非信（似懂非懂/半信半疑）火冒金星（火冒三丈/眼冒金星）

XZ7

凹越车　八海鱼　宫然鱼　天地鱼　克轮星　林长　宝庭　塘籽夏　伸缩十八招　乐优园　马可苹果号　千日醉　科学省　活车　群蹲起　迷魄雾　回身飘移　蠕虫洞　奇树仙女　隐形飞箭　汗桃　轻重折叠桥　水面行走鞋　探宝器　姓鱼河　忙漠　劈啪器

XZ8

逃险计（逃脱危险计）船口（船的出口）出炸（出去轰炸）庄严声（庄严的声音）华车（豪华的车子）惊诧（惊奇诧异）头山（像山一样的头）晚觉（晚上睡觉）直上（伸直了向上）温巾（温暖的毛巾）轻切（轻轻地亲切地）小布（小块的布）阔道（宽阔的通道）湿暖（潮湿温暖）自飞（自己飞起来）观尝（观赏品尝）绿海（绿色的海洋）领护（领着并保护）迷动（迷人动人）轻切（轻轻地亲切地）灵通人（消息很灵通的人）动物海（动物多的像海洋一样）洗衣斑（因为洗衣服而长出的斑）惭愧感（惭愧的感觉）困疑（困惑和疑问）欢跃（欢呼雀跃）勇正（勇敢正直）饱顿（饱餐一顿）领阅（领悟阅读）远道人（远道而来的人）嬉跑（嬉戏奔跑）悲样（悲伤的样子）留须（留的胡须）委劝（委婉地劝说）心煮（用心煮的）傲满（骄傲自满）另自（另外自己一个人）

2. 语素替代

ST1

轻声轻脚（轻手轻脚） 泻流而下（奔流而下） 善有善报，恶有恶果（善有善报，恶有恶报） 谈天（聊天） 秀长（修长） 不亏（不愧） 不甘视弱（不甘示弱） 盔角（盔甲） 东奔西窜（东奔西跑） 趾高气昂（趾高气扬） 桌过（桌旁） 分高（分头） 早去晚归（早出晚归） 马小哈（马大哈） 兴奋针（兴奋剂） 宝留（保留） 长温（升温） 至高无尚（至高无上） 悄然大悟（恍然大悟） 有生有色（有声有色） 谈笑风声（生） 争前恐后（争先恐后） 曾今（曾经） 冰性笔（水性笔） 白听不如一见（百闻不如一见） 冰天冻地（冰天雪地） 泡泡澡（泡泡浴） 狂轰烂炸（狂轰滥炸） 水中镜（水中花） 心疼不疑（心痛不已） 哭涕（哭泣） 扮死（装死） 铁钾（铁甲） 多姿多样（多姿多彩） 说直话（说实话） 知已人（知心人） 长长不老（长生不老） 水泄不能（水泄不通） 报得（报答） 男儿有累不轻弹（男儿有泪不轻弹） 恍然大恍（恍然大悟） 近在眉睫（迫在眉睫） 落泥鸡（落汤鸡） 一清两楚（一清二楚） 绞尽脑子（绞尽脑汁） 另人瞩目（令人瞩目） 数无胜数（数不胜数） 口音机（收音机） 烟消去散（盐桥云散） 身现百战（身经百战） 自吃其力（自食其力） 塞翁失马，焉知非神速（塞翁失马，焉知非福） 呼呼欲睡（昏昏欲睡） 含革茹苦（含辛茹苦） 情不止禁（情不自禁） 一晨之间（一夜之间） 魂飞四散（魂飞魄散） 不甘势弱（不甘示弱） 一声不哼（一声不吭） 自以为事（自以为是） 左思又想（左思右想） 血盘大口（血盆大口） 破滥不堪（破烂不堪） 全家荡产（倾家荡产） 一日为师，终生为爷（一日为师，终生为父） 近朱者亦近墨者黑（近朱者赤近墨者黑） 丢三乱四（丢三落四） 语重深长（语重心长） 肆性（肆意） 喃咕（喃喃） 冰冻一尺非一日之寒（冰冻三尺非一日之寒） 慵卷（慵懒） 盖括（概括） 不甘势弱（不甘示弱） 无动于忠（无动于衷） 不甘势弱（不甘示弱） 验历（经历） 破头而入（怕门而入） 真情充露（真情流露） 发灵（显灵） 炎酷（炎热） 步步为赢（步步为营） 气脏（心脏） 美不胜开（美不胜收） 哽噻（哽咽） 赤日（红日） 千辛万险（千辛万苦） 百思不得奇解（百思不得其解） 不知明（不知名） 牛高马大（人高马大） 创口贴（创可贴） 导火绳（导火索） 软筋（软肋） 放眸（放眼） 主要歌（主打歌） 嘟嚷（嘟囔） 紧事（急事） 姿式（姿势） 仕途多折（仕途多舛） 见利忘本（见利忘义） 风义勇为（见义勇为） 感人心肺（感人肺腑） 惊恐万状（惊恐万分） 载歌欢舞（载歌载舞） 获益匪浅（受益匪浅） 同心协心（同心协力） 轰惊（震惊） 小年（少年）

ST2

学术名

ST3

人学家（人类学家） 橡泥（橡皮泥） 梧树（梧桐树） 报纸皮（报纸封皮） 巴车（巴士车） 名探（名侦探） 消官兵（消防官兵） 垃桶（垃圾桶） 科哲理（科学哲理） 高科（高科技）

ST4

照册（相册）

3. 语素错误

SW1

月黑　火街　阶沿　数外　支世　喜巩　某余　公心

SW2

哭脸（哭）破天荒地（破天荒）团结性（团结）

SW3

杀戒（大开杀戒） 皮骨头（皮包骨头） 窃私语（窃窃私语） 唠（唠叨） 自介绍（自我介绍） 匆忙忙（匆匆忙忙） 偷奸耍（偷奸耍滑） 狼（狼籍） 欢蹦乱（活蹦乱跳） 面相觑（面面相觑） 情不禁（情不自禁） 千叮万嘱（千叮咛万嘱咐） 栉比（鳞次栉比）

SW4

定生数（定身术） 本利年（本命年） 世上无难事，只怕有新人（世上无难事，只怕有心人） 洁白无霞（洁白无瑕） 高评区（高新区） 菇萎（枯萎） 别开新面（别开生面） 激关枪（机关枪） 旗虎相当（旗鼓相当） 隐行术（隐形术） 巧装（乔装） 自悲（自卑） 无威不置（无微不至） 立尽（历经） 金刚棒（金箍棒） 形隐不离（形影不离） 圣指（圣旨） 不诡（不轨） 果真假实（货真价实） 出耳反耳（出尔反尔） 犹豫症（忧郁症） 莫名游览（慕名） 做

事不理（坐视不理） 鸭片（鸦片） 平频（频繁） 自悲（自卑） 勤操（情操） 魂飞迫散（魂飞魄散）

4. 语素顺序

打呼招　胆擅心惊　点终　惯生娇养　和风日丽　巾纸　可不思议　愧羞　妈姑

骗欺　然忽　热亲　散走　势破如竹　手无足措　瘦骨如柴　团转转　戏嬉　吓惊　学数　言格　疑不解惑　百孔千苍　忙忙匆匆　要玩　书中自有金黄屋

5. 儿向语

小树树　饭饭　红豆豆　果果　包包

汉英“看”类动词范畴对比分析

徐秋叶

提要：本研究尝试运用认知语言学的范畴化理论，在对汉英两种语料进行统计分析的基础上，构建汉英“看”类动词语义范畴，并进行范畴对比分析。研究对象为现代汉语视觉动词“看”和“见”以及英语视觉动词“look”“see”和“watch”。本研究主要得出以下结论：汉英“看”类动词次范畴化的途径表现为两类——辐射状与连锁状；汉英“看”类动词语义范畴的延伸存在一定相似性，在次范畴的表达上具有较高对应性；汉英“看”类动词次范畴中词语的对应选择是有差异的，形成了词与词之间的不对应关系。

关键词：视觉动词　范畴　汉英　对比

1　引言

人们通过自身的感官对外部世界进行认知与理解，尤其是视觉感官。汉语中，“看”是最常用的视觉动词，“见”由古汉语发展至今，在语言的交际中仍经常使用；英语中“look”“see”“watch”这三个词在《柯林斯英语词典》中列入使用频率最高的七百词之列。由于视觉动词的常用性以及在语言使用中语义的丰富性和复杂性，以往有关汉英视觉动词的研究较为丰富，大家从不同角度进行过一些探索，有集中于单个语言内部的研究，也有跨语言的研究。但是观察以往研究，我们也发现了一些问题：首先，对两种语言中视觉动词的语义对比研究得不够深入，缺乏系统性，多数研究者在对语义的描写与解释上只是给出列举性的说明，很少有基于大规模语料的统计研究；其次，在对汉英视觉动词进行对比分析的研究中，较少有从认知语言学范畴理论的角度进行的研究。

汉英两种语言中，视觉动词的语义分布是什么样的，语义之间是如何发展关联的，由此构成的视觉动词语义范畴呈现出什么样的结构形态和发展形态，本研究将重点针对以上问题进行探讨。

本文现代汉语部分的语料来自北京语言大学的“现代汉语研究语料库系统”，英语部分的语料来自《柯林斯词典》(《Collins》)，同时我们还参考了《牛津高阶英汉双解词典》(*Oxford Advanced Learner's English-Chinese Dictionary*)中对这三个词语进行释义时所列举的语料。

2　汉英“看”类动词语义范畴构建

2.1　汉语“看”类动词语义范畴构建

2.1.1　“看”的语义及延伸

2.1.1.1　“看”的语义分类

我们参考了《现代汉语词典（第五版）》和《现代汉语八百词》中“看”的释义以及有关文献著作，并对现代汉语1760条语料进行分析与统计，本文对“看”的语义进行如下分类：

“看”作为表达视觉行为的动词，其基本义是使视线接触人或物，这种视线的接触是主动性的；“看”不完全表示视觉动作，而是更加侧重表现“看”的目的、对象、方式等，如观看、欣赏，参观、游览，检查、查看，阅读，拜访、看望，诊治，观察；“看”表示动作行为者对事物的主观判断和估计，包括判断、推测、估计、评价、认为、以为、觉得等，随着主观性加深，还可以表示主观认识和看法等，如了解、弄清、发现、意识到、认识到、领会以及取决于、决定于等，“你看”作话语标记词；“看”表示提醒注意，作为情态标记词，表达强调、责备、威胁、关心等情感；“看”用作通感；“看”表示建议尝试，作助词。

2.1.1.2“看”的语义描写及语义间的延伸关系

“看”作为表达视觉行为的动词，其基本义是使视线接触人或物，这种视线的接触是主动性的。

（1）一天他们来到一条深沟前，往下一看深不见底，只有大胆地跳跃过去才能往纵深走。

“看”表示主动的视觉接触，视觉行为的对象可以是人也可以是具体的客观事物或者某个方向等；“看”可以单独使用，可以加“着、了、过”，还可以重叠使用，“看”后面可以带名词、动词、小句做宾语，也可以带结果、情态、动量补语等表示动作的程度或结果，如“看到”“看见”“看不清”“看一眼”，等等。

“看”不完全表示视觉动作，而是更加侧重表现“看”的目的、对象、方式等。

观看、欣赏

（2）远看西洋画，西方绘画的建筑性，上墙后的远距离效果是造型艺术的骨骼。

句中“看”表示主动视线接触的语义成分减少，视觉行为的对象是具体的客观事物，如演出、书画作品、悦人的风景、电视报道，等等。

参观、游览

（3）接着她又和我全家在广州过春节，看花市，她很兴奋地写诗词歌颂当时的见闻。

视觉的对象多为具体的客观事物，或者通过视觉行为来获得知识、了解信息，如“看标本”“看工厂”。

检查、查看

（4）“昨天的账呢，给我看一下。”

行为者希望通过“看”有所发现，而且这种“看”的方式常常较为细致、仔细。

阅读

（5）你写的这两份报告我看了，改动了几个数字。

视觉行为的对象通常是含有丰富内容的媒介，人们通过“看”来获取信息。

拜访、看望

（6）你来看我怎么事先也不打个招呼？

“看”后的宾语常常是某人或某些人。

诊治

（7）走吧，上医院看看。

“看”表示“诊治”的语义时，包括医生诊治病人和病人接受诊治两种。

观察

（8）从他家出来，我打着伞朝自己家里走去，路过那家已打烊的饭馆时，我发现门檐下有一个熟悉的身影，细一看，是那老头儿。

视觉的对象可以是人也可以是客观事物。

“看”表示动作行为者对事物的主观判断和估计，随着主观性加深，还表示主观认识和看法等。

表示主观判断

（9）这件事你看情况办吧。

句中的“看”表示人们在对情况进行观察的基础上，做出的判断、推测或者估计、评价等等。

通过对语义的分析，我们认为这是视觉动词“看”在表现行为动作方式“观察”这一语义的基础上由现实域中的视觉行为逐渐向心理认知活动的发展。具体来说，是动作行为者在对客观事物或者客观情况进行观察的基础上做出的主观性的判断、推测或者估计、评价等，我们将这类语义整体概括为“主观判断”。常用的表达形式有“看起来”“看上去”“看样子”“看来”，以及“从……来看”“依……看”“在……看来”，等等。

表示主观认识

（10）她倒要看看，这人是怎样的一个了不起的天才。

“看”表示“了解、弄清”。“看”还有表示“取决于、决定于”的意思，比如：

（11）经济能否持续、快速发展，关键是看经济的发展是否健康。

以上语义中，无论是表示主观判断的“认为、觉得”等还是表示主观认识的“了解、发现、认识到”等，都是“看”的语义从视觉域投射到心理认知域的表现，是人们在视觉感官体验的基础上，通过隐喻的思维方式形成的抽象概念。这种语义由视觉域向心理域的延伸便是隐喻引申的表现。

话语标记“你看”

“看”与第二人称代词“你”连用成为一种固定的搭配形式，“看”失去其视觉动词的意义，不具备动词的语义特征，“你看”在句中作为话语标记，如：

（12）可是，现在，爸爸还是……更喜欢你……你看，爸爸连你的生日都没有忘记！

（13）您看，听相声能逗得大家哈哈大笑，精神愉快，心情舒畅，明天您工作起来都带劲儿。

“看”由表示视觉行为的动词延伸出表示“主观判断”以及“主观认识”的语义进而发展为话语标记“你看”，语义发生了虚化，体现了逐渐语法化的过程。

“看”表示提醒注意。

（14）“小心，看车！”

（15）“你是潘仁美，看枪！”

常在口语对话或戏剧对白中出现，“看”的这种用法常常是用来提醒听话者、引起注意，句中“看”后的宾语多为具体的客观事物。此外，在语料中我们还发现，“看”有时可以被说话者用来加强语气，表达出一种强调、责备、威胁、关心等思想感情。

强调

（16）这包子是给你和小英子的，上高粱地穿上，看合适不。

责备、埋怨

（17）噢，是这样，看我想到哪儿去了。

威胁、警告

（18）看我咋收拾你！

关心

（19）可怜的人，看把你折磨成什么样子了。

“看”的这种用法被认为是由“提醒注意”的语义在认识域中的投射发展而来，是“看”的言语行为域用法，“看”已经虚化成了情态标记词。

“看”用作通感。

“看”作为一种表达视觉行为的动词，借助通感隐喻可以表达其他感官的认知，比如触觉及听觉等。

（20）韭菜要掐一掐，看老不老。

（21）别的节目可以不看，交响乐一定得看。

“看”表示建议尝试，作助词。

（22）后边还有一个人，你猜猜看是谁？

“看”在句中用在重叠型动词或动词短语之后，表示“建议尝试”，这里的“看”已经失去作为动词的语义特征，作助词使用。

2.1.2 “见”的语义及延伸

2.1.2.1 “见”的语义分类

结合《现代汉语八百词》《现代汉语词典（第五版）》词典释义以及对现代汉语797条语料的分析统计，本文对汉语视觉动词“见”的语义做如下分类：

强调视觉行为结果，相当于“看到、看见”；会见、见面；接触、遇到；看得出、显现出；经历、遭遇；指明出处或需要参看的地方；用作通感；表现行为者的主观认识，如“发现、了解到、意识到、认识到”等；“可见”作因果连接词；作为补语语素，用在动词后作结果补语。

2.1.2.2 “见”的语义描写及语义间的延伸关系

强调视觉行为结果，相当于“看到、看见”。

（23）一进堂屋，就见他家正忙着搅拌种菇材料。

“见”强调视觉行为的结果，其基本的语义表示“看到、看见”，这种视觉结果可能是行为者对行为对象的主动感知而获得的，也有可能是非主动的感知。“见”在句中作谓语，一般不单独使用，多与名词宾语搭配，可带“了”“过”。

会见、见面。

（24）本想见到你们之后，将一切真实的情况都告诉你们。

句中用视觉行为“见”代替了整个视觉行为的过程，行为对象常常为某人或某些人，同时也表现了行为的方式和目的。

接触、遇到。

（25）冰见热就会融化。

在表示“接触、遇到”的语义时，“见”的主语多为某个事物，宾语可以为事物，有时也可以是人。

看得出、显现出。

（26）路遥知马力，日久见人心。

“见”的这一语义由古汉语中保留下来，在古代汉语中，“见”与“现”均为“见”，后来才出现用“现”字代替“见”表示“看得出、显现”的语义。

经历、遭遇。

（27）我窦老闷儿给人办了半辈子这事儿，也没见过这么大的排场！

这里“见”主要表现了视觉行为者被动地感知到行为对象，行为的对象常是某个事件或者某个场景，而且行为者通过对这个事件或场景的视觉感知形成了一种内心的感知体验和情感，表示“经历、遭遇”。

指明出处或需要参看的地方。

（28）《国学，在燕园又悄然兴起》一文（见《人民日报》1993年8月16日第三版），在国内外一部分人中引起了轰动。

这种用法的“见”多出现在书面语中，后带名词性宾语，不能单独使用，表示“参看、参见”。

用作通感

（29）见他不说话，泥塑一般地望着窗外，便走过去对他说，“我已经跟他们结了账，再不去了。”

句中的“见”借助通感隐喻表达了听觉感官的认知，是视觉域向听觉域的投射。

表现行为者的主观认识；“可见”作因果连接词。

主观认识

（30）男的见没指望，带头走出乡政府。

人们在视觉体验的基础上，融入了自己的主观性思考和认识，语义包括“发现、了解到、意识到、认识到”等，“见”的语义从视觉域向心理认知域投射，是隐喻认知方式的体现。

因果连接词“可见”

（31）从盗洞看，新探墓道墓葬边界极其准确，有的盗洞正对墓室，有的正通墓门，可见不法分子盗墓工具先进，技术也相当熟练。

“可见”在句中作为表示因果关系的连接词，表示通过前句现象或原因的分析得出后面的结果。“见”从表示“视觉行为结果”的动词到表现“主观认识”再发展为因果连接词“可见”的过程，在反映其主观化的同时也是其词义语法化过程的体现。

作为补语语素，用在动词后作结果补语。

（32）你听见了怎么不回答？

这种用法中的“见”用来表示结果，与动词相连，成为动补结构中的补语语素，已经不具备动词的特征。

2.1.3 汉语“看”类动词语义范畴构建

综合以上分析，我们将根据认知语言学的范畴理论尝试构建出汉语“看”类动词的语义范畴。

通过原型范畴理论我们可知，范畴具有原型性。原型对范畴具有决定性作用，因此我们应先确定范畴的原型。认知语言学提供了三条相互联系的原则以确立范畴的原型：听到或看到一个词语时进入语言使用者脑海的第一个词义为原型词义；使用频率最高的词义；范畴中最基本的词义，即和其他词义联系最多的，最有语义凝聚力的语义。原型义一般是词的本义，在多义词的多义范畴中，原型义往往是这个多义词的基本义。这个原型义即为这个多义范畴中的中心意义，其他范畴成员以家族相似性的方式通过语义的引申由原型义向外扩展。汉语视觉动词“看”和“见”的原型义分别为这两个词的基本义：主动的视线接触和视觉的结果（主动/被动），由原型义通过语义的引申形成了各自词语的语义范畴，见图1、图2：

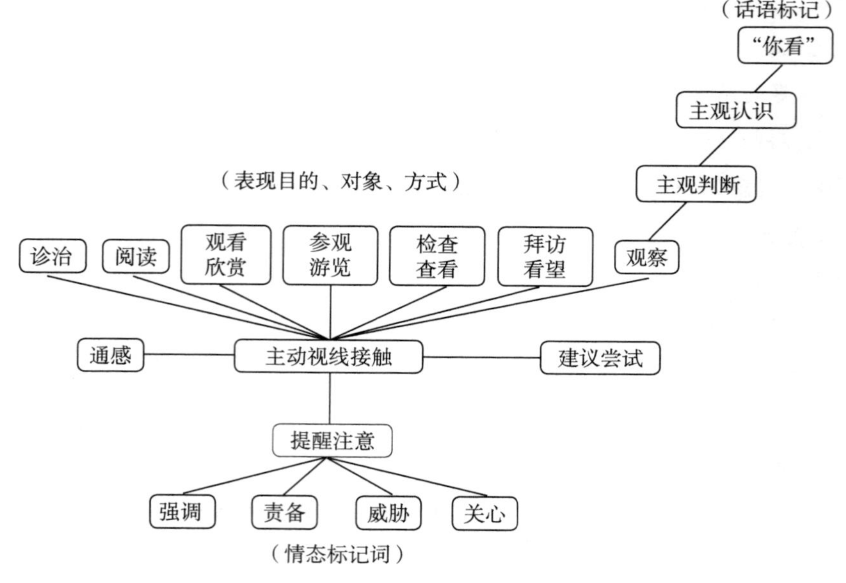

图1 “看”的语义范畴

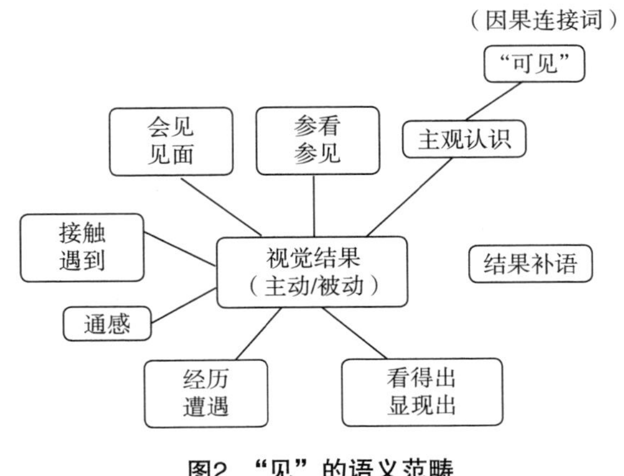

图2 “见”的语义范畴

以上我们用图示表示了汉语视觉动词“看”和“见”的语义范畴，我们可以看出：

“看”和“见”这两个词的多义范畴分别以各自的基本义为范畴的原型义，语义范畴围绕着原型义项向边缘义项扩展。范畴内成员的地位是不平等的，按照它们与原型义相关性的多少，与原型义有较多相关性的范畴成员位于范畴的次边缘位置，与原型义相关性较少的范畴成员位于范畴的边缘位置。比如，“看”的语义范畴中，与其原型义有较多相关性的“参观、游览，提醒注意，主观判断”等位于次边缘位置，而作为话语标记的“你看”则位于边缘位置。

语义范畴的成员间呈现出辐射状和连锁状的结构，义项的发展通过语义引申机制得以实现，直接或者间接地与原型义项构成关联。比如“看”的语义范畴从原型义“主动视觉接触”分别延伸出“观看、欣赏”“诊治”“阅读”“提醒注意”“通感”“建议尝试”等义项，呈现出了辐射状的结构，而从“观察”到“主观判断”到“主观认识”再到话语标记“你看”则呈现出明显的连锁状的结构。

语义范畴的边缘是模糊的，处在边缘位置的范畴成员往往具有跨范畴性。比如，在“见”的语义范畴中，作为边缘成员的因果连接词“可见”，表现出了与其他词义范畴的意义联系，也可以归入其他词义的范畴中。

多义范畴中的次范畴以家族相似性的方式存在于这个范畴中，每个次范畴都有一个次原型，并可以由此类推。比如“看”的语义范畴中，“主观判断”是一个次范畴，次原型为“观察”，以此类推，“主观认识”是一个次范畴，次原型则为

“主观判断”，表“责备”的情态标记词是一个次范畴，其次原型为“提醒注意”。另外，多义范畴的原型“主动视线接触”与次原型“观察”“主观判断”“提醒注意”等都存在不同程度的语义联系。

对比“看”与“见”的语义范畴，我们发现，“看”与“见”的语义都不同程度出现了语义的延伸。“看”的语义延伸较“见”更为明显，它们义项的发展都是通过语义的引申机制来实现，直接或者间接地与各自的原型义构成联系。此外，二者都表现出了语法化的现象，从原来表示视觉的行为动词分别虚化成了话语标记“你看”、因果连接词“可见”以及情态标记词。

2.2 英语“看”类动词语义范畴构建

2.2.1 “look”语义及延伸

2.2.1.1 “look”的语义分类

参考《牛津高阶英汉双解词典》(*Oxford Advanced Learner's English-Chinese Dictionary*)词典的释义及有关文献，结合对语料的分析，我们对look的语义归纳如下：

表示将视线移向某人、某物或某处，是视觉动作者主动的视线接触；表现视觉行为的目的、行为的对象以及行为的方式，具体义项包括拜访、看望，调查、检查，参观、游览，照顾、照料，寻找、寻求，观察；面向、朝向；表现视觉行为者主观性的判断、推测、看待、考虑、评价等；提醒注意，留心、留神；表现内心的期盼或回顾；用作通感。

2.2.1.2 “look”的语义描写及语义间的延伸关系

Look表示将视线移向某人、某物或某处，是视觉动作者主动的视线接触。

(33) He stopped abruptly and <u>looked</u> my way.

Look表现主动的视觉接触时，视觉的对象多为具体的人、物或者某个方向、地点等，Look在句中可以单独使用，也可以与at/up/back/towards/away等介词连用。

表现视觉行为的目的、行为的对象以及行为的方式，语义范围扩大。

拜访、看望

（34）Do look me up the next time you’re in London.

调查、检查

（35）The government has instituted a court of inquiry to look into the allegations.

阅读

（36）I haven’t had time to look at the paper yet.

参观、游览

（37）Let’s look round the town this afternoon.

照顾、照料

（38）Each of us was assigned a minder, someone who looked after us.

寻找、寻求

（39）I was looking for my handbag, which was buried under a pile of old newspaper.

观察

（40）Sloan looked round the well-appointed kitchen.

在基本语义的基础上，look表现行为动作的语义成分减弱，表现视觉行为目的、行为对象、行为方式等语义成分逐渐增强，此时look常与介词搭配使用。

面向、朝向。

（41）The house looks east.

Look在句中常与表示方向的名词连用，也可以与介词搭配使用，动作行为者是无生命的事物。Look的这种用法表示的已经不再是视觉域中的行为，它表示了一种空间概念，但又与视线的投射相关，我们认为这种用法是转喻和隐喻的共同作用。

表现视觉行为者主观性的判断、推测、看待、考虑、评价、认为等。

（42）Some puzzles look difficult but once the solution is known are actually quite simple.

以上句子中，动作行为者在对视觉对象进行观察的基础上进行主观性的判断、推测，或者对客观事物给予自己的态度、考虑或者评价等。句中视觉动词look语义中包含了行为者主观性的认知成分，由现实域中的视觉行为向认知域发展，通过隐喻引申表现出来。我们用“主观判断”来概括这一部分的语义。常用的搭配有“look like/look as/look as though”等。

提醒注意，留心、留神。

（43）Can’t you look where you’re going?

Look表示“提醒注意”的语义常出现在口语交际中，说话者为了引起听话者的注意，在句中可以单独使用，也可以与介词连用。

表现内心的期盼或回顾。

（44）Well，we shall look forward to seeing him tomorrow.

英语中常用视线的投向来表示内心的期盼或回顾。视线投向前方表示对未来的期盼、打算，视线投向后方表示对过去的回顾、思考。语义通过隐喻的作用由现实域中的视觉行为向认知域发展。这类语义常用的搭配有“look forward/back”。

通感。

（45）A querulous male voice said, “Look, are you going to order, or what?”

句中的look根据语境，可以译为“听着”。look表达视觉域中的动作行为向听觉域投射，是通感隐喻的表现。

2.2.2 “see”语义及延伸

2.2.2.1 “see”的语义分类

综合《牛津高阶英汉双解词典》（*Oxford Advanced Learner’s English-Chinese Dictionary*）词典释义以及文献参考，结合语料的分析，我们对see进行语义分类：

See的基本义为人们通过眼睛对事物的感知，是动作行为者对外部世界的被动感知，强调视觉行为的结果；表现视觉行为的目的、对象或者方式，具体义项包括：观看、欣赏，见面、会面，拜访、看望，检查、查看，参看、参见，阅读，料理、处理，护送、伴随，观察；经历、见证；表现动作行为者主观性的判断、认为、以为、考虑、评价以及想象、设想等，随着主观性语义成分的加深，还可以表示主观性的认识、发现、意识到、领会、明白、弄清等；表原因的连接词seeing that；话语标记you see。

2.2.2.2 “see”的语义描写及语义间的延伸关系

see的基本义为人们通过眼睛对事物的感知，是动作行为者对外部世界的被动感知，强调视觉行为的结果。

（46）She could see the muscles of his shoulders beneath his T-shirt.

例句中的see表现人们通过眼睛对眼前事物或者正在发生的情况的被动感知，可以译为汉语的“看到、看见”，是see最基础的用法。

表现视觉行为的目的、对象或者方式，具体义项包括观看、欣赏，见面、会面，拜访、看望，检查、查看，参看、参见，阅读，料理、处理，护送、伴随，观察。

在基本语义的基础上，see表示“眼睛被动感知到事物”的语义成分减弱，强调“视觉行为的目的、对象、方式”的语义成分突出，此时see不再表示一个被动的视觉行为结果，如：

观看、欣赏

（47）Although I was only six, I can remember seeing it on TV.

视觉行为的对象通常为某个地点、某个事物或者某个事件，相当于“观看、欣赏”。

见面、会面

（48）I’ve arranged to see him on Friday morning.

用视觉行为see来代替表示整个行为的过程，相当于meet，译为“见面、会面”。

拜访、看望

（49）Come and see us again soon.

see的语义包含visit、meet的意思，且更加侧重于visit，译为“拜访、看望”。

检查、查看

（50）The adopted child has the right to see his birth certificate.

see相当于“examine、check”，译为“检查、查看、查阅”等。

参看、参见

（51）Today the best tests are performed in the hospital（see chap. 17）.

see表示“参看、参见”的用法主要出现在书面语中。

以上这些句子中的动词see都侧重表现了视觉行为的方式和目的，其视觉的对象大多为某个或某类事物。

阅读

（52）We have not seen the letter, so we can hardly comment on it.

料理、处理

（53）I must see about lunch.

（54）Will you see to the arrangements for the next meeting?

例（53）中的“see about”可以译为“准备”，例（54）的“see to”表示“负责、处理”，see与介词搭配使用，在句中侧重表现了视觉行为的方式和目的。

护送、伴随

（55）I saw the old lady across the road.

（56）They saw me off at the airport.

例（55）译为“我护送老人过马路。”see带有“护送、帮助”的语义。例（56）的“see sb. off”表示“为……送行”。see是用视觉行为来代替整个动作或事件发生的过程，侧重表现动作的方式，我们将这一部分的语义概括为“护送、伴随”。

观察

（57）She held it in her cupped hands for us to see.

“See”在这里有“view”的意思，强调了视觉行为的方式。行为的对象可以是某类事物，也可以某个事件或某种情况，译为“观察”。

经历、见证。

（58）We’d seen the storm brewing when we were out in the boat.

（59）Yesterday saw hand-to-hand combat in the city.

例（58）中的视觉对象是一个事件，强调行为者通过对这个事件的视觉感知从而形成了一种内心的感知体验和情感。例（59）中的主语是没有生命的事物，不具备动作行为的能力，这种用法其实是话者将自己的认识投射在某个事物或者某个时间上，表达话者自身的认知体验和情感。（高玲玲，2008）由此可见，“see”表示“经历、见证”的语义是一个逐渐发展的过程，其动作行为者可以是有生命的也可以是无生命的，行为对象有具体的，但多数时候是较抽象的。

表现动作行为者的主观判断，随着主观性语义成分的加深，还可以表示主观认识。

主观判断

（60）It is not an idea around which the Community can unite. On the contrary, I see it as one that will divide us.

“See”通过人们的隐喻思维由视觉域向认知域发展，相当于consider、regard，译为汉语的“认为、以为、考虑、评价、看待”。

（61）Try and see it my way.

这里的“see”可以用“image、foresee”等来替换，译为“想象、设想”，是人们以视觉结果为基础和前提的一种主观估计。我们将这一部分的语义整体概括为“主观判断”。

主观认识

（62）I see no use quarrelling with fate.

以上的句子中，“see”语义中的主观性认知成分加深，是行为者在自身主观判断的基础上形成的主观认识、态度和看法等，相当于“realize”“understand”“comprehend”，译为汉语的“意识到、发现、领会、明白、弄清楚”等，我们将这一部分的语义总结为“主观认识”。

表原因的连接词seeing that

（63）Seeing that it seems as if it will rain soon, we had better leave now.

我们发现“see”与小句的连用，常用来表示句子之间的因果关系。“see”的这一用法以视觉动词所引导的时间为原因，表达不同事件之间的逻辑关系推导，形成“seeing that”的结构搭配作为和“because”“since”“as”等连接词具有相似功能的表因果关系的功能词。

话语标记词you see

（64）You see, the thing is, we won’t be finished before Friday.

“You see”作为话语标记常出现在口语交际中，用于句首，可以译为“你看、要知道”。

2.2.3 “watch”语义分类及延伸

2.2.3.1 “watch”的语义分类

结合《牛津高阶英汉双解词典》(*Oxford Advanced Learner's English-Chinese Dictionary*)词典释义以及对语料的分析，我们对watch的语义做出归纳：一段时间的视觉行为；照顾、照看；观看、欣赏；提醒注意，留心、留神。

2.2.3.2 “watch”的语义描写及语义间的延伸关系

Watch表示一段时间的视觉行为。

(65) She watched the frantic flow of cars and buses along the street.

Watch表示视觉行为且该行为有一段时间的持续，句中动作行为的对象可以是某人、某物或者某个场景。

照顾、照看。

(66) Watch them carefully as they finish cooking because they can burn easily.

句中的“watch”或“watch over”可以用“take care of”来替代，表示的是短时间内的照看、照顾。动作的对象可以是人物也可以是某个事物，视觉动词在这里侧重于强调动作的目的和方式，原来表示视觉行为的语义特征减弱。

观看、欣赏。

(67) Even with her busy schedule she finds time to watch TV.

“Watch”主要表现了视觉动作的方式和目的，视觉对象多为某个电视节目、某场比赛、某个让人愉悦的场景等，译为汉语的“观看、欣赏”。

提醒注意，留心、留神。

(68) Watch yourself!

(69) Hey，watch where you are going!

表示这个语义的“watch”多出现在口语对话中，常用语于句首，表示动作行为者对听话者的提醒、警告；也可以用在句中，表示小心、留意等。

2.2.4 英语“看”类视觉动词语义范畴构建

根据认知语言学的范畴理论，我们尝试构建出英语“看”类动词的语义范畴。

英语“看”类动词“look”“see”“watch”语义范畴的原型义为这三个词的基本义：“主动的视线接触”“被动的视觉感知、视觉行为的结果”和“一段时间的视觉行为”，其他义项围绕各自的原型义，呈现直接或间接的语义发展结构。

图3、图4及图5分别为英语“看”类动词“look”“see”“watch”的语义范畴图示，从图中我们可知：

“look”“see”“watch”这三个词的多义范畴分别以它们的基本义为各自范畴的原型，语义范畴围绕原型义项向边缘义项扩展。范畴内成员的地位不平等，比如look的语义范畴中，“拜访、看望”“面向、朝向”“内心期盼或回顾”等位于次边缘位置，“主观判断”则位于边缘位置。

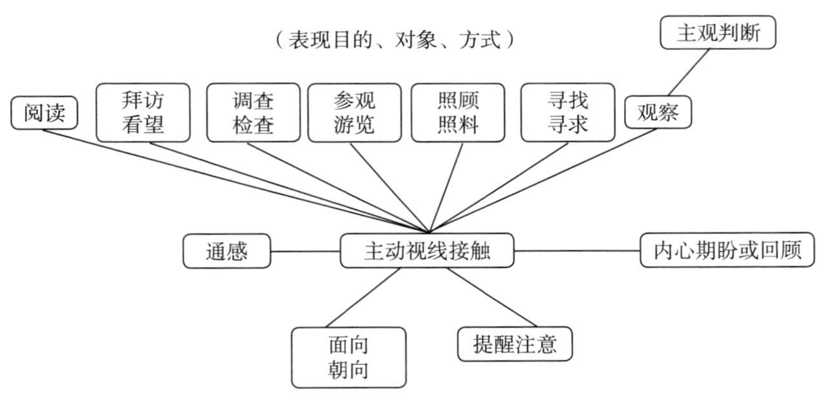

图3 “look”的语义范畴

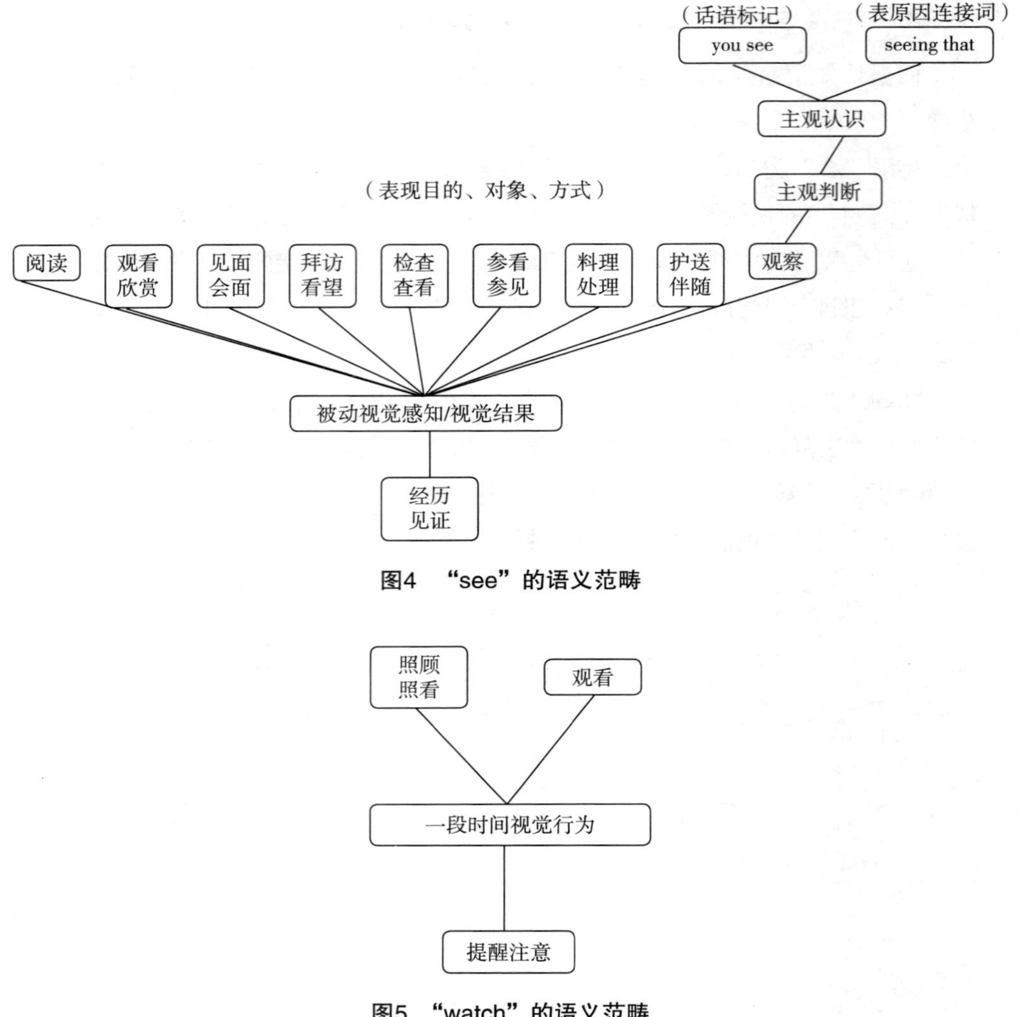

图4 “see”的语义范畴

图5 “watch”的语义范畴

语义范畴的成员间呈现出辐射状和连锁状的结构，比如“see”的语义范畴从原型义“被动视觉感知”延伸至表现目的、对象、方式的“观察、欣赏”“料理、处理”“观察”以及“经历、见证”等呈现出辐射状结构，从“观察”到“主观判断”到“主观认识”再到表原因的连接词“seeing that”或话语标记“You see”则呈现出连锁状的结构。

语义范畴的边缘具有模糊性，处在边缘位置的范畴成员往往具有跨范畴性，如“see”的语义范畴中表原因的连接词“seeing that”由于与其他词义范畴存在意义联系，又可归入其他词义的范畴中。

多义范畴的次范畴都有自己的次原型，比如“see”的语义范畴中，次范畴“话语标记词“you see”，它的次原型为“主观认识”，次原型与原型之间存在不同程度语义联系，如原型“被动视觉感知”与次原型“观察”“主观认识”之间有着一定语义联系。

通过观察我们发现，这三个英语看类动词中，“look”和“see”的语义表现出了明显的延伸性，“see”较“look”更为明显，而“watch”的语义延伸性相对较弱；它们义项的发展通过一定的语义引申机制得以实现，直接或者间接地与各自的原型义项构成关联；另外，从语法化的角度来看，“see”词义的语法化现象最为显著，“look”的语法化程度不明显，“watch”则没有表现出语法化现象。

3 汉英“看”类动词语义范畴对比分析

我们分别综合汉英两种语言“看”类动词的语义范畴，如图6、图7所示：

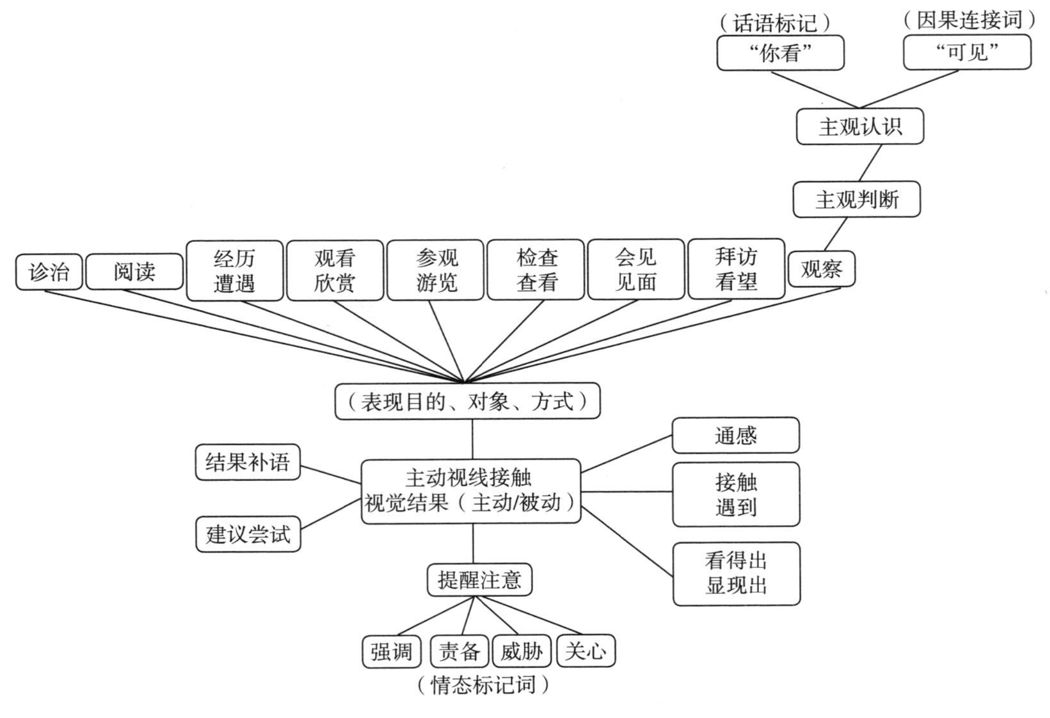

图6　汉语“看”类动词语义范畴

通过对比分析汉英“看”类动词语义范畴的异同，我们发现：

汉英“看”类动词语义范畴的发展结构都呈现出辐射状和连锁状两种类型：由中心范畴辐射状地延伸出部分次范畴，在此基础上，由一个或两个次范畴连锁状地延伸出另外的次范畴，从而构成整个语义范畴的发展结构。

汉英“看”类动词语义范畴中都包含着由视觉域延伸到心理认知域再到言语行为域的发展模式。

就次范畴的对应程度来说，两种语言“看”类动词所表达的范畴绝大部分都能在对方语言里找到相对应的范畴表达，少部分语义范畴为一种语言所独有。

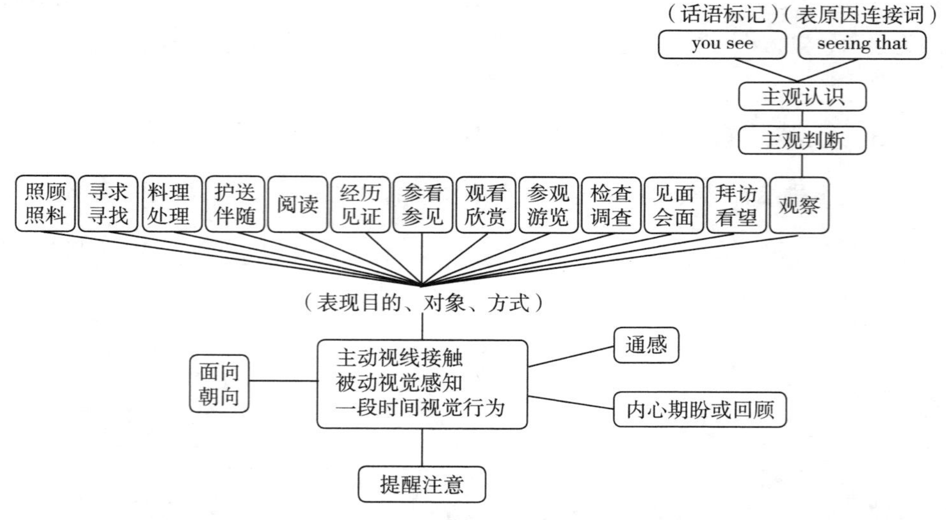

图7　英语“看”类动词语义范畴

具体到每一种语言的范畴表达上来看，表达某个范畴时，对该语言“看”类动词中词语的选择情况又是不尽相同的。关于具体语义与所用词语的对应情况，如表1所示：

表1　汉英“看”类动词语义对照表

语义	汉语	英语
主动视线接触	看	look
一段时间视觉行为	看着、看	look at/be looking at/watch/be watching
被动视觉感知	见、见到、见着	see
视觉行为结果	见、见到、见着、看见、看到	see
观看、欣赏	看（演出、电视、画展、展览）	see（the movie/painting）/ watch（the film/ programme/the sun come up）
参观、游览	看（花市、旧址、工厂）	look round/around（the town）
检查、查看	看（账本）	look at/look over/look through/look up/see/ see over
调查	—	look into
参看、参见	见（见《人民日报》）	see（see Figure 1）
见面、会见	见	see
拜访、看望	看（老同学）	look in（on sb.）/look up/see
阅读	看（报纸、杂志、报告）	look at（the paper）/ see（the letter）
经历、遭遇	见（世面、排场）	see
见证	—	see
观察	看	look/look around/look round/see/watch
诊治	看（医生、病）	—
照顾、照料	—	look after/watch/watch over
料理、处理	—	see to sth./see about sth.
寻找、寻求	—	look/look for
护送、伴随	—	see/see sb.off/see sb.or sth.through/see sth. out
通感	看、见	look
建议尝试	看（想想看）	—
接触、遇到	见（见光、见热、初见曙光）	—
看得出、显现出	见（日久见人心、愈见稀落）	—
结果补语	见（看见、听见）	—
面向、朝向	—	look/look out over
内心期盼或回顾	—	look for sth./look forward to sth./look back on/look back afterwards

续表

<table>
<tr><th colspan="2">语义</th><th>汉语</th><th>英语</th></tr>
<tr><td rowspan="10">主观判断</td><td rowspan="4">判断、推断、推测估计、评价</td><td>看（情形、情况）</td><td>look at/look on sb or sth with sth.</td></tr>
<tr><td>看出来、看得出来</td><td>it can be seen that</td></tr>
<tr><td>从……看、依……看、从……来看</td><td>look at from</td></tr>
<tr><td>看上去、看起来、看样子</td><td>look/look like/look as/look as if/look as though</td></tr>
<tr><td rowspan="3">认为、以为、觉得</td><td>看来、在……看来</td><td>the way I see it</td></tr>
<tr><td>（把……）看成、看作</td><td>be seen/be seen as/look on sb or sth as sb or sth</td></tr>
<tr><td>看中、看上</td><td>see sth.in sb.or sth.</td></tr>
<tr><td>看待</td><td>看、看开</td><td>see（things）/ look at（the situation/ question）/ look on sb or sth with sth.</td></tr>
<tr><td>想象、设想</td><td>—</td><td>see</td></tr>
<tr><td rowspan="5">主观认识</td><td>意识到、认识到、领会到</td><td>看、见</td><td>see</td></tr>
<tr><td rowspan="3">了解、弄清、发现</td><td>看、见</td><td>see</td></tr>
<tr><td>看清</td><td>see sb. or sth. for what they are or what it is</td></tr>
<tr><td>看透</td><td>see through sb. or sth.</td></tr>
<tr><td>取决于、决定于</td><td>看</td><td>—</td></tr>
<tr><td colspan="2">明白、理解</td><td>—</td><td>see</td></tr>
<tr><td colspan="2">考虑、定夺</td><td>—</td><td>see</td></tr>
<tr><td colspan="2">确保</td><td>—</td><td>see/see to it that</td></tr>
<tr><td colspan="2">话语标记</td><td>您看、你看</td><td>You see/See</td></tr>
<tr><td colspan="2">连接词</td><td>可见</td><td>seeing that</td></tr>
<tr><td colspan="2">提醒注意</td><td>看</td><td>look/look out/watch/watch out</td></tr>
<tr><td colspan="2">情态标记词</td><td>看</td><td>—</td></tr>
</table>

结合表1我们可以看出，在汉语中一种语义往往只选用一种“看”类词语来表达，“看”与“见”分别用来表达不同的语义，只有在少数情况下两种词语可以表达同一种语义。在英语中，一个语义有时只用一个“看”类词语来表达，有时可以分别用两个“看”类词语来表达，有时三个词语都可以表达同样的语义。

4　综合讨论

4.1　语言中的次范畴化现象

通过研究分析我们发现，两种语言里的“看”类动词都不同程度地表现出了词语次范畴化的现象，由此我们推断，不仅是在汉英两种语言中，在其他语言中，“看”类动词可能也存在着一定程度的次范畴化现象，进而推广到其他类词语，我们认为词语次范畴化的现象是普遍存在于语言中的。

同时，通过我们对汉英“看”类动词范畴延伸结构的研究发现，两种语言的词语次范畴化都存在着辐射状与连锁状的发展模式，据此我们推断在每种语言中，词语次范畴化模式都存在着一定的多样性，根据次范畴化程度的不同，程度越高，表现出的范畴化多样性模式越明显。

4.2　语言中次范畴化的延伸方式

在具体语义延伸的方式上，两种语言词义的发展均体现出了由视觉域向心理认知域的延伸，有的再进一步延伸到言语行为域；由原来表视觉行为或视觉结果的动词，虚化成动词词缀、表一定逻辑关系的连接词或语法标记词，存在词语的语法化现象；在语义发展方式上，都反映出了主观化的现象，并不同程度地运用了隐喻与转喻的思维方式。由于人类思维认知方式的相似性，造成词语次范畴化形成的这种语义之间的延伸方式，在任何一种语言中都可能是普遍存在的，语言中词语意义的发展通过类似的这种机制得以实现，从而形成了每种语言中词语意义的丰富性。

4.3　不同语言中范畴的相似性与差异性

通过对汉英“看”类动词范畴异同的观察，我们可以了解到：

两种语言“看”类动词所表达的范畴具有较高的对应性，也就是说其中绝大部分的次范畴都能在对方语言里找到相对应的范畴表达；两种语言“看”类动词的范畴在表现出相似性的同时，也存在一定程度的范畴差异。虽然这些范畴在对方的语言中不能用这些“看”类词语来表达，但并不是说对方语言中没有这些范畴，只是在表达这些范畴时，使用了别的词语，这些词语可能也与“看”类动词的语义相关，也可能是毫无语义关系的其他类词语。

5 结论

本文通过对汉英两种语料的统计分析，构建出汉英“看”类动词的语义范畴，并进行了对比，得出以下结论：

汉英两种语言“看”类动词次范畴化的途径表现为两类：辐射状与连锁状，以原型义为中心范畴辐射状地延伸出部分次范畴，在次范畴基础上以连锁状的结构延伸出更多的次范畴，范畴成员在范畴中的地位是不平等的，根据与原型义的语义关系，有边缘成员和次边缘成员之分，以此构成词语的多义范畴。

两种语言“看”类动词语义范畴的延伸存在一定相似性，范畴语义的发展均体现出由视觉域到心理认知域再到言语行为域的发展现象，范畴语义间的延伸方式类似，都存在主观化倾向，并不同程度地运用了隐喻与转喻的思维方式。

两种语言“看”类动词在次范畴的表达上具有较高对应性，多数次范畴都能在对方语言里找到相对应的范畴表达，同时，由于不同民族之间一定程度的认识差异，两种语言在次范畴的表达上也存在一定程度的差异性。

汉英“看”类动词次范畴中词语的对应选择是有差异的，形成了词与词之间的不对应关系。

参考文献

[1] 曹　嫣（2006）关于SEE隐喻性搭配的研究，上海师范大学硕士学位论文。

[2] 冯敏萱（2011）词语搭配识别中的动词次范畴问题，《南京师范大学文学院学报》第3期。

[3] 高玲玲（2008）视觉动词SEE语义演变的认知语用阐释，《安徽大学学报（哲学社会科学版）》第3期。

[4] 缑瑞隆（2003）汉语感觉范畴隐喻系统，《郑州大学学报》第3期。

[5] 谷　悦（2012）“看”的词义引申及非范畴化研究，辽宁大学硕士学位论文。

[6] 韩玉国（2003）汉语视觉动词的语义投射及语法化构拟，《外国语言文学》第2期。

[7] 郝瑜鑫（2011）“就是”功能的辐射状范畴构拟与留学生习得研究，北京语言大学硕士学位论文。

[8] 陆俭明（1959）现代汉语中的一个新的语助词“看”，《中国语文》第10期。

[9] 吕　蕾，杨廷君（2013）视觉动词“SEE”词义变化的认知解析，《现代语文（语言研

究版）》第4期。

[10] 束定芳（2000）《隐喻学研究》，上海：上海外语教育出版社。

[11] 王爱香（2011）视觉动词“见”的语义特征对语法功能的制约关系研究，河北师范大学硕士学位论文。

[12] 伍艳萍（2009）英汉视觉动词语义投射分析，《甘肃联合大学学报（社会科学版）》第2期。

[13] 张　磊（2006）汉英视觉动词语法化的认知研究，中央民族大学博士学位论文。

[14] 张秀松（2004）“提示”义“看”字讨论，《长春师范学院学报》第2期

[15] “HSK动态作文语料库”课题组（2009），《世界汉语教学》第1期。

[16] Croft, William（1991）*Syntactic Categories and Grammatical Relations: the Cognitive Organization of Information.* Chicago: The University of Chicago Press.

[17] Croft, William（2003）*Typology and Universal.* Cambridge: Cambridge University Press.

[18] Lakoff, G. & M. Johnson（1999）*Philosoph in the Flesh: The Embodied Mind and its Challenge to Western Thought.* New York: Basic Books.

[19] Sweester, E（2002）*From Etymology to Pragmatics*. Beijing: Beijing University Press.

汉英词语语义范畴不对应性对比研究

——以“开、open”为例

庞　硕

摘要：本研究选取汉英常用词语“开”和“open”，运用认知语言学的范畴化理论，构建“开”和“open”的语义范畴，并进行范畴的对比分析。本研究主要得出以下结论：“开”和“open”都以原型义为中心范畴以辐射状和连锁状的方式延伸出其他语义范畴。二者语义范畴较为相似，使用频率最高的范畴相同，但是语义范畴下的小范畴差异较大，并且在使用频率上也存在较大差异，具体表现在：“开”的中心范畴广于“open”的中心范畴；“开”的次范畴和“open”的次范畴不同，表现在“开”延伸心理范畴；由于“开”和“open”构词和搭配的不对应关系，“开”和“open”在使用过程中表达相同含义时，与词语组合模式不同。

关键词：语义范畴　对比　构词　搭配

1　引言

词汇知识是储存在人大脑中的一个系统。动词是句子的核心，但由于汉语是缺乏形态变化的语言，因此动词的活跃性更多体现在功能方面。近年来，动词研究逐渐呈细化趋势，从研究汉语动词整体的特点进而研究动词小类的特点，进而转向单个动词的研究。研究单个动词不仅仅能够验证对整体动词的说明，同时也有助于发现动词新的特点，有助于对动词研究的补充。“开”是现代汉语常用的动词之一，除了在句子中可以单独或者以组合的方式充当谓语，还可以放在动词后面组成“V开”的形式，此时，“开”从动词虚化成助词（太田辰夫，1958；志村良治，1995）。

朱德熙（1991）认为，一个语言结构（ab）组成成分性质的确定，除了要考虑a和b的性质，也要考虑由ab构成的整个结构的性质。“开”本身可以作为动词使用（开门、开窗），也可以构成新的词语，作为动词构成句法成分（开创、打开），但是跟“开”的本义具有相同意义的英语词汇“open”处于一个形态变化丰富的语言类型中，汉语中很多通过构词所进入的语义范畴（semantic category），英语中用“open”一个词就可以表示。例如“思想开放”，在汉语中与思想进行搭配时不能用“思想开”，必须用“开放”，而英语中用open即可表示“开放”义。除此之外，“开”能够表示“书写”义（开证明、开药方），但是“open”不能进入此意义领域。因此，我们发现，本义相同的两种语言词汇使用范畴存在差异。本文从《现代汉语词典》第七版和北京语言大学现代汉语研究语料库系统（孙宏林、黄建平、孙德金、李德钧、邢红兵，1997）选取“开”相关语料，从柯林斯英语语料库中选取“open”相关语料，在对语义范畴进行标注和统计分类的基础上，运用对比分析方法对这两个语义范畴进行对比，包括延伸程度和范畴的对应程度，意在从构词和搭配两个角度构建“开”和“open”的语义范畴，分析二者在语义范畴方面的不对应性。

2 “开”和“open”语义范畴构建

2.1 “开”语义范畴构建

2.1.1 “开”的语义范畴描写

“开”在表示打开义时，是空间的打开，在词义引申的过程中，逐渐由空间状态向时间状态进行转移，再继续引申下去，时间含义逐渐减弱，例如：开会。我们在北京语言大学现代汉语研究语料库系统（孙宏林、黄建平、孙德金、李德钧、邢红兵，1997）中提取“开”的例句共979条，在这些语料中共使用“开”1002次。通过参考词典和相关文献著作，以及对现代汉语1002个使用“开”情况的统计和分析，我们对“开”的语义范畴进行归类和分析。

2.1.1.1 “开”表示时间状态，作为“开始”义使用。

（1）好了，快准备准备，今晚准时开演。

（2）周围的乘客也七嘴八舌地议论开了。

“开”表示时间状态时有两种用法，例（1）“开”表示一种动作非持续的状态。此种用法必须后面加宾语，或者使用“开始”。例（2）除表示开始外，还兼有放开不受约束之义，表示动作开始并持续下去不受阻碍。此种用法“开”放在动词结构后面作为趋向动词使用。

2.1.1.2 “开”表示非时间状态

从关闭状态转向开放状态

a．表示打开、展开

（3）我忙去给他开了门，站在楼梯口，看他直着脚一级一级下楼去，直担心他半楼梯摔倒。

（4）仅兰花就有6属20余种，四季花开不败。

（5）每年开放的紫丁香，那颗在西天陨落了的星星这首“当紫丁香最近在庭院中开放的时候”写得真酣畅！

（6）如果你比一个女生小两岁，你想做她男朋友，那可以说你思想开放。

（7）机舱门打开后，我站在舷梯上再次察看了停机坪上的人们，他们中间也没有留大胡子的人。

（8）你拿我开什么心，来，我帮你收拾床铺。

（9）消息传开，群情沸腾。

（10）通过学习考察，我们的眼界大开。

例（3）、例（4）、例（5）、例（6）、例（7）都表示打开义，例（3）中的“开”属于非自主性动作，门开是一个施事者做出“开门”的动作使门开，而例（4）中的花开是一种自主性动作，由“开门”的“开”引申出开放的意义。有时，“开门”在语境中表示营业的含义。表示花开时，“开”可以替换成“开放”，但是使用“开放”时，“花”一般不单用。“开放”除与具体事物进行搭配，还可以与“思想”类进行搭配，“开放”与抽象事物进行搭配，表示思想“打开”。例（3）“开”既可以单独使用，与词语进行搭配，又可以作为语素构词之后再与词语进行搭配，两种方式所表达意义完全一致，如例（7）。例（8）由“开”和“心”构词，表示的并不是把“心打开”的意思，是表示心理空间上的一种“开”的状态。例（6）、例（8）、例（9）、例（10）都表示抽象事物展开义。例（9）表示随动作而展开，例（10）表示扩展。

b. 表示开通、开辟

（11）这就为自己国家的其他商品开了路。

（12）人生处处是青山，千万不要想不开。

例（11）表示开通具体事物，例（12）中的“开”由具体事物的开通隐喻发展成表示心理上一种通达的状态。

c. 发动

（13）这位富甲天下的……甚至常常边开车边在汽车里吃份快餐了事。

发动义是从打开义通过隐喻的方式引申出来的。“开”后一般加交通工具，表示启动使它工作。

物理状态的转移

a. 解冻

（14）春天开了河，再把木头穿成木排，往下游流送。

b. 沸腾

（15）……好像烧开了锅似的在沸腾。

分离状态

a. 离开、分开

（16）只有在这里，他的研究视野才可能不断地发展，取得成果，那又为什么要离开这里呢?

（17）制定科学的政策需要调查研究，落实科学决策也离不开调查研究。

（18）最后半年实习阶段，学校用组织名义将她们分开了。

（19）准确的预报是和掌握精准的跟踪观测资料分不开的。

（20）当她意识到这是墓地，从棺材里准备逃开时，“亡命徒”又返回了。

（21）在大变革的时代，老年人的经济收入、文化观念与年轻一代都拉开一定距离。

由以上例句我们可以发现，例（16）和例（17）都是使用的“离开”，例（16）的“离开”表示“走”义，例（17）表示“落实科学政策”和“调查研究”不能分家，二者要相互作用。例（18）和例（19）一个表示具体人物的距离变大，一个表示抽象物质不能分离。例（20）和例（21）都包含了动作的方式，一个表示随动作而离开，一个表示随动作而分开。

b. 开除

（22）是你把我开了！

“开”表示开除义，含有使某人离开的含义，此时，“开”的动作含义不太明显了。

从“无”状态转移到“有”状态

a. 开办、开设

（23）又要合股开店，又要定亲，忙得脚底板都朝了天。

（24）目前，已开有11个专业班，有800多人在课余时间学习。

由以上例句我们可以发现，例（23）创造的新事物是具体的物体，如店铺、机构等。通过隐喻，“开”所创造的新事物范围逐渐扩大，从具体到抽象，此时“开”的动作性减弱，如例（24）。

b. 写出、列举

（25）周宏像接待所有的病人一样，认真诊断仔细开了处方。

（26）他们喜出望外，迅速开了证明寄到先生家。

彭清玉（2013）认为，“开门”这个动作是靠手部动作来完成的，因此“开”在意义引申的过程中也可以表示用手完成的一些动作，此时，“开”表示写出、列举义，后面常跟表示单据含义的名词。

c. 言语

（27）两人互不相让，说着说着，竟给开了价。

（28）他们常和下级开这种玩笑嘛？

（29）那他开口一个没出息，闭口一个没文化，我还咽不下这口气呢！

例（27）、例（28）都表示说出义，例（29）“开口”本义表示张开嘴巴，但是在例子中表示说话的含义，因此我们也将此类转移之后的意义归为言语类。

d. 支付、开销

（30）这件事挺难办，下个月他的工资都没办法开。

“开”表示支付、开销义时，主要跟钱财类名词进行搭配。

e. 举行

（31）在北京开亚运会可不简单，得好好儿显示显示咱社会主义的优越性。

“开”表示举行义时，与会议类名词搭配使用。

我们对“开”各个语义范畴从时间性和非时间性两个角度进行了统计，统计结果如下：

表1 “开”语义范畴使用情况表

类别	数量（个）	比例（%）	语义范畴	分类	数量（个）	频率（%）
时间	35	3.49%	开始	持续	17	1.70
				非持续	18	1.79
非时间	967	96.51%	由关闭状态转向开放状态	打开展开	437	43.61
				开通开辟	35	3.49
				发动	69	6.89
			物理状态转移	解冻	2	0.19
				沸腾	1	0.10
			分离状态	分离	223	22.26
				开除	1	0.10
			由“无”状态转向“有”状态	写出列举	30	2.99
				言语	41	4.09
				支付开销	4	0.40
				举行	72	7.20

我们将时间和非时间领域各个语义范畴使用的频率用图1表示：

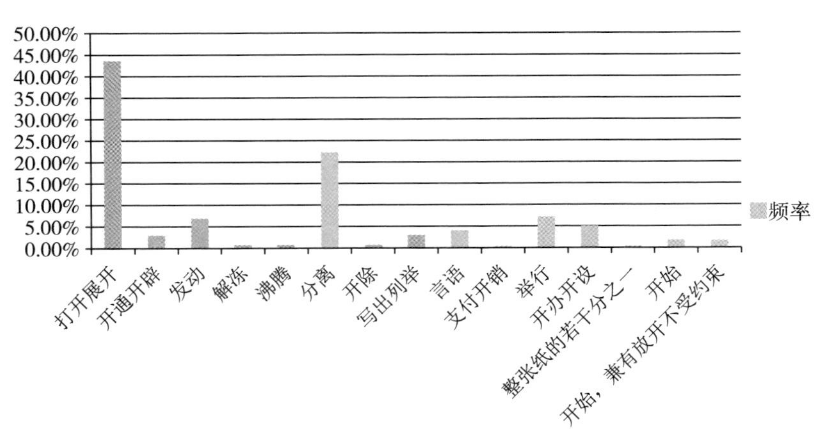

图1 “开”语义范畴使用情况柱状图

我们通过表1以及图1发现，“开”表示打开展开义使用量最多，其次是分离义①。

2.1.2 构词和搭配

在对语料的统计和分析中，我们看到，“开”有些是作为语素与其他语素构成词语之后再与其他词语搭配进行使用，有些是“开”作为词语与其他词语搭配进行使用。对于“开”构词和搭配的界定，因此，我们将“开”构词（即非单独使用与其他词语进行组合）和“开”搭配（单独使用与其他词语进行组合）的情况做出分类如下：

表2 “开”语义范畴构词和搭配使用情况表

类别	语义范畴	搭配数量（个）	搭配频率（%）	构词数量（个）	构词频率（%）
非时间	打开展开	139	13.87	298	29.74
	开通开辟	35	3.49	0	0
	发动	69	6.89	0	0
	解冻	2	0.20	0	0
	沸腾	1	0.10	0	0
	分离	7	0.70	216	21.56
	开除	1	0.10	0	0
	写出列举	30	2.99	0	0
	言语	43	4.29	0	0
	支付开销	4	0.40	0	0
	举行	72	7.19	0	0
	开办开设	51	5.09	0	0
	整张纸的若干分之一	1	0.10	0	0
时间	开始	18	1.79	0	0
	开始兼有放开不受约束	17	1.70	0	0

① “打开展开”范畴中“开”表示展开义和“分离状态”中“开”表示分开义是不同的，表示分开义的“开”有真正或者心理上位置的移动，表示展开义的“开”无此含义。

以上情况用图2表示：

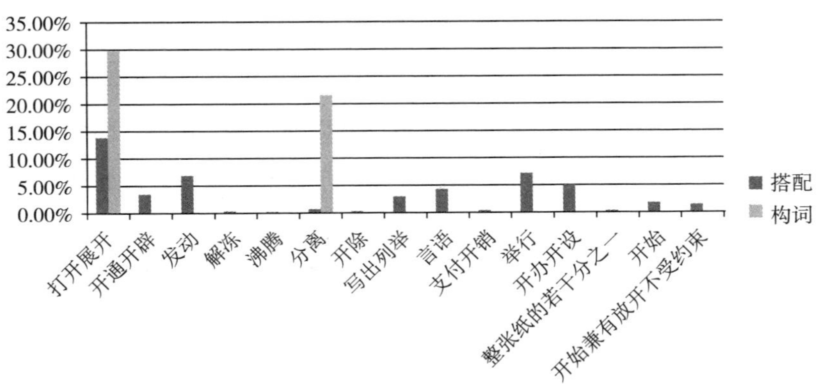

图2 “开”语义范畴构词和搭配使用情况对比柱状图

“开”与其他词语直接进行搭配使用的数量远远超出于“开”与其他语素组合之后再与其他词语进行组合。“开”既可以单独使用，又可以组合之后再使用只存在于“关闭状态转向开放状态”语义范畴以及“分离状态”语义范畴，分别进入“打开展开”范畴以及“分离”范畴。并且，当“开”表示打开展开含义和“开”表示分离义时，“开”构词远远超出“开”直接搭配。

2.1.2.1 “开”进入“打开展开”范畴

“开”单独与其他词语进行搭配使用

（32）一个年纪挺大的瘦女人出来开门……

（33）在南疆，它花开得最早，开得最红。

（34）夜里头，他不开灯。

（35）我帮你开罐头。

（36）……开过眼，见过世面，有着与一般姑娘所不同的爱好和向往。

（37）输钱的呀，脸也红啦，脖子也粗啦，抬头纹也开啦，大眼犄角也散了。

（38）你拿我开什么心，来，我帮你收拾床铺。

例（32）、例（33）、例（34）、例（35）中，例（33）都是自主性动作。例（32）、（34）和（35）是非自住性动作。以上四例中“开”都可以与其他语素先组合，再和词语搭配进行使用。“开门”中的“开”可以换成“打开、推开、敲开、叫开”等词语，但是和“开门”语义完全相等的是“打开门”，用其他词语时“开”前面的语素包含了动作的方式。“开灯”中的“开”可以换成“打开、拉开、开开”等词。“开罐头”中的“开”可以换成“打开、起开”等词语。“开”和“花”进行搭配时，若“开”在“花”前面，“开”不能先与其他语素组合之后再搭配花，但是可以加补语，例如：开满。“开”在“花”后面，“开”可以换成“开放”，如例（33）也可以说：在南疆，它花开放得最早，开得最红。例（37）中的“开”可以换成“打开、展开”等词。

例（36）中的“开眼”是“大开眼界”的意思，此时“开”不能与其他语素组合后再与“眼”搭配。如果“开”想要与其他语素组合再进行搭配，那么“眼”需要换成“眼界”，也就是说受到搭配词语音节的限制。例（38）中“开心”并不是将心打开的意思，“开”和“心”联系非常紧密，中间不可以加入其他成分，因此“开”不能和其他语素组合之后再进入此搭配。

“开”与语素组合之后再与其他词语进行搭配使用

（39）严寒怀念起苦命的无男孩的母亲，而何伟则打开了心中的死结。

（40）我们的目标是要为学生打下坚实的、全面的科学知识基础，在自然科学领域为他们打开宽阔的视野，向他们提供一种多方位、多视角的思维方式。

（41）现在，企盼已久的钦防高速公路，已拉开大会战的帷幕。

（42）小高撑开伞消失在雨幕后了。

（43）这6位教授一致的看法是，对现存躯体进行现代化手段的检测和观察，将有助于解开这个未解之谜。

以上例句我们发现，“开”都不可以单独使用，必须和语素组合之后才能进入相应搭配。

通过以上两种情况的说明，我们发现“开”在与门类、窗类、锁类、容器型物体（包括盖子）、阀门类、家用电器类词语搭配时，“开”既可以单独使用与词语搭配进行使用，又可以先和其他语素组合再与词语搭配进行使用，只是有时需要受到搭配词语音节的限制而必须先组合再进行搭配。

2.1.2.2“开”进入“分离状态”范畴

“开”单独与其他词语进行搭配使用

（44）这样就把其他不属于社会主义根本原则和本质而曾经长期被误认为是社会主义根本原则和本质的东西同根本原则和本质区分开了。

（45）三掌柜，很惭愧的，这节我实在挪腾不开了这两块三您再记一记……

“开”进入“分离状态”范畴表示随动作分开含义时，可以和一些动词搭配，在句中作为趋向补语出现。但是“开”所搭配的词语都可以用一字词进行替换，例如，“区分开”我们可以换成“分开”，“挪腾不开”可以换成“挪不开”。

“开”与语素组合之后再与其他词语进行搭配使用

（46）坐在房间里，我感到烦躁，就索性丢开笔出去看看走走。

（47）走到用布帘隔开的检查台后面，才看到医生在护理一个年轻的女子。

（48）转换经营机制的关键在于转变政府职能，要实行政企职责分开，为企业走向市场创造良好的外部条件。

“开”一般与“分”和“离”进行组合，再与其他词语进行搭配，可以表示具体人或者事物距离增大，也可以表示关系变远。

“开”是一个成词语素，在与词语组合的过程中，既可以单独使用与其他语素或词语进行搭配，又可以先与语素组合成词语，再与其他词语进行搭配使用。“开”的主要用法是在句中作为动词性成分使用，一开始“开”在句中表示实在的意义，可以与一些名词或者动词进行组合，有些组合后的形式中两个组合语素之间的意义联系紧密，并且随着使用频率的增高，已经被人们习惯组合在一起当作新产生的词来使用。有些组合后的形式两个语素之间的意义并不是很紧密，中间可以加入其他成分，或者另外一个语素可以用其他语素来代替。在“开”的原型意义范畴中，由于意义出现最早，并且使用范围最为广泛，出现了既可以单独使用与其他语素或者词语进行搭配、又可以与语素构词之后再与其他词语进行搭配的情况。例如上文叙述的“开”表示“打开展开”含义的时候，既可以单独使用（搭配），又可以与其他语素组合成词语之后再与词语进行搭配使用（构词）。

除了词语黏着性和使用的频率对构词和搭配起着一定的作用，另外，“开”在意义演变过程中意义的虚化也对构词和搭配有着一定的影响。“开”由一开始的实义动词（表示“打开”含义）演变到后来作为趋向动词使用，意义逐渐虚化，并且在句中不再单独充当主要的谓语成分，此时，“开”必须与其他语素组合成词语在句中充当主要的谓语成分，例如“离开、分开”等，此时“离”“分”与“开”之间只能加“得”和“不”，不能再加其他成分，因此“开”意义的虚化也决定了它只能与其他语素构词之后再进行使用。

2.2 “open”语义范畴构建

我们从柯林斯英语语料库中随机抽取关于“open”的语料1000条，这1000条语料中共使用“open”1003次，有效语料994次。通过参考词典和相关文献著作，以及对英语994个使用“open”情况的统计和分析，我们对“open”的语义范畴进行以下归类和分析。

2.2.1 “open”表示时间状态

（49）The service opened with a hymn.

（50）The opening of the scene depicts Akhnaten and his family in a moment of intimacy.

（51）A new restaurant is being built in the Overport Battery Casemates and will open next spring.

“open”表示开始义时，多与“with”进行搭配，表示以……开始，或者用“open”的名词形式“opening”。例（51）中“open”是从打开义引申到开始营业的意思。

2.2.2 “open”表示非时间状态

由关闭状态转向开放状态

a. 打开展开

当“open”进入“打开展开”的范畴时，包括打开（门、窗、盖子等）；将……开封、开启；张开、展开；打开（计算机文件）；睁开；张开（双臂）；解开；开放等。

（52）The officer’s mouth opened, showing white，even teeth.

（53）And if they are genuine it could open up old wounds in Russia where there is still bitter feeling over how the execution.

（54）you can open the main oven door at the touch of a button.

（55）Keep an eye open, an ear cocked.

（56）The competition is open to any unsigned solo artist, dance or rave act.

（57）He was praised for his enthusiasm and his open-mindedness.

（58）open your heart.

由以上例句可知，例（52）表示张开嘴巴，例（53）表示揭开伤疤，例（54）表示开门，例（55）表示睁开眼睛，例（56）和例（57）表示开放，例（57）表示思想开放，思想开明。例（52）和例（53）表示“嘴巴”和“眼睛”打开，英语中只用“open”就可以表示“开”的含义，但是汉语中“开”必须先跟其他语素进行组合，再与眼睛和嘴巴搭配表示此义。例（58）表示敞开心扉，虽然是“open”和“heart”搭配，翻译成汉语是“开”和“心”搭配，但是表示的意义完全不同。“open heart”没有脱离“开放”的含义，而汉语中的“开心”已不表达将心打开的意思。

b．公开的状态

（59）It’s not an exaggeration to say that, out on the open road. At every stage the behavior of the authorities has been in open defiance of the authority of the courts and the rule of law.

（60）At every stage the behavior of the authorities has been in open defiance of the authority of the courts and the rule of law.

（61）This quarter mile raceway is situated in lovely open countryside just off the A22 at Hailsham.

（62）Labour’s open hostility to employers will do little for business confidence and job creation.

（63）However, the conclusions of these writers may be open to certain lines of criticism.

以上五个例句都表示一种由“开放”引申出的没有边界限制的一种状态，都作为形容词使用。

c．开通开辟

（64）And that could open the way for Martin Brundle, fired by Benetton.

（65）Lines are open Monday-Friday.

（66）If you are aged 18 or over and wish to open a Midland TESSA please complete the attached application form.

（67）And the bridge I'll be open anyway won›t it?

例（64）表示开通道路，例（65）表示热线开通，例（66）表示开账户，例（67）表示大桥开通。开通开辟义和打开义不同的地方是通过“开”的动作，使两个原来不相连的地方连接起来，并且能够投入使用。道路、热线、账户等都是通过一些动作执行之后可以使用。

d. 发动

（68）Then without warning, the troops opened fire on the crowd.

例（68）中“open fire”表示开枪、开火的意思。“开枪”由“开火”引申，但是“开火”在延伸的过程中逐渐增加开始进攻的含义。在表示“发动”含义时，“open”只可以与“fire”进行搭配，语料库和词典中没有再找到其他的搭配词语。

由“无”状态转向“有”状态

a. 举行

（69）Park in just six weeks, with grand slammers England on the guest list to open the Five Nations Championship.

（70）Friday in Johannesburg, Nelson Mandela, president of the African National Congress, will open a three-day world apartheid conference.

“open”在表示举行含义时，可以跟比赛类词语和会议类词语进行搭配。

b. 开办开设

（71）Fast food chains like McDonald's are to be allowed to open new sites offering food, petrol and toilets 24 hours a day.

（72）Three faculty positions open in Architecture Studies at MIT.

（73）And perhaps we could open up the pest house.

c. 提供

（74）Duchess visited the 358-bed hospital, which got NHS Trust status in April, to open an 18 million extension.

（75）This gives the framework in which this can usually open the opportunities and the Methodist women are not short of confidence.

“open”表示“提供”讲时，一般搭配比较抽象的名词，例如：“机会、方法”等。

我们对“open”各个语义范畴进行了统计，统计结果（见表3）：

表3 “open”语义范畴使用情况表

类别	数量（个）	比例（%）	语义范畴	分类	数量（个）	频率（%）
时间	38	3.82		开始	38	3.82
非时间	956	96.18	由关闭状态转向开放状态	打开展开	678	68.21
				公开状态	241	24.25
				开通开辟	15	1.51
				发动	1	0.10
			由“无”状态转向“有”状态	举行	3	0.30
				开办开设	12	1.21
				提供	7	0.70

我们把统计结果用柱状图表示，（见图3）：

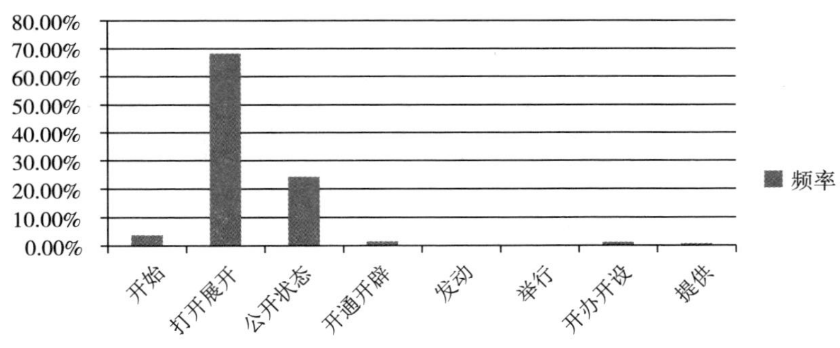

图3 “open”语义范畴使用情况柱状图

3 “开”和“open”语义范畴对比分析

根据上文的分析，我们将“开”和“open”的语义范畴进行了比较，如图4（黑色实线代表“开”，黑色虚线代表“open”）：

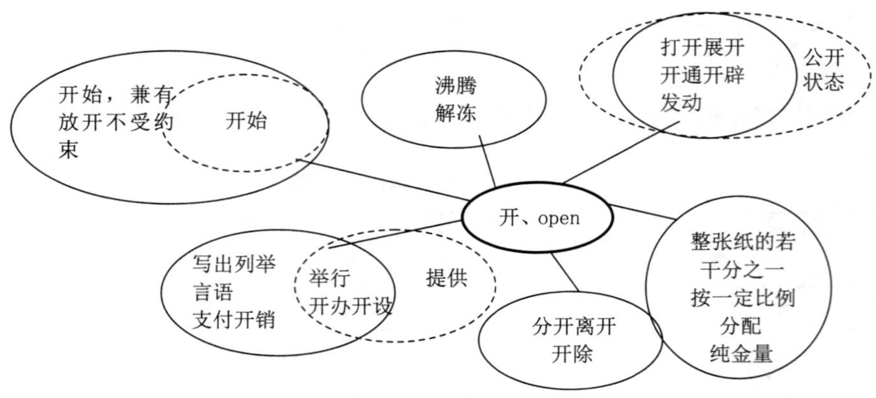

图4 “开”和“open”语义范畴对比图

根据语料库的统计，“开”和“open”语义范畴使用情况对比如下：

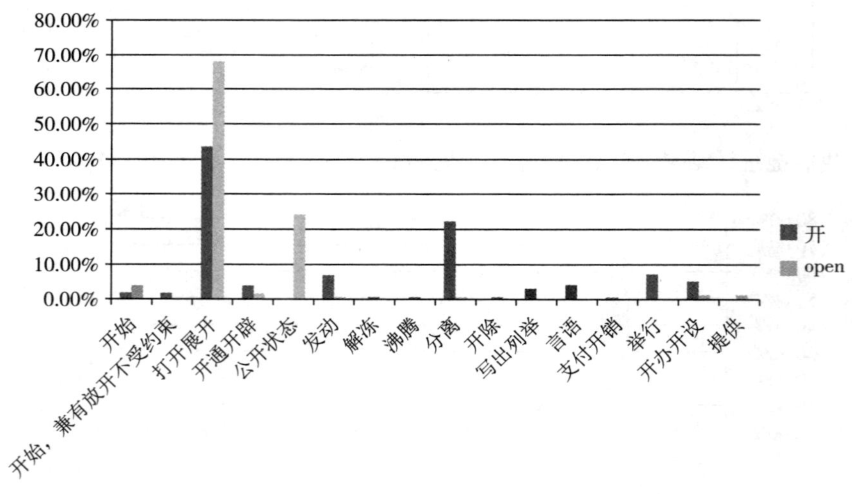

图5 “开”和“open”语义范畴使用情况对比柱状图

“开”和“open”语义范畴使用频率最高的都是“关闭状态转向开放状态”这一范畴，即围绕本义的中心范畴使用频率最高，并且“open”其他语义范畴频率都较低。“open”除作为动词使用，还可作为形容词使用，而且义项丰富。在英语语料中，“open”作为形容词使用的频率要高于作为动词使用。“open”没有“物理状态转移”范畴以及“分离状态”范畴。在“无状态转向有状态”范畴中，“开”在语料库中使用的频率远高于“open”。

“开”和“open”从宏观范畴来讲，都具有“时间”范畴，“从关闭状态转向开放状态”范畴和“从‘无’状态转向‘有’状态”范畴。根据我们的分析，“开”的大语义范畴要多于“open”的大语义范畴。虽然大的范畴是相似的，但是“开”和“open”宏观语义范畴中的小语义范畴以及小语义范畴下面的语义分类还是具有差别的。我们将二者相同的语义范畴中的小语义范畴以及语义分类进行对比。

3.1“开”和“open”共有的语义范畴

3.1.1 时间范畴：开始（动作）

“开”和“open”都可以表示开始义，后面可以跟名词或者动词，表示开始一项活动。“open”可以用三种形式表示开始：open with、open、opening。

3.1.2 关闭状态转向开放状态

3.1.2.1 打开展开

a. 打开（包括睁开、张开、展开、解开等）

在表示打开含义时，“开”和“open”都可以搭配门窗类、容器类、人体器官等名词。在搭配门窗类、容器类名词时，“开”和“open”可以相互替换，并且意义完全相同。在搭配人体器官名词时，如果“开”要和“open”表现相同的意思时，“开”必须和其他语素进行组合后再与人体器官名词进行搭配使用。例如：睁开眼睛、张开手臂。而“开”单独与一些人体器官名词进行组成两字词语时，会从本身的语义转移到其他语义。例如：“开眼”不表示把眼睛打开，而表示放开眼界，“开口”从开始的张开嘴巴引申出说话的含义（没有开嘴这种说法）。“open”在与“eye”和“arm”搭配除了表示打开的含义，“with open arms”还表示热情地、友好地，“with your eyes open”表示明知有困难的，明知后果的。“开”类词语在与其他一些名词进行搭配，例如“伞、文件”时，“开”不能直接和“伞”和“文件”进行搭配，必须前面加上其他语素才可以，而“open”可以直接使用。汉语动词十分丰富，虽然都表示“开”的含义，但是有不同的动作方式，会造成不同的结果，因此根据后面搭配词语会受到制约，并且，汉语搭配受到搭配词语音节的制约，有时需要双音节搭配双音节。在与电器类名词进行搭配时，汉语中用“开”，但是英语中不能用“open”，英语一般用“turn on、switch on、put on”等。

b．开放

“开”和“open”都可以和“心（heart）”进行搭配，但是二者含义不同。“开心”表示高兴的状态，而“open heart”表示敞开心扉。汉语“开”可以跟花朵类名词进行搭配，表示花朵绽放或者开放，但是英语中表现花朵开放的词使用“bloom”，而不用“open”。

在表示思想开放的含义时，英语和汉语都有这种说法，“open”可以单独使用与“mind”进行搭配，但是汉语中不能使用“思想开”或者“开的思想”，必须使用“开放”，先与语素进行组合，再与名词进行搭配。

3.1.2.2 开通开辟

a．开通开辟

在与道路、矿等类词语搭配时，“开”和“open”可以直接与这些词语进行搭配，表示开通开辟的意思。但是，“开”还可以进入心理领域，“open”不可以。例如“想得开”，表示想明白了、想清楚了，是一种心理上的开通，此时“开”一般放在动词后面，表示一种开通的状态，open无此用法。

b．通向

“open”还可以表示“通向”，此时“open”一般与“into”组成短语之后再与表示空间的房屋类以及道路类名词进行搭配。但是“开”在汉语表达中无此用法。

3.1.2.3 发动

“开”可以独自搭配交通工具类名词，表示“发动，使……动”，但是英语中表示使用交通工具时，对应不同的交通工具搭配不同的动词，例如“开车”英文用“drive”，“开飞机”用“fly”。在使用武器时，二者都可以表示“开枪”，“开”搭配“枪”，但是“open”不搭配“gun”，搭配“fire”，而且使用次数极少，或者直接使用“fire”或者“shoot”。

3.1.3 “无”状态转向“有”状态

3.1.3.1 举行

“开”和“open”都可以和比赛类和会议类名词进行搭配，表示举行比赛或者开会的含义。但是英语中最常用的并不是使用“open”，而是使用“have、hold”。

3.1.3.2 开办开设

“开”和“open”都可以与店铺机构类进行搭配，表示“使……开门”。

3.2“开”独有的语义范畴

3.2.1 时间范畴：开始，兼有放开不受约束

“开”除表示开始外，还兼有放开不受约束之义，表示动作开始并持续下去不受阻碍。此种用法“开”放在动词结构后面作为趋向动词使用。

3.2.2 分离状态

3.2.2.1 分开离开

a．位置移动

在表示“分开和离开”的含义时，“open”无此用法，“开”可以和“分”和“离”等表示加大距离的词语组合，再与其他词语进行搭配，表示一种“开”的状态，可以表示真正位置的移动，也可以表示心理上位置的移动。“分开”一般进入“A和B分开”的句式，但是“离开”只能进入“A离开（B）”的句式，并且“离开”隐含“走”的含义。

b．容纳

表示“容纳”含义时，“开”作为趋向动词使用，放在动词后面，一般在动词和“开”之间加“得/不”。

3.2.2.2 开除

“开”表示开除义，含有使某人离开的含义，“open”无此用法。

3.2.3 从“无”状态转向“有”状态

3.2.3.1 写出列举

“开”和单据类的名词搭配时，原有动作含义已经消失，引申出新的含义，表示写出、列举。

3.2.3.2 言语

“开”可以和玩笑等词语搭配，进入言语范畴。

3.2.3.3 支付开销

“开“表示支付、开销义时，主要跟钱财类名词进行搭配。

3.2.4 物理状态转移

此时“开”表示“解冻”或“沸腾”义。

3.3“open”独有的语义范畴

3.3.1 关闭状态转向开放状态

“open”作为形容词使用时，可以表示“明显的”“暴露于，易……的”，都表示一种由“开放”引申出的没有边界限制的一种状态。

3.3.2 由“无”状态专线“有”状态

“open”作为动词，可以表示“提供”的含义，一般搭配比较抽象的名词，例如：“机会”“方法”等。

4 结论

通过对“开”和“open”的语义范畴的描写、构建和对比，我们可以了解到：

“开”和“open”语义范畴的发展具有一定的相似性，中心范畴相似，并且都呈现出辐射状和连锁状两种类型。在范畴引申的过程中，二者都是从空间逐渐向时间引申，并且作为动词时，在表达动作的同时，还表达一种状态向另外一种状态的转移。二者语义范畴的分类也具有一定相似性。同时，二者语义范畴也表现出了差异性。“open”作为形容词在引申的过程中，语义与本义差异较大。“开”作为动词使用时，虽然各大范畴下的语义范畴分类与“open”相似，但是在语义范畴的使用频率上存在较大差异。“开”在语义延伸的过程中，由具体事物领域延伸到心理认知领域以及言语领域，但是“open”未见有此发展。

构词和搭配是汉语词语词义引申的两种重要方式，搭配是英语词语词义引申的重要方式，构词和搭配在组合的过程中存在不对应性，这种不对应性体现在汉语的构词和搭配中，也体现在汉英词语表达相同含义的使用中。在本文中，“开”在表示同一意义时能够使用的组合是不对应的，“开”和“open”在表达相同含义时运用的组合方式也是不对应的。

范畴表达时所用到的词，二者并不完全等同。汉语是以语素为基本单位的语言，而英语是以词为基本单位的语言。二者在构词和搭配的使用上存在着不对应的关系。在英语只包含搭配的情况下，相同含义有时对应汉语“开”单独使用，有时既可以对应“开”单独使用，又可以对应“开”组合使用，有时只对应“开”组合使用。

参考文献

[1] 崔希亮（2009）说“开心”与“关心”，《中国语文》第5期（总第332期）。

[2] 丁志丛（2003）“开+NP”结构考察，湖南师范大学硕士学位论文。

[3] 符淮青（2007）组合中语素和词语义范畴的变化，《江苏大学学报（社会科学版）》第1期。

[4] 付　娜（2011）“开合类”单音动词与受事名词的搭配研究，中国优秀硕士学位论文全文数据库，第S1期。

[5]《柯林斯英汉双解学习词典》（2007），北京：外语教学与研究出版社。

[6] 刘禀诚、陈海伦（2007）“开始”“结束”义词群的组合形态与阐释，《汉语学习》第5期。

[7] 吕叔湘（1980）《现代汉语八百词》，北京：商务印书馆。

[8] 马庆株（1988）自主动词和非自主动词，《中国语言学报》第3期。

[9] 马庆株（1998）《汉语语义语法范畴问题》，北京：北京语言文化大学出版社。

[10] 马　媛（2011）“V开”的词汇化及“开”的语法化，《黑龙江教育学院学报》第11期。

[11] 彭清玉（2013）动词“开”的句法语义研究，南京师范大学硕士学位论文。

[12] 邵敬敏、赵春利（2006）关于语义范畴的理论思考，《世界汉语教学》第1期。

[13] 孙鹏飞（2008）“V开”的句法语义分析及“开”的虚化探索，上海师范大学硕士学位论文。

[14] 太田辰夫（1958）《中国语历史文法》，蒋绍愚、徐昌华译，北京：北京大学出版社。

[15] 王宜广、宫领强（2015）动趋式“V开”的语义扩展路径，《语文学习》第1期。

[16] 王 寅（2007）《认知语言学》，上海：上海外语教育出版社，119—135页。

[17]《现代汉语词典》第七版（2016），北京：商务印书馆。

[18] 邢红兵（2016）汉语作为第二语言的词汇习得研究，北京：北京大学出版社，208—210页。

[19] 许艳敏（2011）“V开”构式的语法化，《语文知识》第3期。

[20] 尹喜艳（2007）“V开”语义分析，《和田师范专科学校学报》第2期。

[21] 张道新（2014）《现代汉语词义范畴论》：北京：中国社会科学出版社。

[22] 志村良治（1995）《中国中世语法史研究》，江蓝生、白维国译，北京：中华书局。

[23] 智红霞（2008）现代汉语动宾式“V开”类动词研究，湖南师范大学硕士学位论文。

[24] 周建民（2002）“开X”类开始义动词的词义衍生与类推造词，《江汉大学学报》第21卷第2期。

[25] 朱德熙（1991）《朱德熙文集（2）》，北京：商务印书馆，64页。

[26] Firth, J. R.（1957）. *Modes of Meaning*, *in Papers in Linguistics* 1934-1951. Oxford: Oxford University Press. 190–215.

[27] Nation, P.（1987）. *What is Involved in Learning a Word in Teaching and Learning Vocabulary*, Victoria: University of Science and Technology, 215–246.

[28] Nation, P.（1990）. *Teaching and Learning Vocabulary*. New York: Newbury House.

[29] Taylor, John R.（1989）. *Linguistic Categorization – Prototypes in Linguistic Theory.* Oxford: Claredon Press.

汉语空间形容词“宽/窄”和韩语空间形容词“넓다/좁다”对比分析

金禧媛

提要：本文以认知语言学和对比语言学理论为基础，选取了汉韩空间形容词“宽/窄”和韩语“넓다/좁다”作为研究对象，归纳对比汉语空间形 容词“宽/窄”和韩语空间形容词“넓다（noelda）/좁다（jobda）”的意义范畴和句法功能差异进行对比分析。本文对汉语“宽/窄”和韩语“넓다/좁다”两个语言之间的异同点进行了详尽的对比分析。在意义方面，归纳、分析二者的基本义和派生义；在句法功能方面，讨论了二者的搭配对象的异同。

关键词：汉韩对比　空间形容词　“宽”“窄”“넓다”“좁다”

1　引言

无论是汉语还是韩语，空间形容词经常用于表达单纯的三维空间的意义，此外，空间形容词也经常被用在与日常生活密切相关的派生词当中。一般形容词含义大都比较丰富，表意功能非常强，主要表现在一个范畴的形容词可以延伸到多个范畴使用。所以第二语言学习者应该具备这方面相关的知识，才能正确运用空间形容词的用法。形容词的句法和表义方面的能力引起了各国语言学家的关注，中韩学者都不例外。相关的本体研究和跨语言对比研究越来越多，在理论和方法论方面对本论文的撰写都具有重要的借鉴意义。

张国宪（1996）认为形容词是个模糊集合，特点是没有明确的关节点，每个形容词都是一个模糊子集，通常无法用确定的度来表现一定的质。作者分别对高量、极量、中量和微量如何进行计量进行了具体阐述，并且对其表义差异与句法功能差异进行了阐述。符准青（1997）分析了表性状词的释义模式，认为表性状

词没有统一的释义模式，最常用的是（适用对象）+性状的说明描写式，认为这种模式是“词义成分模式分析”的主要框架。表性状的词在具体的上下文中有更具体的内容，有着重要的方面和滋生特征。关于韩语研究中，주송희（2012）对各个类型的空间形容词的多种含义的构成进行了分析，并以此为基础构建了整体空间形容词的意义体系。论文以“宽、窄”为具体研究对象，认为它们是二维空间形容词，分析了它们的属性和基本意义范畴，并将属性和基本意义范畴作为其他空间形容词研究的分析角度。这个研究具有深远的意义，因为该研究不仅是停留在对空间形容词属性研究的讨论上，而是对意义领域进行了全面的研究；不仅仅只停留在对个别空间形容词含义的掌握上，而是阐明了全体空间形容词的意义体系，并且厘清了它们内部的关联性。除此之外，也阐明了在全体空间形容词的词汇体系中个体空间形容词的位置及其与整体的关系。在汉韩对比研究中，조정여（2011）以汉韩形容词的概念和句法分类为基础，进行了形容词的相同点与不同点的分类，并且详细地归纳了汉韩形容词的对比内容，发现与韩中形容词的共同点相比，二者在形态上存在的差异点更多。但是很可惜未能在语义层面方面对形容词进行分析研究。

我们发现，无论是本体研究还是对比研究，大部分是从语义的角度对空间维度词进行分析，而我们认为，除了引申义的差异以外，汉韩的空间形容词在句法功能等方面也存在差异。本文以“宽/窄”为例，以语义和句法结构为主要的分析角度，分析了它们在汉语和韩语中的使用特点，进行了语言间的对比。

2 语义对比分析

2.1 基本义

基本义是以每个语言词典中的标准意思为基础进行研究的。

2.1.1 相同点

“宽/窄”和“넓다/좁다”相同点是表示比较细又长的长方形或线形的[+横向扩展性]。

（1）골목길이 매우 넓다. / 胡同很宽。

（2）골목길이 매우 좁다. / 胡同很窄。

例（1）、（2）的"胡同"是一条很长的形容对象。虽然每个"胡同"不能测定客观的宽度，但是主体的认知心理上的某一个标志能表示宽度。

"宽"和"넓다"还是对应表示面积的。超过只是横的长度比较长，物体的横比纵更长时，汉语和韩语两个语言共同能表示宽。

2.1.2 不同点

考察两个语言之间基本意义中发现最大的不同点在形容词能表示的对象范围。有着扩张性意义的形容词"宽"和"넓다"上，没有那么大的差异，但是在"窄"和"좁다"上，用汉语来表示的对象范围比韩语的小。比如，在韩语中"교실（教室）"和"책상（桌子）"用"좁다（窄）"来表示时，很自然。但是在汉语中表示"教室"或"桌子"的时候，应该用"小"。在这可知，汉语按照形容对象把使用的形容词分得更细。

表1 汉语"宽/窄"和韩语"넓다/좁다"的基本义义项

基本义	相同点	表示比较细又长的长方形或线形的[+横向扩展性]。
		"宽"和"넓다"还是对应表示面积的。
	不同点	在"窄"和"좁다"上，用汉语来表示的对象范围比韩语的小。

2.2 转喻义

转喻义从基本义进一步拓展了其意义，转指其他相关性较强的语义。扩展后，转喻义所形容的事物和基本义所形容的事物相互之间的关系离得不太远，即意思上还保持相关性。汉语空间形容词"宽/窄"的内部转喻义有两大类，在形容面或者地面的面积的基本义上，扩大到描述立体空间和范围的量。如图1所示：

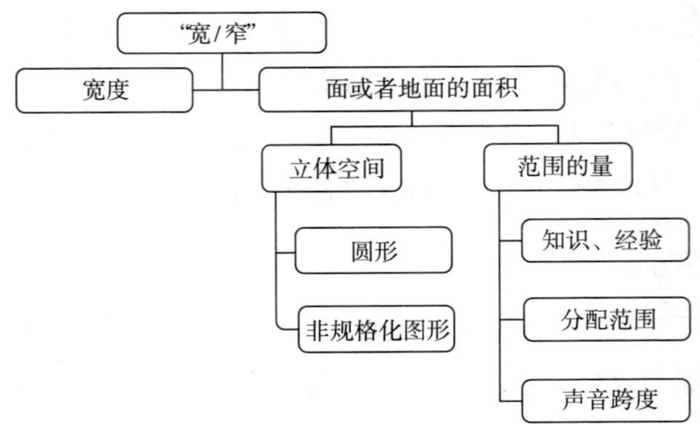

图1　汉语“宽/窄”转喻义义项

韩语空间形容词“넓다/좁다”的内部转喻义主要有两种，见图2：

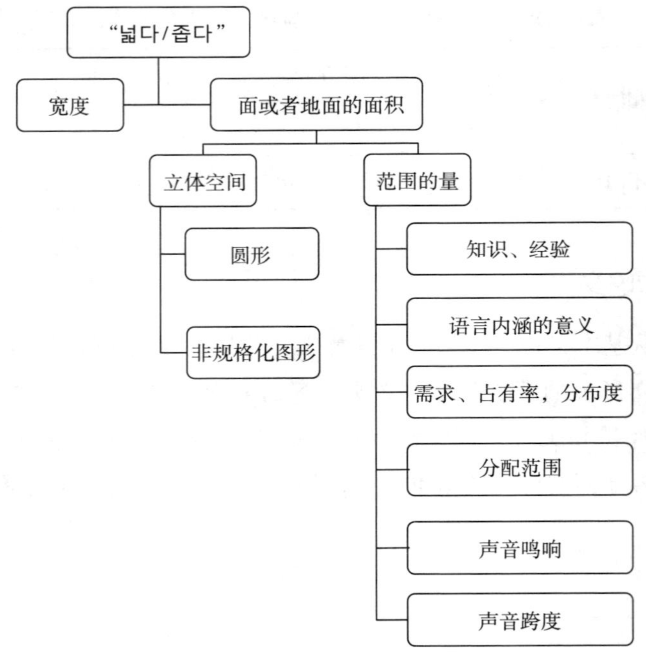

图2　韩语“넓다/좁다”的转喻义义项

2.2.1　相同点

修饰圆形或方形平面时，“宽”和“넓다”包含有“广”的含义。

汉语的“宽/窄”和韩语的“넓다/좁다”都可以用于形容非规格化对象的大小。

汉语中的“宽/窄”和韩语的“넓다/좁다”都可以表示知识、经验多少的转喻义。

汉语中的“宽/窄”和韩语的“넓다/좁다”都在形容分配范围的量的大/小和声音跨度的大/小时，用法一致。

2.2.2　不同点

在修饰面积有所变化的圆形横断面时，“宽”和“窄”是对应的，而“넓다”和“좁다”则不对应。比如，韩语中没有“좁은호수”这样的说法。韩语中“넓다”的形容范围比“좁다”更广。

在修饰非规格化对象时，韩语“넓다”还可以用于形容没有出发点和终点的事 物。比如天空和海边。

韩语的“넓다/좁다”可以用于表示语言内涵意义量的多/少，以及需求、占有率或者分布度的量的多/少，汉语的“宽/窄”则没有对应的用法。

韩语的“넓다”也可以用来表示声音从始发点到达终点的范围。由此可以看出，汉语中表现大小的形容词大、宽、广，每个形容词的用法比韩语的形容词分得更清楚。韩语“넓다”比汉语“宽”跟别的形容词重复使用的范围更大，所以能修饰的范围也大。

表2　汉语“宽/窄”和韩语“넓다/좁다”的转喻义义项对比

（Δ:在特征条件上存在相应的意义）

1. 表示立体空间的大小				
1.1　即使表达的对象不属于基本意义上的方形，也可以表示圆形的对象。	宽	窄	넓다	좁다
	Δ	Δ	+	Δ
1.2　表达非规格化的对象规模。	宽	窄	넓다	좁다
	Δ	Δ	+	Δ

续表

2. 表示一定范围的量				
2.1　表示知识、经验的量的多/少。	宽	窄	넓다	좁다
	+	+	+	+
2.2　分配范围的量的大/小。	宽	窄	넓다	좁다
	+	+	+	+
2.3　声音跨度的大/小。	宽	窄	넓다	좁다
	+	+	+	+
2.4　语言内涵的意义量。	宽	窄	넓다	좁다
	–	–	+	+
2.5　需求、占有率或者分布度的量。	宽	窄	넓다	좁다
	–	–	+	+
2.6　声音从始发点到达终点的范围。	宽	窄	넓다	좁다
	–	–	+	–

2.3　隐喻义

本义比较，虽然在同样的空间范畴里，但是形容词能修饰的主体范围更大。即主体的名词和形容词之间还是成立直接修饰关系，而且想表达的意思跟表面上的意思还是相同。但是，隐喻义的概念上句子的表面上意思跟想表达的意思不同。即隐喻不是直接描述形容对象的单纯特征，真正的意思被隐藏了。要懂的话，首先应该深入了解当地的文化、社会或者历史等方面。

2.3.1　相同点

汉语的“宽/窄”和韩语的“넓다/좁다”都可以用来形容人际交往的范围大/小，气量、气度的大/小。这两个用法都是在原来空间维度的概念上，抽象化为非空间维度事物的形容词，喻指抽象概念的“宽/窄”。

汉语的“宽”以及韩语的“넓다”，都可以隐喻操心、涉及的方面很多的意思。两者都带有“多管闲事”的意义，是指超出了原本范围的多余的做法，“宽”和“넓다”隐含了过于、过多的意义。但是汉语“窄”和韩语“좁다”则没有对应的用法。

2.3.2 不同点

汉语的"宽"较韩语的"넓다"所能表达的范围更大。

在形容经济状况时，如果需要空间维度词来隐喻的话，韩语中通常使用"두껍다/얇다（厚/薄）"的说法，而不用"넓다/좁다"来表达。

汉语中"宽"可以表示使放松、放宽的意义，韩语中相同情形下，一般不使用空间维度词的表现，而是选择固有的形容词。

形容环境自由、政策有利的时候，韩语中使用"느슨하다（松弛）"等词，而不是用"넓다/좁다（宽/窄）"来形容。

汉语中形容节奏舒缓时，可以使用"宽"来形容，而韩语中表示节奏速度慢时，则只能用表示速度的词语"느리다（慢）"来形容。

韩语"좁다（窄）"还可以表示偶然相遇的情况，汉语里进行相同意义的形容时，一般使用"大/小"，而不是"宽/窄"。

表3 汉语"宽/窄"和韩语"넓다/좁다"的隐喻义义项对比

	宽	窄	넓다	좁다
1.1 表示人际交往范围的大/小。	+	+	+	+
1.2 表示气量、气度大/小。	+	+	+	+
1.3 管太多。表示操心涉及的东西很多。	+	−	+	−
1.4 表示经济情况好/差。	+	+	−	−
1.5 放宽；减轻；使松缓。	+	−	−	−
1.6 表示（环境）自由;（政策）有利。	+	−	−	−
1.7 表示节奏舒缓、缓慢。	+	−	−	−
1.8 表示偶然相遇。	−	−	−	+

3 句法功能对比分析

3.1 搭配功能

本文将以语料库中实际意义分析为基础，仔细地研究“宽/窄”和“넓다/좁다”的搭配特征。

3.1.1 相同点

“宽/窄”和“넓다/좁다”都可以与程度副词搭配使用，程度副词一般放在形容词之前，修饰形容词。

“宽/窄”和“넓다/좁다”也都可以和否定副词搭配使用，否定副词之前都可以加上程度副词，用来表达否定的强弱。

汉语的“宽/窄”和韩语的“넓다/좁다”，可以通过搭配，体现在某一标准点上的过去形式。这个标准点既可以是现在的，也可以是过去的。

表达被动时，“宽/窄”和“넓다/좁다”也都可以通过搭配来实现。比如在“宽/窄”后面加上“了”，在“넓다/좁다”后面加上“—어/아진다”。

“宽/窄”和“넓다/좁다”在通过搭配功能实现表示未来的形式时，通常都带有推测意味。

3.1.2 不同点

根据韩语的语法特征，“넓다/좁다”在和否定副词搭配使用时，否定词可以在形容词之前，也可以在形容词之后。

韩语“넓다/좁다”必须通过与表达特定意义的词尾搭配使用才能表达特定的意义，而汉语“宽/窄”在表达某个意义时，一般不需要有固定的搭配形式。

“넓다/좁다”在不同的搭配中，自身的形式一定要发生变化，才能表达相应的意义。

在重叠的搭配形式中，韩语“넓다/좁다”第一次出现时和第二次出现时的形式是不一样的，汉语“宽/窄”则没有变化，再加上，韩语“넓다/좁다”可以根据说话人的意愿，对词尾进行更改，从而表达不同的情绪，是没有固定形式的。而汉语“宽/窄”在重叠的搭配中只有固定的两种形态。

因此，“넓다/좁다”的重叠搭配比“宽/窄”更加复杂。

3.2 句法功能

本文将以语料库中实际意义分析为基础，仔细地研究“宽/窄”和“넓다/좁다”的 搭配特征。

3.2.1 相同点

“宽/窄”在汉语和韩语中都可以充当主语、谓语、宾语、状语、定语。

在作为主语句法成分时，汉语和韩语中的“宽/窄”都表示其基本意义。通常被定语所修饰。

充当谓语句法功能时，“宽/窄”和“넓다/좁다”都表示一个对象的性质。“宽/窄”和“넓다/좁다”在汉语和韩语中，都可以被程度副词和否定副词修饰，没有对程度副词的限制。此外，“宽/窄”和“넓다/좁다”都可以在比较句中充当谓语句法功能。

“宽/窄”和“넓다/좁다”在充当定语句法功能时，都可以和程度副词搭配使用。

3.2.2 不同点

汉语的“宽/窄”作主语时，可以直接使用，而韩语“넓다/좁다”则需要变化成名词形式。

“宽/窄”在充当谓语句法功能时，没有时制的变化，“넓다/좁다”则应该用表示不同时制的词尾来表示时制的改变。

韩语的“넓다/좁다”充当宾语时，需要将其名词化，并加上宾格助词，汉语则可以直接使用。此外，汉语的“宽/窄”在充当宾语时，常常表达主观感受，韩语“넓다/좁다”则可以表示客观的度量。

“宽/窄”和“넓다/좁다”在充当状语时，“넓다/좁다”需要加上“—게”，而“宽/窄”在没有被程度副词修饰时，“地”是可以省略的。此外，充当状语时，汉语的“宽/窄”可以有重叠形式。

“宽/窄”充当定语句法功能在汉语中非常常用，通常可以直接修饰名词。“넓다/좁다”则需要添加合适的词尾。然而被否定词修饰的情况，韩语较汉语更加常见。“宽/窄”在被程度副词修饰时，通常需要补充“的”，“넓다/좁다”则不需要其他变化。

“宽/窄”充当补语成分的情况，韩语中没有对应的用法。

4 语料分析整理

4.1 语义分布

汉语“宽/窄”在CCL语料库，韩语“넓다/좁다”在韩国国立国语院的语料库中各自选择了200个句子进行了分析及整理。

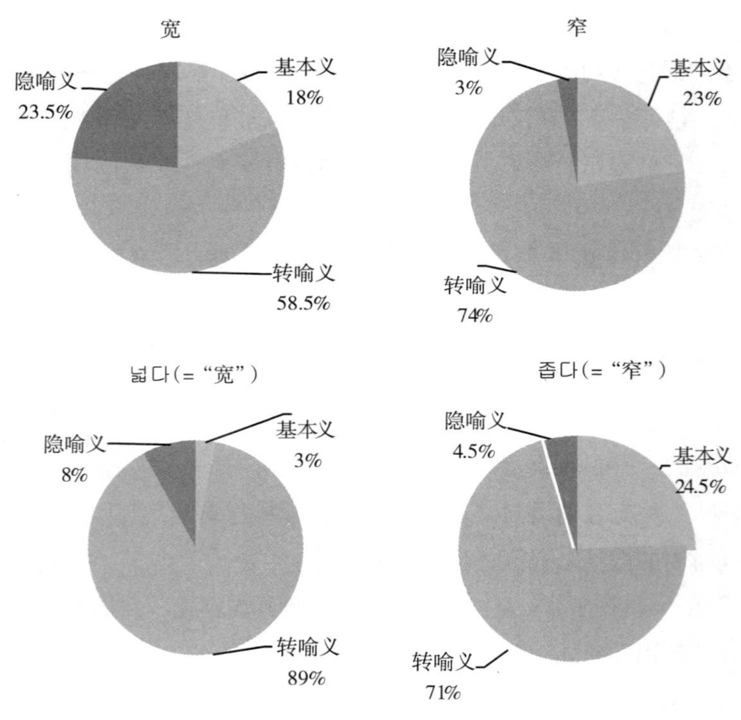

图3 语料的语义比率图

从以上简单的结果表格可以看出，四个单词在转喻义上的比率都是最高的。由此可以得知，比起使用这四个单词原本的空间概念意义，他们的派生意义更经常被使用。汉语“宽/窄”中基本义和隐喻义的差异较大，而韩语“넓다/좁다”中基本义上的差异比其他意义最大。

表4　转喻义和隐喻义的义项整理表

义项		意义
转喻义	1.1	能修饰圆形断面的规模。
	1.2	表达非规格化的对象规模。
	2.1	表示知识、经验的量的多/少。
	2.2	语言内涵的意义量。
	2.3	需求、占有率或者分布度的量。
	2.4	分配范围的量的大/小。
	2.5	声音从始发点到达终点的范围。
	2.6	声音跨度的大/小。
隐喻义	1.1	表示人际交往范围的大/小。
	1.2	表示气量、气度大/小。
	1.3	管太多。表示操心涉及的东西很多。
	1.4	表示经济情况好/差。
	1.5	放宽;减轻;使松缓。
	1.6	表示（环境）自由;（政策）有利。
	1.7	表示节奏舒缓、缓慢。
	1.8	表示偶然相遇。

表5 语料语义分析数值表

		宽	넓다（=“宽”）	窄	좁다（=“窄”）
基本义	总共	18%（36个）	3%（6个）	23%（46个）	24.5%（49个）
转喻义	总共	58.5%（117个）	89%（178个）	74%（148个）	71%（142个）
	1.1	5.5%（11个）	4.5%（9个）	8.5%（17个）	4.5%（9个）
	1.2	30%（60个）	31.5%（63个）	30.5%（61个）	44%（88个）
	2.1	2%（4个）	4.5%（9个）	2.5%（5个）	1.5%（3个）
	2.2	—	6.5%（13个）	—	1.5%（3个）
	2.3	—	2%（4个）	—	2%（4个）
	2.4	21%（42个）	39.5%（79个）	32.5%（65个）	17.5%（35个）
	2.5	—	0	—	—
	2.6	0	0.5%（1个）	0	0
隐喻义	总共	23.5%（47个）	8%（16个）	3%（6个）	4.5%（9个）
	1.1	0	3.5%（7个）	2%（4个）	0.5%（1个）
	1.2	3.5%（7个）	3.5%（7个）	1%（2个）	3.5%（7个）
	1.3	0.5%（1个）	1%（2个）	—	—
	1.4	0	—	0	—
	1.5	14%（28个）	—	—	—
	1.6	5%（10个）	—	—	—
	1.7	0.5%（1个）	—	—	—
	1.8	—	—	—	0.5%（1个）

在基本义上，除了韩语“넓다”，其他三个单词都显示相似的数值。四个单词在转喻义上都显示了最高的比率。其中，汉语“宽”和韩语“좁다”的义项1、2最常被使用，汉语“窄”和韩语“넓다”虽有细微的差异，义项2、4依然是使用比率最高的。转喻义的义项1、2和义项2、4，数值上各占第一和第二位。义项1、2是用于形容物体的体积和不规则图形的大小，可以修饰的主体范围十分多样，

和日常生活中使用频率很高的单词有着密切的联系。义项2、4是用于形容分配范围的量，能够用来修饰所有有范围上的量的主体。和义项1、2相似，是和日常生活中经常使用的单词联系很深的一个义项。在隐喻义中，四个单词平均全部都是最经常使用义项1、2的。汉语"宽"比起其他三个单词，隐喻义义项尤其丰富，分析结果中可以看出，单独在义项1、5和1、6的比率上并不低。

5 结论

汉语"宽/窄"和韩语"넓다/좁다"是空间形容词中极具代表性的词语之一，与我们的生活有着密切的联系。虽然原本的基本义是一致的，但由于文化和民族性的不同，产生了不同的派生意义。随着语言表现更加丰富，在搭配上和句法功能上也产生了差异。

本论文以汉语形容词"宽/窄"和韩语形容词"넓다/좁다"为研究对象，分析了汉韩词典上的意义和语料库里的语料，从语义和句法功能两个大方面分析二者的共性和差异。

语义部分，分为基本义、转喻义、隐喻义三点。

在基本义方面，汉语"宽/窄"和韩语"넓다/좁다"的意义大致相同。相同点是表示比较细又长的长方形或线形的[+横向扩展性]。而且"宽"和"넓다"还是对应表示面积的。超过只是横的长度比较长，物体的横比纵更长时，汉语和韩语两个语言都能表示宽。需要注意的是在"窄"和"좁다"上，用汉语来表示的对象范围比韩语的小。汉语按照形容对象把使用的形容词分得更细。转喻义方面，分为两个部分来分析。第一部分是从基本义扩大而来，用来表示圆形、体积和不规则形状，第二部分是用来表示与空间概念相关的转喻义。虽然汉语和韩语在转喻义上都可以表示知识和经验的量，分配范围的量，声音的跨度，但汉语的"宽/窄"不能用于描述语言内涵的意义量，需求、占有率或者分布度的量，声音从始发点到达终点的范围。

此外，韩语的"넓다"即能表示声音从始发点到达终点的范围这一义项，但是对"좁다"不合适。由此可以看出，汉语中表现大小的形容词大、宽、广，每个形容词的用法比韩语的形容词分得更清楚。

韩语"넓다"比汉语"宽"跟别的形容词重复使用的范围更大，所以能修饰的范围也大。通过分析汉语"宽/窄"和韩语"넓다/좁다"在基本的空间概念

之外的隐藏的意义的差别。我们发现，汉语“宽/窄”和韩语“넓다/좁다”都可以表示人际交往范围的大小，表示气量、气度大小，管太多。表示操心涉及的东西很多。在表示“管太多，操心涉及的东西很多”这一义项中，只可以使用汉语“宽”和韩语“넓다”，“窄”和“좁다”则是不合适的。不同点是，汉语的义项比韩语的义项更多。汉语“宽/窄”还能表示经济情况好/差。重要的一点，汉语“宽/窄”的义项不一致。“宽”还能表示放宽、减轻、使松缓，表示（环境）自由、（政策）有利的情况、节奏舒缓、缓慢，而“窄”则没有这样的隐喻义。在韩语中，还可以单独使用“좁다”来表示偶然相遇，而在汉语的“宽/窄”和韩语的“넓다”则没有这样的用法。

在句法功能部分中，第一方面从搭配部分开始。

搭配部分中，汉语“宽/窄”和韩语“넓다/좁다”相同点是既可以在程度副词和否定词后面被其修饰，也可以重叠使用。另外，汉语形容词后面加上“了”来表示过去时的变化，韩语则运用语尾的改变来表示过去的意思。表示将来时态时，两者通常是带有推测意义的。由于韩语拥有丰富的语尾这一特征，使得两者有重要的不同之处。虽然汉语“宽/窄”和韩语“넓다/좁다”都可以与否定词搭配使用，但是韩语中，否定词可以出现在形容词之前，也可以出现在形容词之后。在表现时态的时候，汉语没有形态的变化，而韩语则在形容词原型的基础上，通过语尾的改变来表现时态。在句法功能的第二部分，则分析了“宽/窄”和“넓다/좁다”在汉语和韩语中都可以充当主语、谓语、宾语、状语、定语。在汉语中，“宽/窄”还可以充当补语，韩语则没有这样的用法。最常见的句法功能是充当谓语，与程度副词和否定词搭配使用。最大的不同之处在于，韩语的“넓다/좁다”会根据担当的句法功能不同，有不同的词性变化。这些变化都是固定的，必须遵守变化规则来使用。

综上所述，通过汉语和韩语这两组空间形容词的对比和分析，可以看出汉语“宽/窄”和韩语“넓다/좁다”在语义上和句法功能上都具有较多的相同点，不同点虽然不多，但比较明显。

参考文献

[1] 符淮青（1997）"词义成分—模式" 分析（表形状的词），《汉语学习》第3期。

[2] 张国宪（1996）形容词的记量，《世界汉语教学》第 4 期。

[3] 조정여（2011）한중 형용사 대비 연구，韩国忠南大学硕士学位论文。

[4] 주송희（2012）현대 한국어 공간 형용사의 연구，韩国仁荷大学博士学位论文。

单音节依存反义动词句法结构与功能的不对称性统计分析

李　柳

摘要：本文通过对10组单音节依存反义动词作为研究对象和切入点来探讨反义词与动词结合起来使用的情况，主要通过分析句法结构框架的丰富度、集中度、优势和常用句法结构框架的不对称性来考察其句法结构的不对称性。通过统计分析句法结构配搭的句法语义成分，如主语、宾语、补语，来分析其句法语义功能特点，在此基础上对单音节依存反义动词的语义功能进行范畴化归类总结。通过语料标注、统计和分析，本文发现单音节依存反义动词组内的两个分别表示“给予义”“获得义”的反义动词在句法结构和语义功能上具有不对称性。

关键词：单音节依存反义动词　句法结构　语义功能　不对称

1　引言

汉语庞大的动词体系中有一类词通过揭示事物内部矛盾，形成鲜明对比和映衬，从而把事物的特点深刻地揭露出来，即反义动词。作为在众多语言系统中普遍存在的语言现象，反义词广泛应用于众多语言系统中。因此把反义词与动词的探究结合起来，有利于丰富词汇系统之间联系。最近几年关于反义词的探讨多以对称性和不对称性为题展开。沈家煊（1999）指出，不对称现象的存在非常广泛，在语言的各个方面中都会存在，包含在语音、构词、句法、语义和语用等方面，进而他结合功能主义的语言观，提出了用标记理论来解释汉语语法中种种对称性和不对称性现象。

但是无论是动词还是反义词都是一个庞大的词汇体系，我们很难深入地对所有的反义动词进行探究，因此只能选择具有代表性的反义动词小类进行研究，反义词系统中的单音节依存反义词，如买—卖，输—赢，这类词无论在动词中还是反义词中都是使用频率比较高的一类词，因此以单音节依存反义动词为研究对象比较具有代表性。

Nation（1990）指出如果想要学会使用一个词语，需要深入了解这个词语的形式，其中包括书面语和口语等形式；意义，主要包括联想意义以及概念意义等；位置、功能，其中位置是指搭配方式、语法框架等，而功能包括使用场合以及频率等方面。所以在词汇的学习和研究过程中，我们不能只关注词汇的本身，还应该注重将词汇的学习和研究与词汇所在的句子相结合，才能更加具有实际语言意义。邢红兵（2003）对“汉语语料库”中的3000多个高频动词作谓语中心语的情况进行了统计分析，从语法搭配的角度发现不同动词带宾语的能力是不相同的。赵奕（2013）对不同词频和种类的40个动词进行探究，发现不同动词之间的句法框架分布差异比较大，不同类别的动词以及近义动词的句法框架和句法成分都存在差异。例如：近义动词“说”和“谈”，“说”的句法框架相对简单，集中度高，常用“（主）｜｜动+宾”，而“谈”的句法框架较复杂，较多使用“（主）｜｜动”及“（主）｜｜动+补+宾”的句法框架。

对动词的探究前人越来越关注其在句法结构、语义功能上的表现，因此将动词与反义词结合起来，考察探讨单音节依存反义动词句法结构与语义功能方面的不对称性有利于丰富动词和反义词的学习和研究。

2 研究思路与语料分析处理

2.1 研究思路

本文以10组高频单音节依存反义动词组为研究对象，希望通过语料统计结果分析其在句法结构和语义功能上的不对称性，以此来推断单音节依存反义动词句法结构和语义功能的不对称性情况。具体来说，通过分析单音节依存反义动词组句法结构框架的分布特点、丰富度、集中度、优势以及常用句法框架分布（赵奕，2013）的不对称性来考察其句法结构的不对称性。通过统计分析句法结构中的句法语义成分：主语、宾语、补语，来分析其句法语义功能特点，在此基础上对单音节依存反义动词的语义功能进行范畴化归类总结。

2.2 语料选择与处理

2.2.1 单音节依存反义动词的选择与取料

张斌（2002）指出单音节依存反义动词根据其内部的依存关系又可以细分为直接依存和间接依存两个小类。直接依存，指A、B双方必须同时存在，或同时进行，或同时实现，两者缺一不可，例如：买—卖，购—销，嫁—娶，输—赢，胜—败，教—学。间接依存是指A、B两个方面，A的存在、实施并不需要B同时存在、实施，但B的存在和实施要以A的存在和实施为先决条件。例如：争—让，要—给，问—答，送—收，存—取，产—销，借—还。

本文的研究通过对《现代汉语频率词典》进行统计，我们选取了10组使用度最高的单音节依存反义动词。其中单音节直接依存反义动词组和单音节间接依存反义动词组分别5组：

表1　单音节依存反义动词的研究样本

单音节直接依存反义动词组	单音节间接依存反义动词组
学—教	问—答
娶—嫁	争—让
买—卖	收—送
赢—输	存—取
赚—赔	借—还

2.2.2 语料处理

本文的研究语料来源于北京大学中国语言研究中心的CCL语料库，在选取语料时要求语料需满足以下几个条件：反义动词在单句句法框架中担任主要谓语成分，非主要谓语的成分则排除；句法框架能够表达相对完整语义；对于处于复句中的分句，凡能独自成句的，则忽略关联词，按单句处理；因反义动词的确定是同一语义范畴内，因此，选择的语料要求在语义上是对应的义项，不是反义对应的义项的语料则排除。

在数量上，语料数据小于 100 句的反义动词，对语料库中全部语料进行标注分析。对于语料数据大于100句的反义动词，随机排序后，抽取100条语料作为随机样本进行标注分析。

2.2.3 语料标注

2.2.3.1 句法结构框架标注

本文的研究中所设计的句法结构框架，主要参考了北京语言学院句型研究小组的《现代汉语基本句型》，该系统中共有209个基本句型，赵奕（2013）选取其中动词谓语句13 类，以及主谓谓语句中动词做谓语的情况，并对其类别加以改进。最终建立如下13种，并以此作为句型结构标注的类别：

表2　句法结构框架标注类型表

标注编号	句法结构框架类型	例句
S11	（主）‖动	我们正在集训备战亚锦赛，北京[赢]了。
S12	（主）‖动+宾	我们轻易地[赢]了西雅图队。
S13	（主）‖动+宾+宾	从明天开始，俺可以[教]你武艺了。
S14	（主）‖动+补	各式凉帽[卖]得俏。
S15	（主）‖动+补+宾	农民黄泽恒刚刚[卖]掉了800块钱的花。
S16	（主）‖动+补+宾+宾	大姐[教] 会了我们那么多好听的歌。
S21	是……句	丝线是福记[卖]出来的。
S22	把字句	况保华把钱[还]给小伙子了。
S23	被字句	这批大陆劳务人员共 5 6 人被[送]回大陆。
S24	存现句	竟没有姑娘愿意[嫁]给他。
S25	连动句	后来赶快去找朋友[借]钱。
S26	兼语句	避开5年，让我[娶]宋美龄。
S27	主谓谓语句	这部车我已经[买]了。

对于句法成分的标注，本文参考李临定（1986）《现代汉语句型》中的术语和代号。本体系在句型结构框架标注的基础上，对于涉及中心动词的主语、宾语、补语进行标注。

2.2.3.2 主语、宾语标注

汉语并不是主语表示施事，宾语表示受事的一一对应的关系，所以能够更好地刻画出单音节依存反义动词和主语、宾语的关系也是非常重要的。两种体词结构的标注主要涉及1名施、2名受、3名工、4名结、5名数、6名处、7名对象、8形容词、9动词、10句子等。

2.2.3.3 补语标注

本文依据刘月华（1983）《实用现代汉语语法》中对于补语的分类进行标注，系统共七类补语：结果补语；趋向补语；可能补语；情态补语；程度补语；数量补语；介词短语补语。

3 单音节依存反义动词的结构不对称性统计分析

3.1 单音节依存反义动词句法框架分布特点

我们关注单音节依存反义动词句法结构框架分布的不对称性，也就是关注不同单音节依存反义动词的句法结构框架使用的数量。

我们假设单音节依存反义动词A的某句法结构框架n分布为Xn，则该单音节依存反义动词的句法结构框架计算公式则为：

Xn=句法框架n在反义动词A语料中出现次数/反义动词A标注总数×100（%）。

通过对10组单音节依存反义动词的句法结构类型进行标注和统计，我们已能简单了解到其句法结构框架的使用情况。具体情况如下：

表3 单音节直接依存反义动词的句法结构类型统计表

基本句式	买	卖	娶	嫁	赢	输	学	教	赚	赔
S11（主）‖动	4	5	—	7	40	25	13	—	1	3
S12（主）‖+动+宾	39	20	59	8	32	16	38	13	55	29
S13（主）‖动+宾+宾	1	—	—	—	1	—	3	18	2	1
S14（主）‖动+补	7	25	2	6	6	18	6	1	9	28
S15（主）‖动+补+宾+宾	18	10	12	52	8	27	31	12	19	24

续表

基本句式	买	卖	娶	嫁	赢	输	学	教	赚	赔
S16（主）‖动+补+宾+宾	—	—	—	—	—	1	—	26	—	3
S21是……句	—	2	—	—	2	—	2	7	1	—
S22把字句	3	17	12	19	—	8	3	7	2	10
S23被字句	4	—	1	—	—	—	—	—	2	—
S24存现句	—	1	—	5	—	—	—	1	3	—
S25连动句	18	17	3	2	10	3	1	9	3	—
S26兼语句	4	3	11	—	1	1	3	6	3	2
S27主谓谓语句	2	—	—	—	—	—	—	—	—	—

表4　单音节间接依存反义动词的句法结构类型统计表

基本句式	借	还	存	取	收	送	争	让	问	答
S11（主）‖动	3	3	14	3	9	1	10	8	11	25
S12（主）‖+动+宾	[illegible]	22	44	18	54	11	58	8	30	11
S13（主）‖动+宾+宾	4	11	14	4	7	5	—	—	46	1
S14（主）‖动+补	1	18	1	16	8	1	7	6	2	53
S15（主）‖动+补+宾	15	28	16	42	16	21	23	40	8	4
S16（主）‖动+补+宾+宾	1	—	—	—	2	—	—	—	—	—
S21是……句	2	10	—	1	—	1	—	1	—	—
S22把字句	2	—	6	11	4	47	1	37	—	—
S23被字句	—	—	—	3	—	10	—	—	3	3
S24存现句	15	8	1	—	—	10	—	—	3	3
S25连动句	—	—	2	1	—	1	—	—	—	—
S26兼语句	—	—	2	1	—	2	1	—	—	—
S27主谓谓语句	—	—	—	—	—	—	—	—	—	—

通过对上述两个表格的统计分析，我们可以比较清楚地发现单音节依存反义动词的句法结构框架以基本句法结构框架为主，特殊句法结构框架使用相对较少。

3.2　单音节依存反义动词句法框架的丰富度统计分析

针对反义动词句法结构框架分布差异比较大的情况，我们选用赵奕（2013）提出的“丰富度”标准来衡量单音节依存反义动词在自己的句法体系中使用的句法框架的丰富程度。丰富度的公式=某单音节依存反义动词在语言使用中出现了多少种类的句法框架（种）。

同时，我们可以用Z分数来将单音节依存反义动词的句法框架的丰富度分为丰富度高（Z≥0.5）、中（0.5>Z>–0.5）、低（Z≤–0.5）。

通过统计，我们了解到我们选取的这10组单音节依存反义动词的句法框架丰富度的具体情况如下：

表5　单音节依存反义动词的句法框架使用种类及丰富度

词1	买	卖	娶	嫁	赢	输	学	教	赚	赔	总计
种类	10	9	7	7	8	8	9	10	11	8	87
丰富度	高	高	低	低	中	中	高	高	高	中	—
词2	借	还	存	取	收	送	争	让	问	答	总计
种类	9	7	9	10	7	10	6	6	6	8	78
丰富度	高	低	高	高	低	高	低	低	低	中	—

从单音节直接依存反义动词和单音节间接依存反义动词使用的总数量的对比情况，我们可以发现单音节直接依存反义动词的句法结构框架的丰富度要高于单音节间接依存反义动词的句法结构框架的丰富度，且句法结构框架的丰富度的对称性更高。

3.3　单音节依存反义动词句法框架的集中度统计分析

句法结构框架的分布是否集中于某一两个种类上，还是分布相对比较平均，需要有一个量进行度量，而这正是赵奕（2013）提出的“集中度”的概念所要探究的内容。集中度，即用来衡量句法结构框架分布是否集中的度量，用某一单音节依存反义动词的句法结构框架各分布百分数的标准差表示。

在我们的标注系统中，共有13种句法结构框架，因此我们设单音节依存反义动词A共有13种句法结构框架分布，分布分别为x1，x2……，xn（n≤13）其中，若xn没有句法结构框架分布，则按0处理，因此单音节依存反义动词A的句法结构框架的集中度公式为：

$$\text{动词A集中度}=\sqrt{\frac{\sum(x-\bar{x})}{N}}$$

其中N=13，x1+x2+……x13=100。考察单音节依存反义动词句法结构框架的集中度即考察单音节依存反义动词A的不同句法结构框架百分比的标准差。我们用Z分数值来划分集中度的高低，将单音节依存反义动词分为集中度高（Z≥0.5）、中（0.5>Z>−0.5）、低（Z≤−0.5）。我们得到10组单音节依存反义动词句法结构框架的集中度统计结果，如下：

表6　单音节依存反义动词句法结构框架的集中度统计表

词1	买	卖	娶	嫁	赢	输	学	教	赚	赔
集中度	11.74	8.37	18.81	16.23	14.05	9.9	13.04	7.67	15.37	11.59
高低	低	低	高	高	中	低	中	低	中	低
词2	借	还	存	取	收	送	争	让	问	答
集中度	17.07	8.08	12.99	12.26	16.72	13.8	19.91	15.64	16.06	17.09
高低	高	低	中	中	高	中	高	高	高	高

通过统计结果我们发现，20个单音节依存反义动词的句法结构框架的集中度的高低程度结果水平比较均衡。我们可以看出大多数的单音节依存反义动词组的集中度分布情况的对称性分布与不对称性分布比较均衡。

同时，我们发现大多数单音节依存反义动词的句法结构框架的集中度与丰富度成反比分布，丰富度越高，集中度越低。

3.4　单音节依存反义动词优势句法结构框架统计分析

在统计分析中，我们发现有些句法结构框架的使用频率较其他的句法结构框架的使用频率来说相对比较高，因此，我们认为语言使用者在使用这种语言时，倾向于使用一种或者几种句法结构框架。我们将此称为词语的优势句法结构框架，即说话者在使用单音节依存反义动词时，最偏好于使用的一种或几种句法结构框架。在定义优势句法结构框架时，我们还是用Z分数来进行划分。本文将在一个单音节依存反义动词范围内的句法结构框架分布的Z≥1视作优势句法结构框架。将Z分数中0≤Z＜1的视为常用句法框架，常用句法框架是语言使用者在使用时会经常用到，但是其使用频率并不是最高的一类词。

通过对单音节依存反义动词的优势句法结构框架和常用句法结构框架进行统计分析，我们发现：

表7　单音节依存反义动词优势句法结构框架和常用句法结构框架统计表

词1	买	卖	娶	嫁	赢	输	学	教	赚	赔
优势结构	S12	S14	S12	S15	S11 S12	S11 S15	S12 S15	S16	S12 S15	S12 S14
常用结构	S15 S25	S12 S22 S25	—	S22	—	S12 S14	S11	S12 S13 S15	—	S15
词2	借	还	存	取	收	送	争	让	问	答
优势结构	S12	S15	S12	S15	S12	S22	S12	S15 S22	S13	S14 S11
常用结构	S15 S24	S12 S14	S11 S13 S15	S12 S14 S22	S15	S15	S15	—	S12	—

通过表7中的数据，我们可以发现同一组内的两个单音节依存反义动词的优势句法框架多存在不对称性。优势句法结构框架主要以S12“主+动+宾”和S15“主+动+补+宾”为主。具体情况如下：

表8　单音节依存反义动词优势句法结构框架数量表

句法结构框架	优势数量	常用数量	总量
S12（主）‖动+宾	10	6	16
S15（主）‖动+补+宾	7	8	15
S14（主）‖动+补	3	3	6
S11（主）‖动	3	2	5
S22把字句	1	3	4
S25连动句	2	2	4
S13（主）‖动+宾+宾	1	2	3
S24存现句	0	1	1
S13（主）‖动+宾+宾	1	2	3
S24存现句	0	1	1

通过上述统计，我们可以发现句法结构之间的关系，其中S11、S12、S13结构属于“（主）+动+（宾）”结构，其中S14、S15、S16结构属于“（主）+动+补+（宾）”结构，因此根据这个分类我们又有进一步的发现：

表9 单音节依存反义动词句法结构使用总结表

词1	买	卖	娶	嫁	赢	输	学	教	赚	赔
（主）动（宾）	44	25	59	15	73	41	54	31	58	33
（主）动补（宾）	25	35	14	58	14	46	37	39	28	55
词2	借	还	存	取	收	送	争	让	问	答
（主）动（宾）	64	36	72	25	70	17	68	16	87	37
（主）动补（宾）	17	56	17	58	26	22	30	46	10	57

通过对上述表格进行比较，我们可以较为直观地发现单音节依存反义动词组内的两个反义动词在“（主）+动+（宾）”“（主）+动+补+（宾）”这两个句法结构的使用上存在着比较明显的不对称性。如：“买”倾向于使用“（主）动（宾）”，而“卖”倾向于使用“（主）动补（宾）”。通过下图我们可以得到更直观的了解：

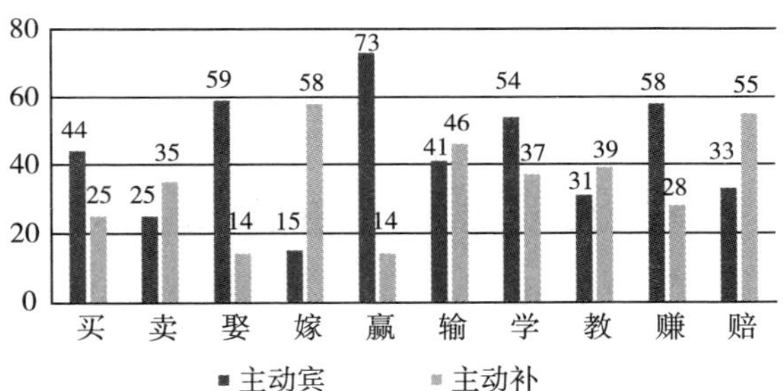

图1 单音节直接依存反义动词常用句法结构比较表

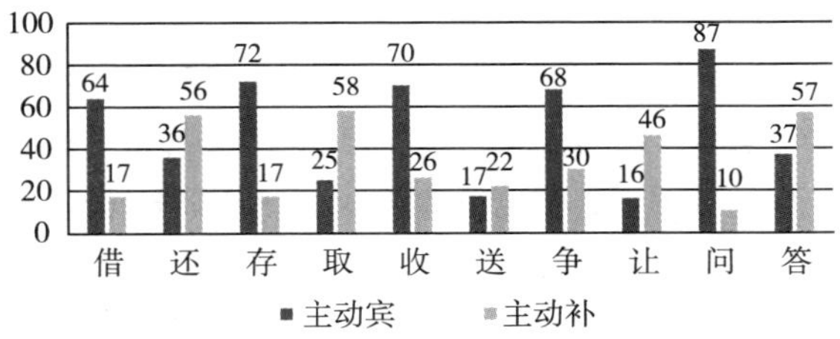

图2 单音节间接依存反义动词常用句法结构比较表

通过上述两个图表的比较，我们能够直观地发现同一组单音节依存反义动词内常用句法结构框架的不对称性。通过表10，我们进行具体地对比：

表10 单音节依存反义动词常用句法结构框架使用分布情况

常用句法框架	单音节直接依存反义动词					单音节间接依存反义动词				
（主）动（宾）	买	娶	赢	学	赚	借	存	收	争	问
（主）动补（宾）	卖	嫁	输	教	赔	还	取	送	让	答

通过上面的表格，我们需要思考经常使用“（主）动（宾）”句法结构的单音节依存反义动词：买、娶、赢、学、赚、借、存、收、争、问。经常使用“（主）动补（宾）”句法结构的单音节依存反义动词：卖、嫁、输、教、赔、还、取、送、让、答，这些词之间分别有什么共性和差异呢？下面我们通过对单音节依存反义动词语义功能的探究进一步了解这个问题。

4 单音节依存反义动词的功能不对称性统计分析

4.1 单音节依存反义动词句法成分语义功能的不对称性分布

动词在句子中不是孤立存在的，经常受到句中其他因素和成分的影响。因此，我们不仅对单音节依存反义动词的句法结构框架进行了标注统计，同时我们还对单音节依存反义动词的句法语义功能进行了标注统计。

4.1.1 主语语义功能分析

在句子当中，主语的使用受到谓语动词的影响，所以根据谓语动词的性质，主语可以是施事、受事等。而主语与谓语动词的语义关系到底是怎么样的，成对的反义动词的主语类型是否一致，下面我们将用具体的数据来说明：

表11　单音节直接依存反义动词主语成分统计表

主语类型	买	卖	娶	嫁	赢	输	学	教	赚	赔
1名施	55	24	57	68	71	57	58	50	38	28
2名受	11	29	0	0	1	5	6	6	10	11
3名工	3	—	—	—	—	1	—	—	—	—
4名工	—	—	—	—	—	—	—	—	—	—
5名数	—	1	—	—	—	—	—	—	6	—
6名处	1	3	1	—	—	—	—	2	2	—
7名对象	—	2	1	16	3	1	—	—	—	—
8形容词	—	1	—	—	—	—	—	—	3	—
9动词	—	—	—	—	2	—	—	—	—	—
10句子	1	4	—	—	3	—	—	1	11	2
总量	71	64	59	84	81	63	64	59	70	41

表12　单音节间接依存反义动词主语成分统计表

主语类型	借	还	存	取	收	送	争	让	问	答
1名施	72	24	77	66	52	67	79	61	75	75
2名受	5	22	14	15	7	12	—	10	—	9
3名工	—	—	—	—	—	1	—	—	—	—
4名工	—	—	—	—	—	—	—	—	—	—
5名数	—	—	—	—	—	3	—	—	—	—
6名处	—	1	1	—	1	—	—	1	—	—
7名对象	—	—	—	—	—	2	—	—	—	—
8形容词	—	—	—	—	—	—	—	—	—	—
9动词	—	1	—	—	1	1	—	1	—	—
10句子	—	—	—	—	—	—	—	1	—	—
总量	77	48	92	81	61	85	79	74	75	84

通过上面的表格我们可以发现，单音节依存反义动词的主语语义成分主要还是以名词性施事型主语为主，这与沈家煊（1999）在《不对称标记论》中提到的观点相一致：充当主语、宾语等句法成分的语义角色不是任意的，一般来说，典型的主语由“施事”充当，典型的直接宾语由“受事”充当。但是成对的单组单

音节依存反义动词的句法成分中主语的施受成分又有什么特点呢？我们通过分析名词性施事型主语和受事型主语占所有主语的比例进行进一步的比较：

表13　成对的单音节依存反义动词主语成分施受事关系分析表

主语类型	买	卖	娶	嫁	赢	输	学	教	赚	赔
名施	77.46%	37.50%	96.61%	80.95%	87.65%	90.48%	90.63%	84.75%	54.29%	68.29%
名受	15.49%	45.31%	0.00%	0.00%	1.23%	7.94%	9.38%	10.17%	14.29%	26.83%
主语类型	借	还	存	取	收	送	争	让	问	答
名施	95.51%	50.00%	83.70%	81.48%	85.25%	78.82%	100.00%	82.43%	100.00%	89.29%
名受	6.49%	45.83%	15.22%	18.52%	11.48%	14.12%	0	13.15%	0	10.41%

因此，我们可以发现，成对的单音节依存反义动词组内的两个反义动词搭配使用的主语成分的施事关系存在不对称性。虽然这10组反义动词都是以名词性施事主语为主，但是其在使用名词性受事主语时表现出了比较清晰的不对称性。

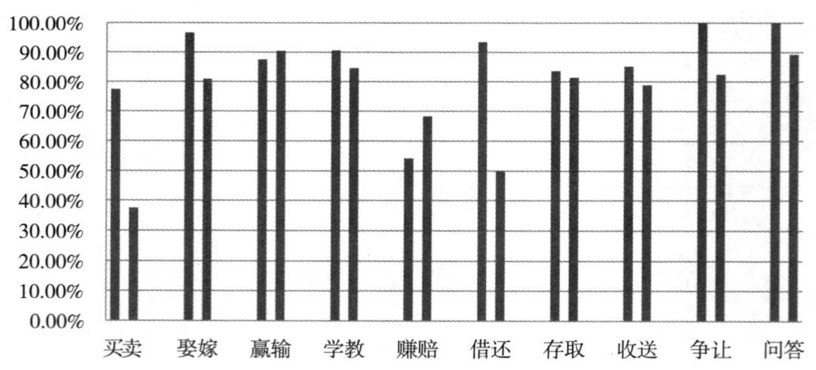

图3　单音节依存反义动词名词性施事型主语统计比较表

通过图3我们发现，单音节依存反义动词的句法结构中以施事性主语为主，但是单音节依存反义动词组内大多数左侧的动词较右侧的动词使用施事性主语的比例较高。

使用名词性施事主语比例比较高的动词同时使用受事性主语的比例就较低，同理，同一组反义动词组内使用施事型主语比例相对较低的动词使用受事型主语的比例相对较高。结合下面的图表我们来做进一步分析。

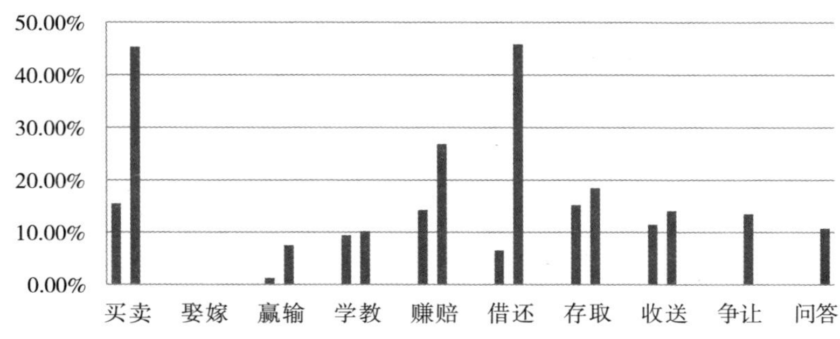

图4　单音节依存反义动词名词性受事型主语统计比较表

通过图4我们可以发现，这10组反义动词组内受事型主语使用比例较自己的反义词高的分别是卖、输、教、赔、还、取、送、让、答，而根据“娶”和“嫁”施事型主语所占比例比较，我们也可认为“嫁”的受事型主语使用的比例可能高于“娶”。同时我们还发现大多数的单音节依存反义动词在使用受事型主语时表现出的不对称性与前面我们讨论的常用句法结构框架和优势句法结构框架使用时表现出的不对称性相重合，使用受事型主语比例较高的反义动词同时也是使用“（主）动补（宾）”结构比较多的反义动词。它们分别是：卖、嫁、输、教、赔、还、取、送、让、答。

4.1.2　宾语语义功能分析

宾语成分是动作行为所关涉的对象，可以说是动词的连带成分。通过统计这10组单音节依存反义动词宾语成分数据，我们可以发现：

表14　单音节直接依存反义动词宾语成分统计表

宾语类型	买	卖	娶	嫁	赢	输	学	教	赚	赔
1名施	—	—	1	16	1	—	—	—	—	—
2名受	55	26	69	57	34	16	50	69	37	28
3名工	—	—	—	—	—	—	—	—	—	—
4名结	—	—	—	—	1	1	—	—	—	—
5名数	3	9	1	—	7	10	—	2	33	24
6名处	1	—	—	—	1	1	—	1	1	—
7名对象	—	4	2	1	1	17	3	26	3	—
8形容词	—	1	—	—	—	—	—	—	2	—
9动词	—	—	—	—	—	1	4	4	—	—
10句子	—	2	—	—	—	—	10	19	—	—
总量	59	42	73	74	45	46	67	121	76	52

表15　单音节间接依存反义动词宾语成分统计表

宾语类型	借	还	存	取	收	送	争	让	问	答
1名施	—	—	1	—	—	—	—	—	—	—
2名受	63	53	64	73	48	64	62	41	68	5
3名工	—	—	—	—	—	—	—	—	—	—
4名结	—	—	—	—	—	—	—	—	—	—
5名数	26	4	22	6	37	—	3	1	2	5
6名处	—	—	3	—	—	—	—	—	—	—
7名对象	1	6	—	—	—	—	—	5	13	—
8形容词	—	—	—	—	—	—	—	—	—	—
9动词	—	—	1	1	—	1	10	—	—	—
10句子	—	—	—	—	—	—	5	—	49	4
总量	90	63	90	81	85	64	80	47	132	14

10组单音节依存反义动词主语以名词性施事型主语为主，宾语则以名词性受事型宾语为主。但是一组单音节依存反义动词组内的两个反义动词在使用受事型主语的比例上也表现出了不对称性。

表16　单音节依存反义动词名词性受事型宾语统计分析表

词1	买	卖	娶	嫁	赢	输	学	教	赚	赔
名受比例	93.22%	61.90%	94.52%	77.03%	75.56%	34.78%	74.63%	57.02%	48.68%	53.85%
词2	借	还	存	取	收	送	争	让	问	答
名受比例	70.00%	84.13%	71.11%	90.12%	56.47%	100.00%	77.50%	87.23%	51.52%	35.71%

根据上表中受事型宾语占所有宾语使用的比例结果，我们发现单音节直接依存反义动词组中受事型宾语使用比例较高的反义动词（买、娶、赢、学、赔）基本与施事型主语使用比例较高的反义动词（买、娶、赢、学、赚）重合。而在单音节间接依存反义动词组中的受事型宾语使用比例比较高的反义动词（还、取、送、让、问）基本与施事型主语使用比例较高的反义动词（借、存、收、争、问）相矛盾，为什么会出现这种情况呢？这需要我们在后面的探究中深入思考。

4.1.3　补语语义功能分析

在汉语的使用中，并不是所有的动词都可以任意搭配补语，不同动词有不同补语的使用情况。具体情况如下表：

表17　单音节直接依存反义动词补语使用情况统计表

补语类型	买	卖	娶	嫁	赢	输	学	教	赚	赔
1结果补语	11	11	3	—	5	21	39	18	21	11
2趋向补语	9	14	16	6	2	1	3	12	1	32
3可能补语	1	7	—	2	2	1	—	—	7	14
4情态补语	—	3	4	1	—	—	—	—	—	—
5程度补语	—	2	—	—	3	1	—	1	1	5
6数量补语	—	—	—	—	3	1	2	—	—	—
7介词短语补语	—	14	5	66	1	23	—	18	—	—
总和	21	51	28	75	16	48	44	49	30	62

表18　单音节间接依存反义动词补语使用情况统计表

补语类型	借	还	存	取	收	送	争	让	问	答
1结果补语	5	34	3	9	15	43	25	—	3	10
2趋向补语	12	6	20	67	10	28	6	35	5	5
3可能补语	1	5	1	1	4	—	—	1	—	31
4情态补语	—	—	—	—	—	—	—	—	—	1
5程度补语	—	—	—	—	—	—	—	—	—	15
6数量补语	—	—	—	—	—	—	—	—	—	—
7介词短语补语	—	5	—	—	—	5	—	48	—	—
总和	18	50	24	77	29	76	31	84	8	62

通过上述表格我们可以发现，单音节依存反义动词对反义动词使用补语的多少有影响。以“（主）动补（宾）”为优势或常用句法结构框架的反义动词其补语使用则较以“（主）动（宾）”为优势或常用句法结构框架的反义动词使用补语较多。因此，我们可以发现10组单音节依存反义动词中“卖、嫁、输、教、赔、还、取、送、让、答”搭配使用补语的能力比较强。同时，根据补语类型的统计情况我们可以发现，单音节依存反义动词后搭配的补语主要以结果补语、趋向补语和介词短语补语为主。

4.2 单音节依存反义动词句法语义范畴的不对称性分布

不同的动词通过不同的语义特征区别于其他动词，并且含有相同语义特征的不同词也可以通过该类特点聚集成一类词。语义特征的提取可参照句法结构框架、词语搭配、字典释义等方法。我们首先通过10组单音节依存反义动词在词典中的释义初步来寻找其语义特征。对于动词释义的考察我们主要参考《现代汉语词典》(第六版)。

尽管以上10组单音节依存反义动词在字典中的释义不同，但是我们可以从其释义中归纳出共同意义来，现将具体语义分类如下：

表19　10组单音节依存反义动词的释义

买	拿钱换东西（跟“卖”相对）	卖	拿东西换钱（跟“买”相对）
嫁	女子到男方家成亲，也泛指女子结婚（跟“娶”相对）	娶	把女子接过来成亲，也泛指男子结婚（跟“嫁”相对）
输	败（跟“赢”相对）	赢	胜（跟“输”相对）
教	把知识或技能传给人	学	学习
赚	做买卖获得利润，与“赔”相对	赔	亏损，与“赚”相对
借	暂时使用别人的物品或金钱	还	归还
存	寄存	取	拿到手里
问	有不知道或不明白的事情或道理请人解答	答	回答
送	把东西送去或拿去给人	收	接；接受；容纳
争	力求得到或达到	让	把方便或好处给别人

4.2.1 转移义

通过上述释义，我们发现“买”和“卖”的语义中蕴含着出让义与获取义。拿钱换东西，拿东西换钱，通过交换转移的过程，卖方出让，买方获取，二者的语义中都有[+转移]的语义特征。

女方到男方家结婚即为嫁，男方把女方接回家结婚即为娶，嫁娶的过程即为女方位置转移的过程。因此我们认为“嫁”和“娶”二者也有[+转移]的语义特征。

通过上述分析，我们认为大多数的单音节依存反义动词都蕴含转移义的语义特征。其句法结构大多数都蕴含转移者通过“转移”这一动作改变转移物的归属权或位置。

4.2.2 给予义—获得义

在单音节依存反义动词句法结构框架的标注统计和语义分析中，我们发现了这10组单音节依存反义动词在使用S13“主+动+宾+宾”句法结构，即双宾语句时存在一定的共性和差异。10组反义动词组内分别有一个反义动词后面可以搭配“给”使用，例如：卖、输、嫁、教、赔、还、取、让、送等。这9个动词搭配“给”使用时常构成“主+动+宾+宾”的双宾语句。

通过对这9个词的双宾语句的语义关系进行分析，我们发现这9个动词多搭配“给”使用，不仅包括了[+转移]的语义特征，而且传递了“给予义”的语义特征。沈家煊（1998）提出了“关联标记理论”，认为范畴与范畴之间存在联系。“给”搭配在动词后具有“给予、交付”的含义，因此有标记的具有“给予义”特征的单音节依存反义动词经常搭配与其语义相关的具有“给予、交付”含义的“给”使用。

同时，这9个动词的双宾语句中的双宾语多是受事性宾语，靠近动词的近名受多指人，远离动词的远名受多指事物。通过分析这9个动词构成的双宾语句的语义关系，我们发现远名受所指称的事物原本为施事主语所有，经过动词的动作，将远名受的所有权转移为近名受。例如：“我送给他礼物”，“礼物”本来归“我”所有，后来经过“送”这个动作转为归“他”所有。

同理，这9个反义动词对应的另外9个反义动词：买、娶、赢、学、赚、借、存、收、争，承接了它们对应的反义词的“给予义”，语义特征含有“获得”义。即这几个动词所构成的双宾语句中，远名受本来归近名受所有，后来经过动词的动作传递，将远名受归为施事主语所有。例如：“我收了他的礼物”，“礼物”本来归“他”所有，经过“收”这个动作，现归“我”所有。

而在这次我们标注统计的10组反义动词中，还有一组词“问—答”的使用跟其他九组词稍有不同，首先表现在语义特征上，“问—答”的过程是对问题、答案或信息的转移过程，还是一个信息的传递过程。在“问—答”所在的双宾语句中，近名受是信息传递的对象，远名受的信息传递的内容。“问”传递的宾语可以是动词性宾语，也可以是名词性宾语，也可以是一个句子等。例如：“我问了他一个问题”“我问他什么时候吃饭”，“我”通过问问题来获得信息，因此我们也可以认为“问”也具有获得义特征，而“答”通过回答信息来为听者传递信息，我们也可认为“答”具有给予义特征。

沈家煊在《不对称与标记论》一书中也提到“嫁”和“娶”，我们可以说“李明娶王小红”，但我们不能说“王小红嫁李明”，而应该说“王小红嫁给李明”。可见，“嫁”相对于“娶”是有标记项的，二者之间使用上的这种不对称与人们的心理认知有关系，“娶”有“获取”义，“嫁”有“出让”义，人们总是希望“获取”能够充当事物的领有者。因此，根据沈家煊老师有无标记的理论，我们认为人们在心理上都是希望具有“取得义”“获取义”动词动作的发出者充当事物的领有者，因此这类动词我们认为是无标记的，而表示“给予义”“转让义”动词动作的发出者充当事物领有者时，这类动词需要加上“给”表示动作的转移，是有标记的。

4.2.3 处置义

“卖、输、嫁、教、赔、还、取、让、送”具有“给予义”的语义特征，“买、娶、赢、学、赚、借、存、收、争”具有“获得义”的语义特征，根据其语义特征，我们发现具有“给予义”特征的动词所构成的句法结构中，我们可以将双宾语句中的远名受移位到动词的前面，变成把字句或者受事型主语句。比如：“我送他礼物了”，可以变换成“我把礼物送他了”，或者“礼物我送他了”。

而表示“获得义”特征的动词所构成的句法结构中，却不能自由地将双宾语句中的远名受移位到动词前。比如：“我买他水果了”，不能变换成“我把水果买他了”，也不能变换成“水果我买他了”。表示“获得义”的这几个反义动词的双宾语句中的近名受可以放到“从……那儿/那里”格式的前面。因此，“我从他那儿买水果了”这个句子就成立了。同时，具有获得义特征的“问”在使用双宾语句时也可以变换为“向……”位于动词前面，比如说：“我问了他一个问题”，也可以变换为“我向他问了一个问题”。

我们前面对单音节依存反义动词句法结构标注统计的结果也为我们的这个发现提供了数据支持。在对单音节依存反义动词受事型主语的统计中，我们发现了表示“给予义”的反义动词使用的受事型主语多于表示“获得义”的反义动词。

张伯江（2001）在《被字句和把字句的对称与不对称》中指出被字句和把字

句跟普通“主动宾”句比较，都以“强影响性”和“弱施动性”为特点，把字句和被字句蕴含强影响性，主动宾句蕴含强施动性。例如：a.他卖了车了。b.他把车卖了。c.车被他卖了。从上述三个例句我们可以发现，同样一个经“主动宾”句和“把/被字句”表达的事件，“把/被字句”所表达的“受影响”语义更彻底。我们已经了解到表示“给予义”的反义动词不仅可以变换为受事型主语句，还可以变换为“把”字句。“把”字句中的谓语动词具有处置性。对比我们标注的10组单音节依存反义动词的“把”字句句法结构框架，我们可以发现：

表20　单音节依存反义动词“把”字句句法结构框架使用情况表

获得义	买	借	娶	存	赢	收	学	争	赚	问
S22	3	2	12	6	0	4	3	1	2	0
给予义	卖	还	嫁	取	输	送	教	让	赔	答
S22	17	0	19	11	8	47	7	37	10	1

因此，我们认为大多数的单音节依存反义动词中表示“给予义”特征的反义动词使用把字句的数量要高于具有“获得义”特征的反义动词，同时，我们也可以认为，具有“给予义”特征的反义动词其处置义功能要高于具有“获得义”特征的反义动词。

5　综合讨论

5.1　单音节依存反义动词句法结构的不对称性分析

结合单音节依存反义动词的语义功能分析，我们发现在单音节依存反义动词组内，表示“给予义”特征的单音节依存反义动词优势句法结构框架以“（主）动补（宾）”为主，表示“获得义”特征的单音节依存反义动词以“（主）动（宾）”为主。我们认为单音节依存反义动词在优势和常用句法结构框架的使用上存在不对称性与标记理论有关系。表示“获得义”特征的单音节依存反义动词是无标记的，使用最基本的句法结构“（主）动（宾）”，而表示“给予义”特征的单音节依存反义动词是有标记的，所以其使用的句法结构则有别于无标记的单音节依存反义动词使用的句法结构，需要在动词后搭配结果补语、趋向补语、介词短语补语等使用，所以常使用“（主）动补（宾）”结构。

我们发现具有“给予义”特征的单音节依存反义动词处置义功能要强于具有“获得义”特征的反义动词，这个结果与句法结构框架的结果是相互支持的。表示“获得义”特征的反义动词的句法结构以“（主）动（宾）”为主，说明句法结构中的动词主要承担了转移义，即转移者转移了转移物。而表示“给予义”特征的反义动词的句法结构主要以“（主）+动+补（+宾）”为主，即转移者转移（怎么样了）转移物，通过补语的使用，使动词更加具有处置性。

因此，我们认为单音节依存反义动词组内表示“给予义”特征的反义动词与表示“获得义”特征的反义动词在句法结构的使用上存在不对称性，它们在句法结构上的不对称性主要表现在常用和优势句法结构框架上和使用上存在较为明显的不对称性。

5.2 单音节依存反义动词语义功能的不对称性分析

通过对单音节依存反义动词的句法语义范畴的分析，我们发现单音节依存反义动词具有“转移义”特征，“转移”的双方必然会有给予和获得，所以，我们发现单音节依存反义动词内的两个动词有一个表示“给予义”，有一个表示“获得义”，表示“给予义”的动词同时“处置义”功能比较强。

通过对单音节依存反义动词搭配的句法成分的语义功能进行分析，我们发现表示“给予义”特征的单音节依存反义动词使用名词性受事型主语的频率高于表示“获得义”特征的单音节依存反义动词。因此，表示“给予义”特征的单音节依存反义动词使用受事型主语句的比例高于表示“获得义”特征的单音节依存反义动词，而我们认为这与表示“给予义”特征的单音节依存反义动词的处置义功能比较强有关系。表示“给予义”的单音节依存反义动词常可用在把字句中，其后也常搭配补语使用，通过补语的使用也可增强其处置性。

根据上述发现，我们也可以认为表示“给予义”特征的单音节依存反义动词具有主动义，表示“获得义”特征的单音节依存反义动词具有被动义，“给予”多是施事者决定主动转移出让某物，而“获得”多是接受者被动地接受给予者转移出让的某物。

因此，我们认为单音节依存反义动词组内表示“给予义”特征的反义动词和表示“获得义”特征的反义动词在句法语义功能上具有不对称性，主要表现在表示“给予义”特征的反义动词较表示“获得义”特征的反义动词处置功能强。

5.3 单音节依存反义动词使用不对称性的原因

语言学界发现了很多语言现象都存在对称与不对称性，对称性被我们视为语言的常态，因此如何正确理解和认识不对称性，发现不对称性的规律，让对称与不对称性现象指导我们的教学变得更加有意义。

语言的意义并不仅仅限于语言的内部，人们通过语言来表达自己的认知世界，任何语言现象的产生都离不开人们的认知。认知语言学认为语义的基础是一个复杂的认知结构，认知结构多关涉到与认识领域相关的很多方面。认知语言学强调认知者与客观世界的经验联系，对称与不对称现象就是认知者在认识客观世界的过程中逐渐产生的。因此，当很多语言现象很难从语言内部解释时，可以尝试深入挖掘语言背后的认知规律和社会心理特性，往往会有突破性的进展。

从认知角度来看，反义词的无标记项和有标记项与认知上的肯定项和否定项相一致。认知上的肯定项是对于人的感知而言具有某些显著特征，容易引起人们注意，而否定项则相反，缺乏相应的显著特征，容易被忽视，从而造成使用频率的差异。无标记的表示“获得义”特征的单音节依存反义动词就是认知上的肯定项，生活中人们对自己希望得到的事物或结果加以肯定，反义则予以否定。当然，渴望得到的，人们常常认为是符合常理的，是无标记的。

6 结论

本文通过对单音节依存反义动词的句法结构和语义功能进行了标注、统计和分析，得到了如下结论：

单音节依存反义动词组内的两个分别表示“给予义”“获得义”的反义动词在句法结构和语义功能上具有不对称性。

单音节依存反义动词组内的两个反义动词在句法结构上的不对称性主要表现在优势句法结构框架和常用句法结构框架的使用上存在不对称性。表示“给予义”特征单音节依存反义动词以“（主）+动（+宾）”为主，而表示“获得义”特征的以“（主）+动+补+（宾）”为主。

单音节依存反义动词组内的两个反义动词在语义功能上的不对称性主要表现在搭配主语、宾语和补语的使用上具有不对称性。表示“给予义”特征的反义动词搭配使用受事型主语和补语的频率比表示“获得义”特征的动词高。

受人们认知的影响表示“获得义”特征的单音节依存反义动词是无标记的，而表示“给予义”特征的单音节依存反义动词是有标记的，后面常搭配“给”使用。

表示“给予义”特征的单音节依存反义动词的处置义功能要比表示“获得义”功能的单音节依存反义动词的处置义功能强。表现在搭配使用把字句、名词性受事型主语、补语等频率相对较高。

参考文献

[1] 北京语言学院研究所（1986）《现代汉语频率词典》，北京：北京语言学院出版社。

[2] 北京语言学院句型研究小组（1989）现代汉语基本句型，《世界汉语教学》第1期。

[3] 黄国营，石毓智（1993）汉语形容词的有标记和无标记现象，《中国语文》第6期。

[4] 李 慧（2011）对外汉语教学中的反义词不对称原则研究，内蒙古师范大学硕士学位论文。

[5] 李临定（1993）《现代汉语动词》，北京：中国社会科学出版社。

[6] 李临定（1986）《现代汉语句型》，上海：商务印书馆。

[7] 李 平（2002）语言习得的联结主义模式，《当代语言学》第3期。

[8] 林杏光（1994）《现代汉语动词大辞典》，北京：北京语言学院出版社。

[9] 刘国辉（2008）近三十年来反义词现象研究思考及非对称性反义词表征考察，《外语研究》第3期。

[10] 刘叔新（1988）汉语反义词语的类别和特点，《世界汉语教学》第3期。

[11] 刘月华（2001）《实用现代汉语语法》，上海：商务印书馆。

[12] 卢甲文（1981）单音节反义词的分类及运用，《语言学论丛》第8期。

[13] 吕叔湘（1987）说“胜”和“败”，《中国语文》第1期。

[14] 吕叔湘（1963）现代汉语单双音节问题初探，《中国语文》第1期。

[15] 孟 琮等（1999）《汉语动词用法词典》，上海：商务印书馆。

[16] 朴德俊（2003）试论汉语近义动词分析框架，《汉语学习》10月第5期。

[17] 沈家煊（1995）“有界”和“无界”，《中国语文》第5期。

[18] 沈家煊（1999）《不对称与标记论》，南昌：江西教育出版社。

[19] 沈 阳（1994）动词的句位和句位变体结构中的空语类，《中国语文》第2期。

[20] 石安石，詹人凤（1983）反义词聚的共性、类别及不均衡性，载于《语言学论丛》第

十辑，北京：商务印书馆。

[21] 石毓智（1922）同义词和反义词的区别和联系，《汉语学习》第1期。

[22] 吴乐雅（2006）现代汉语反义词的对称与不对称研究，南京师范大学硕士学位论文。

[23] 谢文庆（1987）现代汉语反义词的关系，《语言教学与研究》第2期。

[24] 谢文庆（1985）现代汉语反义词的特点，《语言教学与研究》第2期。

[25] 邢红兵（2009）基于联结主义理论的第二语言词汇习得研究，《语言教学与研究》第5期。

[26] 邢红兵（2003）现代汉语常用动词带宾语能力调查，载于孙茂松、陈群秀主编《语言计算与基于内容的文本处理》，北京：清华大学出版社。

[27] 杨丽敏（2010）反义动词的对称与不对称，青海师范大学硕士学位论文。

[28] 俞理明（2006）语义标记和汉语构词的不对称现象，《汉语学习》第6期。

[29] 袁　科（2011）单音节反义动词的不对称现象，黑龙江大学硕士学位论文。

[30] 中国社会科学院语言研究所词典编辑室（2012）《现代汉语词典》（第六版），北京：商务印书馆。

[31] 张　斌（2002）《新编现代汉语》，上海：复旦大学出版社。

[32] 张伯江（2007）施事与受事的语义语用特征及其在句式中的实现，复旦大学博士学位论文。

[33] 张伯江（2001）把字句和被字句的对称与不对称，《中国语文》第6期。

[34] 张庆云、张志毅（2003）《反义词大词典》，上海：上海辞书出版社。

[35] 赵　奕（2013）基于语料库的单一动词句法框架研究及二语习得考察，北京语言大学硕士学位论文。

[36] D.A. Cruse（1992）反义词论，《国外语言教学》第4期。

[37] D.A. Cruse（2009）*Lexical semantics*, World publishing company.

[38] John Lyons（1997）*Semantics*（*Volume1*）, Cambridge: Cambridge University Press.

[39] Wolter B.（2001）Comparing the L1 and L2 mental lexicon: A depth of individual word knowledge model, *Studies of Second Language Acquisition*。

下编

汉语作为第二语言的习得研究

汉语作为第二语言的词汇量测量工具研究

郭肖芳

摘要：词汇习得是语言学习的重要组成部分，词汇知识习得是词汇习得的关键。词汇量处在词汇知识的最表层。词汇量的大小在一定程度上直接影响语言学习的效果。在国外有关词汇量测量工具及词汇量大小的研究已经基本成熟，而在国内该方面的研究尤其是汉语作为第二语言的词汇量测量的研究还很匮乏。本研究尝试运用语料库统计分析、语言测试的方法，初步探索了词汇量测量工具的制定原则，基于现实的需求，根据现代汉语研究语料库、中介语语料库及《汉语水平词汇与汉字等级大纲》制定一份用于测量留学生词汇量的量表，探讨影响留学生词汇量水平的因素。

关键词：词汇量　测量　水平

1　引言

无论是第一语言习得研究还是第二语言习得研究，词汇都是其无法跳跃的一部分。词汇知识可以分为广度词汇知识和深度词汇知识，也可以分为接受性词汇知识和产出性词汇知识，包括形、音、义、语法功能等多个方面，词汇知识的多维性（Cronbach，1942）和复杂性决定了词汇习得在语言学习中的地位。词汇习得研究也因此受到研究者的关注，尤其是受到二语研究者的青睐。词汇量是词汇知识的重要组成部分。研究证明，排除深度词汇知识，词汇量的大小是决定第二语言学习的关键因素（Nation，1990；Laufer，1998）词汇量的大小在一定程度上直接影响学习者学习效果。

在国外，词汇量的研究已经日趋成熟，从Sims（1929）的单词自检表法到Laufer（1998）的“多测法”，词汇测量的工具也逐渐完善。尤其是以Nation

（1990）"Vocabulary Level Test"为原型的测试方法，已经形成了多语言的测试量表，可以方便测得不同母语背景的英语学习者不同词频等级上的词汇量。

在国内，喻爱菊（1991）、周大军（1999、2000）、邵华（2002）等以不同的被试和测量方式对国内非英语专业学生的词汇量情况进行了调查，并研究了词汇量同语言综合能力的关系。吕长竑（2004）对中国学生英语词汇量与语言综合能力之间的关系进行了研究，研究发现词汇量能预测语言综合能力的34.7%。目前国内的第二语言词汇习得研究多集中在词汇使用的偏误分析方面，即通过偏误率来推测留学生汉语词汇的习得情况，但偏误率受到多种因素的影响，因此不能代表学生习得汉语词汇真实情况。汉语作为第二语言的词汇量研究比较欠缺，最重要的一方面是没有一个合适的词汇测量工具来对学习者不同词汇水平上的词汇量进行测量。钱旭菁（2002）、张和生（2006）对词汇量测量都有一些初步的尝试，但在测量工具上都存在很大的局限性。

本研究旨在设计出一个汉语词汇量测量工具，能有效地考察留学生不同词汇等级上的词汇量，填补汉语词汇量量表的空白，并为学习者了解自己的词汇量、教师制订教学计划而服务。

2 研究内容及研究方法

2.1 研究范围及思路

从目前的研究来看，我们需要对汉语作为第二语言的词汇量测量进行进一步研究，并生成一套便于汉语学习者和汉语教师使用的词汇量测试量表。本研究将参照Nation（1990）的Vocabulary Level Test的制定方法，通过对"现代汉语研究语料库""中介语语料库"《汉语水平汉字与词汇等级大纲》（修订本）的词频统计分析，制定一份10000词的汉语词频表，根据词频表生成一种汉语接受性词汇量测量的工具。本文主要围绕词汇量测量工具的生成展开，在制表原则、抽样方法、样本容量、试题类型、测试方法等方面进行探讨，从而生成汉语词汇量测量量表，用于留学生的接受性词汇量的测试。在完成量表制定的基础上，选取若干名留学生对其进行词汇量的测试，再进行信度的检验，并对测试结果进行分析，评估测试的准确性，探讨分析影响留学生词汇量水平的因素。

2.2 量表制定及词汇量测量

2.2.1 确定词汇量测量工具的制定原则

采用释义法。从研究的目的出发，参照Nation（1990）的Vocabulary Level Test采用的释义法作为生成汉语接受性词汇量测量工具的方法。

测试分为5个水平，2000、3000、5000、8000、10000五个水平，每个等级1000个词。

本研究的词汇量测试将选择300个词语，保证测试结果的置信区间是在±5% ～±4%之间，尽量保证在相对较短的时间内使测试具有较高的准确度

选取具有代表性的样本词汇，按照词汇量水平中词汇的比例，每个水平选取60个词。每一个等级水平中的样本，按照词性每6个词分成一组，对其中的3个词进行释义，另外3个作为干扰项。每组词性相同，以此来避免被试按照词性线索而不是词义来选择答案。每组词的词语意思不能太接近，避免同义词，本测试主要测量被试的一般性词汇知识而不是词义辨析。

学习者的得分由正确率来计算，每个水平的分数代表他们能够认识的该水平词汇量的比例。例如，一个学习者在3000词汇量水平上测试的正确率是40%，那么该分数代表他认识这一水平的词汇量比例为40%，该学习者在这一词汇水平上掌握的词汇量为400左右。

采用留学生的母语进行释义。

试题类型大致如下：

a. 办公室

b. 表情

c. 面包　　___d___ apple

d. 苹果　　___b___ expression

e. 商店　　___e___ shop

f. 学校

2.2.2 确定词汇量测量的抽样源

《现代汉语词典》第五版收词6.5万多条，邢红兵（1999）统计“现代汉语研究语料库”得到的各类词的总量为50137个。目前我们见到的汉语常用词共有17种

（见附表1）。从中可以得到常用词至少有两个档次，一个是3000，一个是8000。经过多年的反复实践和验证，3000常用词可覆盖一般语料的86%，5000常用词可覆盖语料的91%，8000常用词可覆盖语料的95%。因此我们界定汉语母语者通常的词汇量应该在8000左右，二语学习者学习汉语最基本的词汇量应该掌握3000词，如果想要进行过更高层次的学习或研究，那么就应该以8000词为学习的目标。

2.2.3 合成汉语词频表

对“现代汉语研究语料库”、“中介语语料库”、《汉语水平词汇与汉字等级大纲》（修订本）（以下简称《大纲》）进行统计然后对比分析发现（见表1），留学生实际使用的词汇同《大纲》存在很大的差别，因此我们根据“中介语语料库”“现代汉语研究语料库”和《大纲》来重新制定一份汉语词频表作为本研究的抽样源。即合成10000词的词频表。

表1 抽样源量表

现代汉语语料库（20137词）	中介语语料库（18515词）	等级大纲（8822词）	数量
有	有	有	5833
有	有	无	4341
—	有	无	12538
—	无	有	3480

根据“现代汉语研究语料库”和“中介语语料库”的词汇按词频从高到低排列得到前10000词；然后将“现代汉语研究语料库”“中介语语料库”中共同出现，但《大纲》中没有的词按词频高低排列，由高到低取前4000个词；最后，将前10000词及4000词合并同类项，按词频高低排序，最后确定前10000词作为抽样源。

2.2.4 选词

2.2.4.1 确定词汇测量的分级标准

本研究的词汇测量共分分为五个等级水平：

将前一部分研究中得到的10000个词汇按词频的高低分为十个等级，每1000

词一个等级，选取2000词、3000词、5000词、8000词、10000词5个等级的词汇作为词汇量测试的水平等级。

2.2.4.2 确定样本的词性

根据邢红兵（1999）对“现代汉语研究语料库”中各类词的数量和使用情况统计（见表2、表3）及《大纲》词类标注的统计（表4、图1）发现，实词在汉语使用中占绝对数量，比例高达94.01%，因此本研究确定的选词范围主要是实词，样本以名词、动词、形容词为主。

表2 实词和虚词数量和使用情况分布表

类型	数量	比例（%）	使用次数	比例（%）
实词	47133	94.01	936156	76.29
虚词	3004	5.99	291008	23.71

表3 各类词数量表

词性	数量	比例（%）	词性	数量	比例（%）
名词	26754	53.36	代词	299	0.60
动词	12623	25.18	介词	224	0.45
形容词	5158	10.29	象声词	223	0.45
副词	1937	3.86	助词	137	0.27
数词	1708	3.41	语气词	93	0.19
量词	591	1.18	叹词	88	0.18
连词	302	0.60	—	—	—

表4 各类词使用次数表

词性	使用词数	比例（%）	词性	使用次数	比例（%）
名词	357842	29.16	介词	49679	4.05
动词	304171	24．79	量词	48404	3.94
助词	95618	7.79	连词	27004	2.20
副词	94434	7.70	语气词	20931	1.71
代词	89978	7.32	叹词	2444	0.20
形容词	76552	6.24	象声词	898	0.07
数词	59309	4.83	—	—	—

表 5　词汇等级大纲中各类词在各个等级上的数量分布

词性 级别	动词	名词	形容	副词	代词	数词	量词	介词	连词	助词	叹词	象声	词头	词尾	成语	空白
甲	261	384	116	52	44	19	42	14	12	16	4	1	1	1	0	67
乙	628	799	284	92	16	1	28	19	28	6	3	0	1	0	0	114
丙	684	934	280	86	9	1	16	4	30	6	6	3	0	0	0	139
丁	1196	1451	421	85	9	12	9	4	14	1	0	0	0	1	1	367
总计	2769	3568	1101	315	78	33	95	41	84	29	13	4	2	2	1	687

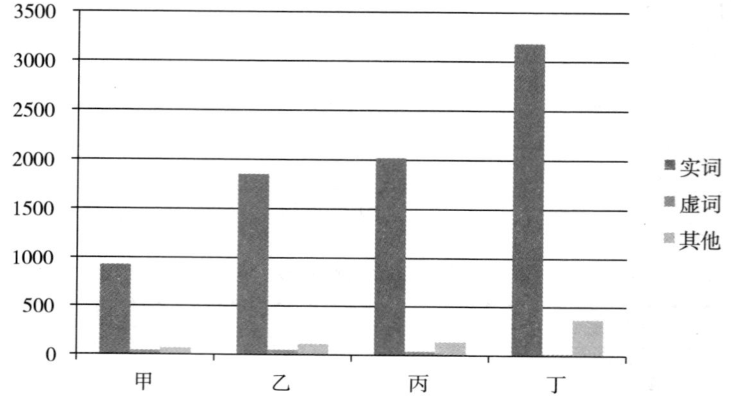

图1　各类词的总量分布图

2.2.4.3　样本容量

按照Nation（1993）在90%水平上不同词语数量的测试所对应的置信区间认为，词语数量越多，测试成绩越准确，但由于受到测试时间和被试情绪的影响，测试的词语数量如果过多，被试可能出现厌烦情绪，因此根据前文词频表词语的数量，本研究的词汇量测试选择300个词语作为测试内容，测试结果的置信区间在±5%～±4%，之间，这样尽量保证在相对较短的时间内测试具有较高的准确度。

2.2.4.4　300样本词汇的选取步骤

研究选取2000、3000、5000、8000、1000五个等级水平上的名词、动词、形容词共300个，每个等级水平60个。在合成的10000词的词频表中，经过分类统计得到不同等级名词、动词、形容词的数量。具体数据详见表6。

表6　10000词词频表各等级水平中名词、动词、形容词数量

词性＼级别	1000	2000	3000	4000	5000	6000	7000	8000	9000	10000
名词	337	403	454	465	488	495	500	401	451	594
动词	292	301	313	292	319	292	347	392	314	180
形容词	68	105	96	128	93	105	83	111	124	130
合计	697	809	863	885	900	892	930	904	889	904

经过数据统计发现，不同等级的词汇水平中，名词的数量随着等级的提高，其所占的比例也不断提高，而形容词的比例始终较低。

按照不同等级水平中名词、动词、形容词在所在等级的比例计算出300词中各个等级名词、动词、形容词的数量。例如：在2000词汇水平上，名词、动词、形容词共809个，其中名词403个，则名词的比例为49.8%。各等级水平具体情况见表7。另外，像山西、西湖这样的专有名词不在选词的范围内。

表7　五个等级水平上名词、动词、形容词的比例

级别＼词性	名词	动词	形容词
2000	49.8%	37.2%	13.0%
3000	52.6%	36.3%	11.1%
5000	54.2%	35.4%	10.4%
8000	44.4%	43.3%	12.3%
10000	65.7%	19.9%	13.4%

按照表7的比例，计算出在五个等级水平上300词汇中各个等级所要选取的名词、动词、形容词的数量。（计算结果见表8）。根据研究中试题设置的实际情况需要，对各个等级所选取的各类词的数量再进行中和，最后得到各个等级各类词汇的数量。2000、3000、5000、8000词汇水平上，名词30个、动词24个、形容词6个，10000词汇水平上，名词42个、动词12个、形容词6个。

表8　5个等级水平上样本词汇应有的数量

级别＼词性	名词	动词	形容词
2000	29.8	22.3	9.08
3000	31.56	21.76	6.67
5000	32.53	21.26	6.2
8000	26.62	26.01	7.37
10000	39.4	11.9	8.63

在各个水平等级的名词、动词、形容词中分别随机选取相应数量的词汇，得到所需的样本词汇共300个（见附表2）。

2.3　词汇量测量试题的编制

词汇量水平测试题按照释义法进行编制。了避免猜词的可能性，本研究的释义方式采用被试的母语进行编写。采用被试的母语进行测试，在一定程度上避免了释义中的词汇对被试进行词语判断的影响。本研究准备了英语、泰语、日语、韩语、俄语、西班牙6种语言的测试版本。参与词语翻译和试题翻译的人均为相应专业的研究生。

本词汇水平测试共分5部分，每一部分60个词语，共300个。每部分中，6个词语一组，共10道题，5个部分共50道题。在词汇分组时，每组词汇词性相同，这样尽量避免被试通过词性等语法线索来判断目标词，而不是根据词义来判断。另外，同一组词语的意义不应太接近，因为我们测试的是学习者的一般性词语知识，而不是要学习者辨别相关词语语义上的差别（Nation，1990）。

2.4　词汇量测试

2.4.1　预测

本研究采用集中预测的方式，参加预测的被试共11人，分别来自印度尼西亚、泰国和韩国，其中中级水平的留学生5人，高级水平的留学生6人。在预测结束之后，对题目进行了难易度、区分度、选项分布的分析，并根据预测结果对词汇测量的题目进行了调整。

2.4.2 实施测试

本研究测试的对象为中、高级汉语水平的留学生。发放试卷70份，有效回收60份，回收率为85.7%。测试题由被试的汉语老师发放并回收，要求被试在30分钟内独立完成。参加测试的学生主要来自韩国、日本、泰国、美国、俄罗斯、印度尼西亚等国家。其中女生32人，男生28人，学习汉语时间为1年半到10年以上不等。平均年龄为25岁。

按照被试学习汉语时间的长短，并参考其HSK成绩及其汉语老师的评价，将被试划分为两个水平：

中级水平：30人，学习汉语时间为1.5年到5年之间。

高级水平：30人，学习汉语时间为5年及10年以上。

2.4.3 信度检验和难易度区分

本测量共有五个部分组成，每个部分又可以分别计分，因此，采用阿尔法系数（α系数）来表示测验的信度。使用SPSS软件对测验的分数进行信度分析，得到α=0.960＞0.9，说明本试卷具有较高的信度。（见附表4）

难易度也称难度，也就是答对率，难度一般用字母P表示，计算公式是：p=答对的人数/总人数。难度的取值范围是0到1。大规模水平测验的全卷难度一般在0.5左右。本次测试得到=0.675，这说明，整个词汇量测试的难度水平偏低，也就是说较容易。

所谓区分度，是题目对被试的区分能力，区分度可以用点双列相关系数表示，一般来说，点双列相关系数大于等于0.2，就可以被看作是较好的测试题目。经SPSS软件分析，各个等级水平的词汇测量的区分度如表9所示：

表9　不同等级水平的词汇测量的区分度

级别 水平	2000	3000	5000	8000	10000
中级	0.1569	0.2312	0.2572	0.2499	0.3736
高级	0.1320	0.2030	0.2371	0.2227	0.3124

从表9可以看出，2000词汇等级水平上的测试题目区分度不高，而随着词汇等级水平的提高，题目的区分度也越来越好。

2.4.4 数据统计及结果

为了便于比较，对样本数据使用SPSS统计软件进行了统计分析。经过数据整理发现，中、高级留学生在2000、3000、5000、10000等级水平上的词汇测试成绩都比较好（表10、表11）。

表10 中级水平的留学生词汇测量的平均正确率

中级（30人）	2000	3000	5000	8000	10000
平均值	0.8900	0.8688	0.8033	0.7844	0.7188
最小值	0.4333	0.3333	0.3	0.1333	0.0666
最大值	1	1	1	1	0.9666

表11 高级水平的留学生词汇测量的平均正确率

高级（30人）	2000	3000	5000	8000	10000
平均值	0.9622	0.9566	0.9177	0.9033	0.8444
最小值	0.8666	0.8333	0.7	0.7	0.6333
最大值	1	1	1	1	1

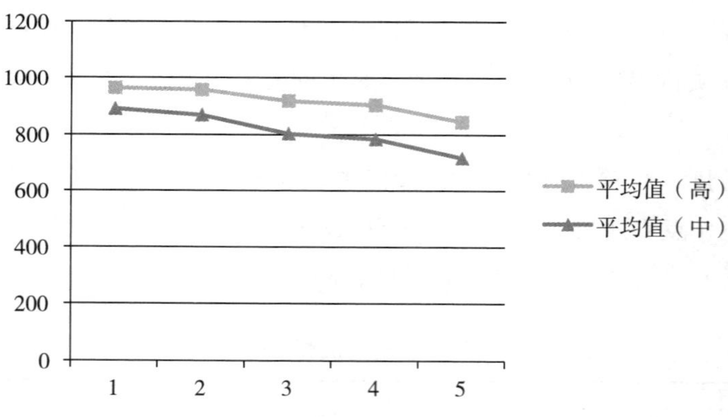

图2 中、高级水平留学生词汇量测试平均正确率图

从以上图表可以看出，中级、高级水平的留学生，在不同等级水平上的词汇正确率都较高，这说明中高级水平的留学生已经基本认识了5000词汇。高级水平的留学生各个等级的词汇量的正确率都要高于中级水平的留学生。随着词汇等级的提高，即词频的降低，两个水平的留学生的正确率均呈现下降趋势，且低水平的留学生下降的趋势更明显。如图3所示。

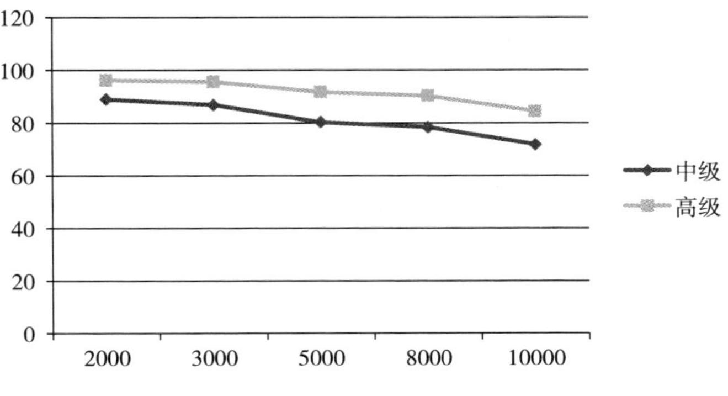

图3　中、高级留学生词汇量测试正确率图

通过SPSS软件分析测试成绩，留学生的水平对留学生的测试结果影响非常显著，F（1，58）=9.879，p=0.003<0.01，说明不同水平的留学生之间在词汇量的测试上的确存在差异。词汇等级水平即词频的主效应非常显著，F（4，58）=54.742，p=0.000<0.01，这说明不同等级水平的词汇即词频之间也存在显著差异。此外，留学生水平与词频之间的交互作用不显著。F（4，58）=2.108，p=0.081>0.05。详见附表5。

这说明词汉语水平、词频对留学生词汇量的大小有影响。

表10、11集中反映了中高级水平的留学生不同词汇等级水平上平均词汇量大小，从最大值和最小值可以反映出留学生的个体差异比较大。有正确率为100%的，也有正确率为6.7%的。

表12　不同背景不同水平的留学生词汇认识的差异量表

类别	人数	词汇等级				
		2000	3000	5000	8000	10000
汉	27	0.9259	0.9197	0.8703	0.8716	0.8111
非汉	32	0.9266	0.9070	0.8525	0.8212	0.7575
汉中	17	0.8291	0.8960	0.8294	0.8313	0.7686
汉高	10	0.9814	0.9629	0.9407	0.9444	0.8925
非汉中	20	0.8871	0.8333	0.7692	0.7230	0.6538
非汉高	13	0.9516	0.95	0.9066	0.885	0.825

表12的统计结果表明，汉字文化圈和非汉字文化圈的留学生对词汇的认识在各个词频等级上表现出差异性。随着词汇等级水平的提高，即词频的降低，非汉字文化圈的留学生的正确率低于汉字文化圈的留学生的正确率，且非汉字文化圈的留学生的正确率的下降率要高于非汉字文化圈的下降率。（图4）

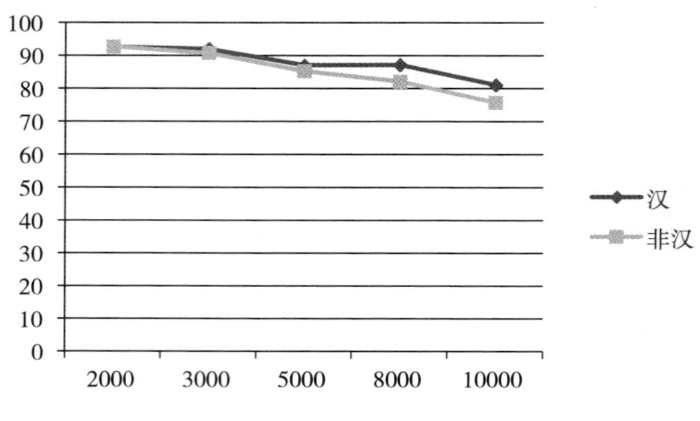

图4　汉字与非汉字文化圈差异图

使用SPSS软件对汉字与非汉字圈的学生的成绩进行方差检验，汉字文化圈与否的主效应不显著，F（1，58）=0.565，p=0.456>0.05，差异不显著；而词汇等级水平即词频的主效应显著，F（4，58）=52.373，p<0.01，差异非常显著。汉字文化圈同词频等级之间的交互作用边缘显著，F（4，58）=2.316，p=0.058略大于0.05。（详见附表7）

如图5所示，在同等汉语水平上，非汉字文化圈的留学生在各个词汇等级水平上的正确率基本略低于汉字文化圈的正确率。

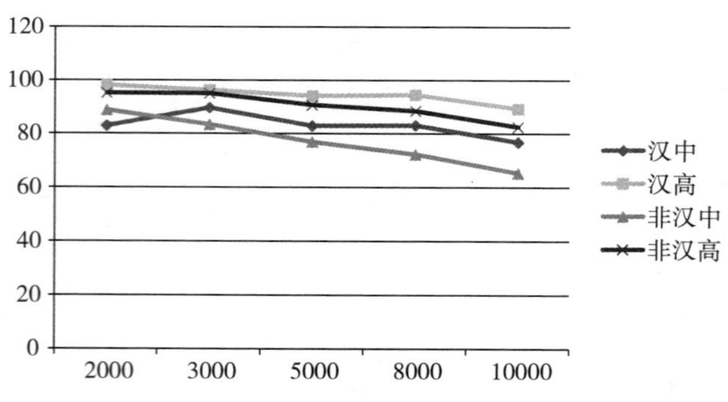

图5　不同背景不同水平的词汇等级水平差异图

使用SPSS对汉语水平相同，汉字文化圈和非汉字文化圈的留学生各个词汇等级水平的成绩进行了检验。高级水平的留学生，汉字文化圈与否的主效应不显著，F（1, 28）=2.190, p=0.150；词频等级主效应非常显著，F（4, 28）=17.865, p<0.01；词频等级和汉字文化圈与否的交互作用不显著，F（4，28）=1.027，p=0.396（见附表6）。中级水平的留学生，汉字文化圈与否的主效应不显著，F（1，28）=1.289，p=0.266>0.05；词频等级的主效应显著，F（4，28）=37.305，p<0.01；汉字文化圈与否同词频等级的交互作用显著，F（4, 28）=3.611, p=0.008。（附表8）

不同类型的词汇，留学生的平均错误率不同。因为本测试中入选的词汇共有形容词、名词、动词三种词汇类型，三种词汇的数量是根据在合成词频表中所占的比例确定的（表3、表6、表8）。由于每类词汇的数量不同，在试题中的试题数目不同，因此单纯的错误率不能做横向的比较，因此根据词类的数量比例，计算出每类题的平均错误率（表13），公式如下：

每类题的平均错误率，例如，2000词汇水平上，形容词的错误的总数为6，总共60人参加测试，该等级上的形容词有6个，因此平均错误率=6。

表13　不同类型的词汇的平均错误率

级别 词性	2000（%）	3000（%）	5000（%）	8000（%）	10000（%）
形容词	1.94	3.33	1.94	10.22	8.33
名词	1.27	2.06	2.2	4.78	6.3
动词	6.74	5.28	9.65	8.26	17.36
形容词（中）	1.94	3.33	0.83	6.39	3.89
名词（中）	0.78	1.5	0.33	3.44	4.37
动词（中）	5	4.23	6.88	5.76	10.56
形容词（高）	0	0	1.11	2.22	4.44
名词（高）	0.5	0.56	1.28	1.33	1.9
动词（高）	1.74	1.04	2.78	2.5	6.81

从图6可以看出，动词的平均错误率>形容词的平均错误率>名词的错误率，而且随着词汇等级水平的提高，即词频的降低，三类词汇的平均错误率都不断提高。其中形容词的平均错误率随着词频的变化，出现的波动较大，在10000词汇

水平上，出现了下降。名词的错误率曲线较平滑，呈现较稳定的小幅上升趋势。动词的错误率曲线也相对平滑，但错误率的上升幅度较大，尤其是在8000词汇水平到10000词汇水平之间，出现了大幅的上升。

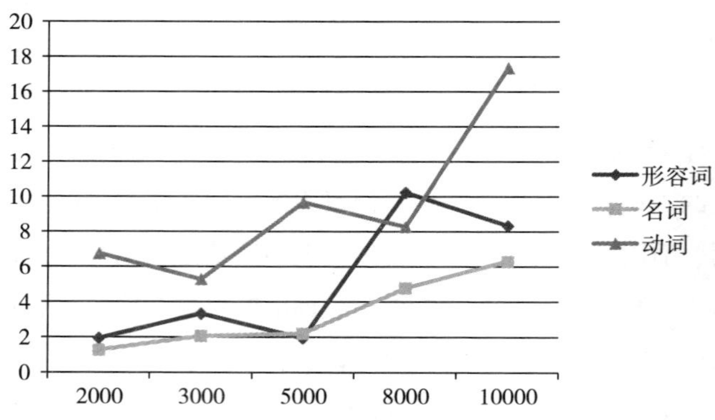

图6　不同类型词汇的平均错误率

对中级、高级水平的留学生不同词汇等级水平上不同词性的词汇的平均错误率的对比发现，中级水平的留学生在各个词汇等级水平上的名词、动词、形容词的平均错误率基本高于高级水平的留学生。具体情况见图7—图9。

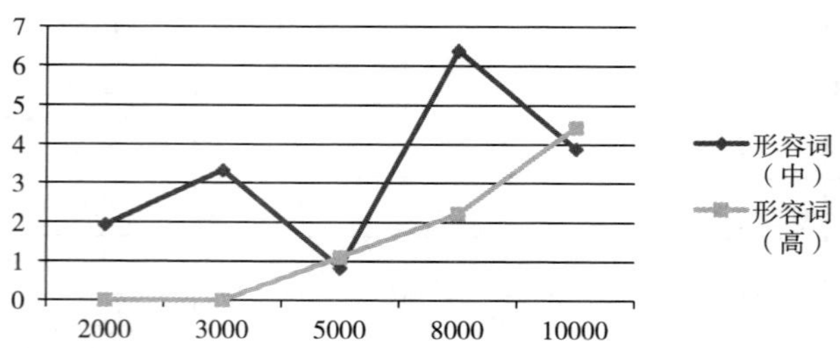

图7　不同水平的留学生形容词的平均错误率

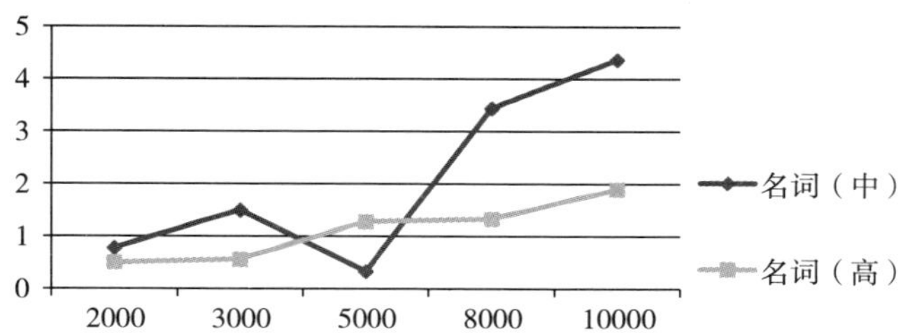

图8　不同水平的留学生名词的平均错误率

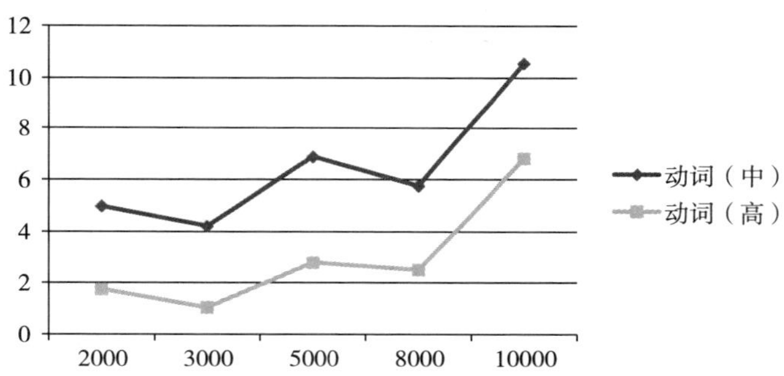

图9　不同水平的留学生动词的平均错误率

从上图可以看出中级水平的留学生不同词性、不同词频上的词汇平均错误率变化都较大，高级水平的则较平稳，且错误率相对较低。在5000词汇水平上，形容词和名词的平均错误率的变化曲线一致，且中级水平和高级水平的错误率接近，甚至中级水平的名词错误率要低于高级水平。

3　综合讨论

3.1　对测试分数的解释

如果一个学生在3000词汇水平上的得分是23，则其正确率为76.67%，该学生在该等级水平上认识的词汇约766个，不认识的有234个，进而可以推算出该学生认识2300左右的词汇。如果其正确率低于80%，则说明该学生在该等级水平上的词汇量比较低，需要进一步学习。汉语老师也可以加强对该等级词汇的教学强度。该测试是对词汇广度知识的一个测量，测试的分数只能说明学习者对词汇的辨认量，至于这些词语掌握的质量如何，是否能主动生成，并不是本次词汇量测试需要解决的问题，并且该测试也不能解决这一问题，这一问题需要专门的词汇深度测试完成。

3.2 词汇量水平的影响因素

3.2.1 词频和汉语水平

数据结果表明，留学生的词汇测量分数受汉语水平和词频等级的影响显著，两者的交互作用不显著。汉语水平越高，词汇量测试的成绩越好，词汇测试的词频越低，测试的正确率就越低，从而相应等级上留学生的词汇量就越少。随着汉语水平的提高，留学生接触到了大量的词汇，并在学习中不断巩固学过的词汇，因此认识的汉语词汇逐渐增多，词汇的广度知识加大。

中级和高级的留学生，其词汇量水平测试的正确率随着词频的降低而降低。词汇水平越高，即词频越低，即使用率低，也就是不常用的词。这样的词汇的难度就相应增大，因此成为影响留学生词汇量水平测试正确率的重要因素。

3.2.2 汉字文化圈与非汉字文化圈

汉字文化圈与否对留学生的词汇量测试的正确率影响不大。中级水平的留学生，汉字文化圈的学生的词汇量准确率要高于非汉字文化圈的学生，即词汇识别量要高。参加该测试的汉字文化圈的学生主要来自韩国和日本，这两个国家的文化受中国文化影响较大，汉字对其本国文字的影响也较大，因此对于这两个国家的水平较低的汉语学习者来说在汉语词汇的识别上有很大的优势，因此在词汇量测试中表现较好。而对于高级水平的汉语学习者来说，其汉语水平已经达到很高的程度，因此对中国文化及文字的掌握比较好，因此汉字文化圈与否对其影响较小。

此外，本次的测试量表采用被试的母语进行编写，在一定程度上减少了释义中出现同质词对被试进行词汇判断的影响。

3.2.3 词性对词汇量水平的影响

本次测试选用了语料库中比例最大的三类词分别是名词、动词、形容词。通过数据发现，留学生在词汇量测试中，三类词的平均错误率不同，而且在相应等级上，高级水平的留学生各类词的平均错误率较低。错误率由高到低排序，依次是动词、形容词、名词，因此对应的词汇等级水平上，词汇量由大到小依次是名词、形容词、动词。这种情况，同汉语词汇的特点及留学生的学习汉语的过程有关。

汉语词汇丰富，但不同词性的词汇在使用中表现出不同的语法特点，其中名词较为简单，而形容词和动词相对复杂，在使用时很多都有固定的用法和相对固定的搭配习惯。留学生在学习和使用汉语的词汇中经常使用回避策略，因此对于使用条件复杂的词往往很少使用，因此其对这样的词的印象就不会很深刻，词义也不会刻意去了解，因此会降低词汇量测试的正确率，影响其词汇量测试的成绩。例如，10000等级的词汇量测试的“倾注”一词，该词的错误率高达28.33%，远高于同等级的动词的平均错误率。这可能同词的使用特点及语法搭配有关。该词具有较强的书面语特点，一般在使用上较为正式，往往形成“~倾注~心血”的搭配，留学生在使用上具有一定的难度，所以同等条件下，他们可能更容易选择一些简单的动词来代替该词的使用。因此对于使用条件相对复杂的形容词和动词，留学生使用少，熟悉度低，在词汇辨识中就会遇到困难，从而影响词汇量测试的成绩。因此我们在制定词汇量测量工具的时候，应该考虑到词性的影响和不同词类试题的难度。

4 结论

本研究使用编制的测量工具对中级、高级汉语水平的留学生进行了词汇量水平的测量，经过SPSS的检验，其信度较高。根据统计数据分析了影响留学生词汇量水平的因素：

汉语水平对留学生词汇量水平影响显著。留学生汉语水平越高，词汇量水平越高。

词频对留学生的词汇量水平影响显著。词频越低，留学生词汇量水平测试分数越低，其词汇量水平就越低。

汉字文化圈与否对留学生的词汇量水平有影响，但不显著。中级水平的留学生，汉字文化圈中级水平的留学生的词汇量水平要高于非汉字文化圈中级水平的留学生；高级水平的留学生，汉字文化圈与否对其影响不大。

词性对留学生的词汇量水平测试有影响。无论是中级水平还是高级水平，词汇量测试中不同词性的词都表现出较为一致的错误率。由大到小的排序是：动词＞形容词＞名词。

参考文献

[1] 桂诗春，宁春岩（1997）《语言学方法论》北京：外语教学与研究出版社。

[2] 国家汉语水平考试委员会办公室考试中心（2001）《汉语水平词汇与汉字等级大纲》，北京：经济科学出版社。

[3] 吕长竑（2004）词汇量与语言综合能力、词汇深度知识之关系，《外语教学与研究》第2期。

[4] 钱旭菁（2002）词汇量测试研究初探，《世界汉语教学》第4期。

[5] 邵　华（2002）普通高师院校学生大学英语四级阶段词汇水平实证研究，《外语教学与研究》第6期。

[6] 舒　华、张亚旭（2008）《心理学研究方法-实验设计和数据分析》，北京：人民教育出版社。

[7] 邢红兵（1999）现代汉语词类使用情况统计，《浙江师大学报》第3期。

[8] 喻爱菊（1991）培训员英语词汇量的调查分析，《外语教学与研究》第1期。

[9] 张和生（2006）外国学生汉语词汇学习状况计量研究，《世界汉语教学》第1期。

[10] 周大军、文渤燕（2000）理工科学生英语词汇量状况全程调查，《外语教学与研究》第5期。

[11] 周大军等（1999）大学英语学生4级阶段词汇量状况调查，《外语与外语教学》第12期。

[12] 朱　昱（2009）词汇量测量研究述评，《黑龙江教育学院学报》第7期。

[13] Cronbach, L.J.（1942）An Analysis of Techniques for Diagnostic Vocabulary.

[14] Laufer, B & Paribakht, T.S.（1998）The Relationship Between Passive and Active Vocabularies: Effects of Language Context. *Language Learning*, 356–391.

[15] Nation, P.（1990）*Teaching and Learning Vocabulary*. New York: Newbury House.

[16] Nation, P.（1993）Using dictionaries to estimate vocabulary size: Essential but rarely followed procedures. *Language Testing*, 37–40.

[17] Read, J.（1993）The development of a new measure of L2 vocabulary knowledge. *Language Testing*, 355–371.

[18] Sims.（1929）The Reliability and Validity of Four Types of Vocabulary tests. *The Journal of Education Research.*

附录

表1　汉语常用词表汇总表

词表	常用词	时间
1普通话三千常用词表	3000	1959
2两千双字词	2000	1960
3外国学生用四千字表	4000	1964
4外国人实用汉语常用词表	3040	1981
5报刊词语三千六百条	3600	1983
6中小学文科教学七千词	7000	1983
7现代汉语七千词	7000	不详
8拟制文件六千词表	6800	不详
9信息处理用现代汉语五千词	5639	1985
10现代汉语频率词典	8548	1985
11对外汉语教学常用词表	4000	1986
12汉语水平等级标准和等级大纲	5168	1988
13现代汉语常用词词频词典	9000	1989
14中小学汉语常用词表	8107	1990
15现代汉语常用词库	9000	1990
16北京口语调查	6966	1991
17汉语水平词汇与汉字等级大纲（修订本）	8822	2001

表2　300词汇样本

词级	形容词	名词	动词
前2000	穷、累、正式、复杂、满意、晚	纸、商业、动物、外商、产值、面前、心里、外交、机遇、名牌、周围、丈夫、品种、老年、这里、外交、牌、成员、感情、自然、血、年龄、人们、鸡、春节、湖、国外、街、战争	组成、设、寻找、加、吹、上升、跨、讨论、发行、采访、治理、神、鼓励、装、挑、符合、离、咬、贡献、增强、流动、吓、扔、承包
前3000	轻、宽、合法、独特、广、沉重	人民币、山区、砖、支柱、想法、大楼、讲话、厨房、棋、资本、绿色、老板、此时、法庭、娘、笔、错误、雷、团体、权力、水泥、选手、鼻子、校长、将来、通讯、情绪、权威、机场、外地	弘扬、猜、托、振兴、复制、围绕、发明、吸收、甩、注重、赢、签署、演、遇到、刮、拖、享受、邀请、强化、琢磨、患、革命、维修、挖
前5000	庞大、豪华、现代化、快乐、辣、熟	这会儿、本事、首长、海关、同期、劲儿、春风、日程、冰球、年轻人、商场、全民、上下、诗人、公民、礼物、亲戚、词典、势力、种族、日记、风景、大事、步骤、男子汉、被告、书法、细雨、台风、助理、日记、风景	互利、补偿、担负、罚、忍受、挥、早就、延伸、尊敬、议论、标志、拎、剥削、表彰、捞、加上、帮忙、捡、向往、动手、收到、依赖、渴望、瞒、收获
前8000	初步、异常、古怪、最后、嫩、深情	梅、图纸、疙瘩、弹性、蓝、京城、伤口、老总、特长、竞赛、四合院、谱、美元、后天、大妈、运输、服务员、晚年、场景、劳力、稿子、侧面、雇员、居室、菩萨、乐园、西服、外宾、摇篮、罚款	辞、表决、屈、阻碍、衰退、发送、交代、行驶、激动、朝、核算、花费、吞没、执勤、走路、募集、封锁、等候、颤抖、滑、阻挡、占用、出名、提升（24）
前一万	伤残、内向、衰老、长篇、谦虚、形象	护照、里程碑、混蛋、黄土、序幕、婆家、录音、斑、矿产、小便宜、流水线、伶俐、弦、证词、有识之士、车道、岩石、小院、背包、江湖、见闻、瘾、魔鬼、眼神、路费、喇叭、火柴、梦境、货车、结晶、胜地、宝库、捷径、旅途、气势、手指头、山路、天性、宇宙、课堂、乌云、辩护人	倾注、抢占、铲、取缔、哭泣、沐浴、塌、贬值、相通、筹办、绣、赊账、

表3　词汇量测量

亲爱的同学，你好。这是一个词汇量调查的问卷，本问卷主要了解你们的词汇量的大小。我们将对您的问卷做严格的保密，请放心填写。谢谢！请不要使用词典。

姓名（name）_______　　　　国家（nationality）________

性别（gender ）_____　　　　年龄（ age）________

学习汉语的时间__________　　　　母语native language ________

HSK______

This is a vocabulary test. You must choose the right word to go with each meaning. Write the number of that word next to its meaning. Here is an example.

1人

2苹果　　__6__pen

3鸟　　__4__water

4水　　__3__bird

5手

6笔

1	
① 1 穷 2 累 _____ poor 3 正式 _____ complex 4 复杂 _____ late 5 满意 6 晚	② 1 纸 2 商业 _____ commerce 3 动物 _____ paper 4 产值 _____ in front of somebody’s face 5 面前 6 梦
③ 1 外商 2 心里 _____ foreign businessman 3 机遇 _____the famous brand 4 名牌 _____ husband 5 周围 6 丈夫	④ 1 品种 2 老年 _____ the aged 3 这里 _____ variety 4 外交 _____ emotion or affection 5 感情 6 牌
⑤ 1 成员 2 自然_____blood 3 血 _____the age 4 年龄_____costing 5 人们 6 成本	⑥ 1 鸡 2 春节 ____ war 3 湖 ____ Spring Festival 4 国外 ____ street 5 街 6 战争
⑦ 1 组成 2 设 _____ blow 3 寻找 _____ establish or arrange 4 加 _____ to find 5 吹 6 上升	⑧ 1 跨 2 讨 _____ have an interview with 3 发行 _____ encourage 4 采访 _____ stride 5 治理 6 鼓励

⑨		⑩	
1 伸		1 贡献	
2 装	_____ bite	2 增强	_____ throw
3 挑	_____ install	3 流动	_____enhance or strengthen
4 符合	_____ accord with	4 吓	_____ contribute
5 咬		5 扔	
6 离		6 承包	

2

①		②	
1 轻		1 人民币	
2 宽	_____ legal; lawful	2 山区	____ idea; thinking
3 合法	_____characteristic；unique	3 砖	____ RMB
4 独特	_____ light；soft	4 支柱	____ a mountainous area
5 广		5 想法	
6 沉重		6 讲话	

③		④	
1 厨房		1 此时	
2 大楼	_____ kitchen	2 法庭	______ at this moment
3 棋	_____capital	3 娘	______ mistake
4 资本	_____ green	4 笔	______ mom
5 绿色		5 错误	
6 老板		6 雷	

⑤		⑥	
1团体		1 将来	
2 权利	____ （selected）player	2 通讯	______ nonlocal
3 水泥	____ headmaster	3 情绪	______ communication
4 选手	____ group、organization	4 权威	______ future
5 鼻子		5 机场	
6 校长		6 外地	

⑦	⑧
1 弘扬	1 发明
2 猜 ______ guess	2 吸收 ______ invent
3 托 ______ copy	3 甩 ______ pay attention to
4 振兴 ______ cause to prosper	4 注重 ______ sign
5 复制	5 赢
6 围绕	6 签署
⑨	⑩
1 演	1 强化
2 遇到 ______ invite	2 琢磨 ______ maintain
3 刮 ______ scrape	3 患 ______dig
4 拖 ______ enjoy	4 革命 ______ ponder
5 享受	5 维修
6 邀请	6 挖

3

①	②
1 庞大	1 这会儿
2 豪华 ______ happy	2 本事 ______ at this moment
3 现代化 ______ enormous	3 劲儿 ______ the corresponding period
4 快乐 ______ modernization	4 春风 ______ capability
5 辣	5 海关
6 熟	6 同期
③	④
1 日程	1 诗人
2 冰球 ______ the whole people	2 公民 ______ gift
3 年轻人 ______ Youngsters	3 礼物 ______relative
4 商场 ______ schedule	4 亲戚 ______ dictionary
5 全民	5 步骤
6 上下	6 词典

⑤

1 势力	
2 种族	_____ calligraphy
3 男子汉	_____background or setting
4 被告	_____ race
5 书法	
6 背景	

⑥

1 细雨	
2 台风	____ the important thing
3 助理	____ landscape
4 日记	____ assistant
5 大事	
6 风景	

⑦

1 互利	
2 补偿	____punish or penalize
3 担负	____compensate
4 罚	____endure
5 忍受	
6 挥	

⑧

1 造就	
2 延伸	____respect
3 尊敬	____comment or discuss
4 议论	____extend
5 标志	
6 拎	

⑨

1 剥削	
2 表彰	____commend
3 捞	____look forward to
4 加上	____exploit
5 帮忙	
6 向往	

⑩

1 捡	
2 动手	_____gains
3 收获	_____pick up
4 依赖	_____rely on
5 渴望	
6 瞒	

4

①

1 初步	
2 异常	____weird
3 古怪	____soulful
4 最后	____abnormal or unusual
5 嫩	
6 深情	

②

1 梅	
2 图纸	____the capital of a country（In ancient China）
3 疙瘩	____elasticity
4 弹性	____drawings
5 蓝	
6 京城	

③		④	
1 伤口		1 四合院	
2 老总	____competition	2 后天	____the scene
3 特长	____the wound	3 大妈	____the quadrangle dwellings
4 竞赛	___the strong point or speciality	4 运输	____transportation
5 谱		5 晚年	
6 美元		6 场景	
⑤		⑥	
1 服务员		1 外宾	
2 劳力	____the note or lecture	2 摇篮	____Bodhisattva
3 稿子	____profile or the other side	3 菩萨	____penalty
4 侧面	____employee	4 乐园	____foreign guest
5 雇员		5 西服	
6 居室		6 罚款	
⑦		⑧	
1 辞		1 交代	
2 表决	____resign	2 行驶	____spend or expend
3 屈	____decay	3 激动	____（cars）run on the road
4 阻碍	____block or hinder	4 朝	____toward to
5 发送		5 核算	
6 衰退		6 花费	
⑨		⑩	
1 吞没		1 颤抖	
2 执勤	____blockade	2 滑	____obstruct facilitate or traffic
3 走路	____Perform guard duty	3 阻挡	____be famous
4 募集	____raise or collect money	4 占用	____tremble
5 封锁		5 出名	
6 等候		6 提升	

5

①		②	
1 伤残		1 护照	
2 内向	_____modest	2 里程碑	_____husband's family
3 衰老	_____introverted; indrawn	3 混蛋	_____milestone
4 长篇	_____senile	4 黄土	_____passport
5 谦虚		5 序幕	
6 形象		6 婆家	
③		④	
1 录音		1 弦	
2 斑	_____assembly line	2 证词	_____testimony
3 矿产	_____minerals	3 有识之士	_____ rock
4 小便宜	_____small gain	4 车道	_____a man of insight
5 流水线		5 岩石	
6 伶俐		6 小院	
⑤		⑥	
1 背包		1 路费	
2 江湖	_____devil; demon	2 喇叭	_____loudspeaker; horn
3 见闻	_____ things that someone sees and hears	3 火柴	_____travelling expenses
4 瘾	_____addiction	4 梦境	_____the match
5 魔鬼		5 货车	
6 眼神		6 结晶	
⑦		⑧	
1 胜地		1 山路	
2 宝库	_____treasury; treasure-house	2 天性	_____universe
3 捷径	_____shortcut	3 宇宙	_____natural instincts
4 旅途	_____vigor;imposing manner	4 课堂	_____dark clouds
5 气势		5 乌云	
6 手指头		6 辩护人	

⑨		⑩	
1 倾注		1 塌	
2 抢占	______ban; outlaw	2 贬值	______collapse
3 铲	______cry; weep	3 相通	______on credit
4 取缔	______pour··· into	4 筹办	______devalue
5 哭泣		5 绣	
6 沐浴		6 赊账	

二语学习者词汇的理解性知识和产出性知识实证性研究

——以形容词搭配知识为例

刘映萩

摘要： 本研究在联结主义理论的背景下，以形容词搭配知识作为切入点，通过对60名来华留学生进行汉语问卷测试，考察二语学习者理解性知识和产出性知识的习得情况。本文构建了二语词汇知识习得过程模型，并得到如下结论：（1）词汇知识的确存在理解性知识和产出性知识的差异。（2）句法功能类型对理解性知识和产出性知识之间差异的影响受到二语学习者汉语水平的制约。（3）搭配频率对理解性知识和产出性知识之间的差异有影响且不受二语学习者汉语水平的制约。（4）理解性知识和产出性知识的习得是二语词汇知识习得过程中的两个阶段，随着两种知识的不断发展变化，二语学习者的二语心理词典逐步建立，二语交际能力也将逐步提高。

关键词： 理解性知识　产出性知识　形容词　搭配

1　引言

词汇知识研究特别是词汇知识发展过程研究是二语习得研究中逐渐深受关注的一个领域。然而学界对词汇知识发展过程的看法却并不完全一致，特别是对词汇知识发展的本质和核心问题的认识仍存在分歧。

关于词汇知识，Nation（1990）曾构建了一个词汇知识体系，首次明确提出了理解性词汇（receptive vocabulary）和产出性词汇（productive vocabulary）的概念，并指出了理解性词汇运用（receptive vocabulary use）指在听力、阅读中可以感知理解词形并提取词义，而产出性词汇运用（productive vocabulary use）指在口语和写作中能够表达词义并能够提取和产出恰当的词形（Nation，2001）。学界对词汇的理解和产出的区分有两种主要的观点：一些学者认为词汇可以分为理解性词汇和产出性词汇，它们是两种词汇，是独立发展的两个系统（Nation，1990；Meara，1990；Laufer，1998），理解性词汇和产出性词汇的加工机制和加工深度上有所不同（孙晓明，2008；孙晓明，2009）；也有一些学者指出，词汇不应划分为理解性词汇和产出性词汇，词汇的理解和产出是统一在一个连续统之中的词汇知识习得的不同阶段（Melka，1997；鹿士义，2001；刘绍龙，2001），所以不应将词汇单纯地划分为理解性词汇和产出性词汇，但是存在词汇知识的理解性知识和产出性知识。那么，在二语习得过程中，词汇知识的理解和产出到底经过了一个怎样的过程，是否可以将词汇划分为理解性词汇和产出性词汇则是非常值得我们重新思考和深入探讨的问题。

词汇知识涉及很多内容，比如语音知识、语义知识、句法知识、搭配知识等，而学习词汇知识中这些内容的过程就是词汇知识习得的过程。为了探究这个过程如何发展，我们可以从词汇的理解性知识和产出性知识的角度，对这两种知识之间的差异以及这两种知识在整个词汇知识发展过程中的变化特点进行进一步探索。联结主义理论（connectionism）认为词语之间的联系是第二语言词汇知识习得过程中最关键的因素，也是最核心的问题。词语之间的联系其实也就是词汇的用法知识，即搭配知识。众多研究也发现了词汇搭配知识的重要性，如钱旭菁（2010）发现了汉语学习者出现偏误较多的是组合偏误，而出现的原因是还没有掌握词语搭配的限制，可见汉语学习者的词汇搭配知识的习得情况并不理想。词汇的搭配可以说也是蕴含在词语句法功能限制之下的，前人的研究已经发现了现代汉语形容词句法功能的有主有次，而二语学习者在习得形容词主次句法功能时也有不同的表现。所以，本研究将以形容词搭配知识为切入点，通过实验的方法对汉语学习者词汇的理解性知识和产出性知识习得情况进行考察，探索汉语学习者词汇知识习得过程并进一步验证词汇的理解性知识和产出性知识是词汇知识发展过程中的两个阶段，而不存在理解性词汇和产出性词汇两种词汇。

2 研究方法

2.1 研究思路

本研究将形容词的词汇知识区分为理解性知识和产出性知识，并对形容词搭配知识的理解性知识和产出性知识进行操作性定义，即理解性知识指能够判断形容词搭配是否正确、合理，而产出性知识指能够根据语境和声母提示产出符合语境的正确形容词搭配。本研究据此设计了理解性知识测试和产出性知识测试两类问卷，通过测试结果来考察二语习得者理解性知识和产出性知识的习得情况。

2.2 研究方法

本文的研究方法是以语料库统计为基础的多因素实验设计的方法。实验采用两个任务，一个为探测理解性知识的测试任务，一个为探测产出性知识的测试任务。本研究认为，两个测试任务成绩之间的差异即为理解性知识和产出性知识之间的差异。实验涉及词汇知识类型（理解性知识和产出性知识）、句法功能类型（主要句法功能和次要句法功能）、搭配频率（高频搭配和低频搭配）和汉语水平（初级、中级、高级）四个因素。实验选择这四个因素作为多因素实验设计的自变量。

2.3 实验设计

本实验采用了3（汉语水平）×2（句法功能类型）×2（搭配频率）×2（词汇知识类型）四因素混合实验设计。

2.4 被试

我们随机选取了不同母语背景的60名被试，综合被试学习汉语时间和教师对被试汉语水平的评估两个因素，将60名被试按照汉语水平分为初级、中级、高级三组，每组各20人。

2.5 实验材料

2.5.1 实验材料选择

2.5.1.1 确定形容词

本研究选取的形容词均为《大纲》中的甲级形容词。根据前人研究发现，形容词的句法功能主要集中在形容词作定语、作谓语和作状语三种句法功能上，所以本研究将这三种句法功能作为形容词句法功能的代表。

形容词句法功能的主次由形容词句法功能的使用频率决定。本研究将主要句法功能定义为形容词使用频率最高的那个句法功能，而次要句法功能为该形容词除了主要语法功能以外的其他句法功能。依据江诗鹏（2005）对甲级形容词句法功能的统计分析，本文得到主要句法功能分别为作定语、作谓语、作状语的各6个形容词，次要句法功能分别为作定语、作谓语、作状语的各6个形容词，即主要句法功能和次要句法功能各18个形容词，共36个甲级形容词（如表1所示）。

表1　实验材料所选取的形容词一览表

类型	定语	谓语	状语
主要句法功能	大、全、矮、幸福、简单、白	冷、亮、安静、舒服、紧张、丰富	乱、难、快、健康、热情、努力
次要句法功能	远、低、好看、不错、认真、整齐	坏、错、旧、年轻、高、红	方便、深、高兴、轻、清楚、着急

2.5.1.2 形容词搭配的标注和统计

在北京大学汉语语言学研究中心的“CCL语料库”中，抽取所选定形容词出现在规定句法功能上的语料各500条，然后对形容词进行搭配词的标注。通过统计，得到所有选定形容词的搭配词的出现频率，即搭配频率（搭配频率=搭配词出现次数/500，如附录1所示）。

2.5.1.3 确定高频、低频和错误搭配

实验选择的所有搭配词均为《大纲》中的甲级或乙级词，并依照频率的高低为36个形容词各选择一个高频搭配和一个低频搭配，最后，共得到72个正确搭配

（如附录1所示）。同时，研究还为每个形容词设计了一个错误搭配作为实验的填充材料，共36个错误搭配。

2.5.2 问卷设计

2.5.2.1 理解性知识测试问卷

将实验材料和填充材料（共108个搭配）组合在一起，打乱顺序，要求学生进行正误判断，最后得到理解性知识测试问卷（共108题，如附录2所示）。

2.5.2.2 产出性知识测试问卷

产出性知识测试问卷中的句子，都使用比较简单的语法和《大纲》中的甲乙级词汇。将实验材料的形容词和搭配词分别设置为选择题和填空题（共72题，如附录3所示）。

2.6 实验过程

实验为纸笔闭卷测试，采用了交叉测试的方法（为避免同一形容词搭配的理解性知识测试和产出性知识测试互相产生影响，测试分为两套试卷，将同一形容词搭配的两种知识测试题分开，每套试卷均有理解性知识测试和产出性知识测试），待试卷收回后，再将两种知识测试重新归类，最终得到理解性测试问卷和产出性知识问卷各30份。两种知识类型的测试问卷中，初级、中级、高级各10份。

3 结果分析

研究者将问卷收回后对问卷成绩进行统计（如表2所示，括号中为正确率，成绩数据保留1位小数），并用SPSS19.0进行方差分析。

表2　不同汉语水平被试理解性知识和产出性知识成绩平均分及正确率（括号内为%）

		初级		中级		高级	
		理解性知识	产出性知识	理解性知识	产出性知识	理解性知识	产出性知识
句法功能类型	主要句法功能	25.7（71）	21（58）	29.1（81）	28.1（78）	33.6（93）	31.6（88）
	次要句法功能	24.3（66）	17.3（48）	28.9（80）	26.7（74）	29.2（81）	31.7（88）
搭配频度	高频搭配	26.4（73）	18.7（52）	29.5（82）	28.6（79）	33.8（94）	32.1（89）
	低频搭配	23.6（66）	19.6（54）	28.5（79）	26.2（73）	29（81）	31.2（87）
总分		50（69）	38.3（53）	58（81）	54.8（76）	62.8（87）	63.3（88）

方差分析表明，词汇知识类型主效应显著，*F*（1，27）=18.885，$p<0.0005$。这说明词汇搭配知识的理解性知识和产出性知识的确存在差异，这表明词汇知识类型的划分是有效的。理解性知识的测试成绩和正确率均高于产出性知识，总体来看，理解性知识习得好于产出性知识习得（如表3所示）。

表3　理解性知识和产出性知识成绩平均分及正确率（满分72分）

词汇知识类型	总成绩	正确率（%）
理解性知识	56.9	79
产出性知识	52.1	72

被试汉语水平主效应显著，*F*（2，27）=131.173，$p<0.0005$。这说明汉语水平不同的被试的测试结果存在差异。总体来看，测试总成绩（总成绩=理解性知识成绩+产出性知识成绩，后同）由低至高的排序为初级＜中级＜高级，汉语水平越高，测试的总成绩越高（如表4所示）。

表4　不同汉语水平被试总成绩平均分及正确率（满分144分）

汉语水平	总成绩	正确率（%）
初级水平	88.3	61
中级水平	112.8	78
高级水平	126.1	88

词汇知识类型和汉语水平交互作用显著，$F(2, 27)=10.691$，$p<0.0005$。多重比较后发现，理解性知识和产出性知识的正确率均随着汉语水平的提高而提高，两种知识之间的差距却在随着汉语水平的提高而缩小（如图1所示），这说明了两种知识都在随着汉语水平的变化而不断扩充发展。

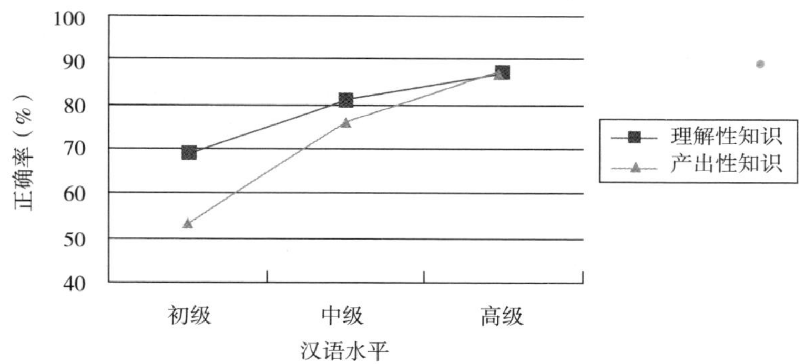

图1　理解性知识和产出性知识在被试不同汉语水平上的差异

句法功能类型主效应显著，$F(1, 27)=15.935$，$p<0.0005$。这说明形容词不同句法功能类型的测试结果存在差异。总体上看，主要句法功能的测试总成绩要好于次要句法功能的测试总成绩（如表5所示），这体现了句法功能的频度效应。

表5　不同句法功能类型的总成绩平均分及正确率（满分72分）

句法功能类型	总成绩	正确率（%）
主要句法功能	56.4	78
次要句法功能	52.7	73

句法功能类型和词汇知识类型交互作用不显著，$F(1, 27)=0.227$，$p=0.637$。这说明理解性知识和产出性知识在不同句法功能类型上没有差异，不同句法功能

对两种知识的影响是一致的。总体来看，无论是理解性知识还是产出性知识，主要句法功能的成绩都要好于次要句法功能的成绩，而且成绩之间的差距保持一致。结果也体现了功能的频度效应（如图2所示）。

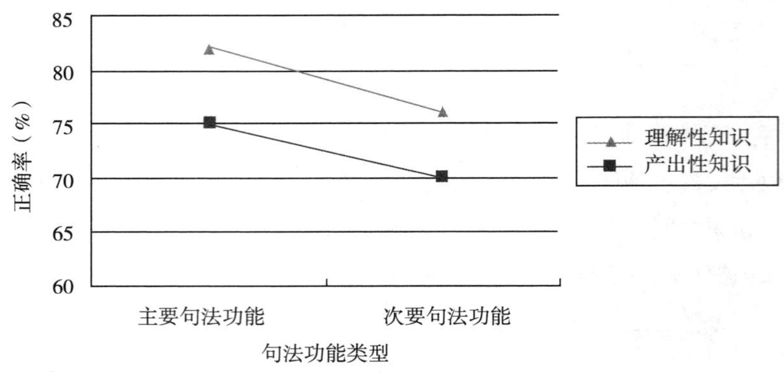

图2 理解性知识和产出性知识在不同句法功能类型上的差异

句法功能类型和汉语水平交互作用不显著，F（2，27）=1.329，p=0.282。这说明了三个水平被试的成绩在不同句法功能类型上没有差异，无论是在哪个汉语水平，主要句法功能类型的成绩都要好于次要句法功能类型的成绩，而且主次句法功能之间的差异基本保持一致（如图3所示）。

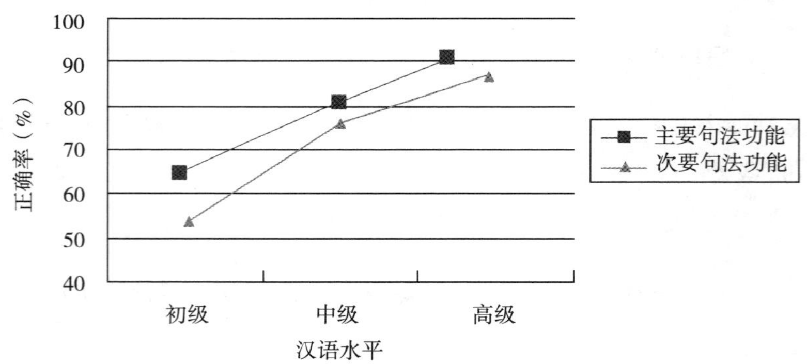

图3 不同汉语水平被试的总成绩在不同句法功能类型上的差异

句法功能类型、词汇知识类型和汉语水平三者交互作用显著，F（2，27）=9.080，p=0.001。进一步做简单简单效应检验后发现，对于初级水平被试来说，在主要句法功能水平上，理解性知识和产出性知识之间的差异不显著，F（1，27）=2.28，

p=0.143；在次要句法功能水平上，理解性知识和产出性知识之间的差异显著，F（1，27）=12.01，p=0.002。这说明对于初级阶段被试来说，两种知识在主要句法功能水平上的差异要小于在次要句法功能水平上的差异，主要句法功能的理解和产出发展趋势一致，但是对于不太熟悉的次要功能，被试可以理解，但较难产出（如图4所示）。

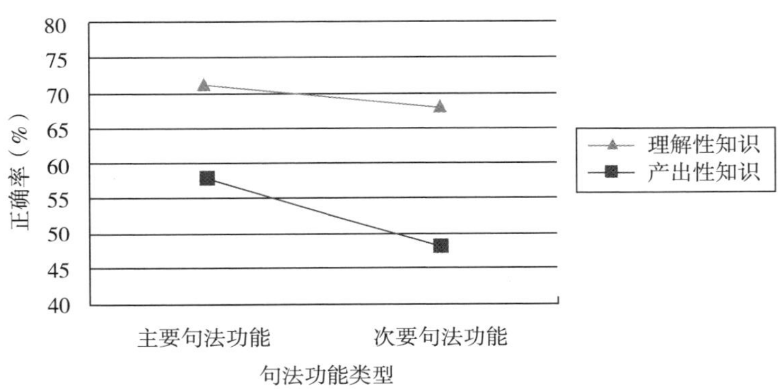

图4　初级水平被试的理解性知识和产出性知识在不同句法功能类型上的差异

对于中级水平被试来说，在主要句法功能和次要句法功能水平上，理解性知识和产出性知识差异均不显著，F（1，27）=0.05，p=0.831；F（1，27）=1.72，p=0.201。这说明句法功能类型在中级阶段对理解性知识和产出性知识习得影响不大（如图5所示）。

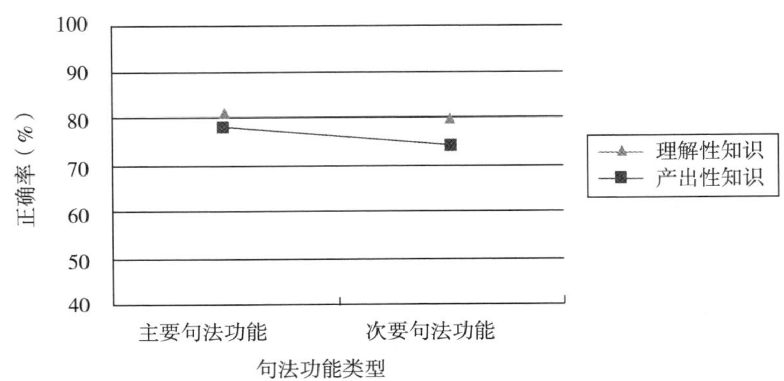

图5　中级水平被试的理解性知识和产出性知识在不同句法功能类型上的差异

对于高级水平被试来说，在主要句法功能水平上，理解性知识和产出性知识之间的差异显著，$F(1, 27)=22.49$，$p<0.0005$；在次要句法功能水平上，理解性知识和产出性知识之间的差异不显著，$F(1, 27)=0.01$，$p=0.926$。这说明在高级阶段，主要句法功能的理解性知识发展较快，与之相比，主要句法功能的产出性知识发展缓慢；次要句法功能理解性知识和产出性知识均发展较慢，甚至出现了产出性知识的发展好于理解性知识的情况（如图6所示）。

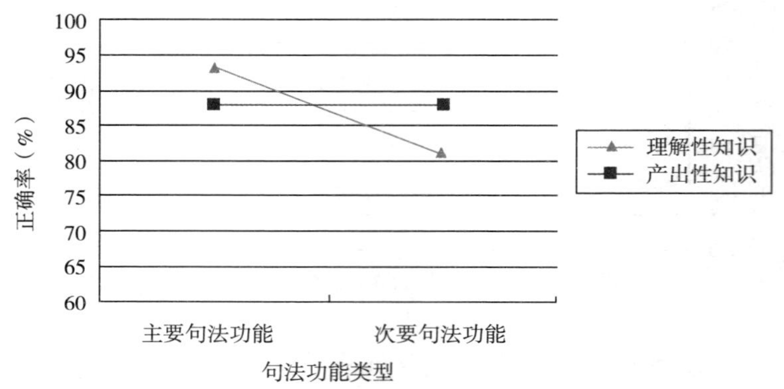

图6　高级水平被试的理解性知识和产出性知识在不同句法功能类型上的差异

搭配频率主效应显著，$F(1, 27)=12.642$，$p=0.001$。这说明高频和低频搭配的测试成绩结果存在差异，出现了搭配频度效应。从总体上看，高频搭配的成绩好于低频搭配（如表6所示）。

表6　不同搭配频率的总成绩平均分及正确率（满分72分）

搭配频率	总成绩	正确率（%）
高频搭配	56.4	78
低频搭配	52.7	73

搭配频率和词汇知识类型交互作用边缘显著，$F(1, 27)=4.131$，$p=0.052$。进一步做简单效应检验发现，在高频搭配水平上，词汇知识类型的简单效应显著，$F(1, 29)=16.72$，$p<0.0005$；在低频搭配水平上，词汇知识的简单效应不显著，$F(1, 29)=2.08$，$p=0.160$。这些结果说明，两种词汇知识类型的差异受到搭配频度效应的影响，高频搭配的理解性知识和产出性知识之间的差异较大，低频搭配的理解性知识和产出性知识之间的差异较小（如图7所示）。

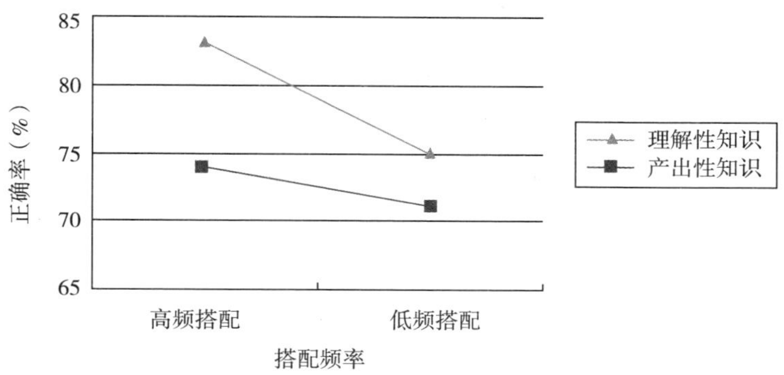

图7　理解性知识和产出性知识在不同搭配频率上的差异

搭配频率和汉语水平交互作用不显著，$F(2, 27)=1.148$，$p=0.332$。这说明不同汉语水平被试的总成绩在不同搭配频率上没有差异，搭配频率对不同汉语水平被试总成绩影响是一致的。总体来看，无论在哪个汉语水平，高频搭配的总成绩始终好于低频搭配的总成绩，这体现了搭配的频度效应（如图8所示）。

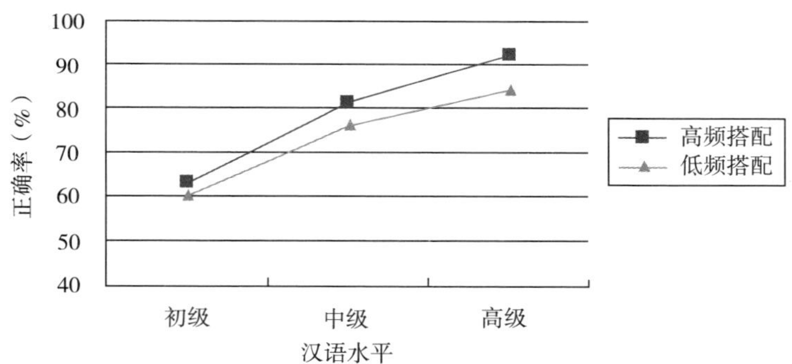

图8　不同汉语水平被试的总成绩在不同搭配频率上的差异

句法功能类型和搭配频率交互作用显著，$F(1, 27)=10.673$，$p=0.003$。进一步做简单效应检验后的结果显示，在主要句法功能水平上，搭配频率的简单效应不显著，$F(1, 29)=0.44$，$p=0.512$；在次要句法功能中，搭配频率的简单效应显著，$F(1, 29)=21.59$，$p<0.0005$。这些说明搭配频度效应受句法功能类型影响，形容词在作主要句法功能时，搭配频率的高低对习得情况影响不大，但是形容词在作次要句法功能时，高频搭配习得情况要好于低频搭配。同时，无论在主要句法功能还是次要句法功能中，高频搭配的习得都要好于低频搭配（如图9所示）。

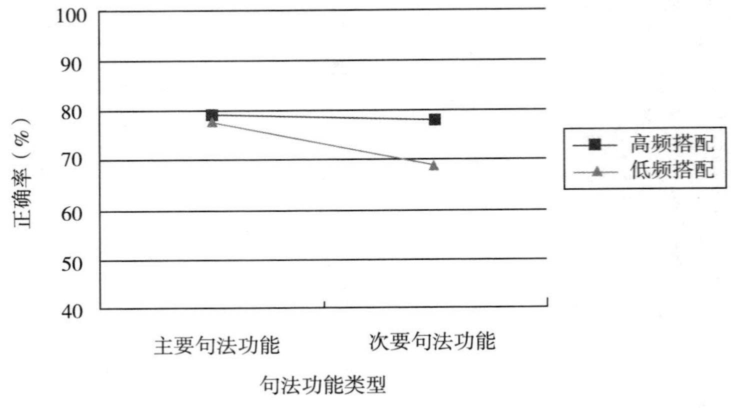

图9　不同搭配频率的总成绩在不同句法功能上的差异

4　综合讨论

4.1　二语学习者词汇的理解性知识和产出性知识习得情况

4.1.1　句法功能类型是理解性知识和产出性知识习得的影响因素

总体来看，句法功能类型对理解性知识和产出性知识之间差异的影响不大，但句法功能的频度效应对理解性知识和产出性知识的习得有影响。从两种知识之间的差异来看，无论是在主要句法功能水平还是次要句法功能水平上，理解性知识和产出性知识之间的差异保持一致。从句法功能频度效应来看，无论是理解性知识还是产出性知识，主要句法功能习得情况都要好于次要句法功能习得情况，这是由于主要句法功能是形容词较常使用的功能，出现频率高，所以容易在汉语学习者的心理词典中建立表征并加强联结强度，所以二语学习者对主要句法功能习得较好。

句法功能类型、词汇知识类型和汉语水平存在交互作用，这说明句法功能类型对两种知识之间差异的影响要受到汉语水平的制约。在初级阶段，理解性知识和产出性知识在主要句法功能水平上发展差异较小；两种知识在次要句法功能水平上的差异较大，理解性知识的习得情况好于产出性知识的习得情况。主要句法功能是二语学习者学习的重点内容，也较常见。因此，初级水平的二语学习者的主要句法功能的理解性知识和产出性知识发展步调一致。而对于次要句法功能来说，则难以产出。

在中级阶段，句法功能类型的主次对理解性知识和产出性知识习得的影响均不明显。因为在这个阶段，主要句法功能的理解性知识和产出性知识均稳步发展，步调一致。同时随着汉语水平的提高，次要句法功能的产出性知识有了明显提升，逐渐与理解性知识趋于一致。

在高级阶段，理解性知识和产出性知识在主要句法功能水平上的差异较大；两种知识在次要句法功能水平上的差异较小。高级阶段二语学习者主要句法功能的理解性知识的飞速发展，使理解性知识和产出性知识拉开了差距，而这个阶段，次要句法功能的理解性知识和产出性知识仍旧发展一致，增速缓慢。研究还发现了次要句法功能的产出性知识好于理解性知识的情况，即学习者具备某些产出性知识，却没有发现具备相应的理解性知识，这与刘绍龙（2003）所发现的“产超”现象是一致的。本文认为这种现象的产生的原因可能是产出性知识成绩受到了上下文提示的影响从而好于理解性知识的成绩。

4.1.2 搭配频率是理解性知识和产出性知识习得的影响因素

实验结果表明，搭配频率的高低对词汇知识习得有影响，从词汇知识整体来看，词的高频搭配的习得要好于低频搭配，这反映了词汇知识习得过程中的搭配频度效应。从理解性知识和产出性知识两者差异来看，搭配的频度效应在理解性知识中效果更为显著。高频搭配在二语学习者的学习和生活中是经常会遇到或使用的搭配，易在心理词典中建立表征，形容词和搭配词之间的联结也逐渐增强，所以高频搭配的理解性知识习得较好，而低频搭配的理解性知识习得较差。搭配频度效应在产出性知识中效果不显著，高频搭配和低频搭配的产出性知识比较相近。无论频度的高低，搭配的产出对于二语学习者来说都具有一定的难度。高频搭配的产出性知识远远少于理解性知识，而近乎低频搭配的产出性知识，这说明二语学习者并未真正熟练掌握高频搭配的产出性知识。

搭配频率、词汇知识类型和汉语水平三者交互作用不显著。这说明无论是哪个汉语水平，搭配的频度效应自始至终对理解性知识和产出性知识都有一致的影响，也就是说，无论汉语水平的高低，二语学习者习得最好的都是高频搭配的理解性知识，而对于产出性知识，搭配的频度效应没有很大影响，均习得较差。

4.1.3 理解性知识和产出性知识在二语学习者不同阶段的表现

实验结果表明，词汇知识的确存在理解性知识和产出性知识的差异，二语学习者理解性知识的掌握要好于产出性知识，但二者之间的差距随着汉语水平的提高而不断缩小。这与鹿士义（2001）和董燕萍、桂诗春（2002）等人的发现是一致的。

从整体上看，理解性知识习得情况要好于产出性知识，这与前人的研究结果是一致的。但是随着汉语水平的提高，理解性知识和产出性知识之间的差距也不是一直保持不变的。

理解性知识和产出性知识在二语学习者不同阶段表现不同。在初级阶段，理解性知识和产出性知识之间的差异较大，这是因为二语学习者在初级阶段主要掌握的内容就是理解性知识，而产出性知识则较少甚至并不具备；到了中级阶段，二语学习者掌握的理解性知识逐渐增多，也开始产出一部分知识，所以在中级阶段，理解性知识和产出性知识之间的差异较初级阶段相比有所缩小；到了高级阶段，二语学习者的理解性知识增速放缓，产出性知识则快速发展，逐渐有赶上理解性知识的趋势。Melka（1997）曾指出，词汇知识的理解性知识和产出性知识并不是分离的两个系统，而是词汇知识的不同阶段。邢红兵（2009）则以联结主义为理论框架，构建了分为三个阶段的第二语言词汇习得模型——静态词义的转换学习阶段、动态词汇知识的纠正学习阶段和第二语言词汇知识自主表征阶段。本研究的实验结果也证明，词汇中每个词的理解性知识和产出性知识发展是不同的。二语学习者对于某个词的习得是经历了理解性知识和产出性知识不断丰富完善的过程。随着不断学习，二语词汇整体的理解性知识和产出性知识也在不断地发展、扩充、完善，两者甚至会趋于一致。

4.2 二语词汇知识习得过程模型构建

从理论上来看，根据Caramazza（1988）构建的心理词典加工模型，心理词典是由一套语义系统作为支撑的输入、输出系统。无论是语音、语形的输入还是输出，词语的加工都是在一个网络系统中进行的，而这个网络系统的核心部分就是语义系统。由此来看，无论是词汇的理解性知识还是产出性知识，也都是存储在一个词汇知识系统中的。

从本研究实验的结果来看，在二语学习者不同的学习阶段，词汇知识的理解性知识和产出性知识之间有一定的差距，但是随着汉语水平的提高，理解性知识和产出性知识之间的差距将逐渐缩小。这说明一个词的理解性知识和产出性知识越丰富，这个词的词汇知识习得情况就越好。

由于学习者学习词汇知识的顺序和难度不同，对于一个词来说，学习者可能会出现有的知识能够理解并产出，有的知识能够理解却不能产出的现象。同一个词的理解性知识和产出性知识可能会经过这样一个过程（如图10所示）：

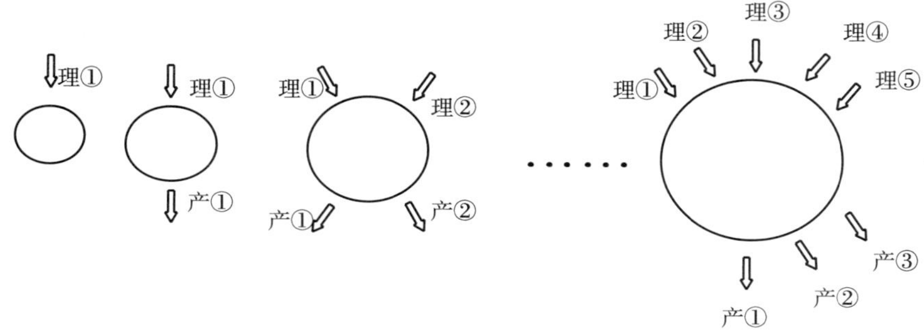

图10　一个词的理解性知识和产出性知识发展过程

首先，对于知识①，二语学习者仍处在理解阶段，所以虽然二语学习者具备这个词的理解性知识①，但仍不能产出；经过了学习者不断地模仿和同化性复制，随后学习者产出了知识①，这说明学习者具备了理解性知识①和产出性知识①；在接下来的过程中，学习者会不断经过理解—模仿—同化性复制—产出的过程，具备一个词的理解性知识和产出性知识，但同时对于很多词还会出现学习者具备了理解性知识④⑤，但是却不具备产出性知识④⑤。在这个过程中，我们可以发现，理解性知识和产出性知识只是词汇知识发展的两个阶段，词汇除了理解和产出之外还有其他内化的过程。对于二语学习者来说，某些词的词汇知识可能就处在部分是理解性知识，部分是产出性知识，还有部分知识正在模仿和同化性复制的过程中。在这个过程中，词汇知识的整体在不断地丰富扩充，词语的运用能力也在不断增强。

以上所描述的阶段实际上是二语学习者在学习大多数词语时会经历的过程。通过本研究的结果可以发现，词汇知识的理解性知识，特别是主要句法功能、高频搭配的理解性知识会随着汉语水平的提高而迅速丰富扩充；产出性知识的总体发展比理解性知识要缓慢得多，但依然在不断和理解性知识缩小差距，甚至趋于一致，对于某些词来说甚至会出现产出性知识好于理解性知识的情况。我们可以发现，词汇的理解和产出始终在进行，二语学习者心理词典中对于一个词的理解性知识和产出性知识在不断发展变化，所以很难有一个明确的分界来确定它是理解性词汇还是产出性词汇。

综合相关理论和以上的实验结果，本研究尝试对二语词汇知识的理解性知识和产出性知识的习得过程发展模型进行构建。由于心理词典使用一套语义系统，所以词语的加工可以说是在语义层面中进行的。如果从二语学习者心理词典加工系统来看，心理词典中存储着大量词汇的理解性知识和产出性知识，而两者是以语义知识为核心而相互联系的。在汉语水平的初级阶段，理解性知识比产出性知识丰富，虽然心理词典中存储着大量的理解性知识，但是却只具备少量的产出性知识。在这个阶段，理解性知识和产出性知识之间的差异较大（如图11所示）。

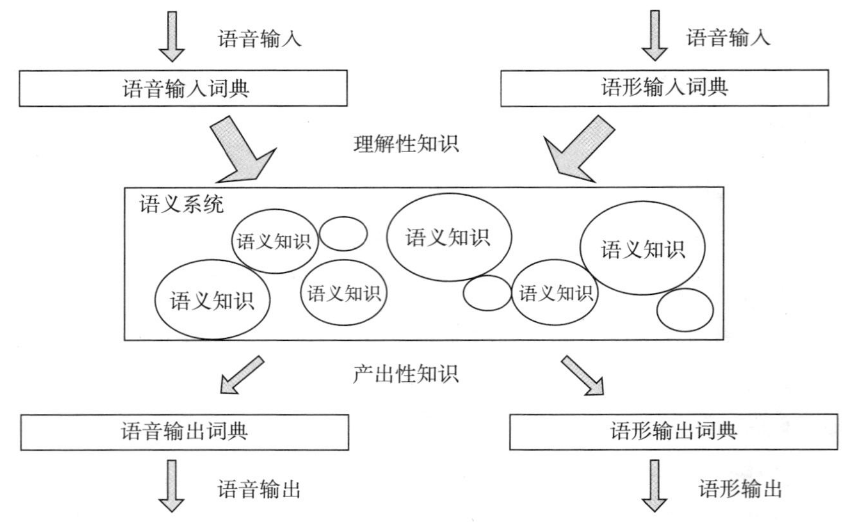

图11　初级阶段理解性知识和产出性知识习得过程模型

随着汉语水平的提高，到了中高级阶段，产出性知识的丰富程度不断提高。总体来看，理解性知识和产出性知识之间的差距会越来越小，但是对于词汇知识复杂程度和出现频率不同的词来说，两种知识之间的差异各有不同。对于词汇知识比较简单或者高频的词来说，二语学习者能够较易掌握这个词的理解性知识和产出性知识，两种知识之间的差异较小，会逐渐趋于一致（如图12所示）；对于词汇知识比较复杂或低频的词来说，在学习的初级阶段，两种知识的差异较大（如图11所示），随着不断学习，两种知识会不断扩充，差异不断缩小，但是产出性知识的丰富过程比较漫长，在相当长的一段时间里，两种知识之间都会保持一定的差异（如图13所示）。

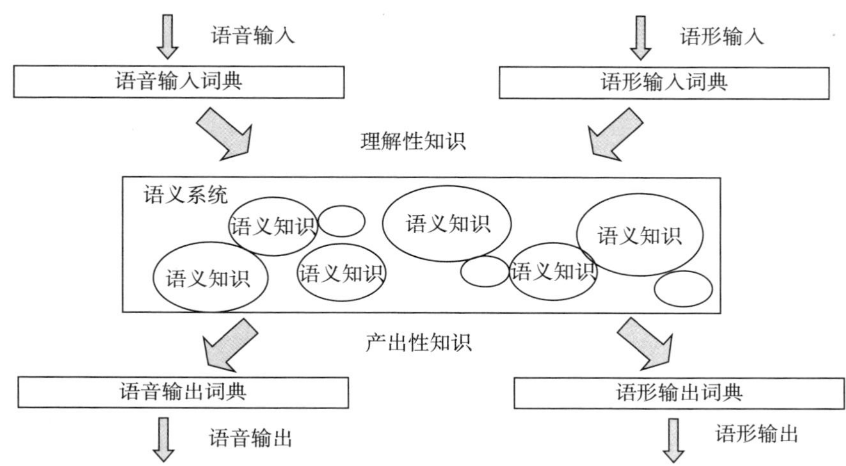

图12　词汇知识简单或高频的词的理解性知识和产出性知识习得过程模型

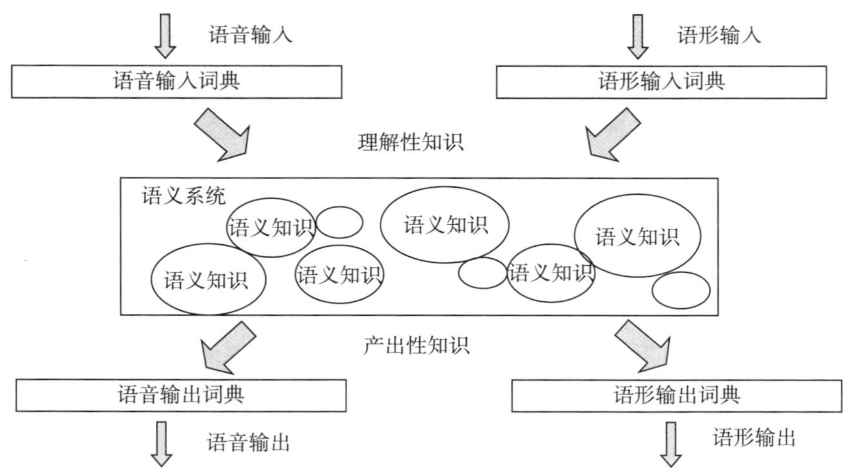

图13　词汇知识复杂或低频的词的理解性知识和产出性知识习得过程模型

根据本研究构建的词汇理解性知识和产出性知识习得过程模型，二语心理词典的构建过程就是理解性知识和产出性知识不断丰富和扩充的过程，两种知识是二语词汇知识习得过程中的两个阶段。在这个过程中，二语学习者的二语理解和产出能力在不断地提高，语言交际能力也在不断提升，逐渐向母语者靠拢。

5 结论

本研究通过实验设计的方法，研究了不同汉语水平的二语学习者理解性知识和产出性知识的差异，考察了句法功能类型和搭配频率对理解性知识和产出性知识习得的影响，并根据心理词典加工理论和实验结果构建了二语词汇知识习得过程展模型。本研究得到的结论如下：

词汇知识的确存在理解性知识和产出性知识的差异，二语学习者对理解性知识的掌握要好于产出性知识，但二者受汉语水平影响，二者之间的差距会随着汉语水平的提高而不断缩小。

句法功能类型对理解性知识和产出性知识之间的差异影响不大，但句法功能类型对两种知识的影响受到二语学习者汉语水平的制约。在初级阶段，两种知识在主要句法功能水平上的差异较小，在次要句法功能水平上的差异较大；在中级阶段，两种知识在两种句法功能水平上的差异不显著；在高级阶段，两种知识在主要句法功能水平上的差异较大，在次要句法功能水平上的差异较小。

搭配频率对理解性知识和产出性知识之间的差异有影响且不受二语学习者汉语水平的制约。无论在哪个阶段，两种知识在高频搭配水平上的差异都较大，在低频搭配水平上的差异都不明显。高频搭配的理解性知识掌握程度要好于低频搭配的理解性知识；搭配频度效应在产出性知识中效果不显著，高频搭配和低频搭配的产出性知识比较相近。

理解性知识和产出性知识是二语词汇知识习得过程中的两个阶段，二语词汇知识习得的过程是理解性知识和产出性知识不断丰富扩充的过程。随着理解性知识和产出性知识的不断发展变化，二语学习者的二语心理词典逐渐建立，二语交际能力也将逐步提高。

参考文献

[1] 江诗鹏（2005）“（汉语水平）词汇等级大纲”甲级形容词句法功能调查，北京语言大学硕士学位论文。

[2] 刘绍龙（2001）论二语词汇深度习得及发展特征——关于词义与词缀习得的实证调查，《外语教学与研究》第6期。

[3] 鹿士义（2001）词汇习得与第二语言能力研究，《世界汉语教学》第3期。

[4] 钱旭菁（2010）基于词语联想的英语背景学习者汉语身体动作动词的习得研究，北京语言大学博士学位论文。

[5] 孙晓明（2008）第二语言学习者跨越产出性词汇门槛的机制研究，北京语言大学博士学位论文。

[6] 孙晓明（2009）第二语言学习者产出性词汇机制研究，《汉语学习》第2期。

[7] 邢红兵（2009）基于联结主义理论的第二语言词汇习得研究框架，《语言教学与研究》第5期。

[8] Laufer, B.（1998）the Development of Passive and ActiveVocabulary in a Second Language: Same or Different? *Applied Linguistics*19: 255–271.

[9] Meara, P.（1990）a Note on Passive Vocabulary. *Second Language Research* 6: 150–154.

[10] Melka, F.（1997）*Receptive vs Productive Aspects of Vocabulary. Vocabulary: Description, Acquisition and Pedagogy*. Cambridge: Cambridge University Press.

[11] Nation, P.（2001）*Learning Vocabulary in Another Language*.Cambridge: Cambridge University Press .

[12] Nation, P.（1990）*Teaching and Learning Vocabulay*. New York: Newbury House.

汉语学习者任务型口语产出中复杂性、准确性及流利性与交际充分性的关系研究

刘春艳

摘要：本研究以汉语作为第二语言的学习者在任务型口语产出的产出语料为研究对象。考察构成口语产出复杂性、准确性及流利性的言语特征量与口语产出的交际有效性之间的预测关系，并以任务类型以及汉语水平作为研究变量，考察它们对产出的言语特征量与口语产出的有效性之间的关系的影响，通过实证研究发现：构成口语产出流利性的“填充停顿数”以及构成口语产出准确性的“每百词偏误数”是口语产出的交际有效性最主要的预测指标；汉语水平对这种预测关系作用不大，仅有产出流利性的一小方面受到汉语水平的影响。任务类型对这种预测关系不会产生影响。在研究结果的基础上，我们讨论了汉语第二语言学习者言语表达中表述流利、用词准确以及注重言语细节上对口语产出的交际有效性实现的促进作用，并以此为汉语作为第二语言的教学以及测试提出一些参考建议。

关键词：任务型口语产出　言语特征量　交际有效性　预测

1　引言

通常，我们对口语能力的描述和评价可以从两方面入手：一方面是使用语言形式和单位（包括语音、词汇和语法结构等）构成语句的能力，着眼于语言使用的准确性和丰富性。另一方面是使用话语完成交际任务的能力，着眼于使用话语参与或完成交际任务的有效性；从基于任务的语言教学与测试的观点看，使用话语以有效地完成交际任务甚至是描述和评价口语交际能力的首要指标。说话人的口语表现是否契合任务的表达要求，是否包含相关联的信息乃至是否符合当下的语境要求都是研究口语表现需要关注的问题。Pallotti（2009）将口语产出中所表

现出的上述属性称为口语产出的交际有效性（Communicative Adequacy），并指出交际有效性是口语产出研究中需要考虑的重要参量。

而在现有的通过交际任务来研究第二语言学习者的口语产出的相关研究中，研究者们通常只描述和统计，在不同的变量影响下，构成产出话语复杂性、准确性和流利性的言语特征数量表现，以此来说明其口语产出的发展情况。多数研究遵循着：口语产出的各项言语特征，如果数值越大（或越小），那么口语产出就越复杂、越准确、越流利，口语产出的质量也就越好，学习者第二语言的口语水平也就越高的模式（除Andrea Revesz et al.，2014；De Jong et al.，2012a，2012b；Kuiken et al.，2010以外）。Pallotti（2009）认为这种模式存在很大的问题，因为一个这样的事实：一段句式复杂、用词准确、表述流利的话语对于有效地完成交际任务毫无用处，而一段句式简单、存在词汇或语法错误的非流利话语却能够完成一定的交际表达。如果仅从语言学角度衡量一段口语产出，而不重视口语产出的交际功能性的话，那么基于任务的口语产出的研究是不完整的。只有将口语产出的交际有效性与口语产出的复杂性、准确性和流利性相联系，才能更加全面地揭示学习者在基于任务的口语产出中，第二语言口语的实际发展情况。

杨惠中（2011）曾指出："语言使用的准确性和丰富性"以及"口语交际的有效性"是口语能力构成的两个方面。两者的有机结合才是真正的口语能力。在以交际任务为框架的口语研究与教学中，如何将口语能力的两个方面有机联系起来的研究，都是值得尝试的课题。

在汉语作为第二语言的习得与教学的研究当中，学习者的口语产出是习得与教学研究中重要的一环，将言语产出的语言学表现与言语产出的功能性表现相关联在国外的相关研究中得到了有效的尝试。我们知道汉语作为第二语言教学类语言的一种，与其他语言（如英语）既有共性也有差异性，汉语作为第二语言学习者口语产出的复杂性、准确性与流利性的言语特征指标与口语产出交际充分性的预测关系如何是一个值得探讨的问题。

因此，本文研究的主要目的是，在任务型口语产出的已有研究上，考察汉语作为第二语言的学习者在任务型口语产出中，构成口语产出的复杂性、准确性和流利性的哪些言语特征与交际有效性有关，它们在多大程度上可以预测交际有效性。

2 语料来源及研究方法

2.1 语料来源

产出数据来源于20名汉语学习者以及10名汉语母语者，其中女性16名，男性14名。所有被试，包括母语者和二语者都至少拥有高中学历，至少掌握两种语言。被试的性别、年龄和母语背景等详细资料见附录一。被试在语音实验室内通过PRAAT软件记录三个类型的口语产出语料，所有口语任务经由北京语言大学教龄为20年的汉语教师评定，认为任务难度对于中高水平汉语学习者，难度适中。详情见附录二。

2.2 语料提取

在进行语料提取时，我们主要采用宽式转写原则（陶红印，2004）来对录音进行文本转写，同时也借鉴Macwhinney（2000）设计的CHILDES转写系统，表1是转写符号所代表的意思以及由一个实例来说明录音将如何转写成文本形式。

表1 口语产出的录音转写符号

换气停顿： 一般处于句末，主要有表疑问的升调："？"，降调或平调："！ 。，"。升降调的变化区别疑问、肯定等不同意义，有必要注明。这些符号参自汉语的标点符号，并同时也表示短暂的换气停顿，和标点符号的一样"，"的换气停顿比"。"短。
非换气停顿： 非换气停顿一般由说话人意识所控制，分为显性计时停顿"（Ns）如：（3s）"以及填充停顿"（FP）"，填充停顿一般由"呃、嗯"等功能词填充。
自我修正： "⊦"表示自我修正，"⊦"前为修复前话语，"⊦"后为修复后话语。
重复： "< >"内表示重复性话语。
Idea unit： "//"代表一个语义单元。

下面是本次收集的录音语料的实例：

"那天，两个孩子（1.5）很早起床//吃了早饭以后，开始准备（FP）野餐的食物//准备好了一些三明治后，又带着一张地图问妈妈那个原野（+）在哪儿//同时⊦这时小狗钻进了篮子里//他们穿了衣服，向妈妈告别以后就出发了//过了（0.5）一段时间，我们俩⊦他们俩找到了那个地方，真漂亮〈很漂亮〉，有野花，有（FP）野生动物，天气也很不错//一边玩一边聊天儿，时间过得很快//到了中午，他们饿了，开始准备吃他们自己做的三明治//一打开篮子，小狗跑出来了//孩子（FP）都很惊讶，不过很快就发现了，他们的食物被小狗吃光了//”。

所有的录音转写由两名语用专业研究生共同完成，对于一些无法确定的语句，则通过回访语料产出者的方式，以产出者主观认定为主，确定意义单元。

2.3 语料分析

本文研究者在语音学专业博士研究生的指导下运用PRAAT软件对90份语音材料进行转写和标注，而后对文本进行复杂性（分为词语复杂性和语法复杂性）、准确性和流利性的分析，主要衡量方式如表2所示。

表2　口语产出复杂性、准确性和流利性的衡量方式

复杂性	准确性	流利性
形符比（type & token ration）	每百词中错误词语的个数	语速
Lambda	正确idea-unit的比率	每百词中重复、修正及错误开头的频度
平均idea-unit词数		每百词中显性停顿频度
平均idea-unit小句数	“了、着、过”正确使用比率	每百词中填充停顿频度
汉语特殊句子数		

交际有效性由6名木鱼评估者分别进行衡量，其中3名为语言学专业研究生，3名为无语言学背景的研究生，其中每名评估者评测30份口语材料，所以每份口语材料都有2名评估者共同评估，以此控制评估者专业背景所带来的评估严厉度（severity）和偏见（orientation）对交际有效性的影响。

所有口语产出使用同一份评估量表，这份评估量表不受任务类型的影响，但是包含与产出任务相关的描述点。评估量表分为7个等级，主要的描述量包括：产出者是否产出与任务有关的详细信息；被理解的难易程度；是否以有效的方式传递话语信息；有没有将任务语境纳入产出考量。同时，与产出任务相关联的详细内容信息点会被给出，例如在拒绝型任务中，与其内容密切相关的要点有：理解并接收到教师的信息，表明不同的立场或想法，为自己的立场做出解释或者提供解决方法。关于量表的详细信息参见附录3。

2.4 分析方法

为了更全面地解释各评估员对90份录音材料交际有效性的评测，我们运用Facets学生版软件对评测数据进行简单的Rasch模型分析，Rasch分析也能计算出充分性量表构成元素的合适度统计量（fit statistics），它能用于说明评估者在对同一份材料进行充分性评测时的一致性。

为了解决本文提出的研究问题，我们使用统计软件SPSS.19.0进行混合效应线性回归分析（linear mixed effects regression），因为每位被试要完成三个任务，因此我们使用回归分析所提供的“multilevel mixed modeling”将“任务类型”变量套入“汉语水平”变量中，所以一个变量在另一个变量上的聚类效应（the effect of clustering）就可以通过得出的二层模型进行解释。任务类别变量和汉语水平变量在分析中作为随机效应，模型的固定效应随研究问题而变。我们使用Bonferroni校正（$p<0.002$）来避免类型Ⅰ错误，效应值大小的衡量主要通过边缘R2值（marginal R2 values）和条件R^2值（conditional R^2 values）来得出。

在Kuiken等（2010）的研究中，研究者为了避免所统计的言语特征等指示量在统计上呈偏态分布，将所有特征值全部转换成对数值。但是该研究结果发现，使用原始数据和使用对数转换后的数据并没有得出不一样的研究结果，说明在这类研究中，数据类型并不影响研究结果。因此，为了研究的经济性，本文使用言语特征的原始数据进入统计检验。

3 结果

3.1 与交际有效性相关的言语特征量及其关系

我们使用统计软件SPSS.19.0进行混合效应线性回归分析（linear mixed effects regression），将Rasch 分析得出的交际有效性作为因变量。固定效应（the fixed effect）由构成口语产出复杂性、准确性和流利性的言语特征分别充当。我们将任务类型变量和汉语水平变量设定为随机变量，其中任务类型变量嵌套在汉语水平变量中。下面我们报告在固定效应中达到显著的言语特征的统计结果。见表3至表5。

表3　简单混合效应线性回归分析中复杂性构成量对交际有效性的推算系数结果

固定效应统计值						随机效应统计值			
模型 固定效应	Estimate	SE	t	p	R^2	水平（SD）	任务（SD）	Residual（SD）	Total（SD）
TTR	0.04	0.01	4.71	<0.001	0.05	1.87	0.02	1.96	0.52
Clause/idea-unit	0.83	0.15	5.40	<0.001	0.04	2.07	0.08	1.99	0.60
Words/idea-unit	0.16	0.03	6.03	<0.001	0.06	1.83	0.13	1.98	0.58

表4　简单混合线性回归分析中准确性构成量对交际有效性的推算系数结果

固定效应统计值						随机效应统计值			
模型 固定效应	Estimate	SE	t	p	R^2	水平（SD）	任务（SD）	Residua（SD）	Total（SD）
E/100words	-15.50	2.68	-7.79	<0.001	0.16	1.90	0.09	2.00	0.57
C（l，z，g）/ Ns	3.04	0.89	3.40	<0.001	0.01	2.10	0.10	1.96	0.61

表5　简单混合线性回归分析中流利性构成量对交际有效性的推算系数结果

固定效应统计值						随机效应统计值			
模型 固定效应	Estimate	SE	t	p	R^2	水平（SD）	任务（SD）	Residual（SD）	Total（SD）
SP/100words	-4.16	1.00	-4.15	<0.001	0.04	2.10	0.09	1.98	0.61
FP/100words	-13.81	1.66	-8.30	<0.001	0.15	1.71	0.12	1.94	0.60
ST/syllables	-26.12	4.39	-5.95	<0.001	0.07	1.84	0.13	1.99	0.59

通过分析表3至表5的统计检验结果，我们发现代表停顿流利性（breakdown fluency）的填充停顿数和代表准确性的每百词中偏误数（Errors per 100 words）是交际功能性最大的预测指标，它们能解释其变化的15%（R^2 =0.15）和16%（R^2 =0.16）。也就是说如果口语产出中包含越少的填充停顿，那么它的交际有效性就越大；如果口语产出中，含有越少的词汇错误，那么它的交际有效性也越大。

而其他达到统计显著的预测指标对交际有效性的影响较小，解释交际有效性变化的幅度在1% ～7%之间（$0.01 < R^2 < 0.07$），这些预测指标覆盖了复杂性、准确性和流利性这三个方面，这也说明，交际有效性与口语产出的复杂性、准确性和流利性都密切相关。

3.2 预测交际有效性的言语特征量与汉语水平之间的关系

我们仍使用混合效应线性回归分析方法进行检验，在我们进行的14次模型检验中，只有在“每百词中错误开始数”这一变量上，交互作用达到显著（Est=–13.95，SE=3.99，t=3.49，$p < 0.001$）。也就是说代表修复流利性（repair fluency）的错误开始数对交际有效性的预测受汉语水平的影响。为了进一步检验汉语水平对这种预测作用的影响，我们分别将三个等级的汉语水平分三次进入混合效应线性模型，交际有效性作为因变量，错误开始数作为固定效应变量，任务类型最为随见效应变量。统计结果显示，只有在高级汉语水平的产出者中，错误开始数才作为交际有效性的预测量而达到显著（固定效应：Est=–37.96，SE=9.15，t=4.14，$p < 0.001$；随机效应：任务（SD=0.98）），在高级汉语水平产出者的交际有效性的解释上，它仅作为一个中间预测指标，能解释变异的15%（$R^2=0.15$），这也说明，在汉语高级水平二语者的口语产出中，错误开始数越少，那么交际有效性就被评测得越高。

3.3 预测交际有效性的言语特征量与口语产出的任务类型之间的关系

我们使用与研究问题二时同样的检验方法。将由Rasch分析所得出的交际有效性推算值作为因变量，所有构成复杂性、准确性和流利性的言语特征值、任务类型和它们之间的交互值作为固定效应，汉语水平作为随机变量。如果构成量与任务类型的交互作用显著，就意味着构成量在预测交际有效性的关系上，任务类型是起作用的。而在进行的14次统计检验中，没有任何一次混合效应线性回归显示了显著的交互作用。也就是说，在本文的研究框架下，构成口语产出复杂性、准确性和流利性的言语特征量在与口语产出交际有效性的预测关系上，不受产出任务类型的影响。

4 讨论

通过实证研究以及相关的数据分析，我们发现，在本文挑选出的体现口语产出复杂性、准确性和流利性的言语构成量中，大多与由口语产出的交际有效性存在相关。其中，每百词中偏误数（errors per 100 words），即准确性的构成量，以及每百词中填充停顿数（filled pauses），也就是停顿流利性（breakdown fluency）的主要构成量，是口语产出的交际有效性的最强预测量。而其他的6项言语特征也与口语产出的交际有效性达到了显著的相关，但是预测性较弱。它们是：形符比（TTR）、平均idea-unit词数、平均idea-unit小句数、“了、着、过”正确使用比率、语速、每百词中显性停顿数。

4.1 表达流利对实现交际有效性的影响

从统计检验的结果来看，口语产出的流利性是最能预测口语产出的交际有效性的因素之一，因为口语产出的流利性指标——每百词中填充停顿数，能最大的解释口语产出交际有效性的变异。这似乎说明，在有交际目的的谈话中，如果汉语学习者的产出话语中较少出现“嗯、呃”等迟疑性词汇，那么说话人的这段话语表达就越有利于达成交际目的。Hieke（1981）认为“填充性停顿（Filled pause）”是话语非流利产出的一个特征，说明在产出过程中，话语形式无法按照既定的韵律模式进行。De Bot（2005）从心理语言学观点出发，认为话语产出的非流利是言语产出在认知层面上、心理词汇提取或者言语计划建构过程中的不顺利表现，在这一过程中，极易引发言语焦虑或者言语产出进程中断。Wood（2001）的研究也证明，在口语产出的过程中第二语言学习者表现出越多的非流利特征，那么他们的焦虑感也越强。从言语产出的非流利特征的语用功能上看，迟疑性停顿常表示一种对会话资源表达的不确定性（Carroll，1999；杨军，2004）。

而在本文的研究中，“填充性停顿”主要由表示迟疑的一些延长性话语标记词（如“嗯，呃”等）构成。在第二语言学习者的口语产出中，如果出现越多的迟疑性停顿，那么被认为是对自身话语表达不确定的机会就越大，那么必然会影响任务实现的交际有效性。

4.2 遣词用句对实现交际有效性的影响

在口语产出的复杂性和准确性的构成量上，我们发现代表词汇复杂性的形符比（TTR）与代表准确性的每百词中偏误数都与Kuiken等（2012）的研究结果相一致，语法复杂性与交际有效性成正相关。准确性在我们的研究中是口语产出交际有效性最强的预示指标之一。我们也将所有与口语产出的交际有效性达到显著相关的构成量放进统计检验模型，结果发现，所有显著的言语特征能够解释口语产出交际有效性变异的57%，其中76%由口语产出的复杂性、准确性特征贡献。可见，合理地用词用句将有利于实现交际有效性。

4.3 主观印象对实现交际有效性的影响

Hulstijn（2001）认为在口语能力的主观评测过程中，评测者注意的着重点以及主观印象是影响口语能力评测的最主要的因素。杨惠中（2011）也指出，在根据量表进行评估的测试中，主试通常较难避免自己的主观倾向。在其他任务型口语产出的研究中，如Ginther等（2010）的研究也发现，言语特征的显现度会受到同类言语特征表现的影响（peers pressure），这点在高水平二语学习者的口语产出中愈为明显。在考察产出者的汉语水平是否对口语产出的复杂性、准确性及流利性对产出的交际有效性的预测关系是否有影响时，我们发现，只有每百词中错误开始数（false starts），也是就修复流利性（repair fluency）的言语指标对口语产出的预测作用受产出者汉语水平的影响。具体表现在，在高级水平汉语学习者的口语产出中：错误开始数越少，口语产出的交际有效性越高。而在口语产出流利性构成量的描述性统计结果中，我们可以看到，每百词中错误开始数在相同汉语水平的产出者中，发生频率低并且出现次数是较为一致的，所以，有可能是因为高级水平的汉语产出者的其他言语特征方面表现较为优秀较为突出，反而使错误开始数的出现更为突兀，从而使得评估者在评测口语产出的交际有效性时，更加在意错误开始数的出现。

5 结论

综合我们的研究结果，本文得出如下主要结论：

在汉语作为第二语言的任务型口语产出中，构成口语产出流利性的“填充停顿数”以及构成口语产出准确性的“每百词偏误数”是口语产出的交际有效性最主要的预测指标。

在汉语作为第二语言的任务型口语产出中，汉语水平对口语产出的复杂性、准确性及流利性与口语产出的交际有效性之间的预测关系作用不大，仅有产出流利性的一小方面受到汉语水平的影响。

在汉语作为第二语言的任务型口语产出中，任务类型对口语产出的复杂性、准确性及流利性与口语产出的交际有效性之间的预测关系不会产生影响。

参考文献

[1] 陈　默（2012）美国留学生汉语口语产出的流利性研究，《语言教学与研究》第2期。

[2] 何莲珍、王敏（2003）任务复杂度、任务难度以及语言水平对中国学生语言表达准确度的影响，《现代外语》第2期。

[3] 黄　嫱（2009）任务难度与任务条件对中国非英语专业学习者口语产出的影响，《天津外国语学院学报》第1期。

[4] 胡伟杰（2014）第二语言学习者口语认知流利性和口语认知能力发展研究，北京语言大学博士学位论文。

[5] 李筱菊（1997）《语言测试科学与艺术》，长沙：湖南教育出版社。

[6] 卢　力、孙云梅（2009）不同复杂度任务中英语口语复杂性研究，《大学英语》第2期。

[7] 谭晓晨、董荣月（2007）任务类型和语言水平对英语专业大学生口语准确性和复杂性的影响，《解放军外国语学院学报》第5期。

[8] 邢加新（2014）论二语产出的三个衡量维度——复杂性、准确性和流利性，《北京化工大学学报》第4期。

[9] 杨惠中、朱正才、方绩军（2011）英语口语能力描述语因子分析及能力等级划分——制定语言能力等级量表实证研究，《现代外语》第2期。

[10] 杨　军（2004）口语非流利产出述评，《外语教学与研究》第4期。

[11] 张文忠（1999）第二语言口语流利性发展的理论模式，《现代外语》第2期。

[12] 张文忠（2000）第二语言口语流利性发展的定性研究，《现代外语》第3期。

[13] 张文忠、吴旭东（2001）第二语言口语流利性发展定量研究，《现代外语》第4期。

[14] 张一平（2007）英语口语交际任务维度的测定因素和方法，《中国外语》第4期。

[15] Andrea, R., Monika, E. & Eivind, N. T（2014）The effects of complexity, accuracy and fluency on communicative adequacy in oral task performance. *Applied Linguistics*34/1-22

[16] Bosker, Pinget, Quené, Sanders, & De Jong（2012）What makes speech sound fluent? The contributions of pauses, speed and repairs. Language Testing 0. 0, 1–17.

[17] Bygate, M.（1996）Effects of task repetition: Appraising the developing language of learners. In J. & D. Willis（Eds.）, *Challenge and change in language teaching*（pp. 136–146）. Oxford, England: Heinemann.

[18] Bygate, M.（2001）Effects of task repetition on the structure and control of oral language. In M. Bygate, P. Skehan, & M. Swain（Eds.）, *Researching pedagogic tasks: Second language learning, teaching and testing*（pp. 23–48）. Harlow, UK: Pearson Longman.

[19] Cucchiarini, C., Strik, H., & Boves, L.（2000）Quantitative assessment of second language learners' fluency by means automatic speech recognition technology. *Journal of Acoustical Society of America* 107. 2, 989–999.

[20] De Bot, K., W. Lowie, & M. Verspoor（2005）*Second Language Acquisition: An Advanced Resource Book*. Abingdon: Routledge

[21] De Jong, N., Steinel, M., Florijn, A., Schoonen, R., & Hulstijn, J.（2012a）The effect of task complexity on functional adequacy, fluency and lexical diversity in speaking performances of native and nonnative speakers. In Housen, A., Kuiken,F. & Vedder, I.（Eds）: *Dimensions of L2 Performance and Proficiency. Investigating Complexity, Accuracy and Fluency in SLA*. John Benjamins

[22] De Jong, N., Steinel, M., Florijn, A., Schoonen, R., & Hulstijn, J.（2012b）Facets of speaking proficiency. *Studies in Second Language Acquisition*34/1:5–34

[23] De Jong, N., Steinel, M., Florijn, A., Schoonen, R., & Hulstijn, J.（2013）Linguistic skills and speaking fluency in a second language. *Applied Psycholinguistics*, 1–24.

[24] Derwing, T. M., Rossiter, M. J., Munro, M. J., & Thomson, R. I.（2004）Second language fluency: Judgments on different tasks. *Language Learning* 54. 4, 655–679.

[25] Ellis, R.（1994）A theory of instructed second language acquisition. In N. C. Ellis（Ed.）, *Implicit and explicit learning of languages*（pp. 549-569）. London: Academic Press.

[26] Ellis, R., Loewen, S., & Erlam, R.（2006）Implicit and explicit corrective feedback and the acquisition of L2 grammar. *Studies in second language acquisition* 28, 02, 339–368.

[27] Freed, B. F.（1995）What makes us think that students who study abroad become fluent? In B. F. Freed（Ed.）, *Second language acquisition in a study abroad context*（pp. 123–148）.

Amsterdam: Benjamins.

[28] Freed, B. F. (2000) Is fluency, like beauty, in the eyes (and ears) of the beholder? In H.Riggenbach (Ed.) , *Perspectives on fluency* (pp.243–265) . Michigan: University of Michigan Press.

[29] García-Amaya, L. (2009) New findings on fluency measures across three different learning contexts. In Collentine, J., García, M., Lafford, B., & Marcos-Marín,F. (Eds.) , *Selected proceedings of the 11th Hispanic linguistics symposium* (pp.68–80) . Somerville, MA: Cascadilla Press.

[30] Ginther, A.,S.Dimova, & Yang,R. (2010) Conceptual and empirical relationships between temporal measures of fluency and oral English proficiency with implications for automated scoring. *Language Testing* 27/3: 379–99

[31] Housen, A. & Kuiken, F. (2009) Complexity, accuracy, and fluency in second language acquisition. *Applied Linguistics* 30. 4, 461–473.

[32] Hulstijn, J.H. (2001) Intentional and incidental second language vocabulary learning: A reappraisal of elaboration, rehearsal, and automaticity. In: Robinson, P., Ed., *Cognition and Second Language Instruction*, Cambridge University Press, Cambridge, 258–286.

[33] Hulstijn, J., Schoonon, R., De Jong, N.,Steinel, M. & Florijn, A. (2012) Linguistic competences of learners of Dutch as a second language at B1and B2 levels of speaking proficiency of the Common European Framework of Reference for languages (CEFR) . *Language Testing* 29/2: 202–20

[34] Iwashita, N., Brown, A., McNamara, T., & O' Hagan, S. (2008) Assessed levels of second language speaking proficiency: How distinct? *Applied Linguistics* 29, 1–24.

[35] Kormos, J. (2006) *Speech production and second language acquisition*. Mahwah, NJ: Lawrence Erlbaum Associates.

[36] Kormos, J., & Dénes, M. (2004) Exploring measures and perceptions of fluency in the speech of second language learners. *System* 32. 2, 45–164.

[37] Kuiken, F., Vedder, I. & Gilabert, R. (2010) Communicative adequacy and linguistic complexity in L2 writing. In Bartning, I., Martin, M. & Vedder, I. (Eds) : *Communicative Proficiency and Linguistic Development: Intersection between SAL and Language Testing Research. Eurosla Monographs 1. Eurrosla*

[38] Larsen-Freeman, D. (1997) Chaos/complexity science and second language acquisition. *Applied Linguistics* 2, 141–165.

[39] Larsen-Freeman, D., & Cameron, L. (2008) *Complex systems and applied linguistics*. Oxford: Oxford University Press.

[40] Levelt, W. (1989) *Speaking: From intention to articulation*. Cambridge, MA: MIT Press.

[41] Levelt, W. (1999) Producing spoken language: A blueprint of the speaker. In C.Brown and P. Hagoort (Eds.) , *The neurocognition of language* (pp. 83–22) .

[42] MacWhinney, B. (1997) Implicit and explicit processes: Commentary. *Studies in Second Language Acquisition* 19, 277–282.

[43] Norris, J. & Ortega, L. (2000) Effectiveness of L2 instruction: A research synthesis and quantitative meta-analysis. *Language Learning* 50, 417–528.

[44] Norris, J. & Ortega, L. (2009) Towards an Organic approach to investigating CAF in instructed SLA: The case of complexity. *Applied Linguistics* 30/4:555–78

[45] Pallotti, G. (2009) CAF: defining, refining and differentiating constructs. *Applied Linguistics* 30/4:590–601.

[46] Segalowitz, N. (2010) *The cognitive bases of second language fluency*. New York, NY: Routledge.

[47] Skehan, P. (1998) *A Cognitive Approach to Language Learning*. Oxford University Press.

[48] Skehan, P. (2009) Modeling second language performance: Integrating complexity, accuracy, fluency, and lexis. *Applied Linguistics* 30/ 4:510–532.

[31] Skehan, P. & Foster, P. (1999) The Influence of Task Structure and Processing Conditions on Narrative Retellings. *Language Learning* 49. 1, 93–120.

[49] Tavakoli, P., & Skehan, P. (2005) Strategic planning, task structure, and performance testing. In R. Ellis (Eds) , *Planning and task performance in a second language* (pp. 239–276) . Amsterdam: John Benjamins.

[50] Towell, R. (2002) Relative degrees of fluency: A comparative case study of advanced learners of French. IRAL—*International Review of Applied Linguistics in Language Teaching* 40, 117–150.

[51] Towell, R., Hawkins, R., & Bazergui, N. (1996) The development of fluency inadvanced learners of French. *Applied Linguistics* 17. 1, 84–119.

[52] Tremblay, A., Derwing, B., Libben, G., & Westbury, C.（2011）Processing advantages of lexical bundles: Evidence from self-paced reading and sentence recall tasks.*Language Learning* 61, 569–613.

[53] Wood, D.（2001）In search of fluency: What is it and how can we teach it? *The Canadian Modern Language Review* 57. 4, 571–589.

[54] Wolfe-Quintero, K., S. Inagaki & H.-Y. Kim.（1998）*Second Language Development in Writing: Measures of Fluency, Accuracy, and Complexity*. Honolulu, HI: University of Hawai' i, Second Language Teaching and Curriculum Center.

[55] Yuan, F., & Ellis, R.（2003）The effects of pre-task planning and on-line planning on fluency, complexity and accuracy in L2 oral production. *Applied Linguistics* 24: 1–27.

附录1

实验中被试背景资料汇总表

编号	年龄	性别	在校学习汉语时长	中国居住时长	国籍	母语	学历
z–1	25	女	1年	6个月	日本	日语	大学
z–2	23	女	3年	6个月	哈萨克斯坦	哈萨克斯坦语	研究生在读
z–3	54	女	6个月	3年	韩国	韩语	高中
z–4	23	男	6个月	6个月	德国	德语	大学
z–5	28	女	2年	6个月	波兰	德语	研究生
z–6	21	女	3年	6个月	乌克兰	乌克兰语	大学在读
z–7	24	男	1年	1年	意大利	意大利语	大学
z–8	37	女	3年	6个月	阿尔及利亚	阿拉伯语	研究生
z–9	22	女	6个月	6个月	印尼	客家方言	大学在读
z–10	28	女	3年	6个月	英国	英语	大学
G–1	30	男	2年	2年	瑞典	双语（英语、瑞典语）	大学
G–2	30	男	无	7年	美国	英语	博士在读
G–3	29	男	6个月	7年	意大利	意大利语	大学
G–4	19	女	4年	4年	肯尼亚	斯瓦希里语	大学在读
G–5	34	男	4年	6年	日本	日语	博士在读

续表

编号	年龄	性别	在校学习汉语时长	中国居住时长	国籍	母语	学历
G-6	42	女	4年	6年	韩国	韩语	博士在读
G-7	20	男	7年	7年	俄罗斯	俄语	大学在读
G-8	46	男	4年	3年	古巴	西班牙语	研究生
G-9	21	男	4年	6个月	孟加拉国	孟加拉语	研究生在读
G-10	22	女	5年	1年	白俄罗斯	白俄罗斯语	大学
N-1	24	女	:	:	中国	汉语	研究生在读
N-2	24	女	:	:	中国	汉语	研究生在读
N-3	24	女	:	:	中国	汉语	研究生在读
N-4	24	男	:	:	中国	汉语	研究生在读
N-5	25	男	:	:	中国	汉语	研究生在读
N-6	25	男	:	:	中国	汉语	研究生在读
N-7	25	男	:	:	中国	汉语	研究生在读
N-8	25	女	:	:	中国	汉语	研究生在读
N-9	26	男	:	:	中国	汉语	研究生在读
N-10	26	女	:	:	中国	汉语	研究生在读

附录2

图片叙述任务详情

故事情节：一个小女孩（小丽）和一个小男孩（小明）准备去野餐，他们把蛋糕、三明治、奶酪和果酱放进小篮子里，妈妈在旁边给他们准备饮料，小狗在旁边欢乐地摇尾巴。小狗趁着他们三人在确定路线时，跳上桌子钻进了篮子。男孩跨上篮子和女孩一起走出家门向妈妈告别，他们穿过田野来到一座小山上，已经到了中午了，所以他们坐下开始享用午餐，当男孩拿出水壶，小狗却突然从里面跳出来，而篮子已经空空如也。

图片信息

附录3

交际有效性评测量表

口语产出的交际充分性评测量表	
7度	口语产出非常成功地完成了交际任务 ● 说话人产出的话语都与交际任务相关，任务所要求的信息点都能被很好地论述，细节也处理得得当。而且话语产出始终能很好地考虑到当下的任务语境。 ● 说话人的语言表述非常易于理解，他/她的话语产出都是清晰、有效的。
6度	—
5度	口语产出较为成功地完成了交际任务 ● 说话人产出的话语都与交际任务相关，任务所要求的信息基本上能够被较好地论述，细节也处理得较好，但是存在少量的不当之处。话语产出能较好地考虑到当下的任务语境。 ● 说话人的，语言表述易于理解，他/她的话语产出基本清晰、有效。

续表

口语产出的交际充分性评测量表	
4度	—
3度	口语产出大致完成了交际任务 ● 说话人产出的话语大部分与交际任务相关，任务所要求的信息大部分能够被论述到，能给出细节，但是也包含有不少不当之处。话语产出有考虑当下语境的意识。 ● 经过听者的努力，说话人的语言表述能够被理解，他/她的话语产出较为有效。
2度	—
1度	口语产出不能完成交际任务 ● 说话人产出的话语大部分与交际任务无关，只有少部分任务所要求的信息被论述到，而且没有细节，产出包含大量不准确话语信息。话语产出没有考虑当下语境。 ● 说话人的语言表述难以被理解，他/她的话语产出是无效的。
0度	口语产出与交际任务完全无关。

心理状态动词的程度量级分类与留学生的习得研究

彭立卉

摘要：本文在前期有关心理状态动词程度量级研究成果的基础上，设计调查问卷研究了中、高级水平留学生心理状态中的程度量级的习得情况和错误分布。我们认为词汇知识系统是一个复杂的系统，包含词汇各方面的信息（形态知识、语音知识、语义知识和句法知识）；第二语言学习者在习得词汇的过程中，不仅要掌握词汇的基本知识，还应掌握词汇的深层知识（主要指语法框架、搭配组合和使用场合），这样才算是真正习得该词。留学生对于心理状态动词的语音、语义和形态知识已十分熟悉，但是通过我们的研究发现：他们对于心理状态动词的特殊属性——程度量级的习得还存在很大的困难和问题，部分搭配错误到了高级阶段仍然存在。在教学的过程中，教师应帮助留学生完善其词汇知识系统，建立语言要素之间的紧密联系，并引导其加强语言材料运用的灵活性。

关键词：心理状态动词　绝对程度副词　程度量级　习得

1　引言

心理状态动词是心理动词中很重要的一类，文雅丽（2007）以《现代汉语词典》2005年第5版中所收录的动词为考察范围，界定出765 个心理动词，其中心理状态动词431个，占56.3%。心理状态动词表示人们对外界刺激产生的种种反应，如情绪、情感、意愿、意志、态度等。该类动词的特殊性在于其大部分能受程度副词的修饰。兰佳睿（2009）阐述了程度副词和心理动词搭配的深层原因是：程度副词不仅是程度量级的标记，而且体现了程度量级的不同属性，诸如主观性和模糊性等特征。基于程度量级的这些特征，因此，心理状态动词“传情达意”时既表现一定的灵活性，也凸显一定的受限性。通过平时的教学和相关文献的查阅，我们发现留学生心理状态动词的程度量级习得还存在一定的问题。在中介语语料库中，我们也发现了以下语料：

（1）老头儿的孩子十分贪图他的钱财，只盼着他早日离开人世。

（2）天神看到他这个样子很忍受不了。

（3）这件事情没有人强迫我，我是有点儿自愿的。

（4）我十分梦想有一天我能成为一名教师。

以上例句偏误的共同之处在于：程度副词和谓语动词搭配不当。“贪图”义为：极力希望得到某种好处，本身已经具备很高的程度意义，因此其前面不宜再出现程度副词限定其程度；“忍受”义为：把痛苦、困难、不幸的遭遇等勉强承受下来，虽有“性状义”，但是作为一个介于动词和形容词之间的“边缘词”，同时也有“动作行为”义的倾向，因此在与程度副词组合时受到了某种程度上的限制；“自愿”义为：自己愿意，常常不跟任何程度的副词组合。这些例句是留学生语言产出的一部分，它反映了留学生习得心理状态动词时，对其程度量级的掌握存在缺陷。

前人关于心理状态动词的研究大多停留于本体研究，诸如心理状态动词的定义和范围、心理状态动词与其他心理动词的辨别，并没有深入地研究心理状态动词的语法属性及其习得研究，这样既忽略了心理状态动词的特殊性，也造成了整个动词研究的不完整性。为了深入研究心理状态动词的语法属性，我们截取了心理状态动词的程度量级作为研究的起点，采用母语者评测的方法区分不同程度量级的心理状态动词。这样一方面详知了心理状态动词的程度量特征，另一方面也为心理状态动词程度量级的习得研究提供了本体基础。基于心理状态动词的程度量级分类，我们设计了问卷调查详细探究留学生习得各类心理状态动词时的差异特点和错误分布，并分析差异来源和错误原因。留学生的习得情况向我们展示了留学生习得心理状态动词的过程、习得难易程度以及习得的缺陷，为对外汉语教师的课堂准备提供了参考，同时，也为对外汉语教材、词典的编纂提供了借鉴。

2 留学生心理状态动词程度量级习得的实验研究

在前期的研究中，我们发现心理状态动词确实存在程度量级差异，主要有三类心理状态动词：连续程度心理状态动词、非连续程度心理状态动词和无程度心理状态动词。下面我们将设计相关的实验来探讨留学生习得心理状态动词程度量级的过程和特点。

2.1 实验目的

本实验主要考察：留学生习得三类心理状态动词时，是否存在心理状态动词类型差异；留学生习得三类心理状态动词时，是否存在程度量级差异；留学生习得三类心理状态动词时，是否存在水平差异；心理状态动词类型、程度量级和留学生汉语水平三者之间是如何相互影响的。

2.2 实验设计

该实验采用（3×3×2）三因素的混合实验，因素一是“心理状态动词的类型”，分为三个水平：连续程度心理状态动词、非连续程度心理状态动词和无程度心理状态动词，且分别记作A1、A2、A3；因素二是“程度量级”，分为三个水平：极高量级、次高量级和低量级，且分别记作B1、B2、B3；因素三是“被试的汉语水平”，分为两个水平：高级水平和中级水平，分别记作1、2。

2.3 实验材料

通过母语者评测，我们得到了三类不同心理状态动词，它们分别是：连续程度心理状态动词（40个）、非连续程度心理状态动词（29个）、无程度心理状态动词（14个）。

为了了解这83个心理状态动词在中介语语料库中的分布，我们穷尽性地搜索了相关的语料，得到了每个心理状态动词在中介语语料库中的频率（见附录1）。我们从三类不同的心理状态动词中各抽取10个词作为我们的实验材料，具体的实验材料分布如表1所示。

表1　30个实验材料及各自在中介语语料库中的频率

心理状态动词类型	心理状态动词	分布率	心理状态动词	分布率
连续程度	吃惊	2.31	恨	16.20
	嫌弃	2.31	讲究	18.51
	失望	4.63	舍不得	25.45
	操心	6.94	怀念	27.77
	思念	6.94	羡慕	32.40
非连续程度	发火	6.94	珍惜	13.88
	容忍	2.31	渴望	13.88
	期望	6.94	迷	16.20
	仇恨	9.26	体贴	32.40
	在乎	11.57	喜爱	32.40
无程度	无意	2.31	恨不得	18.51
	自愿	2.31	忍	23.14
	甘心	4.63	梦想	32.40
	嫌	4.63	忍受	32.40
	忍耐	13.88	原谅	50.91

为了探讨心理状态动词的频率是否会影响本实验的结果，我们对三类心理状态动词的频率进行了方差检验。从方差分析的结果可知：$F(2, 27)=0.789$，$p=0.468>0.05$，说明三类心理状态动词之间的频率差异不显著。由此，我们排除心理状态动词的频率会影响本实验的结果。

在问卷设计中，我们采用判断题题型，将一类程度量级和一个心理状态动词的搭配作为问卷的一个判断材料，如："特别操心（　）""十分原谅（　）"，共得到90个判断材料。在这90个判断材料中，有的材料是正确的，有的材料是错误的，且正确材料和错误材料之比为1∶1。为了避免同一个心理状态动词不同程度量级的材料之间相互影响，我们将90个判断材料所对应的数字序列进行随机排列，由此得到了调查问卷的主体部分。为了确保被试对实验材料的认识，我们在调查问卷的第二部分，追加了两道主观评测题，第一题可以大致了解被试对实验材料难易程度的认知，第二题可以知晓被试是否已经学习过问卷中的实验材料（见附录3）。

2.4 被试

被试总数80人，中级水平的被试和高级水平的被试各40人，他们都是北京语言大学的在校留学生。其中，中级水平的被试是汉语学院的本科生，高级水平的被试是在读研究生。

2.5 实验结果分析

我们共发放问卷90份，回收问卷90份，回收率100%。其中，有效问卷80份，1份无效问卷未填写汉语水平，1份无效问卷存在“不答”的试题，剩余8份无效问卷均为“没学过判断材料前半部分的词”或者“没学过判断材料后半部分的词”。通过对回收的80份有效问卷进行正误判断，我们得到了80个被试在90个判断题上的错误分布情况（见附录4）。为了方便进行相关的分析，我们将被试错误分布情况转化为正确率分布（见附录5）。

2.5.1 正确率分析

将附录5中的数据进行相关的方差检验后，我们发现各因素的主效应显著，各因素之间的交互作用显著，但是三个因素之间不存在交互作用，下面我们将具体分析各因素之间的相互作用。

2.5.1.1 心理状态动词类型与汉语水平之间的关系

为了研究心理状态动词和留学生汉语水平之间的关系，我们统计了中、高级水平的留学生在三类心理状态动词上的正确率分布（见附录2）。通过方差检验，我们得到了以下的检验结果。

表2 心理状态动词类型与汉语水平的平均正确率分布

心理状态动词类型	留学生的汉语水平	
	中级水平	高级水平
连续程度心理状态动词	0.06	0.07
非连续程度心理状态动词	0.06	0.07
无程度心理状态动词	0.06	0.09

通过表8的方差检验结果可知：心理状态动词类型（A）主效应显著，F（2，78）=8.480，$p<0.05$，说明留学生习得三类心理状态动词时差异显著；汉语水平（G）的主效应显著，F（1，78）=81.209，$p<0.05$，说明中级水平留学生的正确率和高级水平留学生的正确率差异显著；心理状态动词类型（A）和汉语水平（G）之间交互作用显著，F（2，78）=6.321，p=0.002<0.05，其交互作用情况如图1所示。

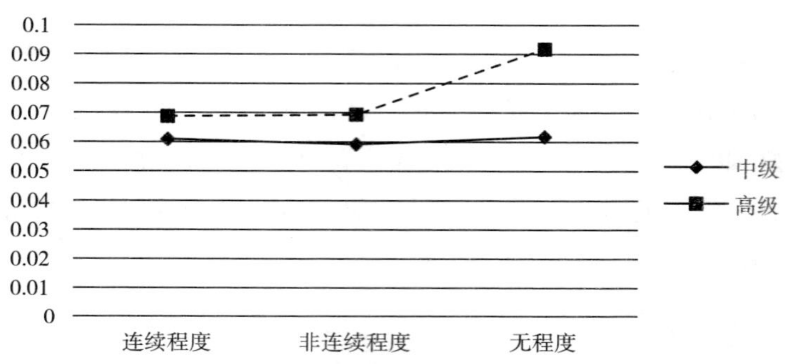

图1　心理状态动词类型和汉语水平之间的交互作用图

为了更进一步了解心理状态动词类型和汉语水平之间如何相互影响，我们对该交互作用进行了简单效应检验。发现：对于高级水平的留学生来说，F（1，78）=14.65，$p<0.05$，说明他们习得三类心理状态动词时差异显著，而对于中级水平的留学生来说，F（1，78）=0.15，p=0.865>0.05，说明他们在习得三类心理状态动词时无显著差异。

通过以上的实验结果分析，我们初步得到以下结论：

对于三类不同的心理状态动词，留学生的习得情况存在显著差异，且习得非连续程度心理状态动词的情况最差，习得无程度心理状态动词的情况最好。非连续程度心理状态动词前程度副词的使用空间大，灵活性大，增加了词汇选择的不确定性和模糊性。此处的模糊性并非词汇本身量级上的模糊性，而是量级之间选择的模糊性。选择的空间越大，选择的模糊性也越大。无程度心理状态动词不能跟任何量级的程度副词搭配，说明该类词本身具有很强的标志性，如：语义上更倾向于“动作义”，“性状义”较弱；本身已经具有十分固定的程度意义，学习者遇到该类词时能较快、较准确地做出判断。连续程度心理状态动词能跟任何量级的程度副词搭配，不具备特殊性，学习者记忆负担较轻，但是由于本身不具备明显的语义标志和特征，故其习得情况居中。

对于高级水平的留学生来说，他们习得三类心理状态动词时差异显著，无程度心理状态动词明显好于非连续程度心理状态动词，非连续程度心理状态动词略好于连续程度心理状态动词；对于中级水平的留学生来说，三类心理状态动词的习得无显著差异。三类心理状态动词本身的习得难度是有差异的，中级水平的留学生还未能精准地掌握各词各量级的特征，在使用过程中难免出现较容易的词与较难的词之间相互混淆，因而习得较难的词时错误率较高，习得较易的词时错误率偏高，未出现心理状态动词的类型差异。高级水平的留学生对难度低的词错误率低，难度高的词错误率相对较高，因而出现心理状态动词的类型差异。

对于不同水平的留学生来说，习得非连续程度心理状态动词和无程度心理状态动词时，水平差异显著，习得连续程度心理状态动词时无显著差异。连续程度心理状态动词难度较低，故在习得的不同阶段并未表现出较大的差异，中级阶段就已掌握了绝大多数连续程度心理状态动词的程度量级特征。非连续程度心理状态动词习得难度较大，学习者在中期并未扎实地掌握该类词的程度量级特征，故随着学习者汉语水平的提高，习得情况越来越好。而连续程度心理状态动词虽然习得难度不大，但是该类词的语义常较为抽象或倾向于书面用语，如“容忍”“贪图”等，对于留学生来说，需达到一定的汉语水平才能较好地掌握和运用。

2.5.1.2　程度量级与汉语水平之间的关系

为了研究程度量级和留学生汉语水平之间的关系，我们统计了中、高级水平的留学生在三类程度量级上的正确率分布（见附录3）。通过方差检验，我们得到了以下的检验结果。

表3　程度量级与汉语水平的平均正确率分布

程度量级类型	留学生的汉语水平	
	中级水平	高级水平
低量级	0.06	0.08
次高量级	0.06	0.08
极高量级	0.06	0.07

通过表10的方差检验结果可知：程度量级（B）的主效应显著，$F(2,78)=27.979$，$p<0.05$，说明留学生习得三类心理状态动词时，各程度量级的习得差异显著；汉语水平（G）的主效应显著，$F(1,78)=81.209$，$p=0.000<0.05$，说明中级水平留学生的正确率和高级水平留学生的正确率差异显著；程度量级（B）和汉语水平（G）之间交互作用显著，$F(2,78)=3.832$，$p=0.024<0.05$，其交互作用情况如图2所示。

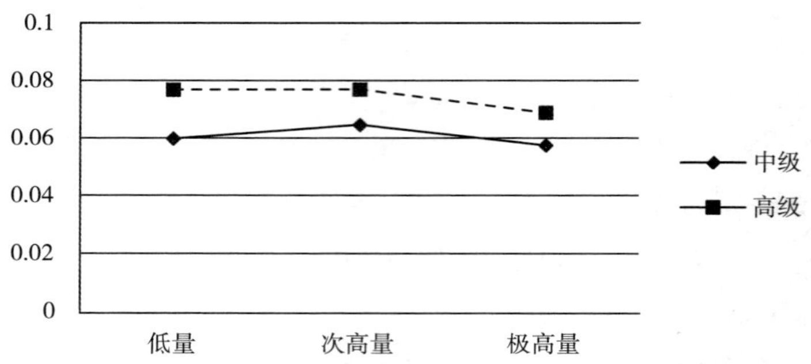

图2　程度量级（B）和汉语水平（G）之间的交互作用图

为了更进一步了解程度量级（B）和汉语水平（G）之间如何相互影响，我们对该交互作用进行了简单效应检验，发现：对于高级水平的留学生来说，$F(1,78)=25.94$，$p<0.05$，说明他们习得三种程度量级的心理状态动词时差异显著，对于中级水平的留学生来说，$F(1,78)=5.87$，$p=0.003<0.05$，说明他们习得三种程度量级的心理状态动词时差异也显著；习得低量级心理状态动词时，$F(1,78)=40.86$，$p<0.05$，说明中、高级水平的留学生习得该类心理状态动词时差异显著，习得次高量级心理状态动词时，$F(1,78)=69.84$，$p<0.05$，说明中、高级水平的留学生习得该类心理状态动词时差异也显著，习得极高量级心理状态动词时，$F(1,78)=21.20$，$p<0.05$，说明中、高级水平的留学生习得该类心理状态动词时差异亦显著。

通过以上的实验结果分析，我们初步得到以下结论：

对于三种程度量级的心理状态动词，留学生的习得情况差异显著，且次高量级心理状态动词的习得情况最好，极高量级心理状态动词的习得情况最差。次高量级心理状态动词的程度量级居中，在语言表达中具有更强的实用性，且次高级程度副词中的绝对程度副词习得时间早，故该类心理状态动词习得难度小，正确率较高。极高量级心理状态动词的搭配表示程度量极高，此类程度的绝对程度副词“极”“极其”“极为”和“极度”虽为学习者所熟悉，但语体意义偏于书面语，故使用场合受限，学习者对其认知不够，判断时难免“犹豫不决”，因此，此类心理状态动词对留学生来说，习得难度较大，正确率较低。低量级心理状态动词的搭配表示程度量低，同时具有较鲜明的感情意义，“有点儿”“有些”常用来表示“消极”感情，留学生在判断程度量级时，若完全忽略“感情”因素，必然造成判断的失误，因此，此类心理状态动词的习得情况居中。

对于中、高级水平的留学生来说，他们习得三种程度量级的心理状态动词时差异均显著，且均为次高量级好于低量级，低量级好于极高量级。在学习初期，学习者较多地被输入程度量级居中的语言材料，随着学习时间的推移，程度量级较低和程度量级偏高的语言材料逐渐增多。不同水平的留学生均出现心理状态动词的程度量级差异，也从侧面验证了学习的“循序渐进”和“化石化”现象。

对于不同水平的留学生来说，习得三种程度量级的心理状态动词时，均出现显著差异，说明三种程度量级的心理状态动词存在难度梯级。次高量级心理状态动词难度较低，留学生在习得该类心理状态动词的早期对语言输入有限，虽难度低，但是掌握不熟练，故出现一定程度的偏误，随着语言输入的强化，到了高级阶段错误率明显降低。极高量级心理状态动词习得难度较大，中级水平的学生不易掌握，存在一定的习得缺陷，随着学习时间的推移，习得的情况明显转好。低量级心理状态动词习得时间较早，但是该类心理状态动词本身能表达一定的感情意义，故中级水平的学生掌握不牢固，出现了较多偏误，而到了学习的高级阶段，这类偏误明显减少。

2.5.1.3　心理状态动词类型与程度量级之间的关系

为了研究心理状态动词和程度量级之间的关系，我们统计了留学生在三类心理状态动词各程度量级上的正确率分布（见附录5）。通过方差检验，我们得到了以下的检验结果。

表4 心理状态动词类型与程度量级的平均正确率分布

心理状态类型	程度量级		
	低量级	次高量级	极高量级
连续程度心理状态动词	0.07	0.08	0.05
非连续程度心理状态动词	0.06	0.07	0.06
无程度心理状态动词	0.08	0.07	0.09

方差检验结果显示：心理状态动词类型（A）和程度量级（B）之间交互作用显著，$F(4, 78)=25.624$，$p<0.05$，其交互作用情况如图3所示。

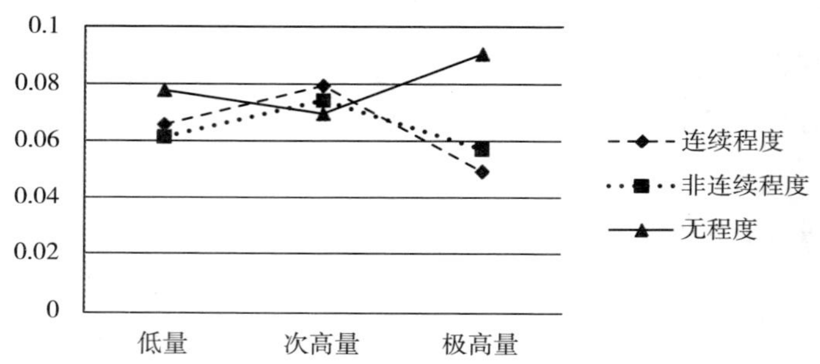

图3 心理状态动词类型（A）和程度量级（B）之间的交互作用图

为了更进一步了解心理状态动词类型（A）程度量级（B）之间如何相互影响，我们对该交互作用进行了简单效应检验，发现：习得连续程度心理状态动词时，$F(1, 78)=46.15$，$p<0.05$，说明中、高级水平的留学生习得该类心理状态动词时，在三种程度量级上差异显著，习得非连续程度心理状态动词时，$F(1, 78)=15.36$，$p<0.05$，说明中、高级水平的留学生习得该类心理状态动词时，在三种程度量级上差异也显著，习得无程度心理状态动词时，$F(1, 78)=13.69$，$p<0.05$，说明中、高级水平的留学生习得该类心理状态动词时，在三种程度量级上差异显著；习得低量级类心理状态动词时，$F(1, 78)=8.22$，$p<0.05$，说明中、高级水平的留学生习得该类心理状态动词时，在三种心理状态动词的类型上差异显著，习得次高量级心理状态动词时，$F(1, 78)=3.02$，$p=0.051>0.05$，说明中、高级水平的留学生习得该类心理状态动词时，在三种心理状态动词的类型上差异边缘显著，习得极高量级心理状态动词时，$F(1, 78)=28.59$，$p<0.05$，说明中、

高级水平的留学生习得该类心理状态动词时，在三种心理状态动词的类型上差异显著。

通过以上的实验结果，我们可以初步得到以下结论：

留学生对于三类心理状态动词内部的三种程度量级的习得情况存在差异，习得连续程度心理状态动词时，次高量级心理状态动词好于低量级，低量级好于极高量级，这三个程度量级之间难度不一，故出现了程度量级差异；习得非连续程度心理状态动词时，次高量级心理状态动词好于低量级，低量级好于极高量级，该类词的习得情况类似于连续程度心理状态动词。习得无程度心理状态动词时，极高量级心理状态动词好于低量级，低量级好于次高量级，次高程度量级的灵活性和实用性“迷惑”了学生，而极高量级程度跟部分无程度心理状态动词的语义存在明显的“冲突”，故习得情况较好。

留学生对于三种程度量级内部三类心理状态动词的习得情况存在一定差异，低量级和极高量级出现了显著的类型差异，次高量级类型差异不显著。习得低量级词时，无程度心理状态动词的习得情况好于连续程度心理状态动词，连续程度心理状态动词好于非连续程度心理状态动词，无程度心理状态动词不跟任何量级的程度副词搭配，本身语义标志显著，习得情况较好；大部分连续程度心理状态动词能跟次高量级、极高量级搭配，不跟低量级搭配，这关乎词义本身的感情色彩，因此这类词难免出现量级之间的混淆和干扰，习得情况较差；连续程度心理状态动词习得情况居中。习得极高量级心理状态动词时，无程度心理状态动词的习得情况好于非连续程度心理状态动词，非连续程度心理状态动词好于连续程度心理状态动词，非连续程度心理状态动词只跟部分程度量级搭配，能相互混淆和干扰的程度量级较少，故习得情况好于连续程度心理状态动词。习得次高量级的心理状态动词时，三类心理状态动词的差异不显著，连续程度心理状态动词都能跟次高量级搭配，非连续程度心理状态动词绝大部分能跟次高量级搭配，二者搭配时语义明确，不易混淆；无程度心理状态动词不能跟次高量级搭配，无程度心理状态动词本身的语义有所限制，故习得难度与另外两类相当。

2.5.1.4 正确率分析结论

通过以上的实验结果分析，我们得到了以下的结论：

对于三类不同的心理状态动词，留学生的习得情况存在差异：无程度心理状态动词的习得情况最好，非连续程度心理状态动词的习得情况最差，连续程度心理状态动词的习得情况居中。其中，高级水平的留学生有类型差异，中级水平的留学生无类型差异。

对于三种程度量级的心理状态动词，留学生的习得情况存在差异：次高量级的心理状态动词的习得情况最好，极高量级的心理状态动词的情况最差，低量级的心理状态动词的习得情况居中。中级水平的留学生和高级水平的留学生均有程度量级的类型差异。

留学生对于三类心理状态动词内部的三种程度量级的习得情况存在差异：习得连续程度心理状态动词和非连续心理状态动词时，次高量级的习得情况好于低量级，低量级好于极高量级；习得无程度心理状态动词时，极高量级的习得情况好于低量级，低量级好于次高量级。

留学生对于三种程度量级内部三类心理状态动词的习得情况存在一定差异。其中习得低量级心理状态动词词时，无程度心理状态动词的习得情况好于连续程度心理状态动词，连续程度心理状态动词好于非连续心理状态动词；习得极高量级的心理状态动词时，无程度心理状态动词的习得情况好于非连续心理状态动词，非连续心理状态动词好于连续程度心理状态动词；习得次高量级的心理状态动词时，三类心理状态动词的习得情况持衡。

2.5.2 错误类型分析

在留学生的调查问卷结果统计中，我们发现留学生的错误有两种：一种是汉语中并无此种搭配，留学生认为此种搭配可接受；一种是汉语中存在此种搭配，留学生认为此种搭配不可接受。我们初步分析造成第一类错误的原因是留学生运用所学语言知识进行逻辑推理和泛化类推，于是从未输入过的语言材料成了“合情合理”；造成第二类错误的原因是留学生掌握的语言知识不牢固，无法做出正确判断，于是曾经输入过的语言材料成了“不可理喻”。为了更进一步了解留学生习得过程中在这两种错误类型上的倾向性，我们将第一类错误定为“推理错误”，记作C1，第二类错误定为“缺陷错误”，记作C2，并对两类错误在汉语水平（G）、心理状态动词类型（A）和程度量级（B）上的分布和表现进行系统、详细的调查和研究。

2.5.2.1 错误类型与汉语水平之间的关系

为了了解不同水平的留学生在C1和C2两类错误上的表现是否存在差异，我们统计了中级水平和高级水平的留学生在调查问卷中呈现的错误情况，具体分布见附录8。进行重复测量方差检验后，我们得到以下的检验结果。

表5　错误类型与汉语水平的平均错误率分布

汉语水平	错误类型	
	推理错误	缺陷错误
中级水平	0.21	0.24
高级水平	0.10	0.21

检验结果发现：汉语水平（G）的主效应显著，$F(1, 78)=81.209$，$p<0.05$，说明中级水平留学生的错误类型和高级水平留学生的错误类型存在显著差异；错误类型（C）的主效应显著，$F(1, 78)=9.875$，$p=0.002$，说明错误类型I（C1）和错误类型II（C2）在相同的汉语水平上存在显著差异；错误类型（C）和汉语水平（G）之间交互作用不显著（如图4所示），$F(1, 78)=3.514$，$p=0.065$。

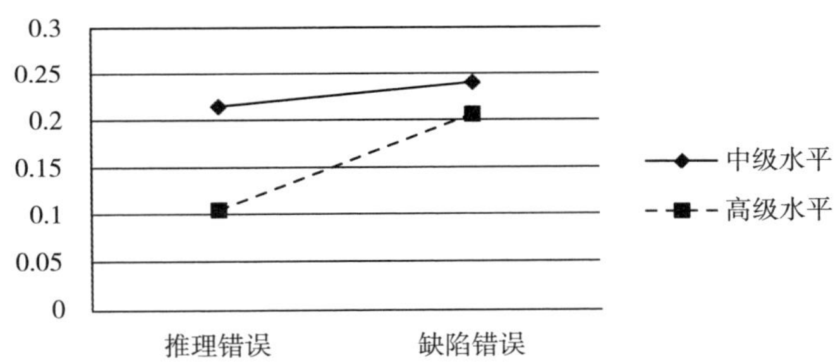

图4　错误类型和汉语水平之间的交互作用图

无论是中级水平的留学生还是高级水平的留学生，“缺陷错误”都远远高于“推理错误”，这说明留学生在判断心理状态动词程度量级的可接受性上虽然表现出了一定的逻辑推理和泛化类推，但是对已学知识掌握不牢，存在知识缺陷是造成他们判断错误的主要原因。无论是“缺陷错误”还是“推理错误”，中级水平的留学生均高于高级水平的留学生，说明随着学习时间的推移，两类错误类型均有减少的趋势。

2.5.2.2　错误类型与心理状态动词类型之间的关系

为了了解不同类型的心理状态动词在两类错误上是否存在差异，我们统计了中级水平和高级水平三类心理状态动词的类型在调查问卷中呈现的错误情况，具体分布见附录9。进行重复测量方差检验后，我们得到以下的检验结果。

表6　错误类型与心理状态动词类型的平均错误率分布

心理状态动词类型	错误类型	
	推理错误	缺陷错误
连续程度	0	0.41
非连续程度	0.17	0.25
无程度	0.31	0

从以上的检验结果可知：心理状态动词类型（A）的主效应显著，F（1，78）=8.580，p<0.05，说明不同类型心理状态动词的错误类型差异显著；错误类型（C）的主效应显著，F（1，78）=10.167，p<0.05，说明各类心理状态动词内部，错误类型差异显著；错误类型（C）与心理状态动词类型（A）交互作用显著，F（2，78）=1002.225，p<0.05，二者的交互作用如图5所示。

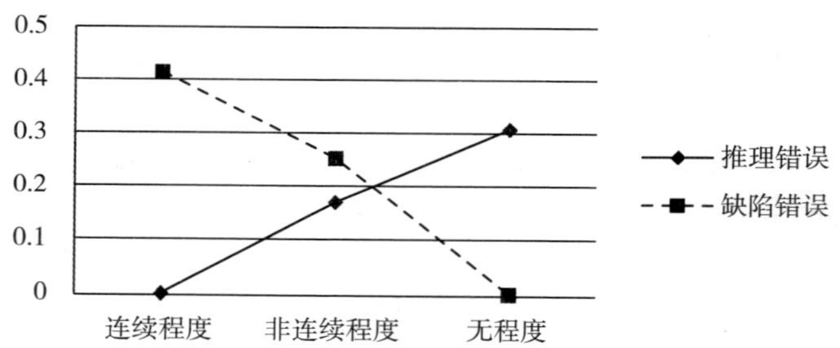

图5　心理状态动词类型（A）与错误类型（C）的交互作用图

进一步的简单效应检验结果显示：留学生习得连续程度心理状态动词时，错误类型差异显著，F（1，78）=335.10，p<0.05；习得非连续程度心理状态动词时，错误类型差异显著，F（1，78）=16.08，p<0.05；习得无程度心理状态动词时，错误类型差异显著，F（1，78）=189.32，p<0.05；对“推理错误”而言，心理状态动词类型差异显著，F（1，78）=157.40，p<0.05；对“缺陷错误”误而言，心理状态动词类型差异显著，F（1，78）=288.64，p<0.05。

留学生习得各类心理状态动词时，表现出明显的错误类型差异：习得连续程度心理状态动词时，只有“推理错误”，无“缺陷错误”，因为该类心理状态动词的搭配均为正确搭配；习得非连续程度心理状态动词时，“缺陷错误”略多于“推理错误”，这主要源于该类心理状态动词内部程度量级搭配组合的情况庞杂，对于未曾输入过的搭配材料，学习者更倾向于使用类推策略，这时出现的“推理错误”开始增加，“缺陷错误”也相对减少，但是“缺陷错误”仍为主要错误类型；习得无程度心理状态动词时，只有“缺陷错误”，无“推理错误”，因为该类心理状态动词的搭配均为错误搭配。在三类心理状态动词的习得过程中，学习者对于未输入过的语言材料倾向于使用逻辑推理和规则泛化原则学习，所以，留学生的两类错误表现出明显的动词类型差异。

2.5.2.3 错误类型与程度量级之间的关系

为了了解不同程度量级在两类错误上是否存在差异，我们统计了三种程度量级在调查问卷中呈现的错误情况，具体分布见附录10。进行重复测量方差检验后，我们得到以下的检验结果。

表7 错误类型与程度量级的平均错误率分布

程度量级类型	错误类型	
	推理错误	缺陷错误
低量级	0.21	0.18
次高量级	0.14	0.19
极高量级	0.13	0.30

从以上的检验结果可知：程度量级（B）的主效应显著，F（2，78）=26.236，p<0.05，说明各程度量级的错误类型差异显著；错误类型（C）的主效应不显著，F（1，78）=10.347，p=0.002<0.05，说明各类错误类型的程度量级差异显著；错误类型（C）与程度量级（B）之间的交互作用显著，F（2，78）=49.104，p<0.05，二者的交互作用如图6所示。

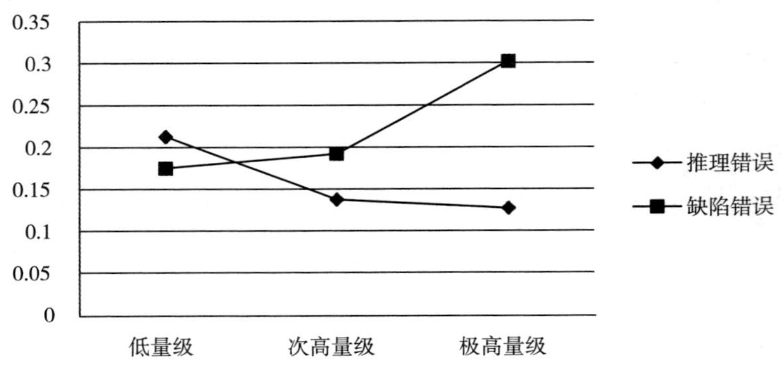

图6　错误类型与程度量级之间的交互作用图

进一步的简单效应检验结果显示：留学生习得低量级心理状态动词时，错误类型差异不显著，$F(1, 78)=3.09$，$p=0.083>0.05$；习得次高量级心理状态动词时，错误类型差异显著，$F(1, 78)=6.76$，$p=0.011<0.05$；习得极高量级心理状态动词时，错误类型差异显著，$F(1, 78)=41.30$，$p<0.05$。对于“推理错误”，程度量级差异显著，$F(2, 78)=33.81$，$p<0.05$；对于“缺陷错误”，程度量级差异显著，$F(2, 78)=48.10$，$p<0.05$。

留学生习得低量级心理状态动词时，并未表现出明显的错误类型差异，“推理错误”和“缺陷错误”同时存在，且“不相上下”，已经学过的搭配因为没掌握出现了判断错误，没有学过的搭配运用逻辑推理也出现了偏误；习得次高量级心理状态动词时，“缺陷错误”高于“推理错误”，该类心理状态动词习得难度较低，留学生对输入过的材料能进行较为正确的推理，故“推理错误”较少；习得极高量级心理状态动词时，“缺陷错误”高于“推理错误”，该类心理状态动词习得难度高，但因语义特征明显比较容易进行逻辑推理，并做出正确判断，故“推理错误”较少。对于“推理错误”，程度量级差异显著，低量级的错误率最高，极高级的错误率最低，低量级的搭配难度较大，推理较难，极高级的搭配具有鲜明的特点，比较容易推理；对于“缺陷错误”，程度量级差异也显著，低量级的错误率最低，极高级的错误率最高，极高量级习得较晚，难度较大，不易掌握，低量级习得较早，难度相对较低，错误率较低。

2.5.3 小结

通过设计相关实验研究了留学生心理状态动词程度量级的习得情况。基于前文的心理状态动词程度量级分类，确定了30个心理状态动词为本文的实验材料范围（每种类型各10个），同时运用方差分析排除心理状态动词的中介语频率是影响本实验的因素。将三个程度量级（B1、B2、B3）和三类心理状态动词（A1、A2、A3）逐个搭配，得到90个实验材料，编制成留学生的调查问卷。施测后，进行正误判断和相关的数据统计，分析了心理状态动词类型、程度量级和汉语水平三个因素之间的相互影响。由此，得到了以下的实验结论：不同水平的留学生在习得三类心理状态动词时，类型差异显著、程度量级差异显著；习得三类不同的心理状态动词时，均出现了程度量级差异；习得三种不同程度量级的心理状态动词时，低量级和极高量级出现了显著的类型差异，次高量级差异不显著。其中，对于留学生来说，非连续程度心理状态动词的习得情况较差，尤其与此类词搭配的极高量级需予以重视；无程度心理状态动词的习得情况较好，但是与此类词搭配的次高量级需加强认识和训练，学生倾向于接受二者之间的搭配；连续程度心理状态动词的习得情况居中，与极高量级程度副词搭配时易出现偏误。

同时，通过错误类型统计，我们分析了两种错误类型与汉语水平、心理状态动词类型、程度量级之间的关系，研究表明：无论是中级水平的留学生还是高级水平的留学生，无论是何种心理状态动词类型，无论是何种程度量级，“缺陷错误”整体上都高于“推理错误”，这说明留学生在判断心理状态动词程度量级的可接受性上虽然表现出了一定的逻辑推理和泛化类推，但是对已学知识掌握不牢，存在知识缺陷是造成他们判断错误的主要原因，因此，教师在教学的过程中不仅要善于引导学生由“已知知识”推导“未知知识”，也要帮助学生巩固学过的知识，这样方能运用自如；无论是“推理错误”还是“缺陷错误”，中级水平的留学生均高于高级水平的留学生，说明随着学习时间的推移，两类错误类型均有减少的趋势。

3 综合讨论

3.1 二语词汇知识系统的多维性

词汇知识系统是一个复杂的系统，包含词汇各方面的信息（形态知识、语音知识、语义知识和句法知识）。第二语言学习者在习得词汇的过程中，不仅要掌握词汇的基本知识，还应掌握词汇的深层知识（主要指语法框架、搭配组合和使用场合），这样才算是真正习得该词。留学生对于心理状态动词的语音、语义和形态知识已十分熟悉，但是通过我们的研究发现：他们对于心理状态动词的特殊属性——程度量级的习得还存在很大的困难和问题，部分搭配错误到了高级阶段仍然存在，说明留学生的习得情况不容乐观。

3.2 词汇知识是一个相互联系、相互影响的系统

在词汇知识内部，各要素之间并不是孤立存在，而是有着“千丝万缕”的联系。心理状态动词的程度量级依托于与绝对程度副词的组合，同时也受到各自语义特征的限制，这些词汇知识在母语者的词汇知识系统中是普遍存在的，由此，我们通过测评得到了关于心理状态动词的程度量级分类。但是，由于留学生的词汇知识系统不够完善，语言要素之间的联系不够紧密，或者根本尚未建立联系，导致在习得过程中出现了错误。然而随着学习时间的推移，知识系统趋于完善，他们就能灵活地运用语言要素之间的关系对从未输入过的语言材料进行推理，从而做出相对合理的判断。

3.3 二语词汇知识的获得是一个复杂的动态过程

词汇知识在习得过程的不同阶段表现不同，经过多个阶段才和母语者的词汇知识相似。第二语言学习者的词汇系统是动态变化的，是一个逐步完善和复杂的过程。留学生习得心理状态动词程度量级的过程表明：留学生心理状态动词的程度量级系统在不断完善，高级水平留学生的习得情况好于中级水平留学生的习得情况，一些错误类型到了高级阶段也明显减少，而且随着语言之间相互联系的加强，留学生的推理能力也不断增强，能根据语感和语言知识对从未输入过的语言材料做出相对合理的判断。同时，在习得的过程中，语言各部分的习得并不是同时进行的，存在“参差不齐”的现象，这表现为：对于三类不同的心理状态动

词，留学生的习得情况存在差异；对于三种程度量级的心理状态动词，留学生的习得情况也存在差异；留学生对于三类心理状态动词内部的三种程度量级的习得情况存在差异；留学生对于三种程度量级内部三类心理状态动词的习得情况也存在一定的差异。

4 结论

本文基于前期有关心理状态动词程度量级研究成果，设计问卷研究了留学生习得汉语心理状态动词的程度量级的情况。根据心理状态动词与绝对程度副词的搭配情况，我们发现：有的心理状态动词的程度量级具有连续性，有的心理状态动词的程度量级不具有连续性，甚至有一部分心理状态动词不具有程度量级。据此，我们将心理状态动词分为三类，即连续程度心理状态动词，非连续程度心理状态动词和无程度心理状态动词。在心理状态程度量级分类的基础上，我们编制调查问卷，调查了中、高级水平的留学生习得汉语心理状态动词的程度量级的情况。通过相关因素的统计和分析，我们得到了以下结论：

对于三类不同的心理状态动词，留学生的习得情况存在差异：无程度心理状态动词的习得情况最好，非连续程度心理状态动词的习得情况最差，连续程度心理状态动词的习得情况居中。其中，高级水平的留学生有类型差异，中级水平的留学生无类型差异。

对于三种程度量级的心理状态动词，留学生的习得情况存在差异：次高量级的心理状态动词的习得情况最好，极高量级的心理状态动词的情况最差，低量级的心理状态动词的习得情况居中。中级水平的留学生和高级水平的留学生均有程度量级的类型差异。

留学生对于三类心理状态动词内部的三种程度量级的习得情况存在差异：习得连续程度心理状态动词和非连续心理状态动词时，次高量级的习得情况好于低量级，低量级好于极高量级；习得无程度心理状态动词时，极高量级的习得情况好于低量级，低量级好于次高量级。

留学生对于三种程度量级内部三类心理状态动词的习得情况存在一定差异。其中习得低量级心理状态动词时，无程度心理状态动词的习得情况好于连续程度心理状态动词，连续程度心理状态动词好于非连续心理状态动词；习得极高量级的心理状态动词时，无程度心理状态动词的习得情况好于非连续心理状态动词，非连续心理状态动词好于连续程度心理状态动词；习得次高量级的心理状态动词时，三类心理状态动词的习得情况持衡。

同时，为了详细了解留学生习得汉语心理状态动词的程度量级的错误分布情况，我们分析了两种错误类型与汉语水平、心理状态动词类型、程度量级之间的关系，发现：整体上来说，留学生在判断心理状态动词程度量级的可接受性上虽然表现出了一定的逻辑推理和泛化类推，但是对已学知识掌握不牢，存在知识缺陷是造成他们判断错误的主要原因。

参考文献

[1] 丰　竞（2003）现在汉语心理动词的语义分析，《淮北煤炭师范学院学报》第1期。

[2] 郝　琳（1999）动词受副词修饰的认知解释，《佳木斯大学社会科学学报》第5期。

[3] 黄伯荣，廖序东（2002）《现代汉语》，北京:高等教育出版社。

[4] 江胜利（2004）心理动词研究，《黄山学院学报》第5期。

[5] 兰佳睿（2008）现代汉语心理动词的量性特征，复旦大学博士学位论文。

[6] 庞丽丽（2009）“程度副词+VP”研究，上海外国语大学硕士学位论文。

[7] 孙　蓝（2003）第二语言词汇习得中词汇知识的研究，《当代语言学》第4期。

[8] 文雅丽（2007）现代汉语心理动词研究，北京语言大学博士论文。

[9] 邢红兵（2009）基于联结主义理论的第二语言词汇习得研究框架，《语言教学与研究》第5期。

[10] 张亚军（2003）程度副词与比较结构，《扬州大学学报（人文社会科学版）》第2期。

[11] 张　玥（2009）心理状态动词的程度量范畴，吉林大学硕士学位论文。

[12] 张志公（1983）《现代汉语》，北京:人民教育出版社。

[13] Cronbach, L. J.（1942）Analysis of techniques for diagnostic vocabulary testing, *Journal of Educational Research*, 36（3）, 206–217.

[14] Li, P.（2006）Modeling Language Acquisition and Processingin Connectionist Networks, in Li, P., Tan, L-H., Bates,E. & Tzeng,O.（eds.）*The Handbook of East Asian Psycholinguistics*（*Vol.1: Chinese*）. Cambridge: Cambridge University Press.

[15] Meara.P.（1996）The Dimensions of Lexical Competence, In G. Brown, K. Malmkjaer and J. Williams Jone（eds.）, *Competence and Performance in Language Learning*. Cambridge: Cambridge University Press.

[16] Mucia.M &Rosensweig.F.（1979）*Teaching Vocabulary in the ESL Classroom*. New York: Newbury House.

[17] Nation, P.（1990）*Teaching and Learning Vocabulary*. New York: Newbury House.

附录1

留学生心理状态动词习得研究调查问卷

国籍　　　　　　　　性别　　　　　　　　年龄

是否华裔：是 □　　　否 □　　　　　　学习汉语的时间

参加HSK考试：是 □（　　　级）　否 □

你会说的语言：英语 □　　韩语 □　　日语 □　　法语 □　　德语 □

泰语 □　　西班牙语 □　俄语 □　汉语 □　　其他

以上语言中，你最常使用的语言是：

同学，您好！非常欢迎您参加和支持我们的研究。这是一个关于学习汉语动词的研究，真诚地希望您根据自己的语言习惯对下面的语言材料进行判断。如果您认为以下的语言项目符合您的语言表达，请您在括号内画“√”；如果您认为以下的语言项目不符合您的语言表达，请您在括号内画“×”。谢谢您的合作！

极其仇恨（　）	非常忍受（　）	极其原谅（　）	极为忍耐（　）
极其吃惊（　）	相当原谅（　）	有点儿珍惜（　）	十分自愿（　）
很发火（　）	非常恨不得（　）	特别操心（　）	很无意（　）
非常失望（　）	极其喜爱（　）	有些怀念（　）	有点儿忍受（　）
极其嫌弃（　）	有点儿仇恨（　）	非常吃惊（　）	有点儿梦想（　）
极其舍不得（　）	有点儿恨不得（　）	有些发火（　）	有些舍不得（　）
很嫌弃（　）	极为无意（　）	极其期望（　）	极度恨（　）
有些讲究（　）	很容忍（　）	有点儿甘心（　）	有点儿自愿（　）
极度嫌（　）	有点儿失望（　）	有些恨（　）	极其自愿（　）
极其甘心（　）	有点儿嫌弃（　）	有点儿体贴（　）	特别羡慕（　）
非常怀念（　）	极度发火（　）	十分操心（　）	极其失望（　）
十分嫌（　）	特别期望（　）	极其渴望（　）	很迷（　）

续表

极其怀念（ ）	十分舍不得（ ）	有点儿在乎（ ）	很忍（ ）
有点儿嫌（ ）	极其忍（ ）	有点儿迷（ ）	极度容忍（ ）
有点儿无意（ ）	很在乎（ ）	很恨（ ）	极其迷（ ）
有点儿原谅（ ）	有点儿忍（ ）	很讲究（ ）	特别梦想（ ）
有些操心（ ）	极为忍受（ ）	特别忍耐（ ）	很体贴（ ）
极其恨不得（ ）	非常仇恨（ ）	极度梦想（ ）	极其体贴（ ）
很思念（ ）	极其羡慕（ ）	极其思念（ ）	极其珍惜（ ）
极其在乎（ ）	很甘心（ ）	有些喜爱（ ）	有点儿吃惊（ ）
十分珍惜（ ）	极其讲究（ ）	有点儿渴望（ ）	十分喜爱（ ）
有点儿羡慕（ ）	有些忍耐（ ）	有点儿容忍（ ）	非常渴望（ ）
有些思念（ ）	有些期望（ ）	—	—

（1）你觉得判断以上的语言材料难吗？

很难 □　　有点儿难 □　　不太难 □　　容易 □　　很容易 □

（2）你觉得以下哪一方面最影响你对材料的判断？

材料前半部分的词没学过 □　　材料后半部分的词没学过 □

学过材料里的词，但是不确定两个词可不可以一起用 □

附录2

留学生调查问卷的错误情况分布表

被试	A1B1	A1B2	A1B3	A2B1	A2B2	A2B3	A3B1	A3B2	A3B3
1	7	7	3	5	6	7	7	9	8
1	10	9	6	2	8	6	1	0	3
1	7	8	9	8	8	4	2	2	5
1	8	8	8	5	6	6	3	4	4
1	7	10	10	8	10	7	8	1	1
1	8	9	7	5	7	8	5	3	5
1	8	9	9	7	7	6	6	5	0
1	3	4	7	5	7	6	5	7	6
1	6	7	9	5	6	3	4	2	4
1	2	3	1	5	6	4	8	9	8
1	5	4	2	6	2	6	8	7	9

续表

被试	A1B1	A1B2	A1B3	A2B1	A2B2	A2B3	A3B1	A3B2	A3B3
1	6	10	2	5	7	5	5	5	9
1	10	10	10	2	9	5	0	1	2
1	5	9	9	4	9	5	1	2	2
1	6	9	6	4	6	2	6	4	5
1	7	9	5	4	7	5	5	6	7
1	6	6	1	4	6	5	6	4	10
1	5	10	10	3	8	6	3	3	2
1	5	5	1	7	3	4	10	9	10
1	2	4	0	9	3	4	10	10	10
1	4	6	1	6	3	4	9	5	9
1	4	8	4	7	5	4	4	4	7
1	3	4	3	6	4	6	7	8	7
1	2	3	2	6	6	4	6	8	8
1	4	6	3	7	6	4	9	7	9
1	1	3	4	7	6	3	9	8	9
1	3	3	4	7	7	4	8	7	6
1	9	8	1	2	8	4	10	6	10
1	3	7	3	2	6	5	6	7	6
1	4	6	4	5	4	7	7	8	6
1	7	3	2	7	4	7	5	7	7
1	5	3	3	8	6	5	7	5	6
1	6	6	5	4	6	0	4	3	6
1	3	4	3	2	3	5	8	8	8
1	4	5	2	6	4	5	6	5	7
1	2	5	4	6	6	3	6	6	8
1	8	3	3	4	6	6	3	3	4
1	7	7	3	4	5	5	1	3	8
1	10	10	9	2	8	6	0	0	0
1	8	6	4	4	5	4	3	2	2
2	2	7	2	7	5	4	10	10	10
2	3	6	5	8	7	4	10	10	10
2	5	9	1	4	9	3	6	3	10
2	7	8	1	7	7	6	10	7	10
2	9	7	6	9	7	5	10	4	7
2	8	8	1	3	9	4	8	6	9
2	7	8	2	7	8	4	8	6	10

续表

被试	A1B1	A1B2	A1B3	A2B1	A2B2	A2B3	A3B1	A3B2	A3B3
2	4	8	6	8	8	8	6	7	6
2	7	7	3	2	8	6	9	6	10
2	9	9	9	4	10	8	9	9	10
2	5	7	5	6	7	6	10	6	7
2	7	7	3	4	8	5	8	4	9
2	7	9	10	7	7	6	8	6	8
2	5	8	4	7	6	7	10	10	10
2	6	7	1	5	3	4	8	10	10
2	5	4	5	9	7	6	7	8	7
2	4	9	1	5	5	6	6	7	8
2	8	8	6	7	7	8	10	8	9
2	7	3	0	5	5	4	10	10	10
2	5	9	4	6	9	5	10	9	10
2	8	9	8	6	10	5	7	8	10
2	7	9	2	7	8	3	10	9	10
2	3	6	3	8	6	5	10	10	9
2	10	10	10	3	8	8	10	9	9
2	4	10	4	8	10	3	10	9	9
2	6	10	8	8	6	7	10	10	10
2	9	9	10	3	9	7	8	7	6
2	5	9	1	4	7	4	10	8	10
2	8	8	2	5	9	5	4	5	10
2	6	9	4	6	7	6	9	6	9
2	7	10	8	2	9	5	7	6	3
2	10	10	9	7	9	8	9	7	8
2	8	9	1	4	10	4	4	4	10
2	3	6	1	8	8	4	9	7	10
2	7	8	6	7	6	4	10	8	9
2	6	8	2	7	6	3	10	8	10
2	2	5	2	7	6	5	10	10	10
2	7	7	4	9	8	8	10	7	10
2	9	6	7	5	3	5	5	7	5
2	8	10	6	3	9	8	4	7	7

附录3

留学生调查问卷的正确率统计结果

被试	A1B1	A1B2	A1B3	A2B1	A2B2	A2B3	A3B1	A3B2	A3B3
1	7.78	7.78	3.33	5.56	6.67	7.78	7.78	10	8.89
1	11.11	10	6.67	2.22	8.89	6.67	1.11	0	3.33
1	7.78	8.89	10	8.89	8.89	4.44	2.22	2.22	5.56
1	8.89	8.89	8.89	5.56	6.67	6.67	3.33	4.44	4.44
1	7.78	11.11	11.11	8.89	11.11	7.78	8.89	1.11	1.11
1	8.89	10	7.78	5.56	7.78	8.89	5.56	3.33	5.56
1	8.89	10	10	7.78	7.78	6.67	6.67	5.56	0
1	3.33	4.44	7.78	5.56	7.78	6.67	5.56	7.78	6.67
1	6.67	7.78	10	5.56	6.67	3.33	4.44	2.22	4.44
1	2.22	3.33	1.11	5.56	6.67	4.44	8.89	10	8.89
1	5.56	4.44	2.22	6.67	2.22	6.67	8.89	7.78	10
1	6.67	11.11	2.22	5.56	7.78	5.56	5.56	5.56	10
1	11.11	11.11	11.11	2.22	10	5.56	0	1.11	2.22
1	5.56	10	10	4.44	10	5.56	1.11	2.22	2.22
1	6.67	10	6.67	4.44	6.67	2.22	6.67	4.44	5.56
1	7.78	10	5.56	4.44	7.78	5.56	5.56	6.67	7.78
1	6.67	6.67	1.11	4.44	6.67	5.56	6.67	4.44	11.11
1	5.56	11.11	11.11	3.33	8.89	6.67	3.33	3.33	2.22
1	5.56	5.56	1.11	7.78	3.33	4.44	11.11	10	11.11
1	2.22	4.44	0	10	3.33	4.44	11.11	11.11	11.11
1	4.44	6.67	1.11	6.67	3.33	4.44	10	5.56	10
1	4.44	8.89	4.44	7.78	5.56	4.44	4.44	4.44	7.78
1	3.33	4.44	3.33	6.67	4.44	6.67	7.78	8.89	7.78
1	2.22	3.33	2.22	6.67	6.67	4.44	6.67	8.89	8.89
1	4.44	6.67	3.33	7.78	6.67	4.44	10	7.78	10
1	1.11	3.33	4.44	7.78	6.67	3.33	10	8.89	10
1	3.33	3.33	4.44	7.78	7.78	4.44	8.89	7.78	6.67
1	10	8.89	1.11	2.22	8.89	4.44	11.11	6.67	11.11
1	3.33	7.78	3.33	2.22	6.67	5.56	6.67	7.78	6.67
1	4.44	6.67	4.44	5.56	4.44	7.78	7.78	8.89	6.67

续表

被试	A1B1	A1B2	A1B3	A2B1	A2B2	A2B3	A3B1	A3B2	A3B3
1	7.78	3.33	2.22	7.78	4.44	7.78	5.56	7.78	7.78
1	5.56	3.33	3.33	8.89	6.67	5.56	7.78	5.56	6.67
1	6.67	6.67	5.56	4.44	6.67	0	4.44	3.33	6.67
1	3.33	4.44	3.33	2.22	3.33	5.56	8.89	8.89	8.89
1	4.44	5.56	2.22	6.67	4.44	5.56	6.67	5.56	7.78
1	2.22	5.56	4.44	6.67	6.67	3.33	6.67	6.67	8.89
1	8.89	3.33	3.33	4.44	6.67	6.67	3.33	3.33	4.44
1	7.78	7.78	3.33	4.44	5.56	5.56	1.11	3.33	8.89
1	11.11	11.11	10	2.22	8.89	6.67	0	0	0
1	8.89	6.67	4.44	4.44	5.56	4.44	3.33	2.22	2.22
2	2.22	7.78	2.22	7.78	5.56	4.44	11.11	11.11	11.11
2	3.33	6.67	5.56	8.89	7.78	4.44	11.11	11.11	11.11
2	5.56	10	1.11	4.44	10	3.33	6.67	3.33	11.11
2	7.78	8.89	1.11	7.78	7.78	6.67	11.11	7.78	11.11
2	10	7.78	6.67	10	7.78	5.56	11.11	4.44	7.78
2	8.89	8.89	1.11	3.33	10	4.44	8.89	6.67	10
2	7.78	8.89	2.22	7.78	8.89	4.44	8.89	6.67	11.11
2	4.44	8.89	6.67	8.89	8.89	8.89	6.67	7.78	6.67
2	7.78	7.78	3.33	2.22	8.89	6.67	10	6.67	11.11
2	10	10	10	4.44	11.11	8.89	10	10	11.11
2	5.56	7.78	5.56	6.67	7.78	6.67	11.11	6.67	7.78
2	7.78	7.78	3.33	4.44	8.89	5.56	8.89	4.44	10
2	7.78	10	11.11	7.78	7.78	6.67	8.89	6.67	8.89
2	5.56	8.89	4.44	7.78	6.67	7.78	11.11	11.11	11.11
2	6.67	7.78	1.11	5.56	3.33	4.44	8.89	11.11	11.11
2	5.56	4.44	5.56	10	7.78	6.67	7.78	8.89	7.78
2	4.44	10	1.11	5.56	5.56	6.67	6.67	7.78	8.89
2	8.89	8.89	6.67	7.78	7.78	8.89	11.11	8.89	10
2	7.78	3.33	0	5.56	5.56	4.44	11.11	11.11	11.11
2	5.56	10	4.44	6.67	10	5.56	11.11	10	11.11
2	8.89	10	8.89	6.67	11.11	5.56	7.78	8.89	11.11
2	7.78	10	2.22	7.78	8.89	3.33	11.11	10	11.11
2	3.33	6.67	3.33	8.89	6.67	5.56	11.11	11.11	10

续表

被试	A1B1	A1B2	A1B3	A2B1	A2B2	A2B3	A3B1	A3B2	A3B3
2	11.11	11.11	11.11	3.33	8.89	8.89	11.11	10	10
2	4.44	11.11	4.44	8.89	11.11	3.33	11.11	10	10
2	6.67	11.11	8.89	8.89	6.67	7.78	11.11	11.11	11.11
2	10	10	11.11	3.33	10	7.78	8.89	7.78	6.67
2	5.56	10	1.11	4.44	7.78	4.44	11.11	8.89	11.11
2	8.89	8.89	2.22	5.56	10	5.56	4.44	5.56	11.11
2	6.67	10	4.44	6.67	7.78	6.67	10	6.67	10
2	7.78	11.11	8.89	2.22	10	5.56	7.78	6.67	3.33
2	11.11	11.11	10	7.78	10	8.89	10	7.78	8.89
2	8.89	10	1.11	4.44	11.11	4.44	4.44	4.44	11.11
2	3.33	6.67	1.11	8.89	8.89	4.44	10	7.78	11.11
2	7.78	8.89	6.67	7.78	6.67	4.44	11.11	8.89	10
2	6.67	8.89	2.22	7.78	6.67	3.33	11.11	8.89	11.11
2	2.22	5.56	2.22	7.78	6.67	5.56	11.11	11.11	11.11
2	7.78	7.78	4.44	10	8.89	8.89	11.11	7.78	11.11
2	10	6.67	7.78	5.56	3.33	5.56	5.56	7.78	5.56
2	8.89	11.11	6.67	3.33	10	8.89	4.44	7.78	7.78

附录4

留学生在三类心理状态动词上的正确率分布

被试	A1	A2	A3	被试	A1	A2	A3
1	18.89	20.01	26.67	2	12.22	17.78	33.33
1	27.78	17.78	4.44	2	15.56	21.11	33.33
1	26.67	22.22	10	2	16.67	17.77	21.11
1	26.67	18.9	12.21	2	17.78	22.23	30
1	30	27.78	11.11	2	24.45	23.34	23.33
1	26.67	22.23	14.45	2	18.89	17.77	25.56
1	28.89	22.23	12.23	2	18.89	21.11	26.67
1	15.55	20.01	20.01	2	20	26.67	21.12
1	24.45	15.56	11.1	2	18.89	17.78	27.78

续表

1	6.66	16.67	27.78	2	30	24.44	31.11
1	12.22	15.56	26.67	2	18.9	21.12	25.56
1	20	18.9	21.12	2	18.89	18.89	23.33
1	33.33	17.78	3.33	2	28.89	22.23	24.45
1	25.56	20	5.55	2	18.89	22.23	33.33
1	23.34	13.33	16.67	2	15.56	13.33	31.11
1	23.34	17.78	20.01	2	15.56	24.45	24.45
1	14.45	16.67	22.22	2	15.55	17.79	23.34
1	27.78	18.89	8.88	2	24.45	24.45	30
1	12.23	15.55	32.22	2	11.11	15.56	33.33
1	6.66	17.77	33.33	2	20	22.23	32.22
1	12.22	14.44	25.56	2	27.78	23.34	27.78
1	17.77	17.78	16.66	2	20	20	32.22
1	11.1	17.78	24.45	2	13.33	21.12	32.22
1	7.77	17.78	24.45	2	33.33	21.11	31.11
1	14.44	18.89	27.78	2	19.99	23.33	31.11
1	8.88	17.78	28.89	2	26.67	23.34	33.33
1	11.1	20	23.34	2	31.11	21.11	23.34
1	20	15.55	28.89	2	16.67	16.66	31.11
1	14.44	14.45	21.12	2	20	21.12	21.11
1	15.55	17.78	23.34	2	21.11	21.12	26.67
1	13.33	20	21.12	2	27.78	17.78	17.78
1	12.22	21.12	20.01	2	32.22	26.67	26.67
1	18.9	11.11	14.44	2	20	19.99	19.99
1	11.1	11.11	26.67	2	11.11	22.22	28.89
1	12.22	16.67	20.01	2	23.34	18.89	30
1	12.22	16.67	22.23	2	17.78	17.78	31.11
1	15.55	17.78	11.1	2	10	20.01	33.33
1	18.89	15.56	13.33	2	20	27.78	30
1	32.22	17.78	0	2	24.45	14.45	18.9
1	20	14.44	7.77	2	26.67	22.22	20

附录5

留学生在三类程度量级上的正确率分布

被试	B1	B2	B3	被试	B1	B2	B3
1	21.12	24.45	20	2	21.11	24.45	17.77
1	14.44	18.89	16.67	2	23.33	25.56	21.11
1	18.89	20	20	2	16.67	23.33	15.55
1	17.78	20	20	2	26.67	24.45	18.89
1	25.56	23.33	20	2	31.11	20	20.01
1	20.01	21.11	22.23	2	21.11	25.56	15.55
1	23.34	23.34	16.67	2	24.45	24.45	17.77
1	14.45	20	21.12	2	20	25.56	22.23
1	16.67	16.67	17.77	2	20	23.34	21.11
1	16.67	20	14.44	2	24.44	31.11	30
1	21.12	14.44	18.89	2	23.34	22.23	20.01
1	17.79	24.45	17.78	2	21.11	21.11	18.89
1	13.33	22.22	18.89	2	24.45	24.45	26.67
1	11.11	22.22	17.78	2	24.45	26.67	23.33
1	17.78	21.11	14.45	2	21.12	22.22	16.66
1	17.78	24.45	18.9	2	23.34	21.11	20.01
1	17.78	17.78	17.78	2	16.67	23.34	16.67
1	12.22	23.33	20	2	27.78	25.56	25.56
1	24.45	18.89	16.66	2	24.45	20	15.55
1	23.33	18.88	15.55	2	23.34	30	21.11
1	21.11	15.56	15.55	2	23.34	30	25.56
1	16.66	18.89	16.66	2	26.67	28.89	16.66
1	17.78	17.77	17.78	2	23.33	24.45	18.89
1	15.56	18.89	15.55	2	25.55	30	30
1	22.22	21.12	17.77	2	24.44	32.22	17.77
1	18.89	18.89	17.77	2	26.67	28.89	27.78
1	20	18.89	15.55	2	22.22	27.78	25.56
1	23.33	24.45	16.66	2	21.11	26.67	16.66
1	12.22	22.23	15.56	2	18.89	24.45	18.89
1	17.78	20	18.89	2	23.34	24.45	21.11

续表

被试	B1	B2	B3	被试	B1	B2	B3
1	21.12	15.55	17.78	2	17.78	27.78	17.78
1	22.23	15.56	15.56	2	28.89	28.89	27.78
1	15.55	16.67	12.23	2	17.77	25.55	16.66
1	14.44	16.66	17.78	2	22.22	23.34	16.66
1	17.78	15.56	15.56	2	26.67	24.45	21.11
1	15.56	18.9	16.66	2	25.56	24.45	16.66
1	16.66	13.33	14.44	2	21.11	23.34	18.89
1	13.33	16.67	17.78	2	28.89	24.45	24.44
1	13.33	20	16.67	2	21.12	17.78	18.9
1	16.66	14.45	11.1	2	16.66	28.89	23.34

附录6

中、高级水平留学生的错误类型分布

中级水平留学生的错误类型分布（百分比：%）

被试	错误类型与比例				被试	错误类型与比例			
	C1	比例	C2	比例		C1	比例	C2	比例
1	12	13.33	19	21.11	21	11	12.22	32	35.56
2	36	40.00	9	10	22	23	25.56	20	22.22
3	26	28.89	11	12.22	23	12	13.33	30	33.33
4	27	30.00	11	12.22	24	11	12.22	34	37.78
5	25	27.78	3	3.33	25	8	8.89	27	30.00
6	23	25.56	10	11.11	26	8	8.89	32	35.56
7	27	30.00	6	6.67	27	10	11.11	31	34.44
8	19	21.11	21	23.33	28	12	13.33	20	22.22
9	26	28.89	18	20.00	29	19	21.11	26	28.89
10	10	11.11	34	37.78	30	13	14.44	26	28.89
11	8	8.89	33	36.67	31	14	15.56	27	30.00
12	14	15.56	22	24.44	32	15	16.67	27	30.00
13	39	43.33	2	2.22	33	26	28.89	24	26.67
14	35	38.89	9	10.00	34	14	15.56	32	35.56
15	21	23.33	21	23.33	35	16	17.78	30	33.33
16	19	21.11	16	17.78	36	15	16.67	29	32.22

续表

被试	错误类型与比例				被试	错误类型与比例			
	C1	比例	C2	比例		C1	比例	C2	比例
17	15	16.67	27	30.00	37	27	30.00	23	25.56
18	34	37.78	6	6.67	38	26	28.89	21	23.33
19	3	3.33	33	36.67	39	42	46.67	3	3.33
20	0	0	38	42.22	40	31	34.44	21	23.33

高级水平留学生的错误类型分布（百分比：%）

被试	错误类型和比例				被试	错误类型和比例			
	C1	比例	C2	比例		C1	比例	C2	比例
1	2	2.22	31	34.44	21	11	12.22	8	8.89
2	2	2.22	25	27.78	22	3	3.33	22	24.44
3	19	21.11	21	23.33	23	1	1.11	29	32.22
4	4	4.44	23	25.56	24	11	12.22	2	2.22
5	11	12.22	15	16.67	25	4	4.44	19	21.11
6	13	14.44	21	23.33	26	1	1.11	14	15.56
7	10	11.11	20	22.22	27	17	18.89	5	5.56
8	14	15.56	15	16.67	28	8	8.89	24	26.67
9	11	12.22	21	23.33	29	17	18.89	17	18.89
10	8	8.89	5	5.56	30	10	11.11	18	20.00
11	11	12.22	20	22.22	31	24	26.67	9	10.00
12	16	17.78	19	21.11	32	10	11.11	3	3.33
13	15	16.67	7	7.78	33	17	18.89	19	21.11
14	1	1.11	22	24.44	34	5	5.56	29	32.22
15	7	7.78	29	32.22	35	7	7.78	18	20.00
16	11	12.22	21	23.33	36	5	5.56	25	27.78
17	13	14.44	26	28.89	37	1	1.11	32	35.56
18	6	6.67	13	14.44	38	4	4.44	16	17.78
19	3	3.33	33	36.67	39	20	22.22	18	20.00
20	3	3.33	20	22.22	40	21	23.33	7	7.78

附录7

三类心理状态动词的错误类型分

中级水平三类心理状态动词的错误分布情况（百分比：%）

被试编号	A1C1	A1C2	A2C1	A2C2	A3C1	A3C2
1	0	43.33	20.00	20.00	20.00	0
2	0	16.67	33.33	13.33	86.67	0
3	0	20.00	16.67	16.67	70.00	0
4	0	20.00	26.67	16.67	63.33	0
5	0	10.00	16.67	0	66.67	0
6	0	20.00	20.00	13.33	56.67	0
7	0	13.33	26.67	6.67	63.33	0
8	0	50.00	20.00	20.00	40.00	0
9	0	20.00	20.00	33.33	66.67	0
10	0	80.00	16.67	33.33	16.67	0
11	0	63.33	6.67	46.67	40.00	0
12	0	40.00	10.00	33.33	36.67	0
13	0	0	40.00	6.67	90.00	0
14	0	23.33	33.33	6.67	80.00	0
15	0	30.00	23.33	36.67	46.67	0
16	0	30.00	23.33	23.33	40.00	0
17	0	56.67	16.67	33.33	33.33	0
18	0	16.67	36.67	3.33	76.67	0
19	0	63.33	6.67	46.67	3.33	0
20	0	80.00	0	46.67	0	0
21	0	63.33	13.33	43.33	23.33	0
22	0	43.33	23.33	23.33	50.00	0
23	0	66.67	13.33	33.33	26.67	0
24	0	76.67	10.00	36.67	26.67	0
25	0	56.67	10.00	33.33	16.67	0
26	0	73.33	13.33	33.33	13.33	0
27	0	66.67	3.33	36.67	30.00	0
28	0	40.00	26.67	26.67	13.33	0
29	0	56.67	26.67	30.00	36.67	0
30	0	53.33	13.33	33.33	30.00	0

续表

被试编号	A1C1	A1C2	A2C1	A2C2	A3C1	A3C2
31	0	60.00	10.00	30.00	36.67	0
32	0	63.33	10.00	26.67	40.00	0
33	0	43.33	30.00	36.67	56.67	0
34	0	66.67	26.67	40.00	20.00	0
35	0	63.33	16.67	33.33	36.67	0
36	0	63.33	16.67	33.33	33.33	0
37	0	53.33	23.33	23.33	66.67	0
38	0	43.33	26.67	26.67	60.00	0
39	0	3.33	40.00	6.67	100	0
40	0	40.00	26.67	30.00	76.67%	0

高级水平三类心理状态动词的错误分布情况（百分比：%）

被试编号	A1C1	A1C2	A2C1	A2C2	A3C1	A3C2
1	0	63.33	6.67	40	0	0
2	0	53.33	6.67	30	0	0
3	0	50	26.67	20	36.67	0
4	0	46.67	3.33	30	10	0
5	0	26.67	6.67	23.33	26.67	0
6	0	43.33	20	26.67	23.33	0
7	0	43.33	13.33	23.33	20	0
8	0	40	10	10	33.33	0
9	0	43.33	20	26.67	16.67	0
10	0	10	20	6.67	6.67	0
11	0	43.33	13.33	23.33	20	0
12	0	43.33	23.33	20	30	0
13	0	13.33	23.33	10	26.67	0
14	0	43.33	3.33	30	0	0
15	0	50	13.33	46.67	6.67	0
16	0	53.33	10	16.67	23.33	0
17	0	53.33	13.33	33.33	30	0
18	0	26.67	10	16.67	10	0
19	0	66.67	10	43.33	0	0
20	0	40	6.67	26.67	3.33	0
21	0	16.67	20	10	16.67	0
22	0	40	6.67	33.33	3.33	0
23	0	60	0	36.67	3.33	0
24	0	0	30	6.67	6.67	0
25	0	40	6.67	23.33	6.67	0

续表

26	0	20	3.33	26.67	0	0
27	0	6.67	26.67	10	26.67	0
28	0	50	20	30	6.67	0
29	0	40	20	16.67	36.67	0
30	0	36.67	13.33	23.33	20	0
31	0	16.67	33.33	16.67	43.33	0
32	0	3.33	13.33	6.67	20	0
33	0	40	16.67	23.33	40	0
34	0	66.67	3.33	30	13.33	0
35	0	30	13.33	30	10	0
36	0	46.67	10	36.67	6.67	0
37	0	70	3.33	36.67	0	0
38	0	40	3.33	13.33	10	0
39	0	26.67	23.33	33.33	40	0
40	0	20	30	3.33	40	0

附录8

三类程度量级的错误类型分布

中级水平三类程度量级的错误分布情况（百分比：%）

被试编号	B1C1	B1C2	B2C1	B2C2	B3C1	B3C2
1	26.67	10	6.67	20	6.67	33.33
2	56.67	0	36.67	6.67	26.67	23.33
3	33.33	10	26.67	13.33	26.67	13.33
4	36.67	10	23.33	16.67	30	10
5	13.33	10	30	0	40	0
6	26.67	13.33	26.67	10	23.33	10
7	23.33	6.67	20	10	46.67	3.33
8	30	26.67	13.33	26.67	20	16.67
9	33.33	16.67	26.67	23.33	26.67	20
10	20	30	3.33	36.67	10	46.67
11	33.33	23.33	10	46.67	3.33	40
12	26.67	20	16.67	10	3.33	43.33
13	60	0	33.33	0	36.67	6.67
14	43.33	23.33	30	3.33	40	6.67

续表

被试编号	B1C1	B1C2	B2C1	B2C2	B3C1	B3C2
15	26.67	20	23.33	13.33	20	36.67
16	36.67	10	13.33	13.33	13.33	30
17	26.67	20	23.33	23.33	0	46.67
18	43.33	20	26.67	0	43.33	0
19	3.33	23.33	6.67	36.67	0	50
20	0	30	0	43.33	0	53.33
21	13.33	23.33	16.67	36.67	6.67	46.67
22	33.33	16.67	26.67	16.67	16.67	33.33
23	16.67	30	6.67	40	16.67	30
24	20	33.33	6.67	36.67	10	43.33
25	10	23.33	10	26.67	6.67	40
26	10	33.33	6.67	36.67	10	36.67
27	10	30	10	33.33	13.33	40
28	20	10	16.67	10	3.33	46.67
29	36.67	26.67	10	23.33	16.67	36.67
30	23.33	23.33	6.67	33.33	13.33	30
31	26.67	10	10	43.33	10	36.67
32	13.33	20	16.67	36.67	20	33.33
33	36.67	16.67	23.33	26.67	26.67	36.67
34	26.67	30	6.67	43.33	13.33	33.33
35	20	23.33	16.67	36.67	16.67	36.67
36	23.33	30	13.33	30	13.33	36.67
37	40	10	23.33	36.67	26.67	30
38	50	10	26.67	23.33	10	36.67
39	60	0	36.67	3.33	43.33	6.67
40	36.67	13.33	30	26.67	36.67	30

高级水平三类程度量级的错误分布情况（百分比：%）

被试编号	B1C1	B1C2	B2C1	B2C2	B3C1	B3C2
1	3.33	33.33	0	26.67	3.33	43.33
2	3.33	26.67	0	23.33	3.33	33.33
3	30	20	26.67	3.33	6.67	46.67
4	3.33	16.67	10	16.67	0	43.33
5	0	6.67	23.33	16.67	10	26.67
6	26.67	10	13.33	10	3.33	50.00
7	13.33	13.33	13.33	13.33	6.67	40.00
8	16.67	23.33	13.33	10	13.33	16.67
9	23.33	16.67	13.33	16.67	0	36.67
10	16.67	10	3.33	3.33	6.67	3.33
11	6.67	23.33	13.33	20	13.33	23.33
12	23.33	13.33	20	16.67	10	33.33
13	16.67	10	16.67	10	16.67	3.33
14	3.33	23.33	0	20	0	30.00
15	20	16.67	3.33	30	0	50.00
16	13.33	16.67	6.67	30	13.33	23.33
17	23.33	26.67	13.33	16.67	6.67	43.33
18	6.67	10	10	13.33	3.33	20.00
19	10	16.67	0	40	0	53.33
20	6.67	23.33	3.33	6.67	0	36.67
21	23.33	6.67	6.67	3.33	6.67	16.67
22	3.33	16.67	3.33	10	3.33	46.67
23	0	30	0	26.67	3.33	40.00
24	20	3.33	6.67	3.33	10	0.00
25	3.33	23.33	3.33	0	6.67	40.00
26	0	20	0	13.33	3.33	13.33
27	23.33	10	10	6.67	20	0.00
28	16.67	20	10	10	0	50.00
29	33.33	10	20	6.67	3.33	40.00
30	13.33	16.67	13.33	13.33	6.67	30.00
31	33.33	16.67	16.67	0	26.67	16.67
32	10	3.33	10	3.33	13.33	3.33

续表

被试编号	B1C1	B1C2	B2C1	B2C2	B3C1	B3C2
33	36.67	10	20	3.33	0	50.00
34	6.67	26.67	10	20	0	50.00
35	3.33	16.67	10	16.67	10	26.67
36	6.67	16.67	6.67	20	3.33	46.67
37	3.33	33.33	0	30	0	43.33
38	0	13.33	10	16.67	3.33	23.33
39	33.33	3.33	10	36.67	20	20.00
40	40	10	13.33	0	13.33	13.33

留学生“是”字句习得的实验研究

张琳琳

摘要：“是”字句不仅是现代汉语中的常用句式，对外汉语教学中的重点句式，同时也是第二语言语法习得研究中的重要对象。在综合考察以往学者研究的基础上，我们可以发现目前对“是”字句的习得研究集中在不同母语背景的留学生的习得偏误分析上和不同类型的“是”字句的习得顺序上，较少有研究涉及“是”字句内部语义类型的差异是否会影响留学生的习得。本文在前人研究的基础上，将“是”字句按照语法功能分为表判断和表强调两大类型。在分类选取的基础上，以判断正误的形式对132道题进行实验研究。我们认为“是”字句的研究为第二语言语法习得的研究提供了新的视角，并对对外汉语教学有重要的指导意义。研究指出了分类教学的可行性，但我们同时也要注意重点句式的针对性教学，以有效提高留学生习得的效率。

关键词：“是”字句　语法功能　语义类型

1　引言

在第二语言的语法教学中，“是”字句的教学一直是教学的重点和难点，这一方面源于“是”字句本身的复杂性和特殊性，另一方面也源自不同汉语水平的留学生习得的差异性。研究者对“是”字句的研究也多从语义类型的角度展开，不同的研究者的语义分类标准和类型不同，研究成果也较丰富，但这部分研究多集中在本体研究上，缺乏对留学生习得情况的考察。基于上述的理论和实际研究的进展，本文将从语法功能和语义类型的角度对“是”字句进行实验研究，分为表判断和表强调两类不同的语法功能，并对两类语法功能下的语义类型进行详细归类。在实验研究的基础上，对“是”字句的习得情况进行详细地考察，同时为“是”字句的对外汉语教学乃至词典编纂提供有益的借鉴。

2 文献综述

2.1 国内外焦点理论研究

2.1.1 国外焦点理论的研究

国外焦点理论的研究，在焦点概念和分类研究的基础上，集中在语音、语用、句法等方面的相关研究成果，包括焦点的语音表现、焦点关联现象与对焦点敏感的结构。Chomsky（1970）、Jackendoff（1972）、Lambrecht（1994）、Zubizarreta（1998）等对焦点问题进行过大量研究。

2.1.2 国内焦点理论的研究

国内学者将焦点理论引进后，试图依据焦点理论解释汉语现象，并取得了一定的研究成果。由于国外对焦点界定不同，国内学者更多关注的是关于焦点的一些基本理论，如：刘丹青，徐烈炯（1998）、徐杰（2001）、范开泰，张亚军（2000）、玄玥（2002）什么是焦点，方梅（1995）、刘鑫民（1995）、陈昌来（2000）、刘顺（2003）、董秀芳（2003）焦点的类别，罗琼鹏（2005）、刘探宙（2008）、温素平（2010）汉语中焦点表示手段，焦点的数量等问题。

2.2 “是”字句的研究

长期以来，学者从不同的角度对“是”字句进行了大量的研究，涵盖语法、语义和语用等不同的层面，来揭示其表现和本质。从语法角度的研究，侧重对“是”的语法功能的探讨，包括对“是”的语法化过程的研究、对“是”的词性的划分，如动词、同动词、助动词、系词、判断词、副词或语气副词、形容词等不同的分类，如王力（1984）、高名凯（1986）、黄正德（1988）、李慧敏（2004）、董秀芳（2004）、石毓智（2005）等的研究。从语义角度的研究，学者对语义类型进行了不同的划分，如赵元任（1979）、李临定（1986），包括对“是”字句下位类型的描写和分类、对不同句法成分组合方式上的“是”字句语义的分析等。从语用角度的研究，侧重对“是”作为焦点标记的研究以及“是”与其他焦点标记词的对比考察上，陆俭明（1999）、张伯江、李珍明（2002）、石毓智（2005）、张道俊（2007）、周国正（2008）等对此进行了研究。

在“是”字句习得的研究中，学者虽然针对不同母语背景的留学生进行了考察，但研究多集中在对“是”字句、“是……的”结构的偏误分析、不同句式的习得顺序以及对教学的启示上，如刘丽宁（2003）、陈小颖（2007）、董斌（2007）、谢福（2008）、武晓琴（2010）、张素芳（2011）、魏红艳（2012）的研究。

3 “是”字句的分类

3.1 本研究的研究对象和范围的界定

本研究重点考察表判断和强调功能的“是”字句。其中，本文依据石毓智（2005）的界定和分类，对判断这一语法功能进行界定。而对于强调这一语法功能的研究，略不同于先前的研究。本文认为强调是针对作为焦点标记的“是”字而言的，作为焦点标记的“是”字可以省略，并不影响句法结构，以下会结合语义类型进行较为详细的说明。

3.2 表判断“是”字句的语义类型分类

判断指确立主语和宾语之间的等同、归类等各种关系，主语和宾语一般为名词性的。现代汉语的判断标记为“是”，作句中核心动词，连接主宾语，不能省略。依据主宾语语义关系的不同，可划分为 6 种不同的语义类型：等同关系；归类关系；描写关系；合适关系；诠释关系。

3.3 表强调“是”字句的语义类型分类

“是”是现代汉语最重要的焦点标记，所标记的是对比焦点，依据标记焦点语义类型的不同，可分为8 种类型：施事；受事；时间；地点；工具；方式；原因；对象。

4 实验研究

4.1 实验一：语法功能对“是”字句习得的影响

4.1.1 实验目的

本实验主要考察：不同的语法功能是否影响留学生“是”字句的习得；不同汉语水平的留学生习得“是”字句是否存在差异；以上因素是否有交互作用。

4.1.2 实验设计

本研究为 2*3 两因素混合实验设计，其中因素一是语法功能类型，为被试内变量，包括两种类型：A.判断；B.强调。因素二是留学生的汉语水平，为被试间变量，分为初级、中级、高级三个水平。按照学习汉语的时间，初级水平是指在中国全日制学习汉语时间在半年至一年之间；中级水平是指在中国全日制学习汉语时间在一年至两年半之间；高级水平是指在中国全日制学习汉语时间在三年及三年以上。

4.1.3 被试

被试为不同母语背景的留学生 68 人，初级 33 人，中级 20 人，高级 15 人。

4.1.4 实验材料

实验材料为判断题，判断题中的汉字和词汇基本分布在 HSK《汉语水平等级大纲》的甲、乙两级。测试题或者来自吕叔湘《现代汉语八百词》(1980)、刘月华《实用现代汉语语法》(1983)的语法举例，或者是笔者根据两书的例句稍做改动而成的。

实验材料包括关键材料和填充材料，关键材料的判断题均为正确项，填充材料中的判断题为错误项，可以避免留学生形成反应策略以及学生“Yes-No”反应的随机性。实验材料为 48 道判断题，这样本实验的正确判断题 24 道，错误判断题 24 道，每道题的编排顺序分别进行随机排序而产生。

4.1.5 实验程序

通过书面测试收集语料，任课教师在课上将测试卷发给学生，要求学生在30分钟内做出判断，正确的打“√”，错误的打“×”。测试期间不能查阅工具书和词典，不能相互讨论，鼓励学生独立完成测试。

4.1.6　实验结果

以被试的正确率为分析的指标，首先我们对两种不同语法功能类型在不同水平上的正确率进行了统计。如表1所示：

表1　不同语法功能类型在三个水平上的正确率

类型＼水平	初级	中级	高级
判断	0.63	0.68	0.81
强调	0.63	0.67	0.76

由表1我们可以看出，两种语法功能类型的正确率随着水平的不断提高，都呈现出上升的趋势。各类型之间的正确率的差异并不明显，初级和中级水平上两种不同语法功能类型的正确率相当，高级阶段略呈现出不同，其中，高级水平上判断这一语法功能类型的正确率最高。

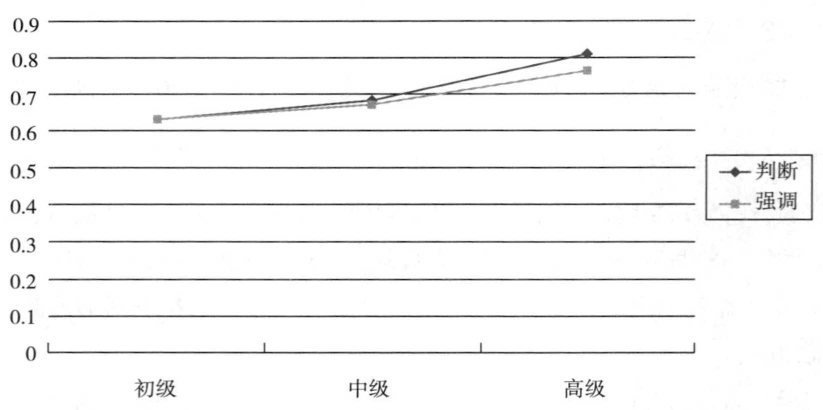

图1　两种语法功能类型在三个水平上的线性分布

为了更好地了解各因素在习得过程中的情况，我们对其进行了两因素的方差分析。结果显示：学习者汉语水平之间存在差异，主效应显著，$F(2, 65)=8.802$，$p<0.05$。语法功能类型因素主效应不显著，$F(1, 65)=2.043$，$p=0.158$。语法功能和水平因素之间的交互作用不显著，$F(2, 65)=1.212$，$p=0.304$。

4.1.7 分析讨论

针对实验结果，我们从以下几个方面进行讨论：

传统的语法观点认为表判断和表强调是“是”字句两大重要的语法功能。由“是”字的语法化历程和演变轨迹可以清楚地表明，“是”字句的判断功能作为较早出现的语法功能形式，是较容易习得的，而伴随“是”字的不断虚化，“是”字句表强调的功能形式，由于在使用时受到语境和说话者、听话者等多种语言环境的影响，加之其在句法组合序列中出现的位置多变，可省略等使用特点，对学习者来说应该是较难习得的。但实验的结果显示，判断和强调两类不同语法功能类型间的主效应不显著，表明不同语法功能对留学生对“是”字句的习得没有显著的影响，即留学生对“是”字句的习得不受语法功能因素的制约。

汉语水平对“是”字句的习得产生影响。由方差分析的结果可知，学习者汉语水平之间存在差异，随着汉语水平的提升，留学生的习得情况越来越好，并且对于初级、中级和高级三个不同水平而言，对判断和强调两类语法功能的习得状况呈现类似的进展趋势，整体上的发展都比较稳步。对于初级到中级的发展状况，留学生对两类不同语法功能的“是”字句的习得都是均衡、稳定地发展的，对于中级到高级水平的进展，强调这一语法功能的习得要略微优于判断这一语法功能的习得。

方差分析结果显示，语法功能类型与汉语水平之间的交互作用不显著，表明随着汉语水平的提高，学习者对判断和强调两类不同语法功能的习得都呈现上升趋势，并没有在不同水平等级上呈现多元的变化趋势。在系统考察两类不同的语法功能的习得状况后，我们进一步分析判断和强调两类不同语法功能内部的语义类型是否存在差异。

4.1.8 实验结论

“是”字句的表判断和表强调两类不同的语法功能的差异并不影响留学生的习得。

汉语水平对学习者的习得情况产生影响，随着汉语水平的提高，对“是”字句两类语法功能的掌握趋于完备。

“是”字句两类语法功能的习得是一个随着汉语水平逐步提升，但并不耶交的过程。

4.2 实验二：语义类型对表判断“是”字句习得的影响

4.2.1 实验目的

本实验主要考察：不同的语义类型是否影响留学生表判断的“是”字句的习得；不同汉语水平的留学生习得表判断的“是”字句是否存在差异；以上因素是否有交互作用。

4.2.2 实验设计

本研究为 6*3 两因素混合实验设计，其中因素一是语义类型，为被试内变量，分为六种水平：A.等同关系；B.归类关系；C.存在关系；D.描写关系；E.合适关系；F.诠释关系。因素二是留学生的汉语水平，同实验一。

4.2.3 被试

同实验一。

4.2.4 实验材料

实验材料为判断题，同实验一。

实验材料包括关键材料和填充材料，关键材料的判断题均为正确项，填充材料中的判断题为错误项，可以避免留学生形成反应策略以及学生“Yes-No”反应的随机性。实验材料为 36 道判断题，6 种语义类型，每种 6 道题，每种语义类型中 3 道题为正确句式，3 道题为错误句式。这样本实验的正确判断题 18 道，错误判断题 18 道，每道题的编排顺序分别进行随机排序而产生。

4.2.5 实验程序

同实验一。

4.2.6 实验结果

以被试的正确率为分析的指标，首先我们对六种不同语义类型在不同水平上的正确率进行了统计。如表2所示：

表 2　表判断的“是”字句的不同语义类型在三个水平上的正确率

类型＼水平	初级	中级	高级
合适关系	0.56	0.55	0.62
存在关系	0.62	0.65	0.81
描写关系	0.63	0.63	0.71
等同关系	0.77	0.83	0.85
归类关系	0.67	0.77	0.80
诠释关系	0.67	0.73	0.82

由表2可以看出，除合适关系外，其余五种语义类型的正确率都随着汉语水平的提高而上升，其中等同关系在三个水平上的正确率都呈现最高的趋势，归类关系和诠释关系在三个水平上的正确率相近，存在关系和描写关系的正确率相近，所不同的是合适关系在中级水平上的正确率低于初级水平。

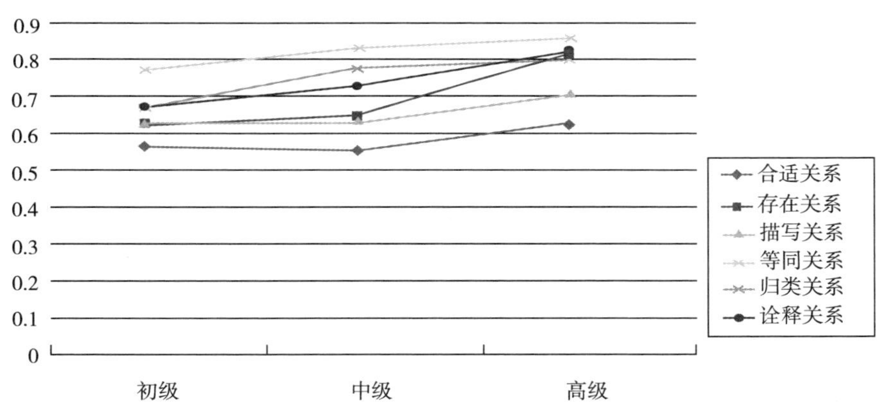

图2　六种语义类型在三个水平上的线性分布

为了更好地了解各因素在习得过程中的情况，我们采用 SPSS 软件对其进行了两因素的方差分析。结果显示：学习者汉语水平之间存在差异，主效应显著，$F(2,65)=4.952$，$p=0.01<0.05$。语义类型因素主效应显著，$F(5,65)=15.604$，$p<0.05$。语义类型和水平间的交互作用不显著，$F(10,65)=0.777$，$p=0.651$。

4.2.7 分析讨论

表判断的“是”字句有六种不同的语义类型，但有难度不同的差异。方差分析结果显示语义类型因素的主效应显著，表明不同的语义类型对留学生“是”字句的习得有影响。由正确率的统计分析来看，等同关系的正确率最高，学习者对等同关系的习得效果最佳。表等同关系的“是”字判断句较为常用，表示主语和宾语间的等同一致关系，前后可颠倒，并不影响语义表达。学习者对其较好的习得状况，与等同关系的“是”字句的经常使用有关。归类关系和诠释关系也呈现较好的习得情况，尤其对于归类关系的“是”字句而言，虽然其句法结构较其他“是”字句复杂，但学习者并没有表现出较低的正确率。描写关系和存在关系的“是”字句呈现相近的正确率，但高级水平存在关系的“是”字句的正确率高于描写关系的“是”字句。与此相反的是，合适关系的“是”字句在运用时多使用表示时间、地点的词语，有较为严格的限定条件，且学习者并不常用，因此其正确率较低，习得情况差。

汉语水平对学习者的习得产生影响。由方差分析可知，学习者汉语水平之间的主效应显著，不同汉语水平的学习者之间的习得状况存在显著差异，随着汉语水平的逐渐提高，学习者的习得状况也逐步提高。水平间的差异可以从两个方面来观察，从初级到中级的发展来看，除了表示合适关系和描写关系的“是”字句外，表示存在关系、等同关系、归类关系和诠释关系的“是”字句都呈现出稳步的进展，从中级到高级水平的发展来看，六种不同语义类型的“是”字句的习得都表现出增长的趋势，其中，存在关系的“是”字句增长最快，表明留学生的习得过程较快。正如上述分析所言，对合适关系“是”字句的习得由于其句式本身的复杂性和特殊性，学习者的习得情况并没有呈现逐步上升的趋势，而是呈现出从初级到中级略微下降，从中级到高级有所提升的趋势，习得过程较为漫长。

随着汉语水平的提高，学习者对不同语义类型“是”字句的习得也越来越好，并且在习得过程中，汉语水平对学习者习得的影响并不受语义类型因素的影响，同样语义类型对学习者习得的作用也没有受到汉语水平的影响。

4.2.8 实验结论

表判断的“是”字句的不同语义类型的差异影响留学生的习得。

汉语水平对学习者的习得情况产生影响，随着汉语水平的提高，除了合适关系的“是”字句外，留学生对其他语义类型的“是”字句的掌握总体上趋于完备。

对表判断“是”字句的习得是一个随着汉语水平逐步提升，但并不取交的过程。

4.3 实验三：语义类型对表强调“是”字句习得的影响

4.3.1 实验目的

本实验主要考察：语义类型是否影响留学生表强调的“是”字句的习得；不同汉语水平的留学生习得表强调的“是”字句是否存在差异；以上因素是否有交互作用。

4.3.2 实验设计

本研究为 8*3 两因素混合实验设计，其中因素一是被强调成分的语义类型，为被试内变量，分为八种水平：A.施事；B.受事；C.时间；D.地点；E.工具；F.方式；G.原因；H.对象。因素二是留学生的汉语水平，同实验一。

4.3.3 被试

同实验一。

4.3.4 实验材料

实验材料为判断题，同实验一。

4.3.5 实验程序

同实验一。

4.3.6 实验结果

以被试的正确率为分析的指标，首先我们对八种不同语义类型在不同水平上的正确率进行了统计。如表3所示：

表3　表强调的“是”字句的不同语义类型在三个水平上的正确率

类型＼水平	初级	中级	高级
施事	0.64	0.71	0.76
地点	0.54	0.61	0.64
方式	0.65	0.72	0.78
对象	0.64	0.77	0.77
受事	0.50	0.53	0.63
时间	0.66	0.67	0.79
工具	0.72	0.82	0.81
原因	0.63	0.69	0.74

由表3可以看出，除了工具这一语义类型外，其余七种语义类型的正确率都随着年级水平的提高而上升，其中施事、方式和时间等在不同的水平上都呈现出相近且较高的正确率。而地点、原因和受事在不同水平上的正确率相对较低，对象在中级和高级水平的正确率相同。

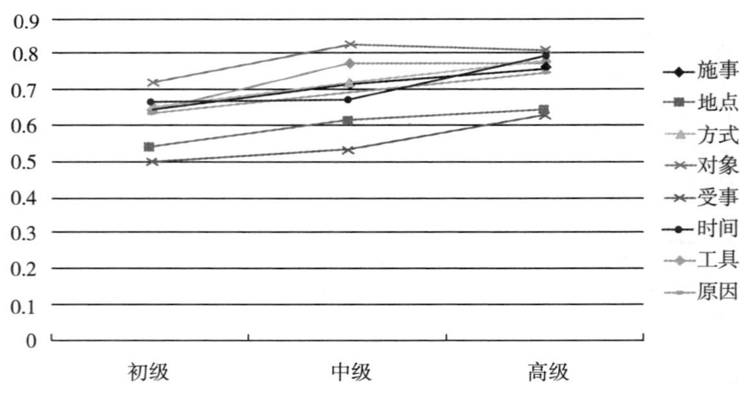

图3　八种语义类型在三个水平上的线性分布

为了更好地了解各因素在习得过程中的情况，我们采用 SPSS 软件对其进行了两因素的方差分析。结果显示：学习者汉语水平之间存在差异，主效应显著，$F(2, 65)=5.489$，$p=0.006<0.05$。语义类型因素主效应显著，$F(7, 65)=10.223$，$p<0.05$。语义类型和水平间的交互作用不显著，$F(14, 65)=0.385$，$p=0.979$。

4.3.7 分析讨论

表强调的“是”字句所强调的成分的语义类型包括施事、受事、时间、地点、工具、方式、对象、原因等，有难度不同的差异。方差分析的结果显示，所强调的不同语义类型间的差异对留学生习得是有影响的，例如学习者对所强调的语义类型为受事时在各个汉语水平上的正确率较低，反映出学习者对受事主语句的习得情况较差。“是”作为焦点标记是不断虚化的结果，用在不同句法组织形式的句子中能够强调不同的语义成分，学习者对施事、方式、时间的较好习得情况，与施事主语句的较常使用、对所强调成分的语义类型为方式和时间时的熟悉度是密切相关的。对于地点、原因等所强调的不同的语义类型的掌握情况也较好。所不同的是工具这一语义类型，学习者对其习得情况从初级到中级是呈现上升趋势的，但从中级到高级是呈现下降趋势的，值得关注的还有表示对象这一语义类型的习得，虽然从初级到中级逐步发展，但到了高级水平没有显著的变化。

汉语水平对学习者的习得产生影响。由方差分析可知，学习者汉语水平之间的主效应显著，不同汉语水平的学习者之间的习得状况存在显著差异，除了受事、工具、对象等语义类型外，随着汉语水平的逐渐提高，学习者的习得状况也逐步提高。从初级到中级的发展情况来看，八种不同语义类型的正确率都是逐步提升的，其中，表示对象的语义类型习得进展最快，从中级到高级阶段的发展来看，不同语义类型之间的习得差异较大，具体表现在施事、地点、方式、受事、时间和原因等语义类型的习得随着水平的提高稳步发展，而对象这一语义类型保持稳定，没有获得提高，表示工具的语义类型却呈现下降的趋势，这种发展趋势表明这两类语义类型的习得难度较大，留学生对其习得过程较为漫长。

随着汉语水平的提高，学习者对不同语义类型“是”字句的习得也越来越好，在习得过程中，汉语水平对学习者习得的影响并没有受到语义类型因素的制约，同样语义类型对学习者习得的作用也没有受到汉语水平的影响。

4.3.8 实验结论

表强调的“是”字句所强调的不同语义类型的差异影响留学生的习得。

汉语水平对学习者的习得情况产生影响，除了表示工具和对象的语义类型的“是”字句的习得外，随着汉语水平的提高，留学生对“是”字句所强调的其他语义类型的掌握总体上趋于完备。

对表强调的“是”字句的习得是一个随着汉语水平逐步提升，但并不取交的过程。

5 综合讨论

5.1 从语法功能角度对“是”字句习得的考察

“是”字句存在表示判断和强调两种不同的语法功能，在习得过程中，语法功能的差异并没有对学习者的习得产生影响，二语学习者对“是”字句的习得并不一定表现在语法结构的差异上。传统观点认为表强调的“是”字句由于受到语境的制约，留学生应该较难习得，然而，实验结果证实了对“是”字句的习得并没有受到两类语法功能差异的影响。作为现代汉语中的常用句式之一，“是”字句除了表示判断和强调等语法功能外，其用法是极其复杂的，如用在对比的语境中，表示前后语义的鲜明对比。本文仅选取了其中两种语法功能进行探究，差异的不显著性，并不能证实“是”字句其他的语法功能类型间没有差异。随着汉语水平的提高，学习者对表判断和表强调的“是”字句的习得情况越来越好，且学习者对两类语法功能习得的正确率从初级水平开始就有较高的正确率，反映学习者对这两种类型的“是”字句本身的习得情况良好。

5.2 语义类型在“是”字句习得中的重要性

5.2.1 表判断的语义类型

不同的研究者对表判断的“是”字句进行了大量的研究，对其分类也是多种多样，“是”字句本体研究的丰富性使我们思考留学生在习得不同语义类别的“是”字判断句时是否存在差异。实验研究的结果表明，语义类型是影响留学生习得的重要因素，从各个不同汉语水平的发展阶段上可以看出，留学生对其习得是逐步发展的过程，即使在初级阶段留学生在各个语义类型上也具有较高的正确率。由于语义类型的分类是建立在前人研究成果的基础上，并没有针对留学生在实际应用中的情况进行语料的分类调查和统计，因此在今后的研究中，要进一步对比分析二语者和母语者之间的差异，为教学提供更加有利的证据。

5.2.2 表强调的语义类型

“是”是重要的焦点标记词，不同的学者在对焦点标记的研究中，分析考察了不同的焦点标记词，但“是”是公认的焦点标记词之一。对于表强调的“是”字句而言，所强调的语义类型的种类是多种多样的，这可以从大量的本体研究中得到证实。针对学习者的实验研究也同样证实语义类型是影响留学生习得表强调的“是”字句的重要因素，随着汉语水平的逐渐提升，留学生对其习得也不断提高。同表判断的“是”字句的习得相一致，留学生在初级阶段对各个不同的语义类型的反映也具有较高的正确率。

5.3 留学生“是”字句的习得对对外汉语教学的启示

“是”字句是对外汉语教学中的重点句式。学习者对“是”字句的习得是循序渐进、不断发展的过程。在习得过程中受到语法功能、不同语义类型的影响，因此，在对外汉语教学中应注意以下两个方面的情况：

一是“是”字句的分类教学；

二是重点句式的教学。

6 结论

留学生对表判断和表强调两类语法功能的“是”字句的习得效果没有差异。

留学生对表示合适关系、等同关系、存在关系、描写关系、归类关系、诠释关系等六种语义类型的“是”字句的习得效果存在差异。

留学生对表示强调的八种不同的语义类型的“是”字句的习得效果存在差异。

汉语水平对学习者的习得情况产生影响，随着汉语水平的提升，留学生对两类语法功能的“是”字句的习得越来越好。

随着汉语水平的提升，留学生对不同语义类型的“是”字句的习得也越来越好，逐渐趋于完备。

参考文献

[1] 陈昌来（2000）论现代汉语句子的语义结构，《烟台师范学院学报（哲学社会科学版）》第1期。

[2] 陈小颖（2007）韩国留学生习得汉语“是”字结构的言语加工策略，北京语言大学硕士学位论文。

[3] 董　斌（2007）对外汉语精读教材“是”字句研究，暨南大学硕士学位论文。

[4] 董秀芳（2003）无标记焦点和有标记焦点的确认原则，《汉语学习》第1期。

[5] 董秀芳（2004）“是”的进一步语法化：由虚词到词内成分，《当代语言学》第1期。

[6] 范开泰　张亚军（2000）《现代汉语语法分析》，上海：华东师范大学出版社。

[7] 方　梅（1995）汉语对比焦点的句法表现手段，《中国语文》第4期。

[8] 高名凯（1986）《汉语语法论》，北京：商务印书馆。

[9] 黄正德（1988）汉语正反问句的模组语法，《中国语文》第4期。

[10] 李慧敏（2004）判断词“是”语法化研究简述，《乐山师范学院学报》第1期。

[11] 李临定（1986）《现代汉语句型》，北京：商务印书馆。

[12] 刘丹青　徐烈炯（1998）焦点与背景、话题及汉语“连”字句，《中国语文》第4期。

[13] 刘丽宁（2003）亚洲地区汉语学习者“是”字句习得情况调查与研究，暨南大学硕士学位论文。

[14] 刘　顺（2003）现代汉语语用平面的焦点表达，《南京林业大学学报（人文社会科学版）》第1期。

[15] 刘探宙（2008）多重强式焦点共现句式，《中国语文》第3期。

[16] 刘鑫民（1995）焦点、焦点的分布和焦点化，《宁夏大学学报（社会科学版）》第17卷第1期。

[17] 罗琼鹏（2005）“是”、焦点与量化，湖南大学硕士学位论文。

[18] 陆俭明（1999）“这是……”和“这个是……”，《语言教学与研究》第2期。

[19] 石毓智（2005）判断词“是”构成的概念基础，《汉语学习》第5期。

[20] 石毓智（2005）论判断、焦点、强调与对比之关系——“是”的语法功能和使用条件，《语言研究》第4期。

[21] 王　力（1984）《词类》，上海：上海教育出版社。

[22] 魏洪艳（2012）基于“HSK动态作文语料库”的韩国留学生“是”字句习得情况考察，吉林大学硕士学位论文。

[23] 武晓琴（2010）汉语作为第二语言教学中的表已然义“是……的”句研究，福建师范大学硕士学位论文。

[24] 谢　福（2010）基于语料库的留学生“是……的”句习得研究,《语言教学与研究》第2期。

[25] 徐　杰（2001）《普遍语法原则与汉语语法现象》，北京：北京大学出版社。

[26] 玄　玥（2002）焦点问题研究综述,《汉语学习》第4期。

[27] 张伯江　李珍明（2002）“是NP”和“是（一）个NP”,《世界汉语教学》第3期。

[28] 张道俊（2007）“是”对疑问代词“谁”的焦点标记,《湖北师范学院学报（哲学社会科学版）》第2期。

[29] 张素芳（2011）蒙古国学生习得汉语“是”字句情况考察及偏误分析，吉林大学硕士学位论文。

[30] 赵元任（1979）《汉语口语语法》，北京：商务印书馆。

[31] 周国正（2008）“是”的真正身份——论述记号——“是”的句法、语义、语用功能的综合诠释,《语文研究》第2期。

[32] Chomsky, N. 1970. Deep structure, surface structure and semantic interpretation [A]. In D. Steinberg and L. Jakobovits, eds., *Semantics: An interdisciplinary reader in philosophy, linguistics and psychology*. Cambridge: CUP.

[33] Jackendoff, R. S. 1972. *Semantics Interpretation in Generative Grammar* [M]. MIT Press.

[34] Lambrecht, K. 1994. *Information Structure and Sentence Form: Topic, Focus, and the Mental Representation of Discourse Referents* [M]. Cambridge: CUP.

[35] Zubizarreta, M. 1998. *Prosody, Focus, and Word Order* [M]. Cambridge: MIT press.

阿拉伯语留学生汉语情感形容词的习得研究

KHALKI HEND（佳荷）

提要：本文的研究对象为阿拉伯语学习者的情感形容词使用情况。汉语和阿拉伯语中都存在情感形容词，但是两种语言中的情感形容词存在不完全对应的关系，因此本文采用语料库分析和实验研究的方法，探讨以下问题：汉语和阿拉伯语中情感形容词在使用上的对应关系；母语为阿拉伯语的第二语言学习者（阿拉伯语留学生）对汉语情感形容词的习得问题及影响因素。我们主要考察21个汉语情感形容词及其在阿语的对应词，形容词分为“悲伤类”与“高兴类”。文章通过三种方法研究汉语和阿拉伯语中情感形容词的关系以及阿语背景汉语学习者对汉语情感形容词的习得过程，结果发现：（1）无论是汉语词典、阿语语词典还是翻译词典都不能给使用者提供足够的解释，主要是搭配用例普遍偏少，对近义词的解释模糊，容易让使用者产生混淆，不知道到底该用哪个才合适。（2）通过这两个语料库的对比，我们发现汉语情感形容词和阿语情感形容词无论从成分、语义范围还是出现频率都存在较大的差异。（3）搭配的类型与汉语水平对情感形容词的习得有比较明显的影响。

关键词：汉阿对比　情感形容词　搭配　语料库

1　引言

汉语和阿拉伯语从属于两种不同的语言体系，汉语属于孤立语系统，而阿拉伯语属于闪含语系闪语族，汉语形态变化较少，阿拉伯语恰恰是相反的，形态变化很丰富。形容词在汉语词类体系中占很重要的位置，有关形容词的研究无论在国内还是国外都已有不少，研究者从不同角度和方面探讨了形容词的特点以及习得过程中的难点。虽然大多数人类语言中都有形容词，但表达相同概念的形容词用法和意义并非完全一样。第二语言学习者在语言学习过程中可能会认为所有的语言都是相同的，因此在学习第二语言时会受母语影响，会引导他犯各种各样的错误。

形容词可以表达很多意义，其中情感是人类生活中最重要的独有特点，因此心理形容词的习得很重要。不管在国内还是国外，针对心理形容词的对比研究已有不少。心理形容词是形容词中的一类，主要是从意义出发的一类，也有作者将之称为情感形容词。

卢莹（2002）研究情感形容词的句法功能、语义指向和语用等方面。作者得出的结论是：情感形容词在形容词分类系统中属于动态客观属性绝对义性质形容词，虽然它有多种语法功能（谓语、宾语、状语、定语、补语、主语），但是都有不能任意搭配使用；情感形容词在不同句法位置上的语义指向遵循共同的规律；情感形容词同时具有语篇连接功能，通过此研究我们不难看出使用情感形容词的难度，无论从搭配上还是语法功能都需要使用者掌握很多规矩才可以准确用上。赵家新（2006）研究现代汉语心理形容词语义网络使用状况，研究方法主要以语料库的分析与统计。作者从心理形容词的三大类与小类做出了仔细的考察：中性心理形容词、消极心理形容词和积极心理形容词，主要的发现是：现代汉语延续性形容词的体意义的表述是个相当完备的体系，“起来”“下来”“下去”以及“着”等体标记，各司其职，构成一个较为严密的系统，体标记“起来”有较强的与情感形容词搭配的能力，而这些词与其他的体标记“了”“着”“过”“下来”“下去”组配时均受到不同程度的限制。这个研究表明情感形容词与方向动词或者与标记都有密切的关系，因此为了掌握情感形容词必须同时掌握标记和方向动词的用法。毛海燕、赵春利（2007）研究情感形容词与名词同现的原则，作者主要提出情感形容词的语义特征：亲验性、自明性、变动性、有因性和倾向性以及可与情感形容词组合的7种名词间的同现原则，研究方法为语料库分析方法，语料来源于CCL语料库。通过研究作者发现：句法结构上的同现率跟词语之间的语义关联有密切的关系，而语义关联度跟词语之间的同现句法结构的丰富性有很大的关系。该研究的价值在于解释情感的语义特征，这就表明情感形容词的语义等级，因此情感形容词不能随便用。在阿拉伯学术界里，形容词的对比研究仅限于英阿对比。Brashi（2005）从不同角度探讨了阿拉伯语和英语的搭配差异以及这种差异对英阿翻译的影响。测试结果表明，阿拉伯控制组在选择适当搭配题具有最高的频率、其次是翻译员组、最后是学生组。作者还讨论了对照组差别的原因。该研究表明阿拉伯语与英语的形容词有着很大的差异，阿拉伯人对英语形容词搭配的掌握程度仍然不高。Bahumaid（2006），讨论了形容词搭配在英阿翻译。结果表明，搭配翻译无论对有经验或无经验的翻译员很难，对阿拉伯母语者来说，文化对搭配的翻译有很大的作用，特有搭配比一般的搭配更难翻译。该研究表明英阿文化差异对搭配掌握程度的影响。Mansour（2008）是唯一研究阿拉伯语情感形容词的英文论文，该研究主要把英阿差别集中在3个方面：形态变化、语义以及搭配情况。作者研究了英文和阿语的 powerful/less等情感形容词以及它们的同义词之间的差别。研究方法是以语料库为主的，四个不同的语料资源：BNC、I-EN、AL-H、I-AR，除此之外作者还对某些英阿词典做出仔细的考察。研究的结果显示，英阿词典里有很多错误，其中连最著名的词典也存在着许多错误。另外，英阿差别反映在词语的丰富性和搭配的不同比如powerful在阿语不仅有三个不同的翻译，而且搭配情况也不一样，它们之间也不能替换。

从以往的研究，可以看出大多数都在论证形容词的义项、形名搭配特点，很少从第二语学习者的习得过程本身出发，比如“美丽”和“漂亮”之间有什么区别？什么时候用到“难受”，什么时候用到“难过”？这类问题对于第二语言的初学者来说十分困难，甚至高级水平的学生也在使用情感形容词时会出现大量的错误。大部分的学生只知道有“难过”和“难受”这两个词语，而到底它们之间存在什么区别则不甚了解，特别是对于法语、英语和阿拉伯语母语者来说，因为难过这个词只可以翻译成一个词“sad\triste\ حزين”，因此在这个词的使用上存在较大的问题。

使用情感形容词是每个留学生表达自己感情的重要表达方式。可以说情感形容词是离不开每个留学生的生活，任何在初级阶段的汉语学习者都会学习“认识你，我很高兴”的表达方式。随着水平的提高，学习者的词语量会相应地增大、词语的使用也应当更加准确，然而相关领域的很多研究则表明汉语学习者在词汇上的习得常常会出现高原期现象，即所谓化石化现象；换句话说，留学生总是不断地使用在初级阶段学过的词语。出现这一现象的原因在于学习者仍然没有掌握使用规则因此会选择回避，虽然习得词汇的意思，但尚未掌握其用法。

本文总共用的21个汉语情感形容词，10个消极形容词和11个积极形容词，虽然语义不是我们研究中的最重要因素，但是因为还没有对这些形容词做了具体的分析，所以这个分类只是个初步的分类：描写人类最基本的心理状态，也就是说：“难过”“高兴”等形容词。

目前因为有关阿语情感形容词的研究不多，几乎是个空白，所以阿拉伯语情感形容词还没有严格的消极情感形容词和积极情感形容词之分，但是可以把消极情感形容词叫作“صفات سلبية”，积极情感形容词可以叫作“صفات إيجابية”。

阿拉伯语情感形容词（صفات المشاعر）是表示情感的形容词。包括表示消极情感的形容词，例如，紧张مظطرب、着急مستعجل、难过حزين、难受غير مرتاح、痛苦مؤلم、悲伤منكسر、伤心مكتئب、失望محبط、绝望يائس、悲观متشائم以及积极情感形容词例如，幸福سعيد、高兴مسرور、快乐فرح、愉快مبتهج、兴奋منتشي、开心فرح、乐观متفائل、满意راض、满足قنوع、轻松هادئ、舒服مرتاح。

本研究把汉语水平考试情感形容词翻译成阿语，以考察阿拉伯学生习得这些情感形容词的主要因素。

2　汉阿情感形容词对比分析

2.1　阿拉伯留学对情感形容词的学习偏误例句

汉语水平考试词汇大纲的情感形容词分布在甲级、乙级、丙级和丁级，总共有100个词。这些情感形容词中其中有许多是留学生经常使用的，在汉语学习初期就已经学会，因此这些词汇的使用率较高。以往的研究者通常认为使用率高就意味着习得最好，但是语料库表明使用率高并不表明某一词汇习得好或者对某一词汇的习得较为简单，情感形容词也不例外，比如我们在中介语语料库发现这些偏误：

（1）母语：阿拉伯语　　学时等级：两年　　国家/地区：叙利亚

身体健康，生活【快乐】!

صحة سليمة حياة سعيدة

（2）母语：阿拉伯语　　学时等级：三年　　国家/地区：突尼斯

我跟她【高兴】时没有想到会有一天我会离开她那么长时间

طوال 【 لحظات سعادتي 】 معها لم أتخيل أني سأبقى بعيدا عنها كل هذه المدة

从第一个例子和第二个例子可以看出阿拉伯学生对汉语情感形容词的句法习得情况比较不理想，推测原因可能是因为在汉语不能说“生活快乐”，而在阿拉伯语可以这么说，另外在汉语不能说“跟她高兴时”，但是在阿语“跟她高兴时”有两种翻译，要么翻译名词短语“لحظات سعادتي”要么翻译动词短语“عندما كنت سعيدا معها”，因为汉语几乎没有词形变化，跟阿语正好相反所以学生自己类推：（跟她高兴+时=名词或动词都可以）。

除此之外，汉语情感形容词有许多意义相同或者相似的词。比如高兴、开心、快乐、愉快都表示高兴的心情状态，这也是留学生习得情感形容词的一个难点，我们从本研究的做过调查，发现这些偏误：

（3）母语：沙特　　学时等级：三年　　国家/地区：沙特

【愉快】的消息

خبر 【مبهج】

（4）母语：阿拉伯语　　学时等级：两年　　国家/地区：叙利亚

是你觉得我跟中国朋友玩得【快乐】还是跟外国朋友玩得快乐？

هل تحس أني أكون 【سعيدا】 أكثر باللهو مع أصدقائي الصينيين أو مع أصدقائي الأجانب

从例第（3）和例（4）中可以看出，阿拉伯学生对“愉快、高兴、快乐”三个词的使用存在混淆的现象，因为学生还分不清“愉快”和“高兴”的差别，因此在使用中出现了偏误，学生应该使用“开心”，但是用了“快乐”，仍然分不清“快乐”和“开心”之间的差别。推测原因主要因为阿语的“幸福سعيد”一词的含义比较丰富，意义的范围相对于汉语的“幸福”较大，可以包含高兴、快乐、开心、愉快等意义。“幸福”和“سعيد”差异使得阿拉伯学生在使用这两个词时产生混淆，不知道什么时候该用“高兴、幸福或开心”。

通过对上述一些例子的考察，我们发现无论从句法方面、语义方面、搭配方面都可以看到母语背景对阿拉伯学生的影响。本研究的主要目的是找出阿拉伯学生对汉语情感形容词的习得特点与过程。

2.2　阿拉伯语情感形容词的语法特点

阿拉伯语也是个形态变化丰富的语言，所以在阿拉伯语中，情感形容词跟不同的句子成分搭配需要进行词形变化。形容词不是阿拉伯语的最主要词类，阿拉伯是以动词为主的语言，另外阿拉伯语的动词含义比较丰富，也就是说一个动词的本身含义会有很多意义。除此之外，阿拉伯语的情感形容词不具有汉语情感形容词相应的句法功能，例如，阿拉伯语的情感形容词没有做补语的句法功能。在阿拉伯语中，“高兴”和“幸福”的意义很相似，但是“幸福”的范围更大，句法功能也更丰富；“幸福”在阿拉伯语作品和报纸的频率更高，阿拉伯人也多使用该词，跟“高兴”搭的配副词也只有7个，而跟“幸福”搭配的副词有11个。通过对阿拉伯语中跟“高兴”和“幸福”搭配的副词、动词或名词的语料库统计，我们发现“高兴”和“幸福”在阿拉伯语可以表达很多意义。在作为副词使用时，汉语情感形容词的使用范围没有阿拉伯语中情感形容词的使用范围大，本文要探讨这一差异是否会影响阿拉伯学生习得汉语的情感形容词。

阿拉伯语副词很多，不同的副词有不同的意义和意思，在有些的搭配中，形容词的词性保持不变，有的形容词必须变成名词，才可以搭配，例如：

很高兴→（很）مسرور جدا（مسرور：高兴：形容词）

幸福大→（大：副词）سعادة كبيرة（سعادة名词）

失望强烈：يأس شديد（يأس名词）

难过深：حزن عميق（حزن名词）

剧烈幸福：سعادة قصوى（سعادة名词）

伤心得很：في غاية الكآبة（كآبة名词）

太难过了：في قمة الحزن（حزن名词）

情感形容词做定语的时候大部分需要改变形态，只有“高兴”，但是不叫形态变化，因为它还是形容词，只有它的构词法变，因为“مسرور”只能形容人，不能形容事情，只有سار才可以，而سار这个词，是高兴的一种派生词，阿语最大的特点是派生（也就是说，同一个词的不同构词法可以表达很多意义），顺序和搭配的范围反映阿拉伯语特点：

对阿语派生的定义有很多，其中阿拉伯学者阿卜杜 · 萨拉姆 · 哈伦给小派生下的定义是“ 一个词取自另一个词，虽然有形态结构的变化，但是它们共有相同、排列顺序一致的根字母，而且基本含义相近”。

高兴的消息

خبر سار

幸福的机会

فرصة سعيدة

情感形容词做状语的时候，要改变形态，必须变成名词，才可以做状语，顺序不一样的、搭配的范围也更广，例如：

幸福地生活

يعيش بسعادة

满意地生活

يعيش برضا

虽然理论上，在阿拉伯语没有补语这个成分，但是在使用阿语表达自己情感时，偶尔会出现跟中文一样的说法，但是形容词的词形要变化，变成名词：

高兴得跳舞

يرقص من شدة الفرحة

高兴得像个孩子

يبدو كالطفل من شدة الفرحة

3 阿拉伯语学习者情感形容词习得的实验研究

3.1 问卷内容

本部分采用共15题，每一个题目的选项由两个相近意义的汉语情感形容词和一个句子组成，被试需要从这两个词中选取合适的词与句子中相应的成分搭配，题目考察的搭配类型包括汉语特有搭配、阿拉伯语特有搭配以及两种语言的共有搭配，句法位置包括状语、定语、补语。我们采用随机数的方法将三类题目的顺序打乱。

3.2 调查结果

表1 调查结果

序号	词汇	得分	错误率%
1	紧张、着急	39	0.025
2	难过、难受	17	0.575
3	高兴、快乐	28	0.300
4	失望、绝望	20	0.500
5	高兴、幸福	26	0.350
6	愉快、快乐	16	0.600
7	伤心、悲伤	30	0.250
8	痛苦、悲伤	33	0.175
9	满足、满意	35	0.125
10	舒服、轻松	27	0.325
11	兴奋、高兴	32	0.200
12	开心、愉快	15	0.625
13	悲伤、难过	34	0.150
14	开心、幸福	29	0.275
15	痛苦、难受	28	0.300

3.3 调查结果分析

问卷调查结果显示阿拉伯母语背景的留学生在学习汉语的情感形容词时，存在不同程度的混淆问题，错误分布十分不平衡。有些词语的搭配极少发生混淆，例如，“紧张”和“着急”；有些词语的混淆情况则比较严重，例如“愉快”和“快乐”。

我们发现留学生在特有搭配的题目上得分普遍较低，基于此，我们推测阿拉伯语母语背景的留学生在习得汉语情感形容词时，受到该词搭配类型（特有搭配、共有搭配）和句法位置的影响。

为考察留学生在学习汉语的情感形容词时发生混淆的原因，我们将进行两个实验。

3.3.1 实验一 特有搭配和共有搭配的比较

3.3.1.1 实验目的

该研究的目的是考察特有搭配同共有搭配相比，被试对哪种搭配类型掌握得更好，考察二者之间的差异是否受搭配类型和被试水平的影响。

3.3.1.2 被试

北京地区40名将汉语作为第二语言学习的外国留学生参加了本实验，被试来自突尼斯、埃及、摩洛哥、沙特、苏丹等不同阿拉伯国家，他们的母语均为阿拉伯语。将40名被试按照汉语水平划分为中高级和初级两组，初级组被试27人，高级组被试13人，划分依据参考学生汉语水平考试成绩以及学习时间长短。

3.3.1.3 实验材料

本实验包括A卷和B卷两个部分。A卷和B卷的题目不同，但结构以及题目类型完全相同，实验材料为40个判断正误题，题目类型包括特有搭配和共有搭配，要求考生判断搭配是否恰当。其中特有搭配包括只在汉语中出现的形容词搭配和只在阿拉伯语中出现的形容词搭配，共有搭配是指同时出现在汉语和阿拉伯语中的搭配。

在选材过程中，搭配类型的依据的是CCL语料库和Arabicorpusa。

3.3.1.4 实验设计

本实验为2*2混合设计，研究包含水平（R）和搭配类型（B）两个因素，水平分为中高级（R1）和初级（R2），搭配类型分为特有搭配（B1）和共有搭配（B2），其中水平（R）为被试间变量，搭配类型（B）为被试内变量。

---

① 古代和现代阿拉伯语语料库，语料库的内容为阿拉伯报纸、著名小说及社会网络论坛

3.3.1.5 实验结果

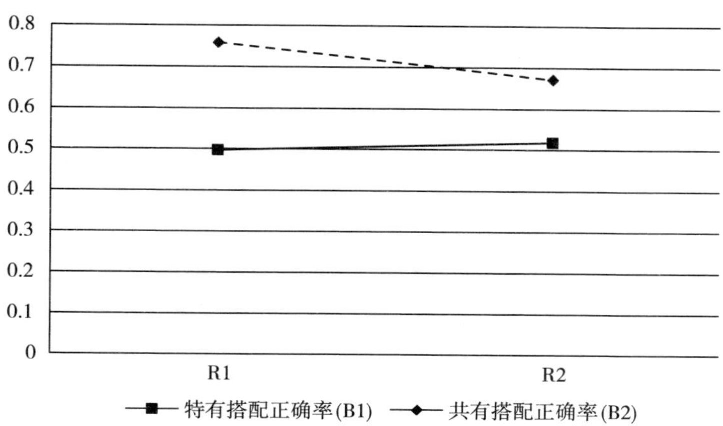

图1 特有搭配和共有搭配正确率变化

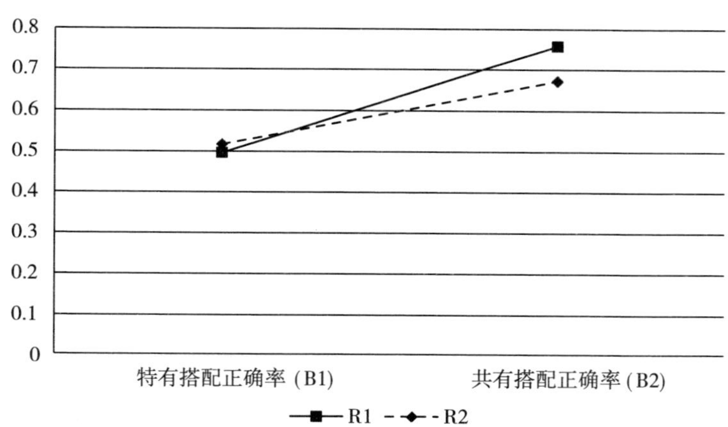

图2 不同水平留学生搭配正确率变化

表2 搭配类型判断能力

搭配类型	等级	平均正确率
特有搭配正确率（B1）	1	0.49
	2	0.51
	总共	0.51
共有搭配正确率（B2）	1	0.76
	2	0.67
	总共	0.70

我们采用重复测量的方差分析（F检验），验证实验结果。2*2混合设计的方差分析结果：被试内效应检验显示，搭配类型的主效应明显F=20.157，p=0.0005，说明特有搭配和共有搭配之间存在差异。然而，搭配类型和被试的等级交互作用不明显F=1.340，p=0.254，见表27。

采用重复测量的方差分析（F检验），验证实验结果。2*2混合设计的方差分析结果：被试间效应检验显示，被试等级的主效应不显著F=0.254，p=0.617，说明等级不同的被试在习得特有搭配和共有搭配时不存在差异。见表28。

3.3.1.6 研究发现

对于母语背景为阿拉伯语的汉语作为第二语言的学习者的情感形容词特有搭配和共有搭配的习得状况存在显著差异，共有搭配的习得情况显著好于特有搭配。

在特有搭配的习得上，高水平被试好于低水平被试；在共有搭配的习得上，低水平被试好于高水平被试；推测在共有搭配的习得过程中，低水平被试存在类推的现象，更加倾向于以阿拉伯语中存在的搭配推测汉语中的搭配情况。

等级不同的被试在习得特有搭配和共有搭配时不存在差异，说明在不同的学习阶段，共有搭配的习得情况都显著好于特有搭配。

3.3.2 实验二：汉语特有搭配和阿拉伯语特有搭配的比较

3.3.2.1 实验目的

该研究的目的是考察汉语特有搭配同阿拉伯语特有搭配相比。被试对哪种搭配掌握得更好，以及二者之间的差异是否受搭配类型和被试水平的影响。

3.3.2.2 被试

同“实验一”。

3.3.2.3 实验材料

本实验包括A卷和B卷两个部分。A卷和B卷的题目不同，但结构以及题目类型完全相同，实验材料为24个判断正误题，题目类型包括汉语特有搭配和阿拉伯语特有搭配，要求考生判断搭配是否恰当。

在选材过程中，搭配类型的依据的是搭配类型的依据的是CCL语料库和Arabicorpus。

3.3.2.4 实验设计

本实验为2*2混合设计，研究包含水平（R）和搭配类型（B）两个因素，水平分为中高级（R1）和初级（R2），搭配类型分为阿语特有搭配（B1）和汉语搭配（B2），其中水平（R）为被试间变量，搭配类型（B）为被试内变量。

3.3.2.5 实验结果

表3 汉阿搭配判断能力

搭配类型	等级	均值
阿语特有搭配正确率（B1）	1	0.40
	2	0.66
	总共	0.58
汉语特有搭配正确率（B2）	1	0.62
	2	0.58
	总共	0.59

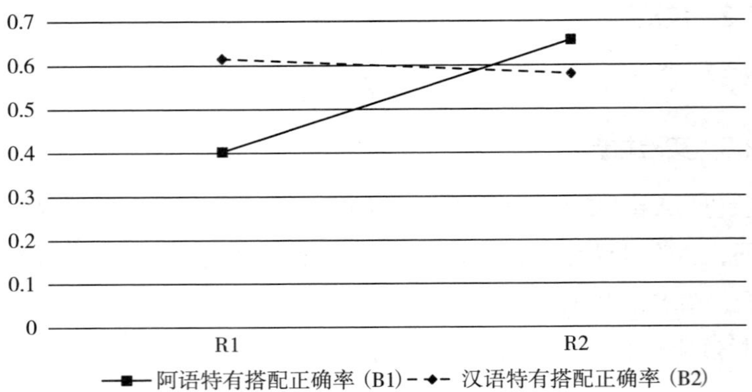

图3　汉语特有搭配和阿拉伯语特有搭配正确率变化

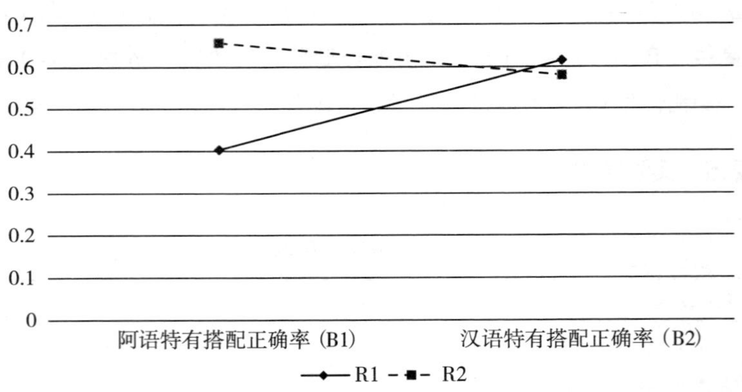

图4　不同水平留学生搭配正确率变化

我们采用重复测量的方差分析（F检验），验证实验结果。2*2混合设计的方差分析结果：被试内效应检验显示，搭配类型的主效应明显F=4.901，p=0.033，说明特有搭配和共有搭配之间存在差异。同时，搭配类型和被试的等级交互作用显著F=22.121，p=0.0005。

采用重复测量的方差分析（F检验），验证实验结果。2*2混合设计的方差分析结果：被试间效应检验显示，被试等级的主效应不显著F=2.556，p=0.061，说明等级不同的被试在习得汉语特有搭配和阿拉伯语特有搭配时不存在差异。

3.3.2.6 研究发现

母语背景为阿拉伯语的汉语作为第二语言的学习者的情感形容词汉语特有搭配和阿拉伯语特有搭配的习得状况存在显著差异，汉语特有搭配的习得情况显著好于阿拉伯语特有搭配。

等级不同的被试在习得汉语特有搭配和阿语特有搭配时不存在差异，说明在不同的学习阶段，汉语特有搭配的习得情况显著好于阿拉伯语特有搭配。

4 二语学习者对情感形容词的习得过程

汉语和阿拉伯语的情感形容词之间存在着不对应的关系，有些情感形容词的搭配只在汉语中出现，称为汉语特有搭配；有些只在阿拉伯语中出现，称为阿拉伯用特有搭配；也有一些既出现在汉语中，也出现在阿拉伯语中，称为共有搭配。情感形容词不同的搭配类型对留学生的习得状况产生了影响。

针对情感形容词的研究不多，有关留学生习得这类形容词的实证性研究更少。许多国内和国外的学者都注意到了情感形容词的某些特点，也谈到了搭配和意义之间的关系与理解问题。毛海燕 、李秀蓉、单宏磊（2009）曾经说过 ：在与名词的搭配中，意义很复杂，如，在“悲伤的眼睛”中的“悲伤”的意义是“表达悲伤情感的”，在“悲伤的母亲”中的“悲伤”的意义是“感到悲伤的”。因此在二语教学中，意义的理解是个难点。形容词和名词的搭配是另一个难点，例如，“快乐”和“惊讶”都是表示情感的形容词，在语义和语法上对搭配的限制应该是一样的，但“快乐的事”是恰当的搭配，而“惊讶的事”就不是恰当的搭配。在别人研究的基础上，对汉语水平词汇大纲的21个汉语情感形容词和21个阿语情感形容词进行语料库统计与分析，发现汉语和阿拉伯语在悲伤类和高兴类存在不同的对应的关系，主要体现出以下几个特点：

一是，一样的意义，不同的搭配，如：“难过”在两者有同样个意义，但是搭配的名词和动词确实有很明显的差别，在阿拉伯语可以说：难过地叹息（يتنهد بعمق）

二是，多对一的关系，如“开心、快乐”等于阿语的一个形容词：فرح

三是，许多阿拉伯语情感形容词的句法功能没有阿拉伯语那么丰富，如：难受没有补语，也没有，甚至有些没有状语。

5 结论

本文通过两库的对比统计和实验研究的印证，得到以下结论：

在第二语言学习者心理词典存储的过程中，无论在哪个学习阶段、处在什么水平，语义的习得要比句法的习更优先，所起的作用也更重要。

阿拉伯母语二语学习者对于母语和目的语共有的搭配知识的习得要好于目的语特有搭配和母语特有的搭配，尤其在初级水平，可以看到很明显的差别。

阿拉伯母语二语学习者对目的语的情感形容词的特有搭配习得要好于母语情感形容词特有搭配习得。

意义相近的情感形容词的语义相关性越大，二语学习者越分不清，最难习得。

参考文献

[1] 卢　莹（2002）情感形容词研究，天津师范大学硕士学位论文。

[2] 赵家新（2006）现代汉语心理形容词语义网络研究，南京师范大学博士学位论文。

[3] 赵顺利、石定栩（2011）状位情感形容词与述位动词结构同现的原则[1]，《汉语学习》，第1期。

[4] Brashi（2005）Arabic Collocations: Implications for translation, University of Western Sydney, Thesis Degree.

[5] Mansour（2008）Appraisal Emotional Adjectives in: English/Arabic Translation: A corpus Linguistic Approach, Centre for Translation studies.

[6] Bahumaid（2006）Collocation in English–Arabic Translation, *Babel* 52:2, 133–152.

[7] أبي منصور الثعالبي : فقه اللغة العربية و سر العربية

[8] إبراهيم اليازجي : نجعة الرائد و شرعة الوارد في المترادف و المتوارد

[9] الدكتور الأخضر جمعي : اللفظ و المعنى في التفكير النقدي و البلاغي عند العرب

[10] أبي هلال العسكري : معجم الفروق اللغوية

附录1

表1 汉语水平考试情感形容词

序号	汉语情感形容词	消极形容词	积极形容词	HSK等级	做谓语	做定语	做状语	补语
1	紧张	+	–	甲级	+	+	+	+
2	着急	+	–	甲级	+	+	+	+
3	难过	+	–	乙级	+	+	+	+
4	难受	+	–	乙级	+	+	+	+
5	痛苦	+	–	乙级	+	+	+	+
6	伤心	+	–	乙级	+	+	+	+
7	悲伤	+	–	丙级	+	+	+	+
8	失望	+	–	乙级	+	+	+	–
9	绝望	+	–	顶级	+	+	+	–
10	悲观	+	–	丙级	+	+	+	+
11	幸福	–	+	甲级	+	+	+	+
12	高兴	–	+	甲级	+	+	+	+
13	开心	–	+	甲级	+	+	+	+
14	愉快	–	+	甲级	+	+	+	+
15	兴奋	–	+	乙级	+	+	+	+
16	快乐	–	+	乙级	+	+	+	+
17	乐观	–	+	乙级	+	+	+	+
18	舒服	–	+	乙级	+	+	+	+
19	轻松	–	+	乙级	+	+	+	+
20	满意	–	+	甲级	+	+	+	+
21	满足	–	+	乙级	+	+	+	+

表2 阿拉伯语情感形容词

序号	阿语情感形容词	汉语情感形容词	消极形容词	积极形容词	做谓语	做定语	做状语
1	مضطرب	紧张	+	−	+	+	+
2	مستعجل	着急	+	−	+	+	+
3	حزين	难过	+	−	+	+	+
4	غير مرتاح	难受	+	−	+	+	−
5	متألم	痛苦	+	−	+	+	+
6	منكسر	悲伤	+	−	+	+	−
7	مكتئب	伤心	+	−	+	+	−
8	محبط	失望	+	−	+	−	−
9	يائس	绝望	+	−	+	+	+
10	متشائم	悲观	+	−	+	+	+
11	سعيد	幸福	−	+	+	+	+
12	مسرور	高兴	−	+	+	−	+
13	فرح	开心、快乐	−	+	+	+	+
14	مبتهج	愉快	−	+	+	+	+
15	منتشي	兴奋	−	+	+	+	+
17	متفائل	乐观	−	+	+	+	+
18	راض	满意	−	+	+	+	+
19	قنوع	满足	−	+	+	+	+
20	مريح	舒服	−	+	+	+	+
21	هادئ	轻松	−	+	+	+	+

附录2

问卷调查

（请选择适当的情感形容词）: عزيزي الطالب ، أرجو إختيار الكلمة المناسبة و تعبئتها في الفراغ :

1	……的感情（شعور）	（着急مظطرب、مستعجل紧张）
2	……的日子（أيام）	（难受حزين、غير مرتاح难过）
3	……地生活（يعيش）	（快乐مسرور、فرح高兴）
4	……地死（مات）	（绝望محبط、يائس失望）
5	……的机会（فرصة）	（幸福مسرور、سعيد高兴）
6	……的泪水（دموع）	（愉快فرح、مبتهج快乐）
7	……的情绪（شعور）	（悲伤مكتئب、منكسر伤心）
8	……的生活（حياة）	（痛苦منكسر、مؤلم悲伤）
9	……地表示（يعبر）	（满意قنوع、راض满足）
10	……地活着（يعيش）	（舒服هدوء、راحة轻松）
11	……地生活（يعيش）	（高兴نشوة、سرور兴奋）
12	……地回顾（يتذكر）	（愉快فرحة、بهجة开心）
13	……地摇头（طأطأ رأسه）	（难过منكسر、حزين悲伤）
14	……的气氛（جو）	（开心سعيد、فرح幸福）
15	……的过程（طريق）	（难受مؤلم、غير مرتاح痛苦）

附录3

试卷A

◆ عزيزي الطالب / الطالبة ،

معرفة الطلبة العرب للكلمات التي تعبر عن المشاعر في اللغة الصينية ، فأرجو منك الإجابة على كل
سؤال و دون إستخدام أي قاموس لغة أو دون مساعدة أي أحدهذا البحث يدرس مدى

الدولة		国籍
مستوى الدراسة		年级
الصينية مدة الدراسة للغة		学习汉语的时间

هل شاركت في إمتحان اللغة الصينية
参加了汉语水平考试：
如果参加了，几级？

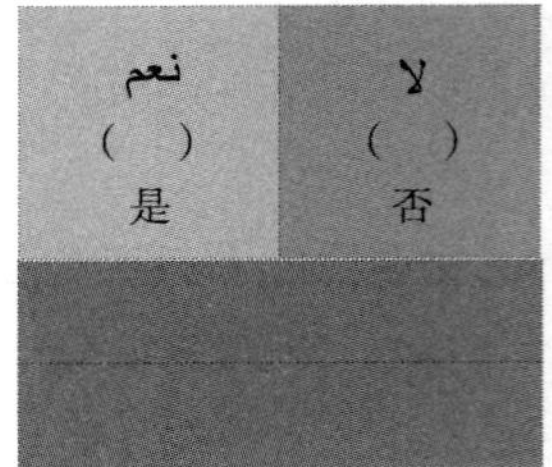

عزيزي الطالب ، أرجو وضع علامة "√" أمام الإجابة الصحيحة و علامة "×" أمام الإجابة لخاطئة :
（判断下列形容词的搭配是否合理，合理的打“√”，不合理的打“×”）

悲伤极了（ ） في غاية الإنكسار	悲观极了（ ） في غاية التشاؤم	特别难受（ ） غير مرتاح بالمرة
十分伤心（ ） مكتئب جدا	满意得很（ ） في قمة الرضا	很兴奋（ ） منتشي جدا
轻松的脑子（ ） بال هادئ	难受得要死（ ） سيموت من شدة عدم الراحة	愉快得要飞起来（ ） سيطير من شدة البهجة
伤心的气氛（ ） جو كئيب	失望得哭了（ ） يبكي من شدة اليأس	舒服得难以形容（ ） شعور بالراحة يصعب وصفه
幸福地回答（ ） اجاب بسعادة	满意得说不出话来（ ） لا يستطيع الكلام من شدة رضاه	绝望得想自杀（ ） فكر في الإنتحار من شدة اليأس
幸福伟大（ ） سعادة عظيمة	难过深（ ） حزن عميق	大痛苦（ ） ألم كبير

续表

舒服深（ ） راحة عميقة	失望强烈（ ） يأس شديد	满足完全（ ） قناعة تامة
难过地叹息（ ） يتنهد بحزن	痛苦地感受（ ） يحس بألم	轻松地生活（ ） يعيش بهدوء
着急极了（ ） مستعجل جدا	高兴地生活（ ） يعيش بسرور	舒服地活着（ ） يعيش براحة
愉快地接受（ ） يستقبل ببهجة	满意的灵魂（ ） نفس راضية	悲观的眼神（ ） نظرة متشائمة
—	难过的心（ ） قلب حزين	满足的社会（ ） مجتمع قنوع

试卷B

◆ عزيزي الطالب / الطالبة ،

معرفة الطلبة العرب للكلمات التى تعبر عن المشاعر فى اللغة الصينية ، فأرجو منك الإجابة على كل
سؤال و دون إستخدام أي قاموس لغة أو دون مساعدة أي أحد هدا البحث يدرس مدى

国籍		الدولة
年级		مستوى الدراسة
学习汉语的时间		مدة الدراسة للغة الصينية

هل شاركت في إمتحان اللغة الصينية
参加了汉语水平考试:
如果参加了，几级?

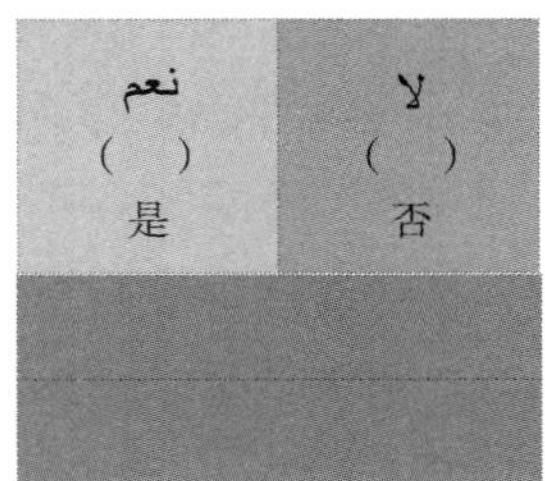

عزيزي الطالب ، أرجو وضع علامة "√" أمام الإجابة الصحيحة و علامة "×" أمام الإجابة لخاطئة :

（判断下列形容词的搭配是否合理，合理的打“√”，不合理的打“×”）

伤心地哭（ ） يبكي حزن	悲观的想法（ ） تفكير متشائم	舒服的生活（ ） حياة مريحة
高兴的消息（ ） خبر سار	失望的故事（ ） قصة محبطة	伤心的眼泪（ ） دموع كئيبة
快乐地生活（ ） يعيش بفرحة	悲伤地说（ ） قال بانكسار	满意的生活（ ） عيشة راضية
绝望的心情（ ） مشاعر يائسة	绝望很很（ ） في قمة اليأس	满意地点头（ ） أومئ رأسه برضا
很悲伤（ ） منكسر جدا	非常痛苦（ ） متألم جدا	十分着急（ ） مستعجل جدا
幸福伟大（ ） سعادة عظيمة	难过深（ ） حزن عميق	大痛苦（ ） ألم كبير
乐观地看（ ） نظر بتفائل	兴奋地回忆（ ） تذكر بنشوة	着急地说（ ） قال بعجلة
难过地叹息（ ） يتنهد بحزن	痛苦地感受（ ） يحس بألم	愉快地庆祝（ ） يحتفل ببهجة
紧张地进行（ ） شرع مضطربا	悲观地认为（ ） يعتقد متشائما	舒服地活着（ ） يعيش براحة
失望地想（ ） يفكر بإحباط	乐观地认为（ ） يعتقد متفائلا	兴奋的开始（ ） بداية منتشية
紧张的感情（ ） احساس مستعجل	难过地笑（ ） يضحك بحزن	绝望地放弃（ ） تخلى عن الأمر بيأس
—	悲伤的过去（ ） ماضي منكسر	满足的感觉（ ） إحساس بالقناعة
—	—	紧张的心情（ ） شعور مضطرب

副词“又”的功能范畴构拟及留学生习得研究

陈春霖

提要：本文将现代汉语副词“又”的功能作为研究对象，尝试运用认知语言学中的范畴化理论和中介语对比分析的方法，对“又”的功能范畴体系进行构拟，同时考察留学生对“又”功能的习得情况。本研究的主要结论有：（1）“又”的各个功能是一个以“重复功能”为原型功能的连续统。各个功能与原型功能的关联程度有层次上的差别。（2）留学生母语背景、留学生汉语水平和“又”的不同功能在习得中存在交互作用的关系。（3）留学生对“又”的各个功能习得情况不同，“又”的原型功能较容易习得，边缘功能不易习得。（4）不同汉语水平的留学生习得“又”的功能不同，总体来说，留学生对“又”功能的把握随着汉语水平的提高而有所改善。（5）不同母语背景的留学生对“又”的功能的习得情况有同有异。（6）根据上述结论，我们认为应该按照“又”的典型功能和使用频率分阶段进行教学，在教学中要充分考虑不同母语背景留学生习得该语言项目的特点。

关键词：副词　又　范畴构拟　二语习得

1　引言

“副词”是现代汉语中一个有着众多次类，用法灵活，表义丰富但意义抽象的词类，一直以来也是对外汉语教学中的难点之一。“又”作为现代汉语中常用的多义副词，具有复杂的意义和用法，一直受到学者们的关注。史锡尧（1990）描绘出了“又”的语义网络系统，将“又”的语义分成了重复、并存、添加、否定性添加，可以概括为表示增益。韩玉国（2004）区分开了“又”的语法意义和认知语义，从认知范畴的角度对副词“又”的“重复性”“延续性”和“恢复性”

进行了解读。王倩、马贝加（2013）对汉语副词“又”从重复到语气的语义演变从历时的角度进行了分析，探讨了造成“又”语义演变的内部机制。邵敬敏，饶春红（1985）、吴振国（1990）、刘丞（2010）、姚晶（2009）、谷雨薇（2014）等研究通过分析“又”的前项和后项的关系论证了“又”的连接功能。陈月明（1987）认为“又”的语气用法不仅加强语气而且紧密联系了“又”字句的前后项的语义。吴中伟（1999）从语用的角度考察了语气副词“又”在否定句中的意义和用法。柴森（1999）从语义、语用和句法这三个角度对表示强调的“又”进行了分析。史金生（2005）对“又”的辩驳语气用法及其语法化进行了考察。李君、殷树林（2008）分别对“又”的三种语气用法进行了讨论并做出统一描述：突出对立关系，使结果得到加强。朱波（2006）从语用条件的角度讨论了副词“又”表示强调否定的几种情况。此外，李晓琪（2002）、丁崇明（2011）对留学生“又”的不同语义和用法的习得难度和习得顺序进行了考察。董颖瑾（2013）对留学生表“重复”义的“又”和“再”的偏误进行了分析。

虽然对现代汉语副词“又”的功能研究比较多，但大多着眼于“又”的一个或几个功能分析，从整体上对副词“又”功能体系及功能之间的关联性的关注很少。在“又”的习得研究中，之前的研究主要关注“又”在中介语系统中的偏误及留学生的习得顺序上，从学习者对目的语词汇知识习得的特点及习得过程关注不够。因此，本文尝试运用认知语言学的范畴化理论和中介语对比分析方法，首先利用现代汉语语料库和北京口语语料库，从共时的角度统计梳理副词“又”的功能范畴转换情况，构拟出“又”的功能范畴网络。在此基础上与留学生中介语语料库中的“又”的使用情况进行对比，从留学生母语背景、汉语水平等方面考察目前留学生习得“又”的各种功能及其句式的情况。

2 “又”基于语料的功能研究

2.1 “又”的义项统计分析

我们选取了五本具有代表性的工具书和语法著作对“又”的义项进行了提取，综合出以下义项：A.重复。B.继续/相继。C.表示几种性质或情况同时存在（多重复使用）/积累/用在说明事物性质、状况的词语之前，表示跟前边说的属于同一主体，或是同一事物的两方面。/表示几个动作、状态、情况同时存在，或累积在一起。D.补充、追加/申说/添加。E.整数之外再加零数。F.说明另一方面的情况。G.加强语气/表示某些语气。H.表示程度很高，有“非常、及其”的意思。I.转折。J.递进。它们在各部工具书和著作的出现情况如表1所示：

表1 “又”的义项在五本工具书中的分布

义项	《现汉》	《虚词释例》	《大字典》	《副词词典》	《八百词》
A	+	—	+	+	—
B	+	+	+	+	+
C	+	+	+	+	+
D	+	—	+	+	—
E	+	—	+	—	—
F	+	—	—	—	—
G	+	+	+	+	+
H	—	+	—	—	—
I	—	+	+	—	—
J	—	—	+	—	—

从上面对现代汉语副词“又”义项的处理情况的总结中可以看出如下问题：

第一，从义项的数量上来看，各部工具书和论著对“又”的义项划分的数量都不相同。最多的划分出了八个义项（《汉语大字典》），最少的只有三个义项（《现代汉语八百词》），而从表一中可以看出，有的义项出现在了所有五部书中（如义项B、C、G），而有的义项仅存在于一两部书中（如义项E、F、H、I、J）。

第二，从义项的分合情况来看，各部书对“又”的有些意义应该单独列为一项义项还是几个义项应该合并在同一个条目之下意见不一。例如：《现汉》将义项C和F两者单独分开列项，而其他工具书则将它们合并在同一个条目之下。

第三，从义项的语义概括来看，同一个义项在不同的工具书中对其的语义概括存在着差别，例如，义项D被描述为“补充”“追加”“申说”“添加”等不同说法。

2.2 “又”的功能分布与归纳

我们通过对北京大学CCL语料库和北京口语语料库中包含“又”的语料进行逐一分析，将“又”的功能划分为重复、转折、相继、并存、添加、语气六个功能大类。其中重复功能分为动作重复、状态重复和数量重复，并存功能又分为平行并存和对立并存，添加功能包括补充追加和递进。语气功能分为否定语气和反问语气两类。

通过对语料数据的处理分析，我们得出“又”六大功能的分布情况如表2所示：

表2 现代汉语副词“又”的功能分布情况表

<table>
<tr><td rowspan="2">义项</td><td colspan="3">重复</td><td>转折</td><td>相继</td><td colspan="2">并存</td><td colspan="2">添加</td><td colspan="2">语气</td><td>总数</td></tr>
<tr><td>动作</td><td>状态</td><td>数量</td><td>—</td><td>—</td><td>平行</td><td>对立</td><td>补充</td><td>递进</td><td>否定</td><td>反问</td><td>—</td></tr>
<tr><td rowspan="2">数量</td><td colspan="3">1153</td><td>565</td><td>453</td><td colspan="2">457</td><td colspan="2">1113</td><td colspan="2">185</td><td>3926</td></tr>
<tr><td>798</td><td>153</td><td>202</td><td>—</td><td>—</td><td>364</td><td>93</td><td>672</td><td>441</td><td>94</td><td>91</td><td>—</td></tr>
<tr><td rowspan="2">比例%</td><td colspan="3">29.4</td><td>14.4</td><td>11.5</td><td colspan="2">11.6</td><td colspan="2">28.4</td><td colspan="2">4.7</td><td>100</td></tr>
<tr><td>20.3</td><td>3.9</td><td>5.2</td><td>—</td><td>—</td><td>9.3</td><td>2.3</td><td>17.1</td><td>11.3</td><td>2.4</td><td>2.3</td><td>—</td></tr>
</table>

从表2中可以看到，“又”的功能有主次之分。具体来看，“重复”（29.4%）和“添加”（28.4%）的功能是“又”的两个主要功能，两者所占比重相加高达57.8%；它的转折功能（14.4%）、并存功能（11.6%）和相继功能（11.5%）排在了之后。排在最后的是语气功能（4.7%）。从小类来看，重复功能中的动作重复所占比例最高（20.3%），其次是数量的重复（5.2%）和状态的重复（3.9%）。添加功能中补充追加（17.1%）比递进（11.3%）的比例要大。在并存功能中，平行并存的所占比例（9.3%）明显高于对立并存的比例（2.3%），在语气功能中的加强否定（2.4%）和加强反问语气（2.3%）的所占比例相差不大。

2.3 “又”的功能范畴构拟

从“重复”到“语气”，“又”的功能之间既有着同一认知范畴内的成员所具有的家族相似性，又有着各自功能上的侧重点。“又”的六大功能之间共同拥有的语义特征是前后项的加合关系。“重复”功能是同质动作或性状或数量的加合，从本质上来说是量的增多或程度的加深。“添加”功能也是前后项的加合，补充追加功能让前项更加清晰具体，递进使事物发展更进一步。“转折”也具有前后项加合的特征，是后项对前项的反向追加。“又”的“相继”功能让不同质的动作的加合构成了一个相对较大的事件，“平行并存”和“对立并存”则是在共时关系中正负方向的加合关系。“语气”功能的“反问语气”和“否定语气”都具有否定性的加合特征，起到了加强语气的效果。

接着我们列出下表更加直观来分析“又”各语义功能的特征：

表3 “又”各个功能的特征

功能特征 / 特征	时间先后	主体同一	同质或类似	前项可隐含
重复	+	+/−	+	+
添加	−	+/−	+/−	−
转折	+	+/−	−	−
相继	+	+	−	−
并存	−	+/−	+/−	−
语气	−	+/−	−	+

如果将“又”的功能看成一个认知范畴，“重复”这一功能是“又”的范畴原型，“添加”和“重复”这一范畴原型关系稍远，“转折”和“相继”“并存”则距离范畴原型更远，而“语气”功能是“又”的最边缘成员。由此可见现代汉语副词“又”的功能并不是互不相关，它们之间互相关联，构成了一个范畴网络如下图：

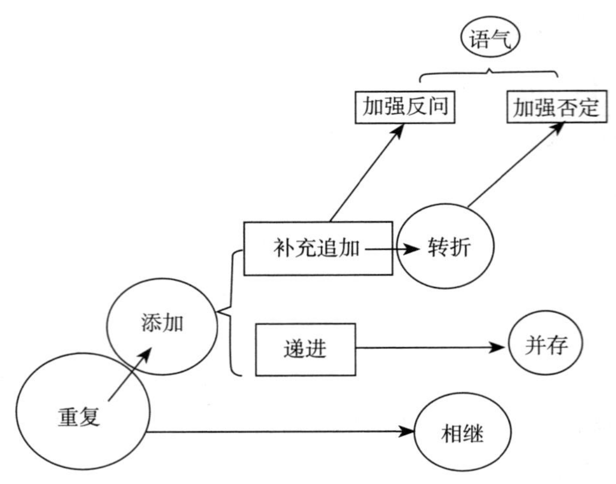

图1 “又”的功能范畴构拟

这一范畴体系只从语料统计结果出发，对“又”的各个语义功能在认知的典型性和关联性进行了一种构拟，并没有涉及对“又”的语义功能产生顺序的历时考察。

3 留学“又”的习得情况总体考察

在母语者的“又”的功能范畴模型的基础上，我们对母语背景为英语和日语的留学生对“又”的功能习得情况进行考察。

3.1 中介语料库中“又”的功能分布统计

我们对中介语语料库含有“又”的语料进行了穷尽式提取，共得到有效语料588例，对其进行逐条考察，分析其中“又”的语义功能和用法。首先，我们将语料中出现的“又”各语义功能的数量与频率与母语语料中相应的频率进行对比，结果见表4：

表4 现代汉语中介语语料库中“又”的功能分布及与母语使用频率的对比

义项	重复			转折	相继	并存		添加		语气		总数
	动作	状态	数量			平行	对立	补充	递进	反问	否定	
数量（个）	194			20	29	245		85		15		588
	116	54	24	—	—	224	21	44	41	13	2	—
比例（%）	33.0			3.4	4.9	41.6		14.5		2.6		100
	19.7	9.2	4.1	—	—	38.1	3.5	7.5	7.0	2.2	0.4	—
母语中比例（%）	29.4			14.4	11.5	11.6		28.4		4.7		100
	20.3	3.9	5.2	—	—	9.3	2.3	17.1	11.3	2.3	2.4	—

从表4可以看出，留学生在“又”表示“重复”功能的使用情况与母语者的差距较小，目的语和中介语中“语气”功能的比例都排在末尾；而表示“转折”“相继”“并存”“添加”的四个功能在中介语语料中的出现情况则与母语语料表现出较大差异，留学生使用“并存”功能的频率相当高，接近母语者使用频率的四倍，甚至高于“重复”范畴原型。笔者认为造成留学生过度使用“并存”功能的原因与留学生依赖固定句型和搭配有关。相反“转折”“相继”和“添加”功能和目的语中的出现情况相比则使用频率较低。在目的语中，转折功能所占比重（14.4%）大于相继功能的比重（11.5%），而在中介语中，转折功能所占比重（3.4%）小于相继功能的所占比重（4.9%）。这说明在掌握“又”的非典型功能范畴成员时，母语者的使用频率更高。从小类来看，重复功能中的动作重复占比重最大，其次是状态重复和数量重复。并存功能中平行并存功能使用频率明显高于对立并存的功能。添加功能中补充追加功能出现频率稍高于递进功能，这与目的语的使用情况相一致。在语气功能上，反问语气功能的使用频率明显高于否定语气功能的使用频率，而目的语在两者的使用上较为平均。

3.2 不同汉语水平留学习得“又”的功能考察

我们将“汉语中介语语料库系统”中学时一年半及一年半以内的学生语料定为L1（初级），中介语两年到两年半的学生语料定为L2（中级），中介语三年及三年以上的学生语料定为L3（高级）。我们考察三个汉语水平的留学生对“又”语义功能的习得情况。

表5　各功能不同等级习得情况纵向考察表

水平	义项	重复	转折	相继	并存	添加	语气	总数
L1	语料（个）	84	5	12	119	42	2	264
	比例（%）	31.8	1.9	4.5	45.1	15.9	0.8	100
L2	语料（个）	80	8	16	93	26	5	228
	比例（%）	35.1	3.5	7.0	40.8	11.4	2.2	100
L3	语料（个）	30	7	1	33	17	8	96
	比例（%）	31.3	7.3	1.0	34.4	17.7	8.3	100
目的语	语料（个）	1153	565	453	457	1113	185	3926
	比例（%）	29.4	14.4	11.5	11.6	28.4	4.7	100

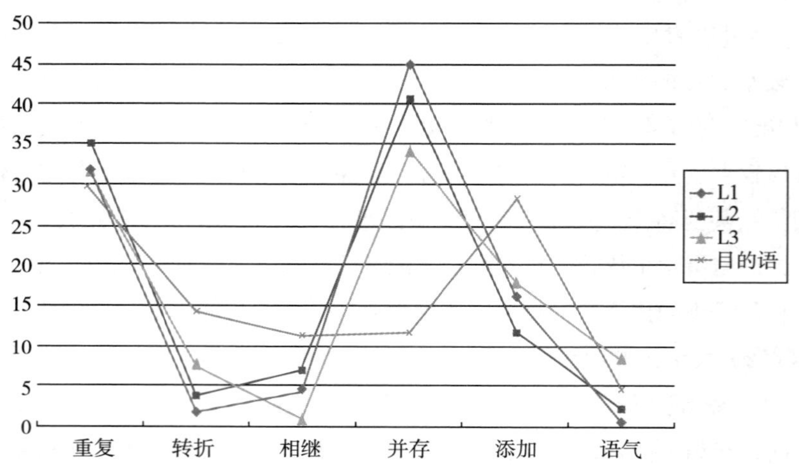

图2　各功能不同等级习得情况折线图

从表5、图2中可以看出，“又”的各大功能在初、中、高级均已出现。折线图显示了不同汉语水平的留学生习得“又”的趋势及其与目的语的对比情况。从重复的功能来看，初级水平和高级水平的留学生更靠近目的语，转折功能上高级水平留学生习得更好，相继功能上中级水平留学生更靠近目的语，并存功能都出现过度使用的情况，相比之下“并存”“添加”“语气”高级学生习得情况更靠近目的语，习得情况更好。总体来说，留学生对“又”的功能习得情况随着水平的提高而改善，但差异并不显著。

3.3 留学对“又”各功能小类习得情况考察

3.3.1 重复小类功能不同等级习得情况考察

我们从纵向来考察重复语义功能小项在不同等级学生的习得中的呈现情况。根据各项数据我们得出了表6：

表6 重复小类功能不同等级学生习得情况纵向考察表

水平	功能	动作重复	状态重复	数量重复	总量
L1	语料（个）	53	23	8	84
	比例（%）	63.1	27.4	9.5	100
L2	语料（个）	48	13	19	80
	比例/%	60.0	16.3	23.7	100
L3	语料（个）	15	12	3	30
	比例（%）	50.0	40.0	10.0	100
目的语	语料（个）	798	153	202	1153
	比例（%）	69.2	13.3	17.5	100

从表6我们可以看出：动作重复是重复类功能的最主要组成部分，三个等级的学生对其的使用频率分别为63.1%、60%和50%，这比母语者使用的频率69.2%略低，但相差不大；在状态重复和数量重复的使用比例上，初级和高级学生和母语者一样，运用状态重复功能的频率比数量重复功能高，但中级学生运用数量重复功能的频率（23.7%）比运用状态重复功能（16.3%）要高；高级水平的学生运用状态重复功能的频率明显高于初、中级水平的同学，甚至高于了母语者的使用频率。

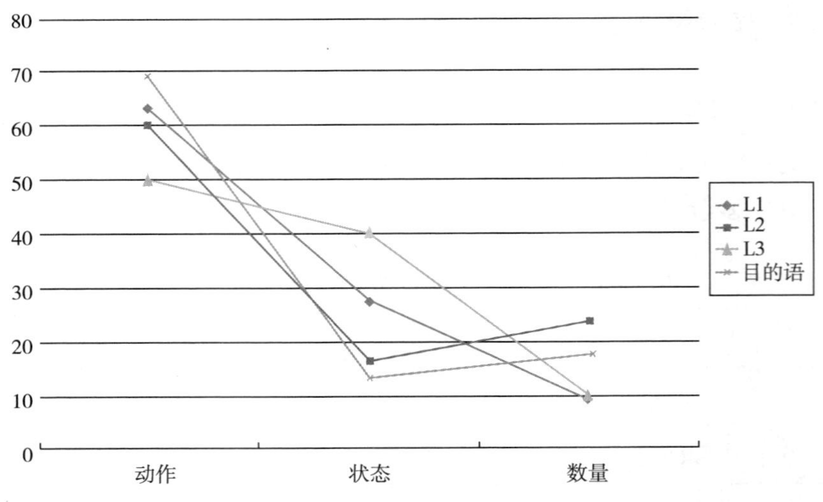

图3　重复小类功能不同等级学生习得情况折线图

折线图3反映的是不同汉语水平等级的留学生习得表重复功能“又”的三个小类语义功能的趋势及其与目的语的对比情况。从拟合程度上看，L2和目的语的拟合程度最高，其次是L1和L3，这个趋势表明中级汉语水平的留学生对“又”的功能习得情况较好，而初级汉语水平的留学生和高级汉语水平的留学生在动作重复功能和数量重复功能上表现为使用不足，状态重复功能上表现为有过度使用的倾向。

3.3.2　添加小类功能不同等级习得情况考察

我们把添加功能分为了补充追加和递进两个功能小类，在目的语中补充追加的使用频率明显高于递进的使用频率，我们对留学生使用添加功能的数据进行统计并绘制了表7：

表7　添加小类功能不同等级学生习得情况纵向考察表

水平	功能	补充追加	递进	总数
L1	语料（个）	23	19	42
	比例（%）	54.8	45.2	100
L2	语料（个）	15	11	26
	比例（%）	57.7	42.3	100

续表

水平	功能	补充追加	递进	总数
L3	语料（个）	8	9	17
	比例（%）	47.1	52.9	100
目的语	语料（个）	672	441	1113
	比例（%）	60.4	39.6	100

从表7中，我们可以看出：补充追加和递进的功能在各水平的使用中均有出现。考察初级和中级水平留学生的使用频率，补充追加的使用频率要高于递进功能的使用频率，但未表现出目的语所表现出的差距。相反，高级水平留学生使用递进功能的频率超过了补充追加功能的频率。

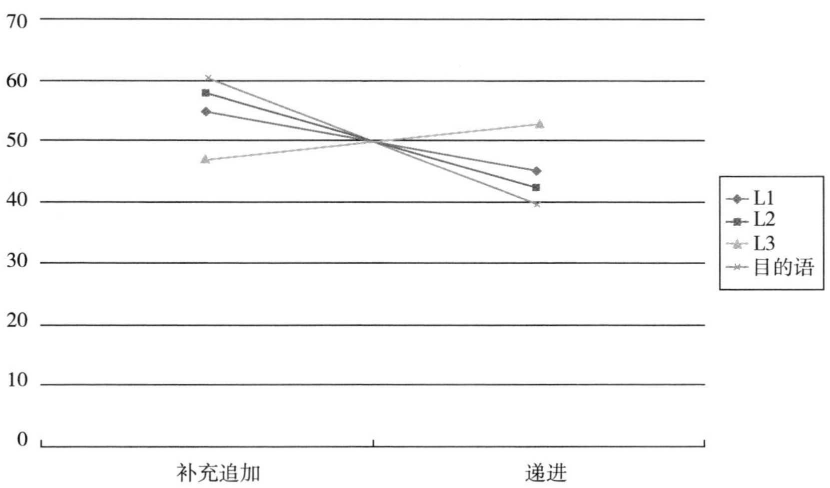

图4　添加功能小类不同等级习得情况折线图

从图4这一折线图中我们可以直观地看到，和目的语的曲线拟合程度最高的是中级水平的留学生，即中级水平的留学生对“又”的添加功能习得较好，其次是初级水平的留学生和高级水平的留学生。高级水平的留学生的习得曲线偏离了目的语。在补充追加功能的使用上，三个等级水平的留学生都有使用不足的情况，而在递进功能的习得中，又均存在使用过度的情况。

3.3.3 并存小类功能不同等级习得情况考察

我们将并存功能分成了平行并存和对立并存两个功能小类。通过统计并存的两个小类在初、中、高级水平留学生的习得情况，我们绘制了表8：

表8 并存小类功能不同等级学生习得情况纵向考察表

水平	功能	平行并存	对立并存	总数
L1	语料（个）	113	6	119
	比例（%）	95.0	5.0	100
L2	语料（个）	86	7	93
	比例（%）	92.5	7.5	100
L3	语料（个）	27	6	33
	比例（%）	81.8	18.2	100
目的语	语料（个）	364	93	457
	比例（%）	79.6	20.4	100

母语者使用平行并存功能的频率（79.6%）高于对立并存功能（20.4%），这一情况与初、中、高级水平的留学生的使用情况一致。但初、中级水平的留学生在平行并存的使用频率上明显高于对立并存，而高级留学生对于平行并存功能和对立并存功能的使用差距则相对较小。

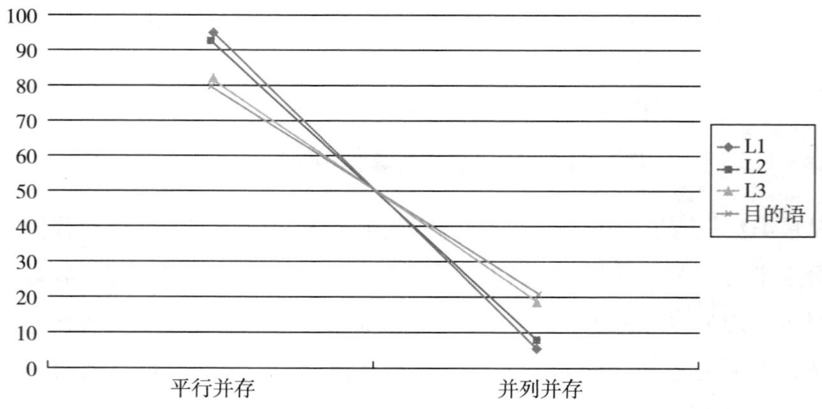

图5 并存功能小类不同等级习得情况折线图

图5的折线图反映了三个级别汉语水平学习者习得“又”并存功能的趋势和它与目的语的对比情况：高级水平留学生习得并存功能小类的曲线与目的语拟合程度最高，习得情况最好。其次是中、初级水平留学生。在经过初、中级的学习之后，高级水平的汉语留学生对并存功能“又”的使用程度更加接近母语者。初、中级水平留学生习得“又”的并存功能小类的情况差异不显著，在平行并存功能的习得上都出现了过度使用，在对立并存功能的习得上又出现了使用不足。

3.3.4 语气小类功能不同等级习得情况考察

经统计，语气小类功能在不同等级留学生中的习得情况见表9：

表9 语气小类功能不同等级学生习得情况纵向考察表

水平	功能	加强否定	加强反问	总数
L1	语料（个）	1	1	2
	比例（%）	50	50	100
L2	语料（个）	1	4	5
	比例（%）	20	80	100
L3	语料（个）	8	0	8
	比例（%）	100	0	100
目的语	语料（个）	94	91	185
	比例（%）	50.8	49.2	100

母语者使用这两类语气功能的频率比较平均，使用加强否定语气的功能频率（50.8%）略高于使用加强反问语气的功能（49.2%）。初级汉语水平的留学生的使用状况与母语者类似，但中级汉语水平的留学生使用加强反问语气功能的频率（80%）则明显高于了使用加强否定语气的功能（20%），高级汉语水平的留学生完全不使用加强反问语气这一功能。

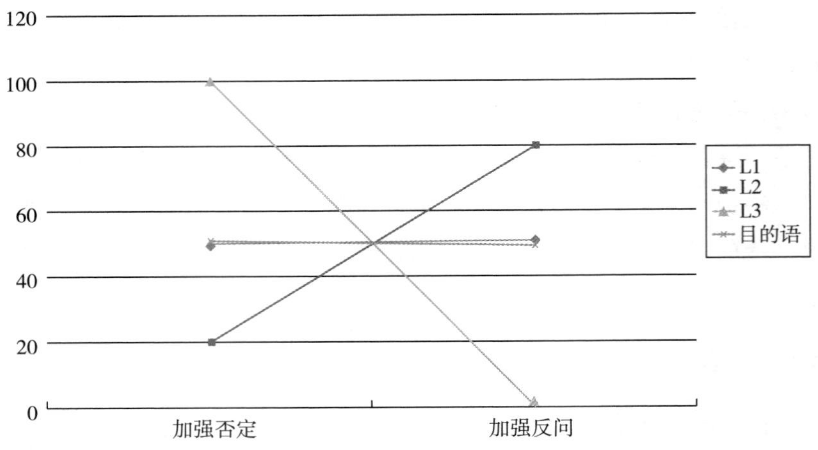

图6　语气功能小类不同等级习得情况折线图

初级水平留学生习得情况与目的语拟合程度最高，中级水平留学生在加强否定语气功能方面存在使用不足的现象，加强反问语气功能方面存在使用过度的问题。高级水平留学生则呈现相反的使用分布，在加强反问语气功能上甚至出现了零使用的情况。

3.4　不同母语背景留学习得“又”的对比分析

3.4.1　母语背景因素在“又”各大类功能习得中的表现

我们主要考察英语母语学习者和日语母语留学生习得“又”的语义功能的情况，将英语、日语母语的留学生与目的语的各大类功能分布进行对比，分析英语、日语母语学习者习得“又”的异同。

在目前我们分析的汉语中介语语料库中，英语母语学习者的语料共有92条，日语为母语的留学生语料共有167条，功能分布情况如下：

表10　母语英语&母语日语留学生与目的语各大功能分布对比

母语背景	义项	重复	转折	相继	并存	添加	语气	总数
母语 英语	语料（个）	23	5	7	37	12	8	92
	比例（%）	25.0	5.4	7.6	40.2	13.0	8.7	100
母语 日语	语料（个）	60	5	5	73	23	1	167
	比例（%）	35.9	3.0	3.0	43.7	13.8	0.6	100
目的语	语料（个）	1153	565	453	457	1113	185	3926
	比例（%）	29.4	14.4	11.5	11.6	28.4	4.7	100

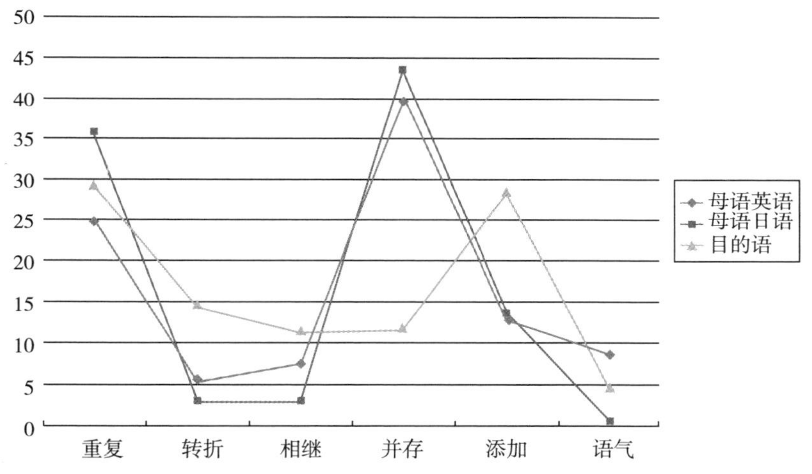

图7　母语英语&母语日语留学生与目的语各功能分布对比

通过表10和图7我们发现，英语母语背景的学习者和日语母语背景学习者对“又”“并存”的习得均存在过度使用的状况；英语母语背景的学习者和日语母语背景的学习者对“并存”以外其他语义功能的习得都存在使用不足的状况。这与上文对“又”习得情况的考察结果一致。但在“语气”功能中，母语英语的留学生与目的语的拟合程度明显高于母语日语的留学生；在“重复”功能中，母语日语的留学生与目的语的拟合程度则高于母语为英语的留学生。

3.4.2　母语背景和汉语水平因素在“又”功能习得中的作用

考察英语母语的留学生和日语母语留学生与目的语各语义功能在不同水平的分布进行对比，结果参见表11：

表11 母语英语和母语日语留学生与目的语功能在不同水平等级的分布表

水平	义项	重复	转折	相继	并存	添加	语气	总数
母语英语L1	语料（个）	10	0	2	16	5	1	34
	比例（%）	29.4	0	5.9	47.1	14.7	2.9	100
母语日语L1	语料（个）	24	2	0	39	12	0	77
	比例（%）	31.2	2.6	0	50.6	15.6	0	100
母语英语L2	语料（个）	10	5	5	14	4	2	40
	比例（%）	25.0	12.5	12.5	35.0	10.0	5.0	100
母语日语L2	语料（个）	27	0	4	31	5	1	68
	比例（%）	39.7	0	5.9	45.6	7.4	1.4	100
母语英语L3	语料（个）	3	0	0	7	3	4	17
	比例（%）	17.6	0	0	41.2	17.6	23.6	100
母语日语L3	语料（个）	9	3	1	3	6	0	22
	比例（%）	40.9	13.6	4.6	13.6	27.3	0	100
目的语	语料（个）	1153	565	453	457	1113	185	3926
	比例（%）	29.4	14.4	11.5	11.6	28.4	4.7	100

母语为英语的留学生和母语为日语的留学生在初、中、高级三个阶段对“又”的语义功能习得有相似的地方，也有各自的习得特点。

相似的地方主要有：在转折、相继和语气功能上，均在某阶段存在缺失的状况；并存功能中，两种母语背景的留学生使用频率在三个阶段均高于目的语；考察转折功能和添加功能的使用状况，母语背景不同的留学生使用频率在三个阶段均低于目的语。

不同之处：重复功能，日语为母语的留学生在三个阶段的使用频率都要高于英语为母语的留学生，而且从初级到高级呈现逐渐增高的趋势，渐渐偏离了目的语；转折功能，英语为母语的留学生只在中级水平阶段出现了个别用例，而母语为日语的留学生在中级水平阶段出现使用缺失的情况，高级水平的日语背景留学生使用转折功能与目的语的使用情况基本相同；相继功能，英语母语留学生在初级和中级阶段使用频率高于日语为母语的留学生，且中级水平的英语母语留学生使用情况离目的语最近。但相继功能在高级水平的英语母语留学生和初级日语母语留学生出现使用缺失；两种母语背景的留学生在并存功能上都存在使用过度的情况，但母语为日语的留学生在高级阶段对并存功能的使用与目的语拟合程度较高；不同母语背景的留学生在三个阶段对添加功能的使用频率都比目的语低，但高级阶段日语为母语的留学生在添加功能上的使用也与目的语拟合程度较高；母语为日语的留学生只有在中级阶段出现了语气功能的个别使用，而母语为英语的留学生在三个阶段都有出现语气功能的使用情况，且呈现递增趋势，在高级阶段的使用频率甚至超过了目的语。

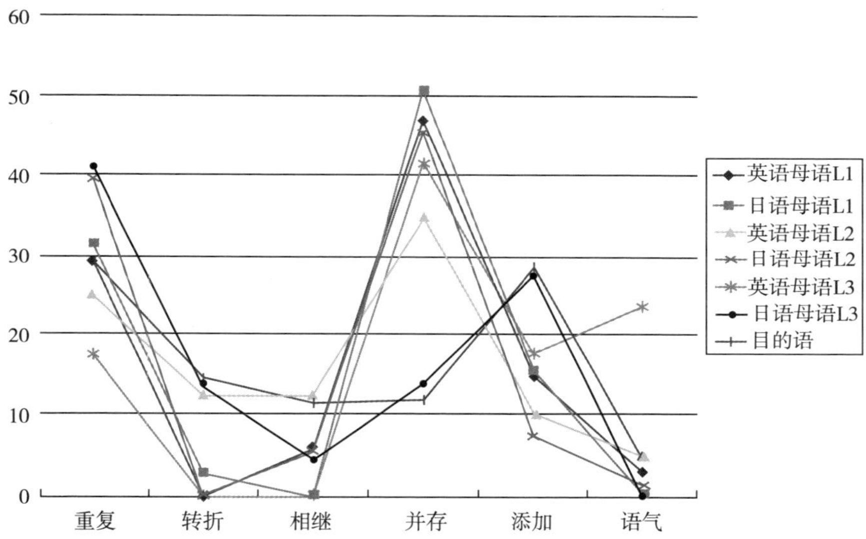

图8　母语英语和母语日语留学生与目的语不同功能在不同水平使用状况分布图

3.4.3　汉语水平因素和母语背景在“又”功能小类习得中的作用

我们对水平因素与母语背景对“又”的各项功能内部的功能小项的习得情况进行考察。

3.4.3.1　重复功能

重复功能是“又”的最主要功能，在重复功能的内部的功能小类习得情况并非同步的。我们通过数据统计得出了表12：

表12　母语为英文和母语为日语的留学生对重复功能小类在不同等级的习得情况表

水平	功能	动作重复	状态重复	数量重复	合计
英语母语 L1	语料数（个）	7	3	0	10
	百分比（%）	70	30	0	100
日语母语 L1	语料数（个）	13	10	1	24
	百分比（%）	54.2	41.6	4.2	100
英语母语 L2	语料数（个）	7	2	1	10
	百分比（%）	70	20	10	100
日语母语 L2	语料数（个）	19	6	2	27
	百分比（%）	70.4	22.2	7.4	100
英语母语 L3	语料数（个）	2	1	0	3
	百分比（%）	66.7	33.3	0	100
日语母语 L3	语料数（个）	4	4	1	9
	百分比（%）	44.5	44.5	11.0	100
目的语	语料数（个）	798	153	202	1153
	百分比（%）	69.2	13.3	17.5	100

以下是更为直观的折线图：

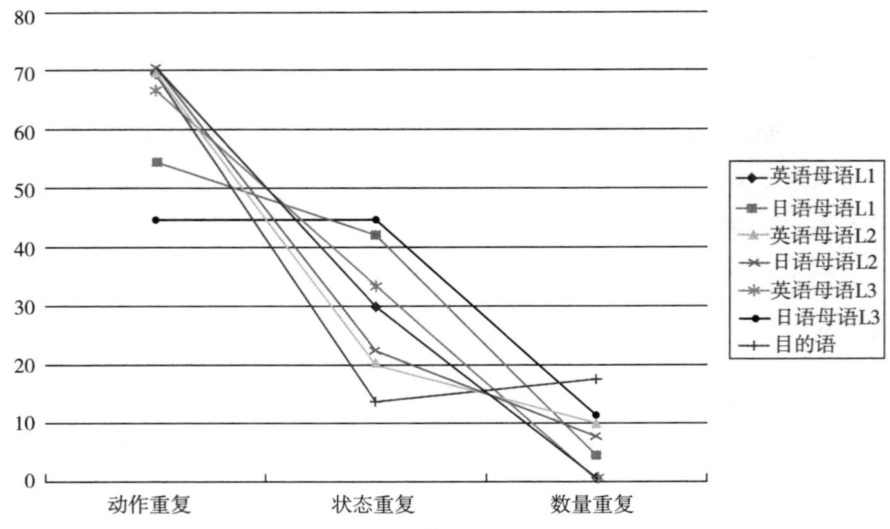

图9　母语为英语和母语为日语的留学生对重复功能小类在不同等级的折线图

从表12和图9中我们看到，在习得“又”重复功能的小类上，两种母语背景的留学生在三个阶段有以下相似之处：动作重复功能的出现频率较高；状态重复功能的使用频率超过了目的语；数量重复功能的使用频率低于目的语的使用频率。两种母语背景的留学生在中级阶段的习得情况非常接近。不同之处在于：动作重复功能的使用频率存在差异，英语为母语的留学生在三个阶段都非常接近目的语的使用频率，而日语为母语的留学生只有在中级阶段才接近目的语使用频率，在高、初级都低于目的语的使用频率；状态重复功能，中级阶段学生更接近目的语，日语为母语的留学生在初级和高级阶段偏离目的语较为严重；在数量重复功能上，日语为母语的留学生相对英语为母语的留学生习得情况较好，英语为母语的留学生在初、高级都没有出现对数量重复功能的使用，而数量重复功能在母语为日语的留学生的三个阶段都有出现。

3.4.3.2 并存功能

我们对母语为英语和日语为母语的留学生在三个阶段对于并存功能内部功能小类的使用情况进行考察。

表13 母语为英语和母语为日语的留学生对并存功能小类在不同等级的习得情况表

水平	功能	平行并存	对立并存	合计
英语母语 L1	语料数（个）	16	0	16
	百分比（%）	100	0	100
日语母语 L1	语料数（个）	36	3	39
	百分比（%）	92.3	7.7	100
英语母语 L2	语料数（个）	14	0	14
	百分比（%）	100	0	100
日语母语 L2	语料数（个）	28	3	31
	百分比（%）	90.3	9.7	100
英语母语 L3	语料数（个）	7	0	7
	百分比（%）	100	0	100
日语母语 L3	语料数（个）	2	1	3
	百分比（%）	66.7	33.3	100
目的语	语料数（个）	364	93	457
	百分比（%）	79.6	20.4	100

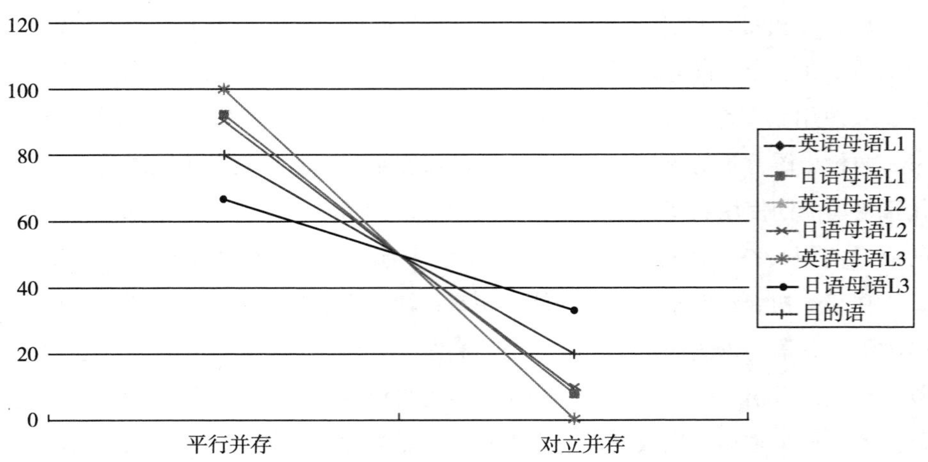

图10　母语为英语和母语为日语的留学生对平行功能小类在不同等级的折线图

通过对表13和图10的观察分析，我们发现：英语为母语的留学生关于对立并存这一功能在初、中、高级阶段均未使用；高级水平的日语为母语的留学生在并存平行功能的使用频率低于目的语，其他各水平且母语背景不同的学生都出现了使用过度的状况；对立并存功能中，母语是日语的高级水平留学生使用频率高于目的语的使用频率，其他学生使用对立并存的频率都要低于目的语的使用频率。

3.4.3.3　添加功能

不同的母语背景的留学生在习得“添加”功能的小类时会呈现出不同的特点。

表14　母语为英语和日语的留学生对添加功能小类在不同等级的习得情况表

水平	功能	补充追加	递进	合计
英语母语 L1	语料数（个）	4	1	5
	百分比（%）	80	20	100
日语母语L1	语料数（个）	9	3	12
	百分比（%）	75	25	100
英语母语 L2	语料数（个）	4	0	4
	百分比（%）	100	0	100

续表

水平	功能	补充追加	递进	合计
日语母语 L2	语料数（个）	3	2	5
	百分比（%）	60	40	100
英语母语 L3	语料数（个）	2	1	3
	百分比（%）	66.7	33.3	100
日语母语 L3	语料数（个）	2	4	6
	百分比（%）	33.3	66.7	100
目的语	语料数（个）	672	441	1113
	百分比（%）	60.4	39.6	100

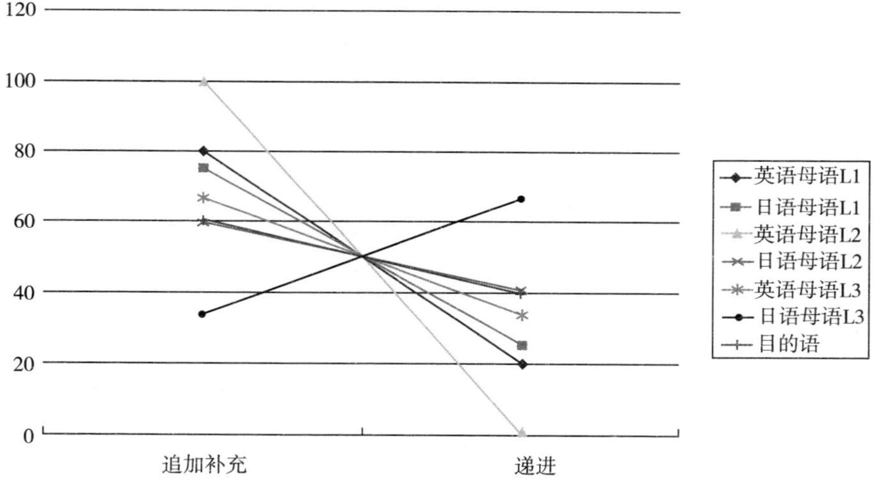

图11　母语为英语和母语为日语的留学生对添加功能小类在不同等级的折线图

从表14和图11中我们看出：除了中级和高级阶段的日语为母语的留学生以外，其他学生在使用添加功能中的补充追加小类时的频率都要高于目的语的使用频率；在使用递进功能小类的时候，除了日语为母语的留学生在高级阶段的使用频率高于目的语的使用频率以外，其他学生的使用频率都要低于目的语的使用频率；英语为母语的留学生在中级阶段没有出现使用递进小类的情况；母语为日语的留学生在中级阶段使用添加功能的情况与目的语的使用频率拟合度最高。

3.4.3.4 语气功能

我们继续考察对于语气功能的小类的习得，英语为母语的留学生和日语为母语的留学生在中、初、高级阶段有什么特点。

表15 母语为英语和母语为日语的留学生对语气功能小类在不同等级的习得情况表

水平	功能	否定语气	反问语气	合计
英语母语 L1	语料数（个）	1	0	1
	百分比（%）	100	0	100
日语母语 L1	语料数（个）	0	0	0
	百分比（%）	0	0	0
英语母语 L2	语料数（个）	1	1	2
	百分比（%）	50	50	100
日语母语 L2	语料数（个）	0	1	1
	百分比（%）	0	100	100
英语母语 L3	语料数（个）	5	0	5
	百分比（%）	100	0	100
日语母语 L3	语料数（个）	0	0	0
	百分比（%）	0	0	0
目的语	语料数（个）	94	91	185
	百分比（%）	50.8	49.2	100

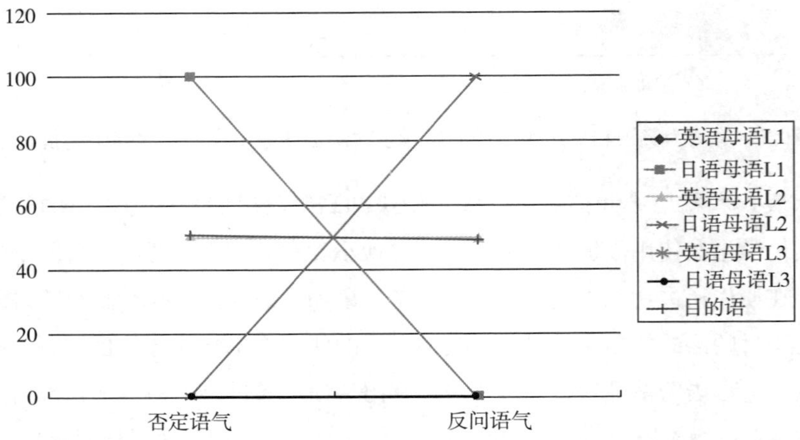

图12 母语为英语和母语为日语的留学生对语气功能小类在不同等级的折线图

语气功能在“又”的语义功能范畴里处于最边缘的范畴。留学生对这一功能的习得难度最大。从表13和图11中我们看到：两种母语背景的留学生使用语气功能的语料数量均少；日语为母语的留学生在初、高级阶段都没有出现使用语气功能的情况。英语为母语的留学生在初、中、高级阶段都有使用否定语气的案例，但是初、高级阶段未使用反问语气；中级阶段母语为英语的留学生语气功能的使用频率都与目的语拟合程度最高。

3.5 小节讨论

3.5.1 “又”的语义功能范畴在留学习得中的投射

“又”的语义功能范畴，比较好地体现在留学生习得过程中。重复功能习得情况最好，其次是添加功能。因为“又”的重复功能是“又”功能范畴中的原型功能，“添加”功能与“重复”功能最为接近，有直接联系的功能。留学生习得“又”的语气功能情况最差，因为“又”的语气功能恰好是“又”的功能范畴中的边缘功能。由此可见，“又”的功能范畴明显投射在了留学生的习得情况中。我们再考察“又”的语义功能小类的习得情况，在重复功能的内部，动作重复的习得情况最好，动作重复的功能正好是重复功能中的典型功能。同样，在并存和添加功能上，平行并存和补充追加习得情况更好，而平行并存功能是并存功能中的典型功能，补充追加功能又是添加功能中的典型功能。从而我们看到，在各个功能的内部，典型功能相对比较容易习得，范畴边缘的功能不容易习得。

总的来说，“又”的原型范畴功能是留学生习得较为理想的功能，其次是与原型范畴最为接近的其他功能，而在范畴边缘的功能最不容易被留学生掌握。

3.5.2 留学的背景和汉语水平因素在习得中的影响

3.5.2.1 不同汉语水平留学对“又”的习得情况不同

从“又”的各大功能在初、中、高级三个阶段出现的情况来看，除了相继功能中级阶段的留学生习得情况更好之外，其他功能高级阶段的留学生更靠近目的语，习得情况更好。由此可见，随着汉语水平等级的提高，留学生对“又”的功能习得情况得到了逐渐的改善。从“又”的功能小类在三个不同汉语水平留学生的习得表现来分析，中级汉语水平的留学生在重复功能和添加功能的各个小类功能的分布情况更接近于目的语，高级水平留学生在并存功能的各个小类分布上更接近于目的语，而初级水平留学生在语气功能的小类分布上更接近于目的语。

3.5.2.2 不同母语背景的留学对“又”的习得情况不同

不同母语背景的留学生在对“又”的语义功能习得方面，有相似也有不同。他们既体现在习得“又”的语义功能的大类上，也表现在习得“又”不同功能小类上。

从“又”的功能大类角度来看，日语为母语背景的学习者和英语为母语背景学习者在“又”的习得情况上的共同之处有：两种母语背景的留学生使用“又”的并存功能频率都明显高于目的语，因此在习得中可能存在过度使用的状况；两种母语背景的留学生对“并存”功能以外其他语义功能的习得可能都存在使用不足的状况。两者也存在不同之处：较之母语为英语的留学生，母语为日语的留学生习得“重复”和“添加”功能的情况较好；就“并存”“转折”“相继”“语气”功能的习得来说，母语为英语语的留学生习得情况比母语为日语的留学生习得情况更好。

我们再从“又”的功能小类角度来看，在“重复功能”的习得上，除了数量重复功能在两者的习得中都低于目的语的出现频率以外，动作重复功能和状态重复功能的出现频率都比较高。在中级阶段，两个国家的留学生习得“重复”功能小类的情况非常接近。这是它们的共同之处。不同之处在于，相对于日语为母语的留学生来说，除了中级阶段日语背景留学生使用“动作重复”接近目的语之外，英语为母语的留学生在三个水平阶段对动作重复功能的习得都优于日语背景的学习者。初、高级的日语背景的留学生在习得状态重复功能时偏离了目的语。在数量重复功能上，日语为母语的留学生在三个阶段都出现了使用，但英语背景的留学生在初高级阶段没有使用，因此，相对英语背景的留学生，日语背景的留学生习得数量重复的情况较好。就“并存”功能小类的习得而言，除了高级水平的日语背景留学生在平行并存功能的使用频率低于目的语以外，其他学生可能都存在了使用平行并存过度的状况。英语为母语的留学生在三个阶段都没有出现对立并存功能的使用，相比之下日语背景留学生对其的习得优于英语背景的留学生。对于添加功能小类而言，日语背景的留学生在中级阶段使用小类情况与目的语拟合程度最高，英语为母语的留学生在中级阶段没有出现递进小类的使用。

“语气”功能小类的习得对于英语和日语背景的留学生都有难度。日语为母语的留学生仅在中级阶段出现了反问语气功能的使用，相对来说，英语为母语的留学生无论是习得反问语气还是否定语气功能都比日语背景留学生要好。

3.6 小结及对教学的启示

我们在本部分主要考察了留学生母语背景和汉语水平等因素在习得“又”各个功能的作用，“又”的各个功能、汉语水平、母语背景这三个因素在习得中存在交互作用。对“又”的功能的习得，留学生主要表现出了这样的特征：留学生习得最好的是“又”的原型功能，即“重复”功能，其他功能的习得情况不甚理想；留学生对“又”内部小项习得情况也不均衡，比如“并存功能”中，英语母语背景的留学生在初、中、高级三个汉语阶段都没有使用；留学生对“又”的功能的习得情况随着汉语水平的提高而有所改善，但一些边缘功能的习得情况仍然很不理想，在中介语语料中并没有出现在目的语语料中的情况；不同母语背景的留学生在习得“又”的功能时表现出来的特征既有相似之处，也有不同之处。

需要说明的是，在语料统计中，我们收集到的关于“又”的偏误数量十分有限，且多为错别字和语序偏误，涉及功能选择的偏误很少，因此本研究不涉及对留学生语料的偏误分析。

我们可以针对留学生习得“又”的功能的特征，适度对对外汉语教学中的这一副词教学进行调整。将“又”的功能分为六大类十一个小类，按照这些功能的典型性和使用频度进行分阶段的教学活动。例如在初级阶段，我们向学生介绍“又”的原型功能“重复”和“添加”，把“转折”“并存”放在中级阶段进行教学。在留学生的高级阶段，我们再教授其“相继”和“语气”功能。此外，我们还要充分考虑不同母语背景的留学生习得“又”的差异性，例如在中级阶段鼓励英语为母语的留学生使用“又”的“对立并存”的功能，在高级阶段加强日语为母语的留学生对其的习得，鼓励他们多使用“又”的语气功能，这样才能做到因材施教。

4 综合讨论

本篇文章在语料库统计分析的基础上，探讨了高频出现的甲级副词“又”的功能范畴的构拟及与留学生习得对比，这种研究广泛地为我们研究虚词提供了一种思路。

第一，对于虚词研究来说，梳理出它们的功能体系非常重要。从体系的角度来看留学生的习得，会更加清晰明确地对比出留学生习得的虚词使用和目的语之间的异同，从而更好地指导对外汉语教学。

第二，对虚词的研究立足于语料库，通过目的语语料库和中介语语料库的对比来看虚词的使用情况，更能提炼出现实中虚词使用的真实情况。

第三，留学生习得虚词的过程存在一定的特点。不同汉语水平的留学生、不同的母语背景的留学生对习得虚词功能的情况都不尽相同。总体来说，留学生对虚词功能的原型范畴习得较好，对其延伸功能习得难度较大。另外，在一些意义和形式上具有固定性的一些“语块”和“构式”容易让学生习得且产生使用依赖，造成使用过度的情况。建议在对外汉语教学设计中将学生容易习得的原型功能安排在初级阶段学习，将一些延伸的功能放在中高级阶段学习，并且可下意识地总结一些固定搭配，但要控制学生过度使用的情况，在高级阶段要让学生脑海中有一个副词主要功能的体系架构。

本文的研究不足之处在于：

本文构拟的关于“又”的功能范畴体系，是在语料库分析统计的基础上进行的构拟，它是否符合现代汉语历时的发展过程还需要进一步地进行论证。

“又”的功能范畴体系中，功能之间是怎样联系的，我们只是从自省的角度进行了一个构拟，并没有深入探究其内部联系的发展途径，接下来的研究可以从这方面做进一步的探究。

由于受到了语料样本数量的限制，可能会出现一些特例功能没有涵盖在我们的讨论范围内，这就还需要更大规模的语料统计对我们的功能分类进行验证。

通过本文的讨论，我们得出了不同母语背景的留学生习得“又”的功能情况存在异同。但这种差异是如何产生的还有待进一步的分析。

5 结论

本文基于中介语对比分析理论和认知语言学的范畴化理论的基础上就“又”这一现代汉语副词的语义功能之间的关联以及留学或是能对其的习得情况进行了考察。研究和讨论的结论如下：

现代汉语副词“又”的语义功能可以分为六大类十一小类，它们之间通过家族相似性和各个功能上的侧重形成了一个以“重复”功能为原型的功能范畴。“添加”距离“重复”这一范畴原型最近，“转折”其次，“相继”和“并存”距离范畴原型较远，而“语气”功能是“又”的最边缘范畴成员。它们之间存在几条发展路径：从“重复”到“补充追加”“转折”再到“加强否定”；从“重复”到“递进”再到“并存”；从“重复”到“补充追加”再到“加强反问”；从“重复”到“相继”。

留学生对“又”的各个功能的习得存在出差异。具体来说，留学生过度使用了“又”的平行并存功能，对它的使用甚至超过了对“又”原型功能范畴的使用。但总的来说，留学生习得“又”各个功能时遵循了原型功能习得情况最好，其他功能随着距离原型功能关系较远而习得难度逐步递增。“语气”功能的习得情况最不佳。

不同汉语水平的留学生习得“又”的语义功能具有差异性。随着汉语水平的提高，留学生的习得情况有所提升，但在非典型性功能范畴的习得上，留学生的习得情况提高不明显。

母语背景不同，留学生习得“又”的功能情况也出现了不同的特征。

建议将“又”的语义功能按照其使用频率和典型性安排在留学生学习的不同阶段。即“重复”功能和“添加”功能安排到初级阶段学习；“转折”“并存”留到中级阶段学习；“相继”和“语气”功能放到高级阶段进行学习。

参考文献

[1] 北京大学中文系1955、1957级语言班（1982）《现代汉语虚词例释》，北京：商务印书馆。

[2] 柴　森（1999）谈强调反问的“又”和“还”，《世界汉语教学》第3期。

[3] 陈立民，张燕密（2008）释“还、再、又”，《语言研究》第3期。

[4] 陈月明（1987）“又”的一种语法意义新解，《语言教学与研究》第2期。

[5] 邓根芹，卢　霞（2003）汉语拷贝型副词“又”的语义研究——从脑白金广告说起，《常熟高专学报》第3期。

[6] 丁声树（1961）《现代汉语语法讲话》，北京：商务印书馆。

[7] 段德森（1990）《实用古汉语虚词》，太原：山西教育出版社。

[8] 高林波、张维微（2008）副词“再”和“又”的多角度分析，《长春大学学报》第6期。

[9] 高顺全（2009 ）“都”“也”“又”主观化用法的异同，《淮海工学院学报（社会科学

版）》第 6 期。

[10] 韩玉国（2004）汉语副词“又”的歧义——兼谈范畴语法对汉语研究的适用性，《云南师范大学学报》第3期。

[11] 侯学超（1998）《现代汉语虚词词典》，北京：北京大学出版社。

[12] 李　君、殷树林（2008）副词“又”的语气用法，《求是学刊》第6期。

[13] 刘　丞（2010）试析前项隐含的“又”字句，《华文教学与研究》第4期。

[14] 刘剑波（2007）古今“又”说，《唐山师范学院学报》第3期。

[15] 刘月华、潘文娱（2001）《实用现代汉语语法（增订本）》，北京：商务印书馆。

[16] 吕叔湘（1999）《现代汉语八百词（增订本）》，北京：商务印书馆。

[17] 马玉凤（2009）语气副词“又”与“并”“还”对比分析，《语文学刊》第8期。

[18] 马　真（2000）关于表重复的副词“又”“再”“还”，《语法研究和探索（十）》，北京：商务印书馆。

[19] 马　真（2001）表加强否定语气的副词“并”和“又”——兼谈词语使用的语义背景，《世界汉语教学》第3期。

[20] 彭小川（1999）副词“并”、“又”用于否定形式的语义、语用差异，《华中师范大学学报（人文社会科学版）》第3期。

[21] 蒲喜明（1993）副词“再”“又”的语用意义分析，《陕西师大学报（哲学社会科学版）》第3期。

[22] 邵敬敏，饶春红（1985）说“又”——兼论副词研究的方法，《语文教学与研究》第2期。

[23] 史金生（2005）“又”“也”的辩驳语气用法及其语法化，《世界汉语教学》第4期。

[24] 史锡尧（1990）副词“又”的语义及其网络系统，《语言教学与研究》第4期。

[25] 史锡尧（1996）“再”语义分析——并比较“再”“又”，《汉语学习》第2期。

[26] 唐子捷（2007）语气副词“并”与“又”的对比研究，北京大学硕士学位论文。

[27] 吴振国（1990）前项隐含的“又”字句，《语言教学与研究》第2期。

[28] 吴中伟（1999）论“又不P，～Q”中“又”的意义，《汉语学习》第4期。

[29] 徐鹏波（2007）“还、又、也”语气义的表达机制，北京大学硕士学位论文。

[30] 殷树林（2008）试谈“还”和“又”的反问用法，《南开语言学刊》第1期。

[31] 张　斌（2006）《现代汉语虚词词典》，北京：商务印书馆。

[32] 张京鱼，刘加宁（2010）汉语间接否定拒绝句式“又不/没有”的语义背景和使用条

件，《汉语学习》第1期。

[33] 张　平（2004）表反问语气的“还”与加强反问语气的“又”，《湖南师范大学社会科学学报》第3期。

[34] 张　义（2010）副词“又”和“再”的对比分析——针对对外汉语教学中常见问题的解释，《长沙铁道学院学报（社会科学版）》第2期。

[35] 张谊生（2004）《现代汉语副词探索》，上海：学林出版社。

[36] 中国社会科学研究院语言研究所词典编辑室 2005《现代汉语词典（第五版）》，北京：商务印书馆。

[37] 李晓琪（2002）母语为英语者习得“再”“又"的考察《世界汉语教学》，第2期。

[38] 丁崇明（2011）外国学生副词“又”习得研究，《云南师范大学学报（对外汉语教学与研究版）》第2期。

[39] 朱　波（2006）对外汉语教学中副词“又”的用法补议，《大理学院学报》第11期。

[40] 董颖瑾（2013）表“重复”义的“又”和“再”的偏误分析及教学应用研究，复旦大学硕士学位论文。

[41] 徐金晶（2010）中高级阶段留学生汉语副词使用偏误类型研究，华东师范大学硕士学位论文。

[42] 谷雨薇（2014）副词“也”“又”的篇章衔接功能研究，华东师范大学硕士学位论文。

[43] Lakoff, Georage（1987）*Cognitive models and prototype. In Ulric Neisser（ed.）Concepts and Conceptual Development: Ecological and Intellectual Factors in Categorization*, 391–421. Cambridge: Cambridge University Press.

[44] Taylor, John（2003）*Linguistic Categorization: Prototypes in Linguistic Theory*. Beijing: Foreign Language and Research Press.

[45] Granger, S.& Petch-Tyson（1996）*Connector usage in the English essay writing of native and non-native EFL speakers of English*. World Englishes, 15.19–29.

[46] Granger, S（2002）*A Bird's-eye view of learner corpus research*. In Granger, Estelle Dagneaux, and Fanny Meunier（eds.）*Computer Learner Corpora, Second Language Acquisition and Foreign Language Teaching*. John Benjamins B.V.

基于语料库的留学生被动表达模式对比分析

郭丽芳

摘要：本文采用语料库分析方法，考察了母语背景为日、韩语和英、法、德、俄语两大文化圈的留学生被动表达模式的习得发展情况。从被动表达整体分布情况、无标志与有标志被动表达使用情况、被动表达整体正确率与偏误率、无标志与有标志被动表达偏误情况、谓语动词所属被动表达形式种类为研究切入点，考察了留学生被动表达类型的充分性、依赖性、表达形式丰富程度、所用谓语动词的丰富性等在习得过程中的发展趋势与不足以及母语背景差异在这些方面的体现。

关键词：语料库　被动表达模式　谓语动词　对比

1　引言

被动范畴在现代汉语中地位重要且形式多样。王还（1983）在被动表达形式基础上将被动范畴归纳成两大类：即有标志被动表达和无标志被动表达。有标志被动表达是以受事作为主语并且有相应的被动标志表达被动意义的形式，包括“被”（被……所，为……所）字表达形式、“叫”字表达形式、“让”字表达形式、“给”字表达形式、“由”字表达形式、“受、挨、遭”动词表达形式、“加以”和“得以”表达形式以及“是……的”表达形式等；无标志被动表达是指意义上表示被动的表达形式，即无标记被动表达形式。

在对留学生习得被动表达情况的诸多研究中，学者们主要考察了无标记被动句、“被”字句等常用被动表达形式的习得难度、偏误情况。（1）在习得难度方面，施家炜（1998）认为有标志被动表达“S+被/叫/让/给+O+V+RC”的习得难度为Ⅱ；吴门吉、周小兵（2005）、吕文华（2013）研究发现意义被动句的习得难度高于“被”字句；彭淑莉（2006）则认为无标志被动句的习得难度低于“被”字句和“是……的”被动表达形式。（2）在偏误方面，研究表明偏误类型主要是无标记被动句误加被动标记，将“被”字泛化使用（李大忠，2007；吴门吉、周小兵，2005；吕文华，2013）；李大忠（2007）还强调了“被”字句出现谓语动词偏误的情况；刘姝（2005）从“被”字句谓语动词的角度对日语留学生的被动表达偏误情况进行了考察；吕文华（1985）探讨了被动表达中的“由”字表达形式的特点以及偏误情况。黄月圆、杨素英、张旺熹等（2007）和韩阳（2006）考察了欧美学习者习得“被”字句的偏误情况，强调母语负迁移对“被”字句偏误造成的影响；柳英绿（2000）在韩汉对比的基础上分析了韩国留学生“被”动句偏误；王振来（2004）从母语迁移和目的语过度泛化的角度考察了韩国留学生“被”字句；赵焕改（2007）基于汉语水平对韩国留学生被动表达偏误进行了分类考察并阐述了偏误产生的原因。

但是，留学生被动表达整体使用如何？无标志与有标志被动表达及其各种表达形式的使用情况与偏误情况呈现什么特点？“被”字的泛用是否意味着留学生对“被”字表达形式的使用超过了无标志被动表达形式？谓语动词作为被动表达能否成功运用的重要参考成分，其丰富性是否与母语者相同？学习者汉语水平以及母语背景差异是否会对这些问题的答案产生影响？了解了这些我们才能较全面地了解留学生被动范畴的习得情况。

为了解决上述问题，本文根据中介语对比分析和偏误分析理论，基于语料库考察了留学生被动表达模式的习得情况。观察被动表达模式受汉语水平（初、中、高）和母语背景日语、韩语（同属黏着语）以及英语、法语、德语、俄语（同属屈折语）影响的具体表现。

2 语料来源及研究方法

2.1 语料来源

现代汉语语料来自现代汉语研究语料库（邢红兵处理）。中介语语料来自“汉语中介语语料库系统（储诚志、陈小荷，1993）”以及北京语言大学“HSK动态作文语料库（HSK动态作文语料库课题组，2009）”。

2.2 研究方法

2.2.1 研究对象的范围

2.2.1.1 有标志被动表达确定依据主要是被动表达标记以及不会被认为施事的受事主语。

被动标志主要是“被（被……所、为……所、被……给）”字、“受（到）、挨、遭（到）”字、“由”字、“加以/得到”、“让”字、“是……的”、“给”字和“叫”字。

2.2.1.2 无标记的被动表达确定依据主要是受事主语以及谓语动词。

受事主语的判定我们结合吕文华（2013）和王振来（2004）的研究，判定无标志被动表达的受事主语是多为无生命的或者有生命但不会误认为施事。对谓语动词的判定参照了王灿龙（1998）、赵焕改（2007）所列的能够进入无标志被动句的动词词表。对不确定的句子，通过搜索北京大学CCL语料库相关谓语动词的主语使用情况进行检验、确认。

2.2.1.3 我们对被动表达偏误从受事主语、被动标志、被动标志后所跟施事、谓语动词四个方面考察，其他的成分不作为判定是否为被动表达偏误的标准。

为了更清晰地获知研究对象，我们将被动表达类型及其所包含的被动表达形式示例如下：

表1 被动表达类型及形式示例

被动表达类型	被动表达形式	用例
无标志被动表达	无标记被动表达形式	（1）地他还种。 （2）我的汉字写得好了，汉语水平也提高了。 （3）*我在身上带的钱也快完了。（缺少谓语动词）
有标志被动表达	（1）“被”字被动表达形式	（4）……无一人【被】判刑。 （5）……必将因违背历史潮流而【被】时代【所】淘汰。 （6）*每年春天和夏天在兵库县甲子园球场高中学生棒球赛【被】进行。（误加“被”字）
	（2）“受”“挨”“遭”遭受义动词构成的被动表达形式	（7）我与李达同志……，同【受】左的摧残…… （8）……我【挨】了一辈子的骂…… （9）他……紧追了半年结果却【遭到】了拒绝。 （10）*她是个【受】封建礼教的女人。（缺少谓语动词）

续表

被动表达类型	被动表达形式	用例
有标志被动表达	（3）“由”字被动表达形式	（11）……【由】授课教师面试批准…… （12）*后果【由】谁来担当。（动词使用不当）
	（4）“加以”和“得到”动词构成的被动表达形式	（13）……老档案很多……需要好好【加以】研究、利用。 （14）我总是能【得到】它们的帮助和劝告。
	（5）“是……的”被动表达形式	（15）我的春假【是】在青岛度过【的】。 （16）*听说它【是】从秦朝开始建。（缺少被动标志“的”）
	（6）“让”字被动表达形式	（17）树【让】挖掉了……
	（7）“给”字被动表达形式	（18）……就【给】扔桌子上了。
	（8）“叫”字被动表达形式	（19）邮票【叫】她给贴倒了。（转引自王还，2012）

为了方便查看与记忆，下文中的无标记被动表达形式将称为“无”类；有标志被动表达8种形式分别被称为“被”类、“遭受”类、“由”类、“加得”类、“让”类、“是的”类、“给”类、“叫”类。

2.2.2　语料的提取及统计方法

2.2.2.1　语料的提取

现代汉语语料：为了尽可能准确地反映书面表达中被动范畴的使用情况，我们从“现代汉语研究语料库”中抽取10000句语料，其中5000句为新闻等题材的书面表达，另外的5000句则是小说题材的书面表达。

留学生语料：由于受到语料库语料量的限制，我们不能细分母语背景。因此，根据学习者母语背景分为两个水平：日语、韩语（同属黏着语）和英语、法语、德语、俄语（同属屈折语），以下简称“日韩”与“英法德俄”。

在母语背景的基础上根据学习时间分为三个汉语水平：初级（学习时间为半年至一年半）、中级（两年至两年半）、高级（三年及以上），各抽取5000句。中介语语料库中所需中级、高级语料不足的部分从HSK动态作文语料库中补足。我们将HSK动态作文语料库证书等极为B级、70≤作文分数＜90的语料作为中级语料；证书等级为A级、作文分数≥90的语料作为高级语料。

2.2.2.2 统计方法

考察留学生被动表达类型及其形式以及偏误的分布情况时以句为单位进行统计。如果句子里多次使用同一种被动表达形式，在统计时仍看作一句，计入所对应被动表达形式使用量。如果一句中包含两种及以上被动表达形式，我们则将其分别统计到相应的被动表达形式数量之下。例如：

（20）这是因为平壤【受到】海洋性气候的影响，而北京【受到】大陆性气候的影响。

（21）【受】教育的所有学生都获得【由】国家负担教育的恩惠。

（22）*况且我脑子里留下的淳朴的印象也渐渐地消灭了。（谓语动词使用不当）

（23）*28岁以前【被】人看得不成熟。（谓语动词使用不当）

在例（20）中使用了两次“受到……影响”，但是它们都属于“遭受”类，统计使用量时，只计入“遭受”类一次。例（21）“受”“由”表明该句的句子成分使用了“遭受”类和“由”类两种被动表达形式，统计使用量时分别计入所用两种表达形式中，各1次。例（22）、（23）都是由于“谓语动词使用不当”而造成的偏误。但是，例（22）属于“无”类，而例（23）属于“被”类。

对被动表达谓语动词的考察依据其所能出现的被动表达形式数量，分为一类、二类、三类、四类等等。考察每类所含的词种（Type）分布。词种（Type）是所用动词的种类，词种数统计时相同的动词不可重复计数。

例如：办理、公开、关注只出现在“无”类中，那么它们属于一类；安排、任命出现在“被”类和“由”类两种被动表达形式中，它们属于二类，以此类推。例（20）两个分句谓语动词都是“影响”，只出现在“遭受”类，属于一类，词种数计为1。

3 研究结果

3.1 日韩与英法德俄汉语学习者被动表达分析

3.1.1 被动表达整体使用情况

日韩与英法德俄初、中、高三个水平对被动表达整体使用情况（包括正确使用与偏误）进行统计、对比如表2所示：

表2　日韩与英法德俄不同汉语水平被动表达整体分布统计

汉语水平 / 母语背景	初级	中级	高级	现代汉语
日韩	4.6%	5.5%	6.8%	8.67%
英法德俄	4.1%	5.2%	6.5%	

在汉语水平上，日韩与英法德俄留学生被动表达整体分布比例随着汉语水平的提高而不断增加，但是与母语者分布比例相较仍然不足。

在母语背景上，日韩与英法德俄相比，日韩被动表达分布比例一直略高于英法德俄被动表达分布比例。这说明日韩背景留学生被动表达习得情况略优于英法德俄背景留学生，但差距很小。

3.1.2　无标志与有标志被动表达使用情况分析

我们对日韩与英法德俄初、中、高汉语水平汉语学习者无标志被动表达与有标志被动表达及其所包含的被动表达形式的使用情况统计如表3所示：

表3　日韩与英法德俄不同汉语水平无标志与有标志被动表达分布情况统计

汉语水平类型	被动表达形式	母语背景	初级	中级	高级	现代汉语
无标志被动表达	“无”类	日韩	62.6%	54.5%	42.9%	49.0%
		英法德俄	60.3%	53.1%	41.7%	
有标志被动表达	“被”类	日韩	16.5%	16.4%	17.1%	20.1%
		英法德俄	17.6%	19.8%	20.9%	
	“遭受”类	日韩	9.6%	11.3%	20.3%	9.7%
		英法德俄	5.9%	7.4%	14.4%	
有标志被动表达	“由”类	日韩	2.1%	2.6%	3.8%	6.2%
		英法德俄	1.5%	2.7%	5.5%	
	“加得”类	日韩	0.9%	0.7%	2.1%	4.6%
		英法德俄	1.5%	2.3%	1.8%	
	“让”类	日韩	0.9%	1.8%	2.4%	4.5%
		英法德俄	2.9%	4.3%	3.1%	
	“是的”类	日韩	7.4%	11.6%	11.1%	3.8%
		英法德俄	9.3%	9.7%	12.3%	
	“给”类	日韩	0	0.7%	0.3%	1.3%
		英法德俄	0.5%	0.7%	0.3%	
	“叫”类	日韩	0	0.4%	0	0.8%
		英法德俄	0.5%	0	0	

在汉语水平上：

日韩和英法德俄留学生无标志被动表达“无”类分布比例随着汉语水平的提高逐渐下降，由过度使用向母语者使用情况靠拢，在高级时呈现出使用略不足的状况。

日韩有标志被动表达中的“被”类、“由”类、“让”类和英法德俄“由”类随着汉语水平的提高使用比例逐渐增加，但仍低于母语者分布比例，反映了这些被动表达形式使用不足的情况。

日韩有标志被动表达“遭受”类和英法德俄“被”类、“遭受”类随着汉语水平的提高分布比例增加并且过度使用，最终超过母语者分布比例。

日韩有标志被动表达“加得”类随着汉语水平提高分布比例先减少后增加；英法德俄有标志被动表达“加得”类、“让”类分布比例则是先增加后减少，但它们与母语者分布比例相较都表现出使用不足的特点。

日韩和英法德俄有标志被动表达“是的”类在初、中、高三个水平上的分布比例都高于母语者分布比例，存在过度使用的现象。

日韩和英法德俄有标志被动表达“给”类、“叫”类在初、中、高三个水平上的分布比例低于母语者分布比例。

在母语背景上：

相同点：日韩和英法德俄各水平的无标志被动表达“无”类分布比例最大；有标志被动表达中的“给”类、“叫”类分布比例最低。

不同点：日韩与英法德俄无标志被动表达“无”类与有标志被动表达8种形式在相同汉语水平上的分布比例大部分都不相同，对被动表达类型的依赖程度也不同。

例如：

（24）礼物刚刚收到。（无标志被动表达“无”类）

（25）石阶两边都【被】岩石掩着。（有标志被动表达“被”类）

（26）因为广告【是】为了更好出售产品做【的】。（有标志被动表达“是的”类）

3.2 日韩与英法德俄汉语学习者偏误分析

3.2.1 被动表达整体偏误率与正确率情况

日韩与英法德俄不同汉语水平被动表达偏误率、正确率的分布情况如表4所示：

表4 日韩与英法德俄不同汉语水平被动表达偏误率统计

汉语水平 / 母语背景	偏正率	初级	中级	高级
日韩	偏误率	7.4%	5.8%	3.8%
	正确率	92.6%	94.2%	96.2%
英法德俄	偏误率	7.8%	4.3%	2.8%
	正确率	92.2%	95.7%	97.2%

日韩与英法德俄留学生被动表达正确率都远高于偏误率，并且随着汉语水平的提高偏误率不断降低，正确率不断提高。这表明了留学生被动表达仍然存在不足，但是向母语者水平被动表达靠拢。

日韩与英法德俄相比，初级水平日韩偏误率略高于英法德俄偏误率；而中、高级水平日韩偏误率低于英法德俄偏误率。

3.2.1 无标志与有标志被动表达偏误情况分析

我们对日韩与英法德俄初、中、高三个水平学习者无标志被动表达与有标志被动表达及其所包含的被动表达形式的偏误情况统计如表5所示：

表5　日韩与英法德俄不同汉语水平无标志与有标志被动表达偏误分布情况

汉语水平类型	被动表达形式	母语背景	初级	中级	高级
无标志被动表达	“无”类	日韩	23.50%	6.20%	7.70%
		英法德俄	18.80%	18.20%	11.10%
有标志被动表达	“被”类	日韩	35.30%	56.40%	15.40%
		英法德俄	37.50%	54.50%	66.70%
	“遭受”类	日韩	29.40%	25%	38.50%
		英法德俄	25%	27.30%	11.10%
	“让”类	日韩	0	6.20%	7.70%
	“是的”类	日韩	11.80%	6.20%	30.70%
		英法德俄	12.50%	0	11.10%
	“给”类	英法德俄	6.20%	0	0

在汉语水平上：

日韩无标志被动表达“无”类、有标志被动表达“遭受”类、“是的”类以及英法德俄有标志被动表达“是的”类偏误分布比例随着汉语水平的提高先减少后增加；日韩有标志被动表达“让”类、英法德俄有标志被动表达“被”类偏误分布比例随着汉语水平的提高而增加。这些都表现出了留学生被动表达偏误的反复性以及顽固性。

日韩有标志被动表达“被”类、英法德俄无标志被动表达“无”类、有标志被动表达“遭受”类偏误分布比例随着汉语水平的提高先增后减；英法德俄有标志被动表达“给”类随着汉语水平的提高而未出现偏误现象，这同样体现了留学生被动表达偏误的反复性，但是最终呈现偏误降低的趋势。

在母语背景上：

相同点：日韩和英法德俄各汉语水平有标志被动表达偏误分布比例都大于无标志被动表达的分布比例。

不同点：日韩和英法德俄无标志被动表达和有标志被动表达及其各种形式在相同的汉语水平时分布比例不同；有标志被动表达形式的种类也不相同。例如，日韩中、高级汉语水平留学生存在“让”类偏误，而英法德俄留学生中、高级则不存在该偏误形式；英法德俄初级存在“给”类偏误，日韩初级则没有。

例如：

（27）*丈夫说这样的话真不了解。（无标志被动表达“无”偏误）

（28）*发现了田里的苗都【被】死了。（有标志被动表达“被”类偏误）

（29）*建筑其实都【是】英国造成【的】。（有标志被动表达“是的”类偏误）

3.3 日韩与英法德俄汉语学习者被动表达形式谓语动词使用情况分析

我们对日韩与英法德俄初、中、高三个水平汉语学习者被动表达谓语动词所出现的被动表达形式数量进行统计如表5所示：

表6 日韩与英法德俄各水平谓语动词所出现被动表达形式数量分布统计情况

汉语水平类别	母语背景	用例	初级	中级	高级	现代汉语
四类	日韩	吃	—	—	—	0.19%
三类		解决	—	—	0.49%	2.30%
二类		叫作、实行	8.70%	9.41%	7.39%	9.96%
一类		允许、了解	91.30%	90.59%	92.12%	87.55%
合计			100%	100%	100%	100%
四类	英法德俄	解决、吃	—	—	0.44%	0.19%
三类		打、吃	0.95%	1.16%	0.44%	2.30%
二类		叫、知道	2.86%	11.63%	11.95%	9.96%
一类		承担、打败	96.19%	87.21%	87.17%	87.55%
合计		—	100%	100%	100%	100%

通过对比表5统计情况的发现：

在汉语水平上：

日韩和英法德俄谓语动词所能出现的被动表达形式类别量随着汉语水平的提高而增加，向母语者被动表达谓语动词类别发展。这表明谓语动词表达的丰富性提高。

日韩和英法德俄各水平留学生与母语者一样，一类谓语动词占了大部分，达到87%以上。随着汉语水平的提高，日韩一类分布比例呈现先减后增的趋势，各汉语水平都存在过度使用的问题；英法德俄“一类”谓语动词的分布比例不断趋向母语者分布比例。

日韩谓语动词二类分布比例随着汉语水平的提高先增后减，但是与母语者相比各汉语水平仍然比例不足；英法德俄二类分布比例随着汉语水平提高而增加，与母语者相比较，初级水平比例不足，中、高级水平占比过大。

日韩谓语动词三类分布比例随着汉语水平发展而增加，但仍低于母语者占比；英法德俄谓语动词三类分布比例随着汉语水平提高先增后减，各汉语水平都存在使用不足的问题。

日韩四类谓语动词没有，英法德俄四类分布比例略高于母语者分布比例。

在母语背景上：

相同汉语水平，英法德俄类别量多于日韩类别量，日韩谓语动词比英法德俄更依赖一类。

日韩与英法德俄都主要依赖一类。初级汉语水平一类谓语动词分布比例日韩低于英法德俄，而中、高级分布比例日韩都高于英法德俄。

初级汉语水平二类谓语动词分布比例日韩高于英法德俄，而中、高级分布比例日韩都低于英法德俄。

三类谓语动词日韩直到高级汉语水平才出现；英法德俄则初、中、高三个水平都有。日韩高级分布比例略高于英法德俄分布比例。

各汉语水平的日韩谓语动词都没有四类，英法德俄高级水平谓语动词出现四类。

4 讨论

4.1 汉语水平对留学生被动表达模式变化、发展的影响

中介语是一个随着汉语水平的提高不断变化、发展的动态系统（刘珣，2000）。被动表达作为中介语中重要的表达形式，随着汉语水平的提高其被动表达模式也是变化、发展的。

总体而言，随着汉语水平的发展，留学生被动表达模式向母语者被动表达模式接近，表现在：日韩与英法德俄被动表达整体分布比例随着汉语水平的提高向母语者分布比例发展；日韩与英法德俄总偏误率随着汉语水平的提高不断降

低，正确率不断上升；日韩无标志被动表达与有标志被动表达的分布比例随着汉语水平的发展到达与母语者分布比例相似的形态等等。

这些都体现了留学生被动表达模式随着汉语水平的发展而发展并且向母语者被动表达模式接近的趋势。

但是，留学生被动表达模式并不是呈直线式地向目的语靠拢，而是曲折发展。

无论是日韩还是英法德俄，各个汉语水平的“是的”类都存在过度使用的情况。

随着汉语水平的提高，日韩“遭受”类偏误和英法德俄“加得”类呈U型趋势；日韩“被”类偏误、英法德俄“让”类和“遭受”类偏误呈倒U型趋势。

这些表明了汉语水平的提高留学生被动表达模式向母语者表达模式靠拢，呈现曲折发展的趋势。

4.1 母语背景对留学生被动表达模式的影响

由于语言的共性与个性差异，受两种不同的语言类型被动表达的影响，日韩与英法德俄被动表达模式也存在相同点和不同点，表现在：

相同点：日韩与英法德俄各水平被动表达总体分布都不足；日韩与英法德俄初、中级都是以无标志被动表达为主，其次是有标志被动表达；高级则都是以有标志被动表达为主，其次是无标志被动表达；日韩与英法德俄三个汉语水平“无”类使用量分布比例都超过“被”类，偏误分布比例“无”类低于“被”类；在谓语动词类别上都主要依赖一类，其次是二类。

不同点：在被动表达整体分布上，各汉语水平日韩使用的充分程度都略高于英法德俄；相同汉语水平日韩与英法德俄被动表达形式分布比例不完全相同，偏误率也不一致，谓语动词类别也存在差异。

这些相同点与不同点，正是母语背景共性与个性差异所造成的影响在被动表达模式上反映。

5 结论

本文通过对日韩和英法德俄初、中、高三个汉语水平被动表达模式对比分析得出以下结论：

日韩与英法德俄留学生被动表达模式在被动表达会随着汉语水平的发展向母

语者被动表达模式靠拢。表现在：

随着汉语水平的提高，日韩与英法德俄被动表达使用越来越充分；整体正确率也越来越高；整体偏误率越来越低；谓语动词所属被动表达形式的类别越来越丰富。它们都呈现向母语者被动表达模式发展的趋势。

日韩与英法德俄留学生被动表达模式与母语者被动表达模式对比仍存在一些差距，表现在：日韩与英法德俄各汉语水平被动表达在使用充分性、正确率以及各类型被动表达的正确性仍需进一步提高；在无标志与有标志被动表达分布比例以及谓语动词所属被动表达形式类别上存在过度使用和使用不足的情况。

日韩与英法德俄被动表达模式在对被动表达类型的依赖程度，被动表达形式的丰富性、谓语动词所属被动表达形式丰富性上也不尽一致。

参考文献

[1] 韩　阳（2006）欧美学生“被”字句习得情况考察，北京语言大学硕士学位论文。

[2] 黄月圆、杨素英、高立群、张旺熹、崔希亮（2007）汉语作为第二语言“被”字句习得考察，《世界汉语教学》第2期。

[3] 李大忠（2007）《外国人学汉语语法偏误分析》，北京：北京语言大学出版社。

[4] 李临定（1980）“被”字句，《中国语文》第6期。

[5] 刘　姝（2005）汉日被动句谓语动词比较——日本学生汉语“被”字句偏误兼析，《云南师范大学学报（对外汉语教学与研究版）》第5期。

[6] 刘　珣（2000）《对外汉语教育学引论》，北京：北京语言大学出版社。

[7] 柳英绿（2000）韩汉语被动句对比——韩国留学生“被”动句偏误分析，《汉语学习》第6期。

[8] 吕文华（1985）“由”字句——兼及“被”字句，《语言教学与研究》第2期。

[9] 吕文华（2013）“被”字句和意义被动句的教学构想，《语言教学与研究》第2期。

[10] 马纯武（1981）也谈“被”字句的语义问题，《中国语文》第6期。

[11] 彭淑莉（2006）留学生汉语被动句输出情况的调查研究，《云南师范大学学报（对外汉语教学与研究版）》第6期。

[12] 施家炜（1998）外国留学生22类现代汉语句式的习得顺序研究，《世界汉语教学》第4期。

[13] 王　还（1983）把字句和被字句，《中国语文》第6期。

[14] 王灿龙（1998）无标记被动句和动词的类,《汉语学习》第5期。

[15] 王振来（2004）韩国留学生学习被动表述的偏误分析,《云南师范大学学报（对外汉语教学研究）》第4期。

[16] 吴门吉、周小兵（2005）意义被动句与“被”字句习得难度比较,《汉语学习》第1期。

[17] 赵焕改（2007）汉语无标记被动句的使用条件，北京语言大学硕士学位论文。

留学生单双音节同义词及搭配关系的习得过程

李雪春

摘要：本文从《汉语水平词汇与汉字等级大纲》中的甲、乙级词汇中，挑选符合条件的同素单双音节同义词，形成单音节+单音节[1+1]、单音节+双音节[1+2]、双音节+单音节[2+1]、双音节+双音节[2+2]的四种搭配组合，如“改正错误、改正错*、改错误、改错”。这些搭配的结构包括动宾和偏正两种大类。最后通过实验研究，观察留学生对这些搭配的习得情况，得出以下结论：（1）留学生在习得同素单双音节同义词过程中，单音节同义词的搭配习得要好于双音节同义词的搭配习得。（2）同素单双音节同义词搭配的四种音节模式呈现“2+2＞1+1＞2+1＞1+2”的习得模式。（3）留学生在同素单双音节同义词的搭配结构上存在差异，不论在哪个水平，偏正结构的习得要好于动宾结构。（4）留学生音节搭配模式随着水平升高而变好。在二语学习者的初级阶段，教学者应该利用各种不同的教学策略和方法加深同素单双音节同义词音节搭配知识的输入，从而逐步建立和完善的二语者心理词典。

关键词：同素单双音节　同义词　音节搭配　习得

1　引言

自从吕叔湘先生（1963）对单双音节同义词的问题进行初探之后，很多学者开始重视这类问题。张国宪（1989）、谢红华（2001）、王蕊（2005）对单双音节同义词的异同进行对比分析。刘淑娥、赵静贞（1987）、李泉（2001）、季瑾（2005）、陈海燕（2007）对不同词性的单双音节同义词进行了研究。张国宪（1990）、端木三、陆丙甫（1991）、冯胜利（1996、1997、1998）、谢红华（1999）等对音节搭配进行了本体研究，研究发现汉语中的音节搭配以偏双音化为主导，也就是双音节和双音节，单音节和单音节搭配占主导。钱旭菁（2010）发现了汉语学习者出现偏误种类中较多的是同义词的搭配偏误，其中包括词单双音节搭配的问题。刘春梅（2007）对留学生单双音节同义名词的偏误进行了分析，认为留学生出现用词偏误主要原因之一是没有完全掌握这些同义词的语义差异、色彩差异、语体差异以及搭配差异方面的知识。可见，同素单双音节同义词的知识是留学生同义词知识比较薄弱的部分，为了考察他们这方面的知识掌握情况，本文试图通过问卷调查的方式和数据统计的方法从音节的方面考察留学生对同义词音节搭配的习得情况，希望通过描述留学生的音节搭配习得状况，为二语同义词习得研究提供新的视角。

2 研究内容

谢文庆（1982）曾从构词音节的角度将同义词分为了三类，其中一类为同素单双音节同义词，指的是它们的意思相同或者相近，但是必须含有相同的语素如“租—出租”。这种同义词不论在形式、用法还是语义上都有很高的相似度，留学生容易误选，导致说出的句子不自然不地道。为了让留学生更加熟悉和了解同义词词汇的特点，本文自然而然将这类词作为研究的对象，同时这些词语还必须满足以下的基本条件：

（1）首先，单音节词必须可以自由成词的，也就是单音节同义词的语素可以自由地在短语层面或句子中存在的。比如“租”可以组成“租房子”“租车子”的搭配。

（2）两者的同义需要在现代汉语词典中有相同或者相近的解释，要么用其中一个词解释另一个，或者是两者的释语一样。这样的释语可以让它们的同义程度较高。

（3）因为实词占次词汇中的比例较高，而且虚词的问题比较复杂，所以考察的词语词性主要是实词中的名词，动词和形容词，也就是两者词性必须一样，必须同是三种中的其中一种。对于类似方位词同义词“左—左边”“北—北边”，副词同义词如“刚—刚才”“更—更加”等方面的单双音节同义词不计在内。另外，重叠形式的单双音节同义词如“稍—稍稍”“偏—偏偏”等也不考虑。

三、单双音节同义词及其搭配的实证性研究

3.1 实验设计

实验采用2（同义词的音节数）×2（搭配词的音节数）×2（词语搭配的结构类型）×3（汉语水平）四因素混合实验设计。其中因素一是被试内因素“同义词音节数”分为单音节同义词和双音节同义词；因素二为被试内因素“搭配词的音节数”，分为搭配的单音节词和搭配的双音节词；因素三是被试内因素“词语搭配的结构类型”，分为动宾结构，偏正结构；因素四是被试间变量“留学生汉语水平”，分为初级、中级、高级三个水平。

3.2 实验对象

实验对象是来自北京语言大学、北京联合大学国际交流学院和北京航空航天大学的留学生。其中大部分被试来自东南亚和日韩地区，有9名被试来自阿拉伯国家，3名来自欧洲地区。由于很多学生没有HSK成绩，所以施测者根据留学生学习年限和汉语老师的评价对其水平来进行划分：初等水平是指在中国学习汉语在一年到两年之间；中等水平是在中国汉语学习时间在两年到三年之间；高等水平为在中国汉语学习时间在三年或三年以上。然后根据汉语老师对其留学生的汉语水平的判定，再对被试的汉语水平做一定的调整。最终，确定选择了60名被试，其中初、中、高级各20名。

3.3 实验材料

3.3.1 搭配的动词、名词、形容词

《汉语水平词汇与汉字等级大纲》是留学生学习汉语的一个重要考察指标，所以本文从《汉语水平词汇与汉字等级大纲》中甲乙级词汇中选取相关词汇，然后结合《现代汉语词典》的释义，挑选符合条件的单双音节同义词，接着将这些词汇，按照语义合理性和音节数对其两两搭配，将它们按照[1+1]、[1+2]、[2+1]、[2+2]的搭配形式组合，比如“背诵-背”和“课文-课”这两个符合条件的同义词组，按照要求组合成“背诵课文”“背诵课”“背课文”“背课”四种模式搭配。最后，形成这样的20组这样的组合，也就是共80个词语组合，匹配后形成20个[2+2]，20个[1+1]、20个[1+2]、20个[2+1]搭配。

3.3.2 词语之间的搭配结构

形成的搭配中，还加入了结构这一因素，比如有动宾结构的“打开窗户”“打开窗”“开窗户”“开窗”，偏正结构的“技术工人”“技术工”“技工人”“技工”等。最后，动宾结构的搭配占40个，偏正结构的搭配占40个。

3.3.3 问卷设计

由于填充材料可以避免留学生的反应策略和随机性，它可以让实验结果更为真实，所以根据实验材料的80个词语搭配，匹配了相应的80个词语组合作为填充材料，最终将这160个词语搭配随意打乱。如：

打开窗户（ ）开窗（ ）关闭道路（ ）黑气（ ）
害怕米（ ）牛肉面（ ）开窗户（ ）打开窗（ ）

然后要求学生按照自己的判断对其进行判定，得到关于音节搭配的问卷。

3.4 实验程序

实验为纸笔测试，将160个词语搭配随机排列，以问卷形式发给被试并要求在一定时间内做出判断，正确的打“√”，错误的打“×”。测试期间不能查阅工具书和字典，根据自己所学知识来判断。回收问卷后，计分标准如下：选择正确答案计1分，选择错误答案计0分。

3.5 实验结果分析

根据问卷调查的结果，针对四种音节搭配的种类和其搭配类型在不同水平上的正确率进行统计，再使用SPSS软件对数据进行重复测量方差分析（如表1所示，括号中为正确率）。

表1 不同汉语水平被试单双音节同义词语搭配的成绩正确率（表格内为%）

音节类型	搭配类型	初级		中级		高级	
1+1	动宾	0.51	0.58	0.67	0.75	0.81	0.85
	偏正	0.66		0.83		0.88	
1+2	动宾	0.45	0.51	0.61	0.62	0.72	0.66
	偏正	0.56		0.63		0.70	

续表

音节类型	搭配类型	初级		中级		高级	
2+1	动宾	0.66	0.68	0.67	0.71	0.75	0.78
	偏正	0.76		0.75		0.81	
2+2	动宾	0.61	0.64	0.74	0.78	0.81	0.85
	偏正	0.67		0.71		0.88	

方差统计结果显示，单双音节同义词主效应显著，$F(1, 57)=32.657$，$p<0.0005$。这说明单音节词同义词的音节搭配与双音节同义词的音节搭配（即1+1，1+2与2+1，2+2）存在差异。观察数据得知单音节和单音节、单音节和双音节要比双音节和单音节、双音节和双音节的正确率低，也就是双音节同义词的音节搭配习得好于单音节同义词的音节搭配（如表2所示）。

表2　单双音节同义词的总成绩及正确率（表格内为%）

音节类型	总成绩	正确率
1+1，1+2	26.4	0.66
2+1，2+2	29.6	0.74

被试汉语水平主效应显著，$F(2, 57)=115.645$，$p<0.0005$。这说明被试的不同的汉语水平测试结果存在差异。从数据结果来看，测试正确率（正确率是单音节和单双音节、单音节和双音节、双音节和单音节、双音节和双音节的成绩的正确率）由低至高的排序为初级<中级<高级，汉语水平越高，测试的总成绩越高（如表3所示）。

表3　汉语水平的总成绩和正确率（表格内为%）

汉语水平	总成绩	正确率
初级水平	48	0.6
中级水平	57.6	0.72
高级水平	63.2	0.79

同义词的单双音节数和被试的汉语水平的交互作用显著，$F(2, 57)=7.760$，$p=0.001$，实验结果显示，单音节同义词和双音节同义的正确率随着水

平的提高而提高，同时单音节和双音节词语的差距随着汉语水平的升高而缩小，也就是说两种词语的音节搭配模式都在随着汉语水平的不断变化而发展的（如下图1所示）。

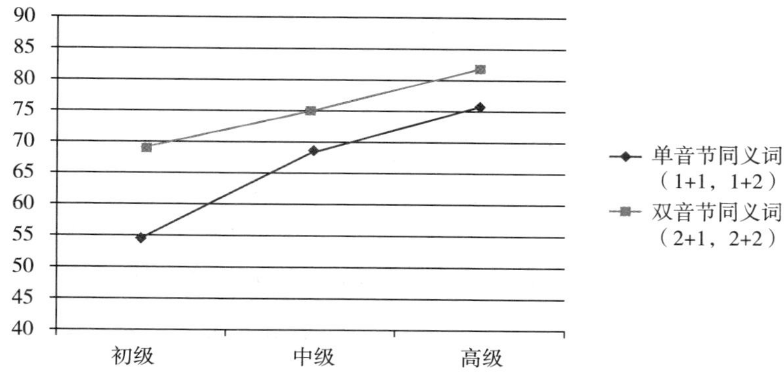

图1　单音节同义词和双音节同义词在不同水平上的差异

搭配词语的音节数主效应显著，$F(1, 57)=22.240$，$p=0.000$。这说明单双同义词在搭配词语的音节上存在差异。从数据结果观察得知，单音节和单音节、双音节和单音节的总成绩好于单音节加双音节、双音节加双音节，也就是说同义词后面的搭配词存在音节效应，搭配单音节更容易习得（如表4所示）。

表4　单双音节搭配词语音节的总成绩和正确率（表格内为%）

音节类型	总成绩	正确率
1+1，2+1	29.2	0.73
1+2，2+2	27.2	0.68

搭配词语的音节数和被试的汉语水平的交互作用不显著，$F(2, 57)=0.956$，$p=0.390$，这说明搭配单音节和搭配双音节词语（1+1，2+1和2+1，2+2）在不同汉语水平上没有差异，两种搭配词的搭配在水平上的影响是一致的。总的来说，单双音节同义词在搭配词的音节上随着水平的增高而增高，而且搭配单音节比搭配双音节的成绩要好，但两者之间的差距没有随着水平的降低，反而在高级呈现微长的趋势（如图2所示）。

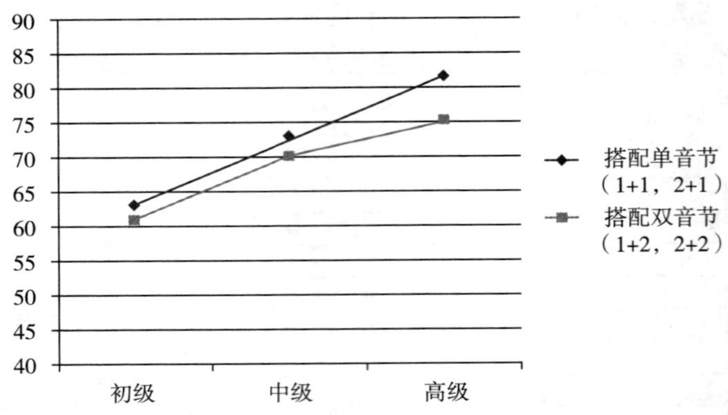

图2　搭配词语的音节数和被试的汉语水平的差异

单双音节同义词和搭配词的音节数的交互作用显著，F（1，57）=41.734，p=0.000，也就是说单双音节同义词在搭配词的音节上存在差异。总体来看，双音节和双音节，单音节和单音节、双音节和单音节，单音节和双音节的成绩呈递减趋势，也就是单音节和双音节（1+2）搭配的习得成绩差异最差（如图3所示）。

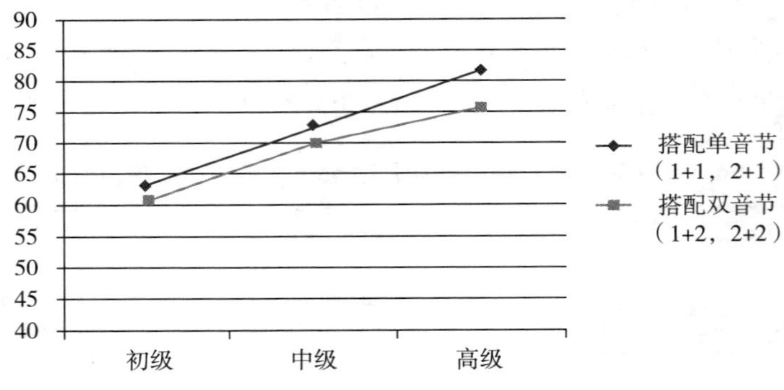

图3　同义词音节四种搭配模式的正确率

在单双音节同义词、同义词搭配的音节数和被试的汉语水平三者的交互作用显著，F（2，57）=9.469，$p<0.0005$。为了更深入了解各因素之间的关系，我们进一步对三个因素做简单简单效应检验，结果发现：在单音节同义词水平上，搭配词的音节数在各水平上效应显著，高级水平是F=（1，57）=107.07，$p<0.0005$，中级水平是F=（1，57）=109.14，$p<0.0005$，初级水平是F=（1，57）=100.98，$p<0.0005$。在双音节同义词的水平上，搭配词的音节数在高级水平和中级水平上部分显著，F=（1，57）=7.88，p=0.007（高级水平），F=（1，57）=9.84，p=0.003（中

级水平）；在初级水平中不显著，$F=(1, 57)=0.25$，$p=0.622$。

单双音节同义词效应和搭配词音节的结合的水平上，汉语水平效应显著。也就是各水平在的四种搭配模式上的差异显著：单音节和单音节搭配是$F=(2, 57)=32.74$，$p<0.0005$，单音节和双音节搭配是$F=(2, 57)=40.27$，$p<0.0005$，双音节和单音节搭配是$F=(2, 57)=6.86$，$p<0.0005$，双音节和双音节的搭配是$F=(2, 57)=22.50$，$p=0.000$。总的来看，就是在每个搭配模式都是高级水平＞中级水平＞初级水平（如图4所示）。

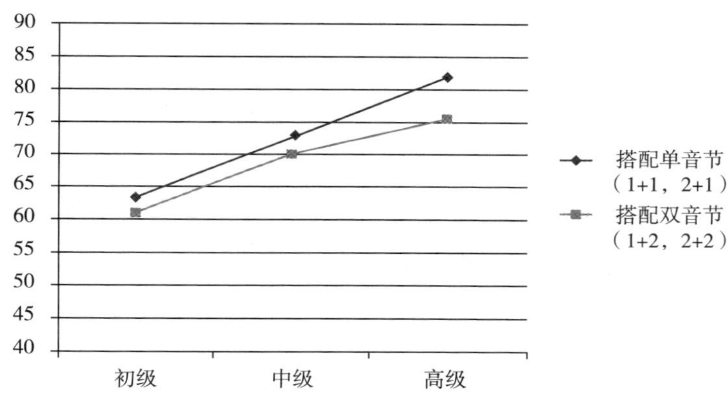

图4　单双音节搭配和被试的汉语水平的差异

被试词语搭配的结构类型主效应显著，$F(1, 57)=51.471$，$p<0.0005$。这说明单双同义词在搭配词语的结构类型上存在差异。检验的结果显示，词语搭配的动宾结构总成绩好于偏正结构，也就是单双音节词语搭配存在结构效应（如表5所示）。

表5　单双音节词语搭配结构类型的总成绩和正确率（表格内为%）

搭配类型	总成绩	正确率
动宾	26.8	0.67
偏正	29.6	0.74

单双音节同义词搭配的结构类型和被试的汉语水平的交互作用显著，$F(2, 57)=3.594$，$p=0.034$。也就是说词语搭配的结构在不同汉语水平上存在差异，总体来看，两种词语搭配结构随着被试水平的增加，并且偏正结构的正确率要高于动宾结构，但是两者之间的差异又随着水平的升高而减小（如图5所示）。

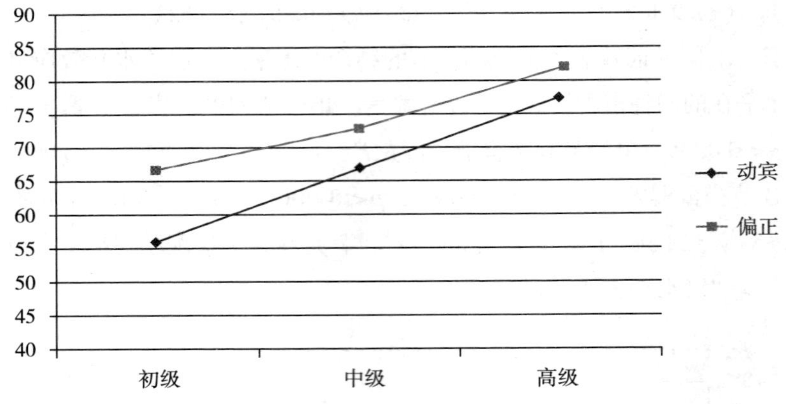

图5　单双音节搭配的结构类型和被试的汉语水平的差异

单双音节同义词和搭配类型交互作用不显著，$F(1, 57)=2.068$，$p=0.156$。总体上观察，在单音节同义词的搭配上，动宾结构的正确率要低于偏正结构，在双音节同义词的搭配上同样也是偏正好于动宾，而且动宾和偏正结构在单音节同义词的搭配类型上差异略大（如图6所示）。

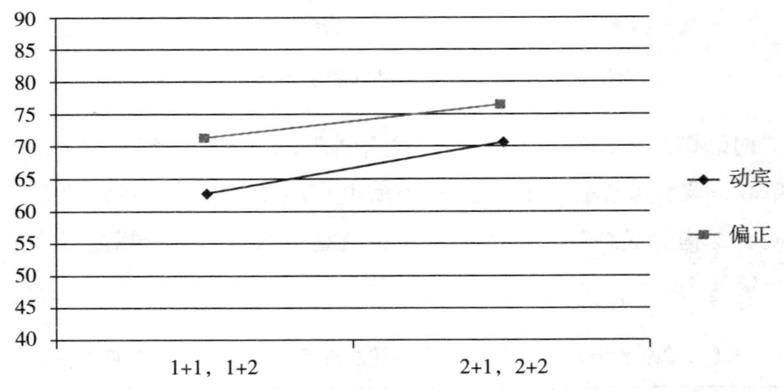

图6　单双音节同义词在结构类型上的差异

搭配词的音节和搭配类型交互作用显著，$F(1, 57)=18.932$，$p<0.0005$，也就是说词语搭配的结构类型在搭配音节上存在差异。总体来看，不论是搭配单音节还是双音节，偏正结构的正确率都高于动宾结构，而且两者的差异在搭配双音节的时候更小，在搭配单音节的时候差异较大（如图7所示）。

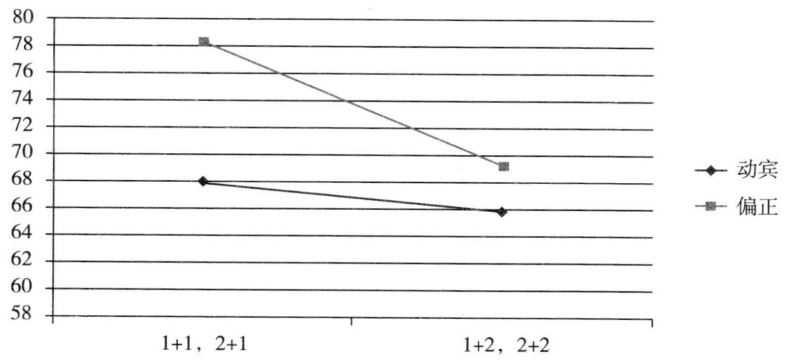

图7　搭配词的单双音节在结构类型上的差异

同义词的单双音节数、单双音节同义词搭配的音节数、单双音节词搭配的结构类型的交互作用显著，$F(1, 57)=9.480$，$p=0.003$，也就是说这三者之间的确存在差异。进一步对三种因素进行简单简单效应分析，得出结果如下，在单音节加单音节、双音节加单音节，双音节加双音节的水平上，结构效应显著$F(1,59)=54.37$，$p<0.0005$（单音节+单音节）；$F(1,59)=19.24$，$p<0.0005$（双音节+单音节）；$F(1, 59)=17.55$，$p<0.0005$（双音节+双音节）；但是在单音节加双音节的水平上，结构效应不显著$F(1, 59)=0.74$，$p=0.0392$。总的观察，在单音节加单音节的模式上，结构效应最大。但是在单音节加双音节的搭配上不存在结构效应（如图8所示）。

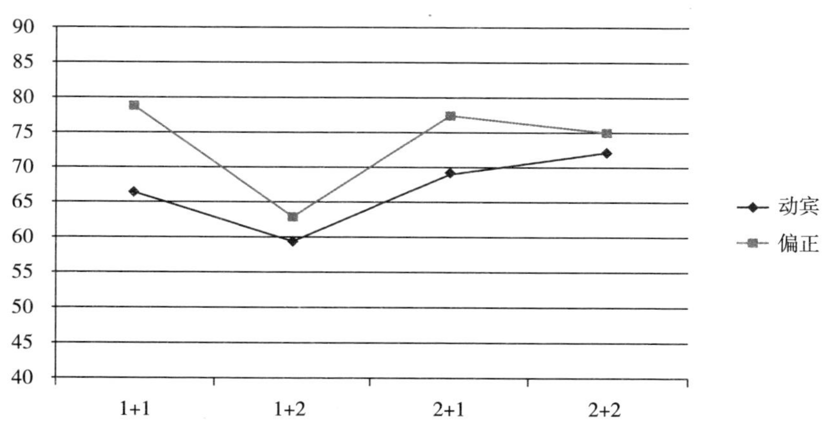

图8　词语搭配类型和搭配结构的差异

同义词的单双音节数、单双音节词搭配的结构类型和被试的汉语水平的交互作用边缘显著，$F(2,57)=3.155$，$p=0.050$。单双音节同义词搭配的音节数和单双音节词搭配的结构类型和被试的汉语水平不显著，$F(2,57)=0.192$，$p=0.825$。同义词的单双音节数、单双音节同义词搭配的音节数、单双音节词搭配的结构类型和被试的汉语水平四者的交互作用不显著$F(2,57)=2.192$，$p=0.121$，因为这些不是本文考察的重点，所以不多做分析。

4 综合讨论

4.1 音节搭配对单双音节同义词的影响

实验结果表明，单双音节同义词在搭配音节上对留学生同素同义词的习得是有影响的，总体呈现2+2＞1+1＞2+1＞1+2。另外，四种搭配模式之间的差异会还会受到汉语水平的制约。在初级阶段，学习者习得情况是2+2＞2+1＞1+1＞1+2，而在中高级阶段，情况是2+2＞1+1＞2+1＞1+2。不难发现，四种搭配模式在三个阶段都呈现逐渐增长的发展。其中2+2搭配在三个阶段发展保持稳步发展，1+1、1+2搭配在三个阶段的发展呈现的是快速到缓慢的过程，2+1的搭配在三个阶段则呈现缓慢发展的过程。二语学习者对于偶数搭配节律知识的认知要好与奇数音节搭配知识，而且两者的差距随着汉语水平的发展不断缩小。

从汉语的自身特点来分析，产生这些认知差异的原因可能是在汉语词汇系统中，词汇受双音化的影响。刘智伟（2007）提到，汉语在双音化的过程中，双音节词并没有能完全取代单音节，所以在融合过程中，由于语法等各种因素的影响也产生了分化的结果，分化出很多单音节和双音节都能独立使用的情况。这样使得词汇搭配知识变得复杂。这些特点对留学生的词汇学习产生了影响，他们会更容易掌握四音节和双音节的搭配模式，而不容易掌握三音节的搭配模式。但是，随着学习汉语的时间增长，二语学习者对双音化的韵律感逐渐增强，高级水平的二语学习者已经掌握基本的搭配模式规律。

4.2 结构搭配对单双音节同义词习得的影响

总体来说，搭配的偏正结构都比动宾结构更容易习得，这与刘莉（2010）在《中国语言生活状况报告》语料库关于音节的统计的情况大体相符合，她所统计的音节组合中，偏正结构占其中的4/5，动宾结构次之。其中，结构效应在1+1、2+2搭配的类型上影响都比较显著，也就是留学生在偶数搭配中，存在结构差异。而在三音节中，结构的影响各不相同。为什么在三音节搭配习得的时候出现分化？可能是因为三音节的搭配在汉语中会随着结构的不同而呈现不同的特点，比如动宾（V+N）的结构中2+1是不好的形式，而偏正（N+N）中1+2是不好的模式，而偶数搭配却没有这样的结构规律限制，所以容易习得。从数据可看出，结构因素对双音节加单音节有影响，而对单音节加双音节的搭配影响不显著，这从侧面反映出留学生对于汉语动宾结构的音节搭配规律的感知要强于对偏正的搭配规律的感知。

4.3 音节搭配习得是一个发展的过程

词汇的知识不仅包括词语意义，语法意义，句法功能等方面，同时还包括词汇搭配方面的知识，搭配知识涉及音节搭配的内容。留学生的词汇习得是一个从简单到复杂，从搭配单一到搭配丰富，从模糊到准确的过程。对于音节搭配的习得，总的来说，考察的留学生基本体现了渐进发展的一个过程，随着水平的升高，由初级水平开始对单音节和单音节，双音节和单音节的音节，单音节和双音节搭配模式的模糊性，逐渐深向发展到高级的偶数搭配优势化的现象，对于三音节，也渐渐呈现出对动宾搭配规律的认知，这体现一个不断完善，调整，发展的音节搭配习得过程。他们在与汉语接触的过程中，随着时间的增加逐渐向汉语的词汇系统靠拢，当然在这过程中，每个阶段呈现了每个阶段不同的特点，在习得这些音节搭配的过程中，对这些规律的感知加深，慢慢完善他们心理词典中对同义词词条建设，使二语学习者对于第二语言词汇习得逐渐形成和加强，这对他们的词汇系统的推动具有重大的意义。

5 结论

本实验通过实验设计的方法，通过不同水平的留学生进行单双同义词音节搭配的考察，现在根据实验结果总结如下：

留学生在习得同素单双音节同义词过程中，确实受音节效应的影响。单音节同义词的搭配习得要好于双音节同义词的搭配习得。

关于同素单双音节同义词搭配的四种音节模式（2+2，1+1，2+1，2+2），总的来说，呈现2+2＞1+1＞2+1＞1+2的习得模式。另外，这些搭配模式习得在不同汉语阶段呈现不同的习得特点。初级水平的时候，2+2＞2+1＞1+1＞1+2，且2+2和2+1之间的差异不明显；中级和高级水平，2+2＞1+1＞2+1＞1+2，在高级水平上，2+2和1+1之间的差异不明显。

留学生在同素单双音节同义词的搭配结构上存在差异，不论在哪个水平，偏正结构的习得要好于动宾结构。在四种同素单双音节同义词的搭配模式上，搭配结构的影响不一。在2+2、1+1和2+1的搭配模式上，搭配结构的效应显著，但是在1+2的模式上不显著。

留学生音节搭配的习得是一个发展的过程，音节意识在发展中逐渐得到加强，音节搭配模式随着水平升高而变好。初级阶段的音节搭配模式虽然有一定的规律，但是规律和母语的音节搭配规律不相符，到了中高级阶段搭配模式逐渐向母语的语言规律靠拢。

参考文献

[1] 陈海燕（2007）含相同语素的单双音节同义名词研究，四川大学硕士学位论文。

[2] 端木三（1999）重音理论和汉语词长选择，《中国语文》第4期。

[3] 冯胜利（1997）《汉语的韵律、词法和句法》，北京: 北京大学出版社。

[4] 冯胜利（1996）论汉语的韵律词，《中国社会科学》第1期。

[5] 冯胜利（1998）论汉语的“自然音步”，《中国语文》第1期。

[6] 季　瑾（2005）HSK甲级单双音同义动词部分不可替换的类型探析，《语言教学与研究》第5期。

[7] 刘春梅（2007）留学生单双音同义名词偏误统计分析，《语言教学与研究》第3期。

[8] 刘　莉（2010）现代汉语三音节组合多角度考察，华中师范大学硕士学位论文。

[9] 刘淑娥、赵静贞（1987）谈单音词与双音词组成的同义副词，《语言教学与研究》第3期。

[10] 吕叔湘（1963）现代汉语单双音节问题初探，《中国语文》第1期。

[11] 李　泉（2001）同义单双音节形容词对比研究，《世界汉语教学》第1期。

[12] 刘智伟（2007）试析含同一语素的同义单双音节动词并存并用的原因，《河北师范大学学报》第1期。

[13] 王　蕊（2005）单双音节同义副词研究，上海师范大学硕士学位论文。

[14] 谢红华（2001）单双音节同义方位词补说，《语言教学与研究》第2期。

[15] 谢文庆（1982）现代汉语同义词的类型，《语言教学与研究》第2期。
[16] 杨慧丽（2009）含同一语素同义单双音节形容词研究，《语文学刊》第7期。
[17] 张国宪（1989）单双音节动作动词语用功能差异研究，《汉语学习》第4期。
[18] 张国宪（1990）单双音节动作动词搭配功能的差异，《上海师范大学学报》第1期。
[19] Lu Bingfu and Duanmu San（1991）A Case Study of the Relation Between Rhythm and Syntax in Chinese, Paper presented at the Third North America Conference on Chinese Linguistics.

附录

同素单双音节同义词搭配问卷

姓名：　　　　国籍：　　　　学习汉语的时间：

判断下列词语的搭配是否正确，正确的打“√”，错误的打“×”。（Judging the following word collocation, indicating correct ones with “√”, and incorrect ones with “×” .）

学习节日（　）	学节（　）	穷国家（　）	改错误（　）
鲜面（　）	男厕所（　）	学节日（　）	种植树（　）
练武（　）	阅读报（　）	选择春天（　）	爱国（　）
读报纸（　）	鲜花商店（　）	背课文（　）	节约水（　）
贫穷国（　）	赠送礼物（　）	黑暗空气（　）	怕米（　）
节约裤子（　）	选春（　）	打开天空（　）	忘记分钟（　）
窗声（　）	喜欢书（　）	史书（　）	生长兔（　）
小雨伞（　）	赠送礼（　）	穷国（　）	黑空气（　）
练习武（　）	安静教师（　）	练习武术（　）	长兔（　）
白老虎（　）	热爱国（　）	技术工人（　）	黑气（　）
生长兔子（　）	历史书（　）	开窗户（　）	喜欢钱（　）
花店（　）	读报（　）	鲜面条（　）	节裤子（　）
技术工（　）	送礼（　）	购买鲜花（　）	重大事（　）
大事（　）	果树木（　）	忘分（　）	冷天气（　）
关闭道路（　）	买花（　）	牛肉面（　）	选择春（　）
学习舞蹈（　）	爱国家（　）	改错（　）	改正错（　）

续表

重大事情（ ）	热爱国家（ ）	大事情（ ）	白虎（ ）
送礼物（ ）	学舞蹈（ ）	女性学生（ ）	怕米饭（ ）
快乐米饭（ ）	男厕（ ）	鸡蛋汤（ ）	相信鬼（ ）
学舞（ ）	鲜花店（ ）	白色老虎（ ）	美草（ ）
演歌（ ）	错味（ ）	男生厕（ ）	阅读报纸（ ）
技工（ ）	改正错误（ ）	研究画（ ）	歌曲店（ ）
寒冷天（ ）	忘分钟（ ）	节裤（ ）	喜欢笔（ ）
干燥书本（ ）	窗户声音（ ）	蔬菜房（ ）	错误味道（ ）
大房间（ ）	臭袜子（ ）	背课（ ）	种树（ ）
歌店（ ）	演歌曲（ ）	打扫床铺（ ）	错误味（ ）
节约钱（ ）	浪费水（ ）	高个子（ ）	买鲜花（ ）
干书本（ ）	窗户声（ ）	女性生（ ）	静师（ ）
蔬菜房间（ ）	冷天（ ）	新鲜面条（ ）	水果树木（ ）
浪费钱（ ）	水果树（ ）	美丽包子（ ）	开天空（ ）
女生（ ）	中国人（ ）	害怕米饭（ ）	种植树木（ ）
打开窗户（ ）	寒冷天气（ ）	打开窗（ ）	扫床铺（ ）
关道路（ ）	外国人（ ）	表演歌曲（ ）	开窗（ ）
想象力（ ）	干书（ ）	技工人（ ）	贫穷国家（ ）
静教师（ ）	美丽草（ ）	花商店（ ）	快乐山（ ）
白色虎（ ）	练武术（ ）	背诵课文（ ）	教育人（ ）
猪肉包（ ）	开天（ ）	果树（ ）	背诵课（ ）
乐山（ ）	历史书本（ ）	种树木（ ）	女学生（ ）
购买花（ ）	菜房（ ）	男生厕所（ ）	关路（ ）
史书本（ ）	扫床（ ）	学习舞（ ）	歌曲商店（ ）

汉语作为第二语言的"V+O$_{非受事}$"搭配影响因素研究

杨丹妮

摘要：本文在联结主义理论和汉语语法的相关研究的基础上，以动宾搭配的语料库统计结果为支撑，通过实验设计考察了汉语作为二语的留学生"V+O$_{非受事}$"搭配习得的影响因素。研究发现搭配频率、分布概率和宾语的语义类型都会影响动宾搭配的习得，且搭配频率和宾语语义类型、分布概率和宾语的语义类型之间存在一定的交互作用，具体表现在宾语的不同非受事宾语的语义类型在分布高概率、搭配高频的动宾搭配中的差异更大。宾语的语义类型确实会影响动宾搭配的习得，主要表现不同语义类型内部存在着一定的理解难度，即有的语义类型的宾语容易理解，有的语义类型的宾语不容易理解，但是语义类型并不是一个独立的因素，对搭配习得的作用还受到"V+O$_{非受事}$"搭配的搭配频率和分布概率等因素的影响。

关键词：动宾搭配　分布概率　"V+O$_{非受事}$"搭配　习得

1　引言

搭配知识是词汇知识的重要组成部分，其习得情况也是学者们关注和研究的焦点。动词往往是一个句子的中心，句中其他成分都会与动词发生或直接或间接的关系，自然而然动宾搭配便成为搭配习得中的重中之重。一般而言，影响搭配知识习得的因素可以分为两大类：一类是语内因素，即搭配自身的特点；一类是语外因素，如母语背景（Nesselhauf，2005；张文忠、杨士超，2009；Laufer & Waldman，2011；Wolter & Gyllstad，2011等）、不同的教学方式和输入方式（Sun & Wang，2003；Chan & Liou，2005）等。那么，汉语的动宾搭配有哪些特点会对以汉语作为第二语言的学习者产生影响呢？

汉语的动宾搭配从语法上来看，“动词+名词”构成的一个动宾短语，但是动词和宾语之间的语义关系却不仅仅是动词与支配对象这么简单。吕叔湘（1987）、赵元任（1979）、朱德熙（1985）、邢福义（1991）、孟琮（1989）等学者都曾进行过相关的研究，发现动词和宾语之间的语义关系是非常复杂的。研究发现汉语的动词除了可以带受事宾语、对象宾语、结果宾语这些其他语言中都有的宾语类型外，还可以带工具、方式、处所、原因、目的等其他语义类型的宾语，甚至有时候难以说清楚动词和宾语之间究竟是什么样的关系。那么这种复杂的语义关系会不会影响汉语动宾搭配的习得呢?

联结主义理论认为规则的知识并不是先天固有的，而是通过大量地输入语言材料、统计语言材料的特征来获得的，语言的规则在输入中才会不断浮现出来，所以语言材料的大量输入对语言习得具有非常重要的作用，正是通过输入，各表征单元之间的联结强度或加强或抑制，它们之间的权值才能得到调整。邢红兵（2009）在联结主义理论的基础上提出了一套完整的二语词汇习得研究框架，认为家族即具有相同特征单元词语形成的聚类关系、频度、规则性、一致性等都是影响二语词汇习得的关键因素。汉语的动宾搭配的家族、频度、规则性和一致性的特征在真实语料中究竟是什么样的?这些统计属性究竟会不会对其习得产生影响呢?如果有，影响为何?

根据以上提出的问题，本文在魏红（2008）研究的基础上，从汉语平衡语料库中提取58个能带多种语义类型的甲级动词的语料，统计其与名词构成的搭配在频率、分布等方面的特征，了解这些动宾搭配的属性。根据统计结果，设计实验来考察搭配频率、分布概率、宾语的语义类型等属性会不会影响动宾搭配的习得。

2 动宾搭配的语料统计与分析

2.1 动宾搭配标注的具体操作方法

本文共选取了58个可以带多种语义类型宾语的HSK的甲级单音节动词，在汉语平衡语料库中提取它们的语料。在语料库的搜索框中依次键入动词，如果动词的出现次数小于2000次，那么就人工提取目标动词后充当宾语的名词，使之成为一个动宾搭配，动词与名词共现的频次为搭配的搭配频率；如果动词出现的次数大于2000次，随机选取2000条语料再提取动宾搭配，统计搭配频率。

在宾语类型标注的过程中，主要以孟琮等（2003）的分类为基础，沿用各类宾语的名称，并做了两方面的调整。首先是对整个语义类型数量做出调整，规定汉语中的宾语语义类型主要为受事、对象、结果、处所、工具、方式、目的、施事、致使和杂类；然后对每个语义类型的内涵分类做出以下调整：一将同源宾语划入受事宾语类；二将等同宾语划入到杂类里；三对处所宾语重新划分，上述处所宾语内部小类中的“回学校”“睡沙发”“吃食堂”“装箱子”“擦后面”这5类仍标为处所宾语，“坐火车”类归入工具宾语，“搁桌上”归为处所补语；四是不统计时间宾语，因为统计过程中发现真正的时间宾语很少，大部分为时间补语；五是将原因和目的宾语归为一类，二者同属于动机范畴。在例句中标注动宾搭配中宾语的语义类型。

2.2 动宾搭配的标注成果

主要从动词和宾语的角度归纳一下标注的语料的特征。

从动词角度来看，有的动词后既能带受事宾语，也能带非受事宾语，如“吃”；而有的动词后只能带非受事宾语，这类动词主要为不及物动词，如“跑”“坐”等。另外，有的动词后只能带一种非受事宾语，而有的动词则可以带多种语义类型的非受事宾语。如果只能带一类，那么这个动词为简单型动词，如果动词能带两类及两类以上的非受事宾语，那么这个动词为复杂型动词。如“睡”后只可以带处所宾语，但“跑”其后可以带方式、处所、目的、结果四类非受事宾语。复杂型动词内又有分布的问题，如“走”后面可以带处所宾语，也可以带方式宾语，但在167条非受事宾语的语料中有142条都为处所宾语，25条为方式宾语，所以“走”就是处所宾语主导型的动词；“听”可以带工具宾语和处所宾语，在48条非受事宾语的语料中，17条为工具宾语，31条为处所宾语，所以“听”为一个均衡型的动词。

从以下几个角度来归纳动宾搭配中宾语使用特征：一是各类非受事宾语的type和token，以工具宾语为例，type指宾语为工具宾语的动宾搭配数量，token指这些动宾搭配的使用总频次；二是与各类非受事宾语搭配的动词的使用情况，即有几个动词能与该类宾语搭配；三是观察不同语义类型的“V+O$_{非受事}$”动宾搭配的搭配频次；四是观察特定语义类型的宾语的分布概率，以“出”为例，动词

“出”在语料库中的频次为2629，其中带宾语的频次为692。在692条宾语中，559条为受事宾语，133条为非受事宾语。133条非受事宾语中，55条为施事宾语，78条为处所宾语，所以对于“出”而言，施事宾语的分布概率为55/133，处所宾语的分布概率为78/133，所以处所宾语在“出”这个动词上的分布概率为58.6%，施事宾语在“出”这个动词上的分布概率为41.4%。“出+$O_{处所}$”所有的搭配实例的分布概率都为58.6%，“出+$O_{施事}$”所有的搭配实例的分布概率都为41.4%，所以从动词的角度来说，“出”是一个语义均衡型的动词。虽然分布概率是从宾语的角度观察的，但是其统计还是具体到动词的层面，和与其搭配的动词有关，所以我们将在动词部分呈现分布概率的相关数据。

表1　简单型动词

动词	动词频次	带宾语频次	带非受事宾语频次	非受事宾语语义类型	搭配实例
抽	360	120	1	工具宾语	抽鞭子
穿	1186	716	710	处所宾语	穿雪地
到	20000	4000	4000	处所宾语	到台湾、到学校
丢	258	76	6	处所宾语	丢宿舍、丢垃圾堆

表2　语义关系偏向型的复杂动词

动词	带宾语频次	带非受事宾语频次	类型	语义关系	搭配实例
吃	2021	16	主导型	处所宾语（68.75%）	吃馆子
			非主导型	工具宾语（31.25%）	吃筷子
读	441	314	主导型	处所宾语（75.6%）	读小学、读中学
			非主导型	杂类（24.4%）	读三年级、读一年级
躲	88	83	主导型	处所宾语（89.2%）	躲角落、躲房间
			非主导型	原因宾语（10.8%）	躲警报

表3　语义关系均衡型的复杂动词

动词	带宾语频次	带非受事宾语频次	语义关系	搭配实例
唱	174	12	方式宾语（48%）	唱美声、唱高音
			杂类（52%）	唱KTV
出	692	133	处所宾语（58.6%）	出家门、出机场
			施事宾语（41.35%）	出人才、出太阳
存	87	24	处所宾语（41.6%）	存银行
			方式宾语（58.3%）	存定期、存活期

表4　各类非受事宾语的使用特征

宾语类型	Type	Token	动词总数量	搭配频次（最高）	搭配频次（最低）
工具宾语	25	448	7	90	1
方式宾语	39	300	13	27	1
结果宾语	102	2127	11	222	1
对象宾语	29	388	6	71	5
处所宾语	402	8753	40	391	1
施事宾语	60	1272	12	178	1
目的宾语	21	780	3	150	5

3　实验研究

3.1　实验一：搭配频率对动宾搭配习得的影响

3.1.1　实验设计

本实验是一个2×2×2的三因素混合实验设计。因素一为搭配频率（A），是被试内因素，包括搭配高频（A1）和搭配低频（A2）两个水平；因素二为动宾搭配的宾语语义类型（B），被试内因素，包括受事（B1）和非受事（B2）两个水平；因素三为二语者的汉语水平（C），被试间因素，包括中级（C1）和高级（C2）两个水平。因变量为纸笔测试的正确率。

3.1.2 被试

70名北京语言大学、中国传媒大学和北京电影大学的汉语学习者，以HSK水平为基本衡量标准，代课老师的评价和学习年限为辅助标准，将70名被试分成中级和高级两个水平，大致规定HSK4级为中级水平，HSK5级和6级为高级水平。被试主要来自巴基斯坦、韩国、泰国、朝鲜等国家。

3.1.3 实验材料

实验材料包括40个真动宾搭配和40个作为填充材料的假动宾搭配。根据统计结果及实验材料的匹配问题规定共现频次大于200的为高频搭配，小于10的为低频搭配。这40个动宾搭配按照搭配频率和语义类型两个因素的不同水平分成四组，对搭配频率进行方差分析，搭配频率组别主效应显著F（3，36）=92.376，p=0.000<0.01。40个填充材料主要是将真搭配的动词和名词交换后造出来的，这样可以控制假搭配动词和名词的频率，从而减少无关变量。将选好的40个真搭配和40个假搭配在excel表格中用随机函数进行随机排列，然后人工调整顺序，尽量避免多个真搭配或假搭配连续排列，问卷中的材料按照调整好的顺序排列。

3.1.4 实验任务和施测过程

本实验的测试试卷由被试基本信息、中英指导语和实验材料三部分组成，以书面形式呈现给被试。在实验开始前，代课老师宣读并解释指导语，以课堂小测的形式集体施测，要求被试在一定的时间内完成试卷，判断试卷中的短语是否正确，在正确的后面打“√”，错误的后面打“×”。测试过程中不可以翻阅工具书。

3.1.5 实验结果

实验一共发放70份问卷，共收回70份问卷，其中10名被试没有完成测试，所以他们的结果不在数据分析范围之内。被试正确率的平均值和标准差见表5。

表5　实验一真搭配的正确率和标准差

宾语类型	搭配频率	中级	高级
受事	高频	0.9800（0.04842）	0.9967（0.01826）
	低频	0.8333（0.12230）	0.9300（0.07497）
非受事	高频	0.8667（0.12130）	0.9633（0.08503）
	低频	0.4900（0.18634）	0.6933（0.18634）

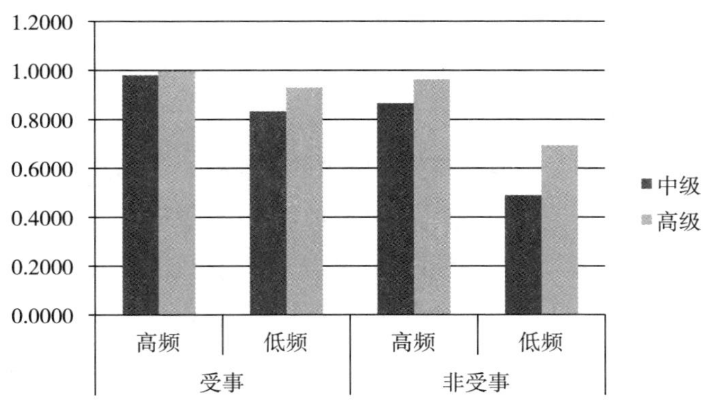

图1　实验一正确率分布图

通过对真搭配的正确率进行重复测量方差分析，结果显示：搭配频率的主效应显著，$F(1, 58)=263.350$，$p<0.01$，搭配频率高的正确率显著高于搭配频率低的；宾语语义类型的主效应显著，$F(1, 58)=175.566$，$p<0.01$，说明当动宾搭配中宾语为受事宾语时，正确率更高。

搭配频率和宾语语义类型之间的交互作用显著，$F(1, 58)=128.366$，$p<0.01$，进一步简单效应检验显示，在搭配高频的水平上，宾语语义类型效应显著，$F(1, 59)=29.87$，$p<0.01$；在搭配低频的水平上，宾语语义类型效应也显著，并且显著性水平更高，$F(1, 59)=189.14$，$p<0.01$。与受事宾语水平相比，非受事宾语的搭配频率效应更加显著。

3.1.6　讨论

3.1.6.1　语内因素的主效应分析

实验一的正确率统计分析结果表明搭配频率和宾语的语义类型都对动宾搭配的习得有影响，主要表现为：搭配频率越高，正确率越高。联结主义很好地解释了这一现象。联结主义理论认为，语言的规则并不是先天固有的，学习者通过大量地输入语言材料，利用人自身获取知识、分类存储知识等一些认知能力对这些语言材料进行统计学习，从而获得了一些知识。这些知识在大脑中是分布表征的，即一个概念是由多个单元共同协作来表达的，而学习的本质就是调节分布表征，即调节各个单元的权重。而调节的途径就是通过输入来达到的。当一个搭配频率很高时，意味着这个搭配有很大的机会输入到心理词典中，这样就会调节心理词典中各单元的联结强度，加强各单元之间的联系。而搭配频率很低时，学习者很少接触这样的搭配，那自然心理词典中各单元的联结强度就弱，不容易判断正误。

宾语语义类型对动宾搭配习得的影响主要表现在：当动宾搭配中的宾语为受事宾语时，正确率要高于非受事为宾语的动宾搭配，说明与非受事宾语相比，受事宾语更容易理解。这和我们的预期结论也一致，这可能主要是因为受事宾语是人们理想认知模式的反映，而且受事宾语在各种语言中都存在，所以相对来说就容易理解；而各类非受事宾语是在概念整合上的基础上形成的，需要对动宾搭配在心理上进行一定的前景化和背景化处理，即是需要一定的认知上的背景知识的，自然就增加了理解难度。

3.1.6.2　交互作用分析

搭配频率和宾语语义类型存在交互作用，说明宾语语义类型对动宾搭配习得的作用受搭配频率的影响。它们的交互作用主要表现在，与高频搭配相比，受事宾语和非受事宾语的理解难度差异在低频搭配上更大。与受事宾语相比，非受事宾语的理解难度受搭配频率的影响更大。这就是我们所说的频度效应。大量的心理学研究已经证明，我们心理词典中的词语存在频度效应，高频词和低频词的反应是不一样的，高频词更倾向于整体加工，而低频词则倾向于分解加工（Seidenberg，1985）。当动宾搭配的频率非常高时，整个动宾搭配倾向于作为一个整体在大脑中存储和加工，而不管动词和宾语之间的语义关系为何；当搭配频率较低时，动宾搭配则倾向于分开存储和加工，在理解时便要用到语言规则来判断正误。

3.2　实验二：不同的宾语语义类型对动宾搭配习得的影响

3.2.1　实验设计

本实验是一个2×5×2的三因素混合实验设计。因素一为搭配频率（M），是被试内因素，包括搭配高频（M1）和搭配低频（M2）两个水平；因素二为动宾搭配中非受事宾语的语义类型（N），被试内因素，包括结果宾语（N1）、处所宾语（N2）、施事宾语（N3）、工具宾语（N4）和目的宾语（N5）五个水平；因素三为二语者的汉语水平（L），被试间因素，包括中级（L1）和高级（L2）两个水平。因变量为纸笔测试的正确率。

3.2.2 被试

和实验一的被试相同。

3.2.3 实验材料

实验材料包括40个真动宾搭配和40个填充的假动宾搭配。根据统计结果及实验材料的匹配问题规定共现频次大于60的为高频搭配，小于10的为低频搭配。这40个动宾搭配按照搭配频率和非受事宾语的语义类型两个因素的不同水平分成十组，对搭配频率进行方差分析，搭配频率的组别主效应显著，F（9，27）=29.764，$p<0.01$。填充材料产生方法与实验一相同。

3.2.4 实验任务和实测过程

与实验一相同。

3.2.5 实验结果

实验二共发放70份问卷，共收回70份问卷，其中10名被试没有完成测试，所以他们的结果不在数据分析范围之内。被试正确率的平均值和标准差见表6。

表6 实验二真搭配正确率均值和标准差

宾语类型	搭配频率	中级	高级
结果宾语	高	0.7167（0.21509）	0.8833（0.15720）
	低	0.3400（0.15503）	0.5917（0.21257）
处所宾语	高	0.6083（0.16973）	0.7833（0.17036）
	低	0.3667（0.26856）	0.6083（0.26816）
施事宾语	高	0.5750（0.16281）	0.7250（0.22118）
	低	0.7917（1.71087）	0.6917（0.23382）
工具宾语	高	0.9333（0.13021）	0.9917（0.04564）
	低	0.2083（0.23747）	0.3500（0.23305）
目的宾语	高	0.3250（0.14899）	0.5000（0.22743）
	低	0.2417（0.21257）	0.4750（0.20075）

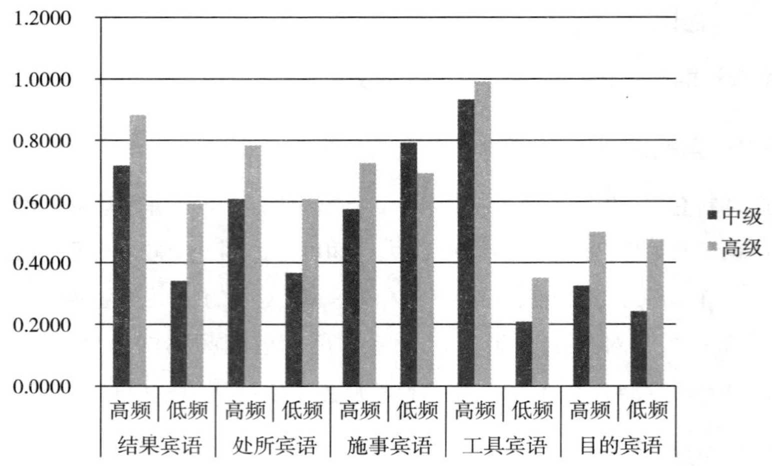

图2　实验二正确率分布图

对真搭配正确率进行重复测量方差分析，结果显示：搭配频率的主效应显著，$F(1, 58)=43.727$，$p<0.01$，搭配频率高的正确率显著高于搭配频率低的；非受事宾语的语义类型的主效应显著，$F(4, 58)=9.585$，$p<0.01$，说明各种类型的非受事宾语之间存在一定的理解难度等级。

搭配频率和非受事宾语的交互作用显著，$F(4, 232)=16.643$，$p<0.01$，进一步的简单效应分析显示，在搭配高频水平上，非受事宾语的语义类型效应显著，$F(4, 232)=88.49$，$p<0.01$；在搭配低频上，非受事宾语语义类型效应显著，$F(4, 232)=5.93$，$p<0.01$，说明非受事宾语语义类型在搭配为高频时的差异更大。

3.2.6　讨论

3.2.6.1　语内因素的主效应分析

实验二的真搭配正确率统计分析结果表明搭配频率和非受事宾语的语义类型都对“$V+O_{非受事}$”搭配的习得有影响，主要表现为：搭配频率越高，正确率越高，这和我们的预期结论是一致的，原因和实验一类似，这里不再赘述。

非受事宾语的语义类型的主效应显著即“$V+O_{非受事}$”中不同语义类型的宾语的正确率的差异显著，说明非受事宾语的类型存在一定的理解难度等级，等级具体表现为施事宾语＜结果宾语＜工具宾语＜处所宾语＜目的宾语，从左到右理解难度依次递增。

3.2.6.2 交互作用分析

搭配频率和非受事宾语的语义类型存在交互作用，主要表现在非受事宾语效应在高频搭配上比在低频搭配上的显著性更高，说明搭配频率为高时，不同语义类型的受事宾语的差异要更大，这与我们的预期结论不一致，也与实验一的频度效应不一样。经过分析我们觉得得到这种结果的原因可能是实验材料的问题。由于“V+$O_{非受事}$”搭配的频次特征和实验需求，我们规定共现频次大于60的为高频搭配，可能并不是真正意义上的高频搭配，所以导致频度效应与之前的不同。

搭配频率和非受事宾语的语义类型的交互作用另外一个表现为：工具宾语、处所宾语、结果宾语的频度效应显著，而施事宾语和目的宾语的频度效应不显著，说明与工具宾语、处所宾语和结果宾语相比，施事宾语和目的宾语在高频搭配上和低频搭配上没有显著的差异。无论是高频搭配还是低频搭配，施事宾语的正确率都保持在0.65左右，目的宾语的正确率都保持在0.35左右；在频度效应显著的三类非受事宾语类型中，工具宾语在高频搭配和低频搭配上的差异最大，结果宾语居中，处所宾语差异最小。

3.3 实验三：分布概率对动宾搭配习得的影响

3.3.1 实验设计

本实验是一个2×3×2的三因素混合实验设计。因素一为分布概率（O），是被试内因素，包括分布高概率（O_1）和分布低概率（O_2）两个水平；因素二为动宾搭配中非受事宾语的语义类型（P），被试内因素，包括处所宾语（P_1）、工具宾语（P_2）和结果宾语（P_3）三个水平；因素三为二语者的汉语水平（R），被试间因素，包括中级（R_1）和高级（R_2）两个水平。因变量为纸笔测试的正确率。

3.3.2 被试

与实验二相同。

3.3.3 实验材料

实验材料包括22个真动宾搭配和22个填充的假动宾搭配。真动宾搭配的搭配数据来自作者基于“汉语平衡语料库”提取的动宾搭配统计而形成的数据库，根据统计结果及实验材料匹配规定分布概率大于70%的为高概率，小于30%的为低概率。这22个动宾搭配按照搭配频率和非受事宾语的语义类型两个因素的不同水平分成六组，对分布概率进行方差分析，结果显示：分布概率的主效应显著，$F(5, 10)=41.323$，$p<0.01$，由实验一我们知道搭配频率会影响动宾搭配知识的习得，所以本实验中实验搭配频率控制在20～40之间，为控制变量。对搭配频率进行方差分析，结果显示，搭配频率的主效应不显著。填充材料产生方法与实验一相同。

3.3.4 实验任务和实测过程

与实验一相同。

3.3.4 实验结果

实验一共发放70份问卷，共收回70份问卷，其中10名被试没有完成测试，所以他们的结果不在数据分析范围之内。被试正确率的平均值和标准差见表7。

表7 实验三真搭配正确率均值和标准差

宾语类型	分布概率	中级	高级
处所宾语	高	0.4083（0.19122）	0.6750（0.23808）
	低	0.5750（0.19859）	0.7000（0.24033）
工具宾语	高	0.6453（0.26275）	0.9230（0.14196）
	低	0.5583（0.25158）	0.7417（0.22248）
结果宾语	高	0.5777（0.24855）	0.8330（0.27439）
	低	0.3333（0.28868）	0.5333（0.26856）

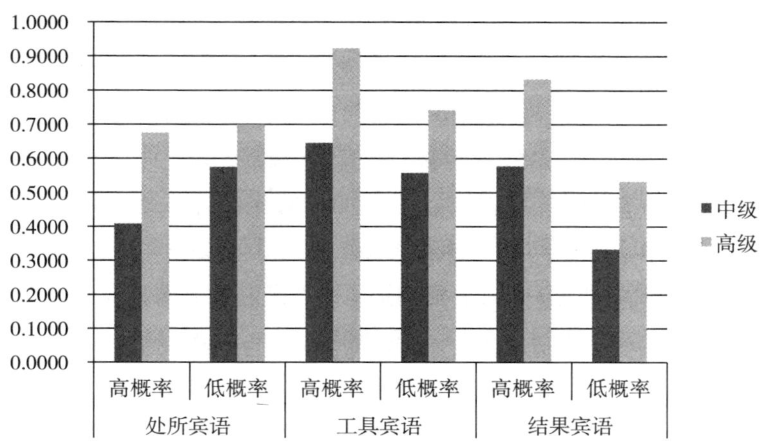

图3　实验三正确率分布图

通过对真搭配正确率进行重复测量方差分析，结果显示：分布概率的主效应显著，$F(1,58)=18.756$，$p<0.01$；非受事宾语的语义类型的主效应显著，$F(2,116)=13.976$，$p<0.01$。分布概率和非受事宾语语义类型的交互作用显著，$F(2,116)=26.250$，$p<0.01$，进一步的简单效应检验显示：在分布高概率的水平上，非受事宾语语义类型效应显著，$F(2,118)=25.45$，$p<0.01$；在分布低概率的水平上，非受事宾语语义类型的效应也显著，$F(2,118)=15.48$，$p<0.01$。

3.3.5　讨论

3.3.5.1　语内因素的主效应分析

实验三的真搭配正确率的统计分析结果表明分布概率和“$V+O_{非受事}$”搭配中非受事宾语的语义类型都会影响“$V+O_{非受事}$”搭配的习得，主要表现为：分布概率越高，“$V+O_{非受事}$”搭配的正确率越高。观察语料可以发现，分布概率高的动宾搭配有两种情况：一种是这个动词只带这一种语义类型的非受事宾语，即我们所说的简单型动词；另外一种是这个动词可以带多种非受事宾语，但是以某种非受事宾语为主，属于语义关系偏向型动词。对于第二种情况，分布高概率其实是搭配高频的另外一种体现，只不过搭配频次高是针对一个具体的动宾搭配而言的，分布高概率是一类特定的宾语类型在某个动词中所有的动宾搭配的频次总和。联结主义理论认为具有相同特征单元的词语会形成聚类关系，聚类在一起的词语会形成一个家族，从理论上来说，家族越大，学习过程得到强化的机会越大，学习效果越好。具体到动宾搭配的层面，以“出”为例，动词“出”与其后不同语义类型宾语可以形成好几个家族，如“出+$O_{处所}$”家族、“出+$O_{受事}$”家族、“出+$O_{施事}$”家族。某一个动宾搭配分布概率高，可能其所在的家族成员多；若分布概率低，则其可能处在一个小家族中，学习过程得到的强化机会少，所以分布概率高的动宾搭配的习得效果分布概率的动宾搭配好。另外，我们知道，家族其实就是一个聚类关系，各个成员按照一定的共同特征聚合到一起，“出+$O_{处所}$”家族就是按照动词是“出”、名词的语义角色为处所这一特征聚合到一起的，家族内部具有一定的规则性。某一个动宾搭配的分布概率高，其所在的家庭成员多，通过其他成员的输入刺激便很有可能获得这个家族的特征，并且有更多的机会得到强化，所以在理解过程中，即使学习者没有见过某个具体搭配，也可以根据动宾搭配动词和名词之间的语义关系，推导出其所属的家族，进而做出正确判断，从这个角度也可以解释为什么分布概率高的动宾搭配更容易理解。

非受事宾语的语义类型的主效应显著即“V+$O_{非受事}$”中不同语义类型的宾语的正确率的差异显著，说明非受事宾语的类型存在一定的理解难度等级，等级序列为＜工具宾语＜处所宾语＜结果宾语，从左到右难度依次递增。

3.3.5.2　交互作用分析

分布概率和非受事宾语的语义类型之间存在一定的交互作用，表现之一在于各语义类型在分布高概率之间的差异更大一些。这个与我们的预期不一致，我们的预期是各语义类型在分布低概率上的差异更大一些。另外一个表现为分布概率对各语义类型的作用大小不一样，分布概率对结果宾语的影响最大，其次工具宾语，最后处所宾语。对于结果宾语和工具宾语而言，都是分布概率越大，动宾搭配越容易习得，但是对处所宾语而言，分布概率低的动宾搭配的反而容易理解。

4　综合讨论

语言本身的一些属性决定了语言习得尤其是二语习得过程的复杂性和多维性。习得一门语言要受到各种各样因素的影响，如生物因素、认知因素、教学因素、社会因素等，本文作者认为语言的习得大体上受两种因素的影响，其一为语内因素，即目的语自身的一些特点，其二为语外因素，如学习者的母语背景、年龄、教学因素等。搭配知识作为词汇知识的重要组成部分，其习得自然也受上述各种因素的影响，本文的研究将重点放在了语内因素上，考察动宾搭配的哪些特点会影响其习得。

首先搭配的搭配频率对动宾搭配的习得有影响，与低频搭配相比，无论是“$V+O_{受事}$”搭配还是“$V+O_{非受事}$”搭配，高频搭配的习得效果都更好，但是搭配频率在“$V+O_{受事}$”搭配和“$V+O_{非受事}$”搭配之间、“$V+O_{非受事}$”搭配各非受事宾语内部小类的影响略有不同。“$V+O_{受事}$”搭配和“$V+O_{非受事}$”搭配的差异在低频搭配上更为显著，而“$V+O_{非受事}$”搭配各非受事宾语内部小类的差异在高频搭配上更为明显。造成这种不同的可能原因有：一实验材料选取不合理，由于宾语为非受事语义类型的动宾搭配在语料中的频次非常低，且不同语义类型的动宾搭配的频次分布也不同（处所宾语的最高频次为391，工具宾语的最高频次为90，而方式宾语的最高频次只有27），为了匹配实验材料，我们规定大于共现频次大于60的为高频搭配，严格意义上来讲并不属于高频，从而造成结果与“$V+O_{受事}$”搭配和“$V+O_{非受事}$”搭配的差异不一样；二可能搭配频率在“$V+O_{非受事}$”搭配各非受事宾语内部小类的作用正是如此，在高频搭配上的差异更为显著。这可能是因为当搭配频率低到一定程度时，宾语语义类型效应就消失了，因为搭配频率过于低，所以无论宾语为何种语义类型，对于留学生来说都难理解。

其次搭配分布概率对动宾搭配的习得也有影响，本文主要考察了分布概率对“$V+O_{非受事}$”搭配习得的影响，其影响主要表现在分布概率越高，“$V+O_{非受事}$”搭配的习得效果越好。至于原因参看实验二的讨论部分，这里不再赘述。且分布概率和非受事宾语语义类型存在一定的交互作用，与分布低概率相比，不同宾语语义类型的难度差异在分布高概率上的差异更大。

最后，动词和宾语之间的语义类型也对动宾搭配习得有影响。这种影响并不表现在顺序上，而是表现在理解难度等级或者层级上，即有的语义类型的宾语容易理解，有的语义类型的宾语不容易理解，进而影响了不同语义类型的习得速度和模式。实验研究表明宾语的语义类型确实会影响动宾搭配的习得，主要表现在各非受事宾语内部小类存在一定的理解难度差异，即不同的非受事宾语类型难度是不一样的。实验二在考虑搭配频率的情况下得出的理解难度等级大致为：施事<结果<处所<工具<目的，施事宾语是最容易理解的，目的宾语是最难理解的；实验三中加入了分布概率这一变量，搭配频率为控制变量，由于各非受事宾语内部小类的分布问题，我们只考虑了结果、处所、工具这三种语义类型的宾语，发现理解难度大致为：工具<处所<结果，从左到右难度依次递增。通过这两个实验我们可以发现，语义类型确实会对“$V+O_{\text{非受事}}$”搭配的习得产生影响，不同语义类型的“$V+O_{\text{非受事}}$”搭配判断任务中的正确率是不一样的，是存在一定的差异的，但是语义类型并不是唯一的影响因素，也不是一个独立的因素，语义类型对动宾搭配习得的作用至少受到“$V+O_{\text{非受事}}$”搭配的搭配频率、分布概率等因素的影响。一方面由于本文统计的语料有限，没有找到更为匹配的实验材料；另一方面由于时间有限，所以就没有研究搭配频率、分布概率和语义类型之间的交互作用，因此本文也没有得出一个更为准确的语义类型难度等级。

参考文献

[1] 吕叔湘（1987）《句型与动词》，北京：语文出版社。

[2] 孟 琮等（2003）《汉语动词用法词典》，北京：商务印书馆。

[3] 魏 红（2008）面向汉语习得的常用动词带宾情况研究，华中师范大学博士学位论文。

[4] 邢福义（1991）汉语里宾语代入现象之观察，《世界汉语教学》第2期。

[5] 邢红兵（2009）基于联结主义理论的第二语言词汇习得研究框架，《语言教学与研究》第5期。

[6] 张文忠、杨士超（2009）中国学习者英语语料库中动名搭配错误研究，《解放军外国语学院学报》第2期。

[7] 赵元任（1979）《汉语口语语法》，北京：商务印书馆。

[8] 朱德熙（1982）《语法讲义》，北京：商务印书馆。

[9] Chan, T. & Liou, H.（2005）Effects of Web-Based Concordancing Introduction on EFL Students, Learning of Verb-Noun Collocations, *Computer Assisted Learing*（3）.

[10] Laufer, B. & Waldman, T.（2011）Verb-Noun Collocations inSecond Language Writing: A Corpus Analysis of Learners’English , *Language Learning*（2）.

[11] Nesselhauf, N.（2005）Collocations in a learner corpus, Philadelphia: John Benjamin’s Publishing Company.

[12] Seidenberg, M.S.（1985）The Time Course of Phonological Code Activation in Two

Writing Systems, *Coginition*.

[13] Sun, Y. & Wang, L.（2003）Concordancers in the EFL Classroom: Cognitive Approaches and Collocation Difficulty, *Computer Assisted Language Learning*（1）.

[14] Wolter, B. & Gyllstad, H.（2011）Collocational Links in the L2 Mental Lexicon and the Influence of L1 Intralexical Knowledge, *Applied Linguistics*（1）.

附录

实验一　真搭配和假搭配

频率	受事宾语	非受事宾语
高频	喝酒（392）	去医院（391）
	喝茶（298）	到台湾（383）
	吃东西（258）	到美国（277）
	看电视（258）	去学校（249）
	看书（236）	到学校（235）
	吃饭（204）	画画儿（222）
	出问题（204）	到医院（201）
	看电影（193）	来学校（198）
	穿衣服（174）	到中国（191）
	读书（162）	写小说（131）
低频	吃米饭（9）	听收音机（9）
	穿球衣（9）	吹冷风（8）
	看日记（9）	出校门（9）
	卖咖啡（9）	出人才（7）
	穿大衣（8）	考中学（7）
	刮胡子（8）	坐电梯（6）
	放风筝（8）	跑马拉松（8）
	寄卡片（8）	放客厅（8）
	开火车（8）	出太阳（8）
	踢球（8）	考初中（8）

假搭配为：

去歌儿　到小说　看音乐　骑声音　送地方　学牛奶
找汉语　开电话　出知识　卖方法　听衣服　读孩子
喝学校　吃宿舍　读上海　洗公司　穿飞机　开沙发
到收音机　去冷风　卖校门　穿人才　刮电梯　坐同学

实验二　真搭配和假搭配

宾语类型	高频	低频
结果宾语	起名字（65）	挤笑容（1）
	写字（70）	开双眼皮（4）
	写书（97）	画荷花（5）
	写小说（131）	留头发（5）
处所宾语	到上海（61）	停原地（1）
	回台湾（74）	睡客厅（4）
	来医院（86）	上厕所（6）
	爬窗户（61）	走大门（6）
施事宾语	开花儿（65）	下小雪（3）
	起雾（80）	掉头发（3）
	来同学（98）	流泪水（5）
	下雨（101）	起大风（6）
工具宾语	坐公车（55）	抽鞭子（1）
	坐船（65）	吹风扇（3）
	坐火车（75）	吃筷子（5）
	坐飞机（90）	看放大镜（5）
B目的宾语	考大学（58）	跑业务（5）
	跑资金（78）	考博士（5）
	跑项目（140）	跑保险（6）
	跑市场（150）	考驾照（6）

假搭配为：

画小说　写头发　下高分　记老虎　留定义　挤笔记　考胡子　起笑容
躺上海　睡北京　爬学校　走医院　回地上　去沙发　来大路　到楼梯

出眼泪　出作用　流雨　吹汗　下海风　开英雄　来花儿　起朋友
抽飞机　坐空调　写电梯　吃收音机　吹毛笔　听筷子　坐鞭子　听放大镜
考市场　考项目　考保险　考手续　跑研究生　跑博士　跑驾照　跑公务员

实验三　真搭配和假搭配

频率	处所宾语	工具宾语	结果宾语
高频	送医院（76.7%，30）	坐汽车（72.5%，25）	画图（100%，21）
	回大陆（89%，28）	坐巴士（72.5%，20）	留长发（73.8%，17）
	读小学（75.6%，24）	坐电梯，72.5%，15）	留胡子（73.8%，13）
	躲角落（89.2%，20）	—	—
低频	教小学（16.6%，19）	吹空调（25%，13）	下定义（21.3%，24）
	下楼梯（24.8%，13）	吹冷气（25%，10）	下结论（21.3%，27）
	跑学校（25.2%，20）	听收音机（29.8%，10）	跑冠军（4.5%，23）
	跑操场（25.2%，20）	听MP3（29.8%，10）	考高分（18.4%，25）

括号中第一个数字为分布概率，第二个为搭配频率。

假搭配为：

送小学　回楼梯　读操场　躲小学　教角落　下大陆　跑沙发　跑房间
坐空调　坐冷气　坐收音机　吹MP3　吹汽车　听巴士　听电梯
画定义　留高分　留结论　下冠军　下胡子　跑图　考结论

基于语料库的单一动词句法框架研究及二语习得考察

赵 奕

摘要：动词作为语言表达的核心，其句法知识一直是研究的重点。本研究基于“现代汉语义项语料库”和“留学生中介语语料库”，对不同词频和种类的40个动词进行语言本体研究，从中抽取了16个动词进行了二语者习得状况的考察。本研究初步建立了动词句法框架知识体系，并从各个角度对动词句法框架的使用情况进行了统计分析并得出结论。这便可以为建造动词句法知识数据库提供初步指导，并对对外汉语教学中句法知识的数据提供支持，指导教材写作。同时，习得方面的结论也指导我们在适当时期应有意识地对学生进行句法框架方面的指导，以统计数据为指导，为对外汉语教学效率的提高做出一定的贡献。

关键词：动词　词汇知识　句法框架　习得相似度

1　引言

在任何语言中，词汇都是非常重要的，词汇知识作为词汇本身蕴含的内容也是语言教学研究中最受关注的部分。Nation（1990）将词汇知识分为口语形式、书写形式、语法功能、搭配、使用频率、得体性、概念意义、词间联想。对于任何一个词，应从词本身出发，以单独一个词为中心，去考察其在句法层面的运用情况，并进行梳理总结，形成其词汇知识的一部分。

所谓的单一动词，指的就是以单个动词为核心，单独就一个动词的情况进行研究，并反映其具体的句法知识和情况。本研究建立了以动词为中心的句法框架体系，提出衡量动词使用句法框架丰富程度和集中程度的计量指标，并观察母语者对动词使用的偏好句法框架。并在此基础上探讨不同类别动词、近义动词在句法框架上的深层区别。观察学习者在汉语动词句法框架的习得随学时变化的过程与动词句法框架的丰富程度及集中程度的关联。利用语料库，进行标注及数据统计，从而对单一动词句法框架体系的建立及习得考察进行研究。

2 研究背景

2.1 词汇知识相关研究

词汇知识的概念，最早是Richards于1976年提出的。他认为认识一个词语意味着知道其语体色彩、常用搭配、使用范围、句法行为、词根及派生词、词语联想关联、语义值、多义词的各种意思。苏向丽、李如龙（2011）认为词价研究从多维度考察词的价值，对词汇知识的深度习得具有重要意义，而汉语词汇知识框架（词汇的属性特征）同时也代表了一系列的价值，例如，形式属性：体现形式价值，语法属性：体现语法价值等，在对374个词语进行词价量化后，他们还研究出双语词汇知识深度习得进程的模型，并以“老”和“天”举例说明。

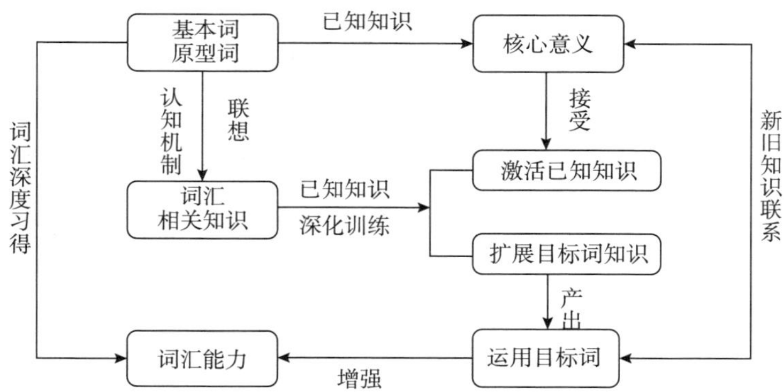

2.2 动词为中心的句法研究

从动词出发的研究非常多，类别也非常复杂，但是动词和句法紧密结合的研究为数却并不多。中国学者就心理动词的语义句法、汉语动词及其相关的句法成分语序、认知类动词及相关句式、二价动词及其相关句型等进行过研究。这些研究从动词出发进行句法方面的研究，大致的思路一直保持为界定动词、分析语义、句法、语用三个平面的功能，提出新的分类方法等。句法框架一直不是此类研究的重点，而只是在研究中占有一部分的位置。

2.3　现代汉语句型统计相关研究

从20世纪80年代开始对于汉语的句型研究日渐成为热点，胡裕树（1962）、邢福义（1983）、等人最早对汉语句型的确立原则与方法，句型划分标准，句型体系等方面做了大量的研究，并初步奠定了汉语句型研究的基础。

《现代汉语句型统计与研究》（以下称《句型统计研究》）以我国中小学教科书、北京语言学院对外汉语教材共计40万字语料为基础，建立了《现代汉语句型语料库》，总结出了共219个句型，并对各类句型进行了统计分析。其中，《北京语言学院现代汉语精读教材主课文句型统计报告》（以下称《报告》）中的统计分析数据，最能代表现代汉语句型方面的一些具体成果。

2.4　汉语句法二语习得研究

二语习得一直是近几年来汉语教学界的热门，对于习得的研究很多，但是句法方面的习得多存在于针对某一特殊句型或习得顺序等进行研究，而针对单一词语句法框架的习得研究并不多见。

施家炜（1998）研究了外国留学生22 类现代汉语句式的习得顺序，并提出“外国留学生CSL 习得顺序理论假说”。张宝林（2010）基于HSK动态作文语料库对“把”字句的习得情况进行了考察，就回避是策略还是偏误、回避及泛化产生的原因、回避和泛化的关系进行了深入的讨论。邓小宁（2011）基于100万字中介语语料库对汉语“N+ V+得+ A0”句式的习得过程进行了考察，总结出萌芽期、繁盛期、高原期三种发展时期并分别分析了各自特点。

这部分研究正如张宝林（2011）所说，是存在一定症结的。主要表现在考察的范围小，结论的普遍性不强，对习得情况认识不清；囿于主观判断，缺乏实证研究。而张宝林也提出七条对于汉语句式习得方面的建议。其中，利用语料库，摸清外国人汉语句式习得的基本情况；定量分析与定性分析相结合，尤其注重定量分析。这两条，正是本研究需要注意及遵循的原则。

3　问题提出与理论依据

在汉语的使用中，我们经常会发现，某一个动词，我们更喜欢用某一种句法框架进行表达，比如，“说”在使用“主||动+宾”这个结构时，比例高达58%，而其他结构在使用中并不是很多。也就是说，对于母语使用者，在运用动词进行句

法表达时会有一定的偏好。作为句法框架核心成分的动词，学习和教学时，以上情况出现的可能性最大。如果可以针对某一动词对其句法框架的频率进行研究，完善动词的知识体系，就可以更好地提高教学质量、加快习得过程。

本研究结合联结主义理论、中介语理论为理论基础，利用语法与语义相结合、比较分析和语料库语言学的方法，更深层次地研究以动词为中心的句法框架的使用情况，重新审视各类动词之间的区别以及意义相近动词之间的区别，并研究学习者动词句法框架的习得情况，同时以汉语和中介语两种语料库中的数据为依据，统计和概括动词为中心的单句句法框架的使用及情况，并加以分析。

4 单一动词句法框架体系的建立

4.1 动词的选择

由于研究规模有限，本研究选择一定的动词作为代表，对这些代表动词的句法框架进行统计和描述。基于动词频率分布、动词类型分布两方面的因素选择40个动词进行此次研究。

具体动词及分类见表1：

表1 研究动词分类词表

《现代汉语动词大词典》	
他动词（10）	说、谈、打、喜欢、爱、羡慕、恨、记、关心、开
自动词（10）	走、躺、表演、照相、行动、出发、影响、摆、认识、离开
外动词（10）	看见、形成、充满、赢、胜、需要、改变、欠、受、忘
内动词（10）	死、完、醒、出现、漏、落、醉、病、剩、进行
《实用现代汉语语法》	
动作动词（30）	说、谈、打、走、躺、表演、照相、行动、出发、影响、离开、看见、形成、充满、赢、胜、改变、记、完、出现、漏、落、进行、受、剩、忘、认识、欠、摆、开
状态动词（10）	喜欢、爱、羡慕、恨、需要、死、醒、醉、病、关心

4.2 语料来源及处理

4.2.1 语料来源

本研究汉语本体部分语料来源于“现代汉语义项语料库”（张博、邢红兵，2006）动词库（简称“义项语料库”），其中包括996个动词索引。本研究对40个研究目标动词进行检索，列出动词使用的全部语料，并经由条件筛选和数量处理，共提取出4776句汉语本体部分语料进行标注分析。

4.2.2 句法框架类型

本研究的句法框架，以北京语言学院句型研究小组的《现代汉语基本句型》为主要参考，该系统共有209个基本句型，我们选取其中动词谓语句13类，以及主谓谓语句中动词做谓语的情况，并对其类别加以改进，最终建立如下24种，并以此作为句型结构标注的类别：

表2 句法框架类型表

编号	句法框架类型	语料实例
基本句法框架		
S11	（主）‖动	我就【离开】了。
S12	（主）‖“不/没”+动	早晨我还没【醒】，她已经把我两只袜子穿好了。
S13	（主）‖“不/没”+动+补	拳头并没有【落】到她身上。
S14	（主）‖动+补	一对中年夫妻大步流星地向我们【走】过来。
S15	（主）‖（“一/了”）+重复动词	叔叔，你【醒】一醒！
S16	（主）‖能愿动词+动	这种观念要大大地【改变】了。
S17	（主）‖能愿动词+动+补	我宁肯【死】在山里。
S21	（主）‖动+宾	她又【看见】了那只倒扣的白碗。
S22	（主）‖“不/没”+动+宾	我很不【喜欢】这个外号。
S23	（主）‖动+补+宾	先【认识】一下你的同龄朋友。
S24	（主）‖（“一/了”）+重复动词+宾	我们【谈】一谈法律援助。
S25	（主）‖能愿动词+动+宾	这无疑会【影响】他们的竞争力。
S26	（主）‖能愿动词+动+补+宾	我们会【记】住你们！
S27	（主）‖+动+宾+宾	你【欠】了我一笔债
S28	（主）‖能愿动词+（“一/了”）+重复动词+宾	你可以跟你母亲多【谈】一谈你男朋友的优点。

续表

特殊句式		
S31	是……的句	那个“守株待兔”的寓言，大概就是这样【形成】的。
S32	把字句	所以我就把这个钱【摆】在桌子上。
S33	被字句	在这处海岸，生命【受】一股暖流的控制。
S34	存现句	如果饭桌上【出现】了荤菜，一筷子也不能去动。
S35	连动1（动词在前）	两人【躺】在铺上聊天，能聊到五更鸡叫。
S36	连动2（动词在后）	自己也加快脚步冲到高洋身后，抡起棍子【打】向他脑袋。
S37	兼语1（动词在前）	刚才我【看见】你跑得很快。
S38	兼语2（动词在后）	我担心自己【表演】不好。
S4	主谓谓语句	你跟她说的事她一会儿就【忘】。

5 单一动词句法框架体系的使用及应用

5.1 单一动词句法框架体系使用

5.1.1 动词句法框架的分布

经过以上的标注处理，在我们建立的单一动词句法框架的体系里，最直观的数据就是任意一个动词，其所使用的句法框架的分布情况，使用了哪些句法框架，哪种句法框架使用得多，哪种句法框架使用得少，而这样的数据量也是我们非常关注的，而具备了这样的数据，也正可以丰富动词的词汇知识，让词汇知识的句法部分更加充分、完整。

5.1.1.1 动词句法框架分布统计

我们提出单一动词句法系统的概念，也就是在关注统计量的时候，是以单一动词为出发点的，所以，动词句法分布的基数也采用这个动词中所标注的语料数量，单独于这个动词，与其他动词并无关系。

设动词A的某句法框架n分布为xn，则动词句法框架计算公式为：

xn=句法框架n在动词A语料中出现次数/动词A标注总数×100（%）。

其中，$x_1+x_2+\cdots\cdots+xn=100$。例，“躺”中S11“（主）||动”句型在“躺”所

有标注的193条语料中，使用过21次，则xs11=21/193×100（%）=10.88（%）。

以下为一部分动词的句法框架分布情况。

表3　部分动词句法框架分布统计详表

编号	句法框架类型	句法框架分布（%）				
		恨	躺	充满	胜	进行
S11	（主）‖动	8.57	10.88	—	33.33	11.50
S12	（主）‖“不/没”+动	—	—	1.92	3.70	1.50
S13	（主）‖“不/没”+动+补	—	0.52	—	—	—
S14	（主）‖动+补	5.71	39.90	—	33.33	4.00
S15	（主）‖（“一/了”）+重复动词	—	—	—	—	—
S16	（主）‖能愿动词+动	—	—	—	—	0.50
S17	（主）‖能愿动词+动+补	—	—	—	—	—
S21	（主）‖动+宾	62.86	—	26.92	18.52	68.50
S22	（主）‖“不/没”+动+宾	5.71	—	—	—	0.50
S23	（主）‖动+补+宾	8.57	—	—	3.70	—
S24	（主）‖（“一/了”）+重复动词+宾	—	—	—	—	—
S25	（主）‖能愿动词+动+宾	5.71	—	—	—	5.00
S26	（主）‖能愿动词+动+补+宾	—	—	—	—	—
S27	（主）‖+动+宾+宾	—	—	—	—	—
S28	（主）‖能愿动词+（“一/了”）+重复动词+宾	—	—	—	—	—
S31	是……的句	—	0.52	—	—	4.00
S32	把字句	—	—	—	—	0.50
S33	被字句	—	—	—	—	0.50
S34	存现句	—	3.11	67.31	—	—
S35	连动1（动前）	—	25.91	—	—	—
S36	连动2（动后）	—	9.33	—	7.41	1.50
S37	兼语1（动前）	—	—	—	—	—
S38	兼语2（动后）	2.86	9.84	3.85	—	2.00
S4	主谓谓语句	—	—	—	—	—
总计		100	100	100	100	100

5.1.1.2 动词句法框架分布特点

从表3中，我们可以看到“恨”“躺”“充满”“胜”“进行”五个动词的句法框架分布情况，以这五个动词为代表，我们也可以观察出单一动词的句法框架分布是差异性非常大的，对于单一动词的句法框架分布，可以反映出，动词使用句法框架的种类相差较大和动词句法框架的分布差异明显量大特点。以上数据所反映的特点，可以客观、准确地反映母语者在动词句法框架使用上的情况，包括动词使用哪些句法框架，哪些句法框架使用频率比较高等。这不仅可以提供更深入的母语句法研究，也为汉语教学提供了基础数据。

5.1.2 动词句法框架的丰富度

5.1.2.1 丰富度概念

丰富度，既表示一个动词在实际语言使用中，所使用句法框架的丰富程度。

丰富度的公式：丰富度=某动词在语言使用中出现多少种类的句法框架（种）。

5.1.2.2 动词丰富度统计结果

在得到40个动词的丰富度后，我们利用Z分数值将动词按丰富度分为丰富度高（Z≥0.5）、中（0.5>Z>-0.5）、低（Z≤-0.5）三档，动词丰富度情况具体如表4。

表4 动词句法框架丰富度统计及分类示例

丰富度：高		丰富度：中		丰富度：低	
动词	丰富度	动词	丰富度	动词	丰富度
谈	19	开	11	爱	7
记	16	摆	11	醉	7
说	15	离开	11	恨	7
表演	13	看见	11	欠	7
进行	12	需要	8	病	4
—	—	—	—	行动	3

从表4中可以看出，句法框架丰富度的跨度是非常明显的，丰富度最高的动词为“谈”，在实际语言运用中共使用了19中句法框架，而丰富度最低的“行动”，只是用了3种句法框架。丰富度高的动词共有13个，丰富度中的动词共有13

个，丰富度低的动词共有14个。且丰富度相同动词较多，这也主要因为丰富度是表现词语使用中的种类的量，会有一定的数量上的重合。但丰富度可以真实反映出单一动词句法框架的丰富程度，并予以量化。

5.1.3 动词句法框架的集中度

5.1.3.1 集中度概念

句法框架分布是否集中在某一两个种类上，还是分布比较平均，需要一个量进行度量。本研究中，句法框架的分布总和为100%，而单一动词的句法框架是呈现集中于某一两种的分布还是趋向平均分布，是集中度需要表达的量。集中度，既衡量句法框架分布是否集中的度量，用某以动词的各分布百分数的标准差表示。

在我们的标注系统中，共有24中句法框架，则设动词A共有24中分布，分布分别为x_1，x_2……，xn（n≤24）其中，若xn没有分布句法框架，按0处理，则动词A的集中度的公式为：

$$动词A集中度=\sqrt{\frac{\sum(x-\bar{x})}{N}}$$

其中N=24,，$x_1+x_2+\cdots\cdots x_{24}=100$。既动词A不同句法框架百分比的标准差。

5.1.3.2 动词集中度统计结果

在得到40个动词的集中度后，我们利用Z分数值将动词按集中度分为集中度高（Z≥0.5）、中（0.5>Z>–0.5）、低（Z≤–0.5）三档，动词集中度情况具体如下表。

表5 动词句法框架集中度统计及分类示例

编号	动词	集中度	动词	集中度	动词	集中度
1	出发	16.79	看见	12.39	躺	9.69
3	充满	14.53	离开	12.30	改变	9.20
5	照相	14.34	说	11.74	漏	9.13
7	完	14.07	关心	10.53	死	7.57
9	进行	13.95	羡慕	10.29	打	7.50
13	出现	13.27	胜	9.85	谈	5.20
14	恨	12.83	—	—	—	—

从表5中可以看出，句法框架集中度的跨度也是非常明显的，从集中度的差别，我们可以看出不同动词的句法框架分布的集中度是有高低之分的，并且我们可以推断，集中度较高的动词，句法分布多集中在少数一两个句法框架上，而集中度低的动词，句法框架的分布则较为分散。

5.2 单一动词句法框架体系应用

我们以单个动词为基础，从句法框架分布、丰富度及集中度等方面对动词进行了研究，而对于这样一个体系，基于单一动词本身的应用也同样重要。基于单一动词本身，我们建立这样体系的初衷就是希望以动词为出发点，用统计的数据反应动词真实的使用情况，所以，我们最基本的应用也是针对单一动词本身的。在上文中，我们从多方面提供了单一动词句法框架体系的数据，主要有可以起到丰富动词词汇知识、指导词汇教学、提供动词分类新依据的作用。

除了在研究单一动词时，我们所建立的系统可以提供依据之外，对于动词与动词之间的研究，我们也可以提供基于统计的新思路和新证依据。比如，提供近义词区分的新思路。

例如，“说”与“谈”作为近义词，都有用话来表达意思的语义，学习者也易混淆两个词语的使用。在我们的研究中，基于单一动词的句法框架体系从分布、句子成分等方面为这两个词语的辨析注入一些新思路。

下面我们首先来观察两个动词的句法框架分布及丰富度、集中度的关系。

表6 “说”与“谈”句法框架分布统计详表

编号	句法框架类型	句法框架分布（%）	
		说	谈
S11	（主）‖动	7.50	13.50
S12	（主）‖“不/没”+动	1.50	2.00
S13	（主）‖“不/没”+动+补	—	0.50
S14	（主）‖动+补	9.00	11.00
S15	（主）‖（“一/了”）+重复动词	1.00	3.00
S16	（主）‖能愿动词+动	3.50	4.00
S17	（主）‖能愿动词+动+补	0.50	2.00
S21	（主）‖动+宾	58.00	17.50

续表

编号	句法框架类型	句法框架分布（%）	
		说	谈
S22	（主）‖“不/没”+动+宾	2.00	1.50
S23	（主）‖动+补+宾	3.50	16.00
S24	（主）‖（“一/了”）+重复动词+宾	—	2.00
S25	（主）‖能愿动词+动+宾	5.50	5.50
S26	（主）‖能愿动词+动+补+宾	—	1.50
S28	（主）‖能愿动词+（“一/了”）+重复动词+宾	—	1.00
S31	是……的句	2.00	3.50
S32	把字句	—	1.00
S33	被字句	1.00	—
S36	连动2（动后）	0.50	6.50
S38	兼语2（动后）	4.00	6.50
S4	主谓谓语句	0.50	1.50
丰富度		15.00	19.00
集中度		11.74	5.20

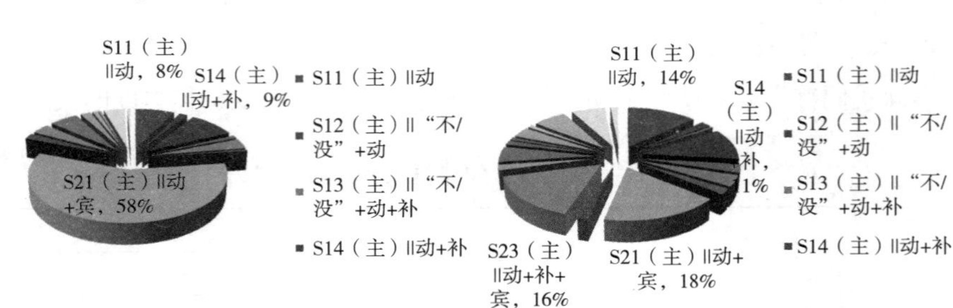

图1 “说”与“谈”句法框架分布饼形图

从以上图表中，我们可以看到“谈”的丰富度大大高于“说”，句法框架非常丰富。而“说”的集中度则非常高，“说”使用的主要句法框架只有“（主）‖动+宾”结构非常简单，而“谈”在“（主）‖动”及“（主）‖动+补+宾”的使用上频率也非常高，从这一点上我们可以看出，两个同义词，“说”的句法框架使用上相对简单，而“谈”较为复杂。

除了从单一近义动词进行对比，还可以从从句法框架统计角度对不同类别的动词进行描述，比如“他动词”“自动词”“内动词”和“外动词”之间，“心理状态动词”和“动作状态”之间，都有差异。这多维度真实地反映了母语使用者的单一动词句法框架使用情况。

6 单一动词句法框架习得考察

对于之前基于语料库的考察，我们采取中介语对比分析（CIA）的方法，基于中介语语料库，对学习者使用动词句法框架的与母语者进行对比，并得到习得考察的成果和结论。

在汉语本体的研究中，我们选择了40个动词作为建立系统的对象，而由于研究规模有限，平衡了词频、丰富度、集中度等数据，以及考虑到动词对于学习者的难度问题，最后在习得的研究部分我们选择了16个HSK甲级动词作为研究对象，分别是：照相、赢、表演、影响、出发、关心、记、改变、谈、说、离开、认识、开、喜欢、出现、需要。

本研究中习得部分的研究语料来自“汉语中介语语料库系统”（北京语言大学，1995）（简称“中介语”），该语料库收录了不同程度学习者的语料共104万字，“中介语”对学习者的学时等级、母语背景、国籍、母语等进行了统计，并对语料进行了分词和词性标注。我们在按照“中介语”中标注的词性，提取出以上16个词动词形式的全部语料进行处理和标注。

6.1 习得情况考察结果

基于中介语理论，我们希望通过中介语对比的方法，对学习者和母语者就动词句法框架的使用情况进行对比和观察，从而研究学习者在习得动词句法框架的过程中，存在哪些特点和规律。我们将就丰富度、集中度以及习得分布的相似程度等方面进行对比和研究。

6.1.1 丰富度

从总体的情况来看，学习者在句法框架的使用上与母语者是有一定差距的，母语者共使用了24种句法框架，而学习者共使用了20种句法框架，其中以下5种句法框架在“中介语”的语料中不曾出现，我们可以理解为，学习者对于以下几种稍复杂的句法框架并没有掌握。

表7 中介语中未出现句法框架类型

编号	句法框架
S13	（主）‖“不/没”+动+补
S15	（主）‖（“一/了”）+重复动词
S24	（主）‖（“一/了”）+重复动词+宾
S27	（主）‖+动+宾+宾
S28	（主）‖能愿动词+（“一/了”）+重复动词+宾

而母语者并未使用，但是在“中介语”语料中出现了母语中并未出现的S29（主）‖“不/没”+动+宾+补，说明学习者在使用句法框架的时候，会在一定程度上考虑到句法框架的复杂性，并进行使用。但有时这种复杂的句法框架在母语者的使用中是不存在的。

对于单一动词的丰富度，我们可以观察图2。

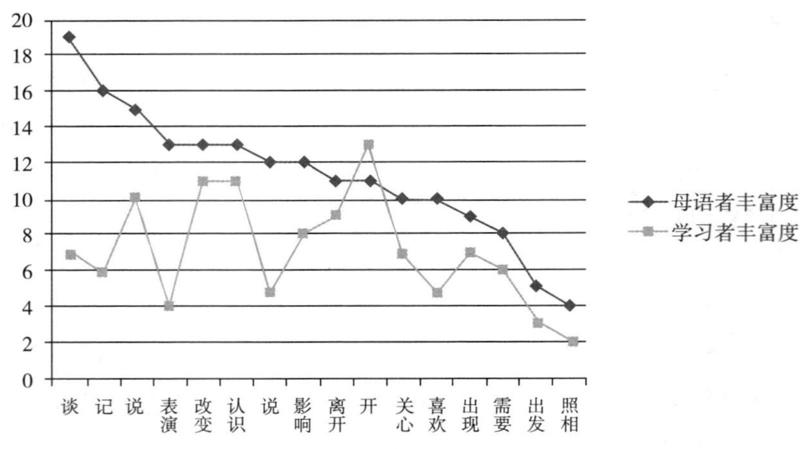

图2 母语者与学习者丰富度情况对比折线图

从上面的数据，我们可以清楚地看出，学习者在句法框架使用的丰富度上，普遍低于母语者。这说明，对于单一动词学习者并没有完全掌握母语者使用的句法框架，存在一定差距。另外，学习者使用句法框架的丰富度与母语者丰富度并不存在正相关。

6.1.2 集中度

对于学习者，集中度越高，就证明在使用句法框架的过程中，他们更倾向于集中使用某一种或几种句法，这也说明，他们在使用动词的过程中，并不能够丰富的运用，而是重复、集中的使用某一种或几种句法框架。以下为母语者和学习者在单一动词句法框架上集中度的数据。

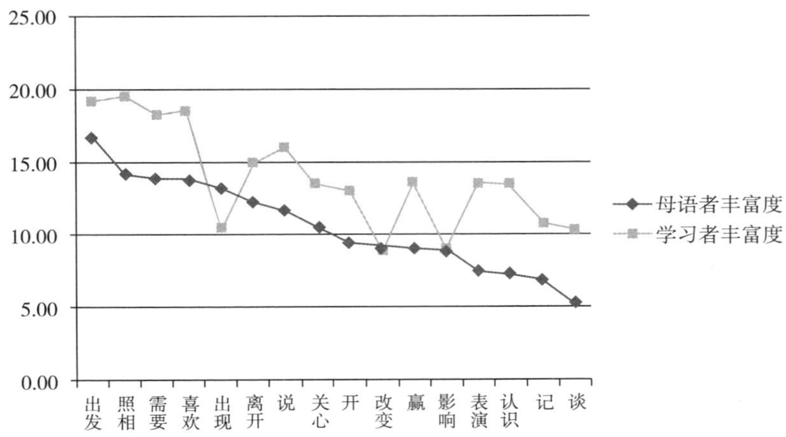

图3 母语者与学习者集中度情况对比折线图

以上数据可以看出，学习者集中度大部分都高于母语者集中度，这很容易说明。学习者在使用动词的时候，比母语者更倾向于使用某一种或几种句法框架，对于句法框架的使用并不丰富。在这方面学习者有一定的差距。下面我们就从更加微观的角度来观察在动词句法框架的使用中，学习者习得的一些情况。

6.1.3 习得相似度

我们在研究中，希望关注学习者在使用句法框架时，是否与母语者使用时的分布相似。如果学习者和母语者在单一动词句法框架使用的分布比较接近，说明学习者使用情况更好，习得情况也更好。

6.1.3.1 习得相似度计算和统计

我们定义这个量为习得相似度，反映学习者在正确使用目的语所产生的中介语的句法框架分布情况与母语者使用情况的相似程度。在本研究中，我们采用余弦相似度（Cosine Similarity）的方式对学习者和母语者单一动词句法框架分布的相似度进行计算。余弦相似度用向量空间中两个向量夹角的余弦值作为衡量两个个体间差异的大小。余弦值夹角在[-1，1]，约接近于1，说明两者所代表的空间向量夹角越小，说明两者越相似。空间向量X、Y的余弦值夹角公式为：

$$\text{sim}(X, Y)=\cos\theta=\frac{\vec{x}\cdot\vec{y}}{\|x\|\cdot\|y\|}$$

在本研究中，因为我们共标注了不重复的25种句法框架，所以我们可以假设母语者（X）及学习者（Y）的句法框架分布为两个25维的空间向量，分别表示为X（a_1，a_2，a_3，$\cdots a_n\cdots a_{25}$），Y（b_1，b_2，b_3，$\cdots b_n\cdots b_{25}$），则习得相似度可以表示为：

$$\text{sim}(X, Y)=\cos\theta=\frac{\sum(a_n\cdot b_n)}{\sqrt{\sum a_n^2}\cdot\sqrt{\sum b_n^2}}$$

其中，n[1，25]，$a_1+a_2+\cdots+a_{25}=100$，$b_1+b_2+\cdots+b_{25}=100$。在这个过程中，如果某句型无分布，则按该分布为0处理。

最后得到习得研究对象的16个动词的习得相似度，见表8：

表8　动词习得相似度统计详表

动词	习得相似度
喜欢	0.994
说	0.993
出发	0.986
需要	0.984
离开	0.983
开	0.975
关心	0.962
照相	0.955
赢	0.954
出现	0.923
认识	0.917
改变	0.898
表演	0.892
谈	0.882
影响	0.861
记	0.858

从以上的数据我们可以看出，习得相似度的差距并不是很大，这说明，学习者在使用动词的句法框架时，会在一定程度上符合母语者使用动词时句法框架的偏好，但仍存在的差距，让我们更希望对其进行进一步的观察研究。

6.1.3.2　习得相似度与单一动词集中度的关系

习得相似度是我们提出的考量学习者习得汉语的指标，这样的指标并不能够孤立的存在，我们希望看到习得相似度和什么样的量存在关系，并且是怎样发展变化的。我们对于这个问题，我们希望以习得相似度作为因变量，以集中度作为自变量，绘制了集中度-习得相似度的散点分布图。图4为集中度与习得相似度的散点分布图。

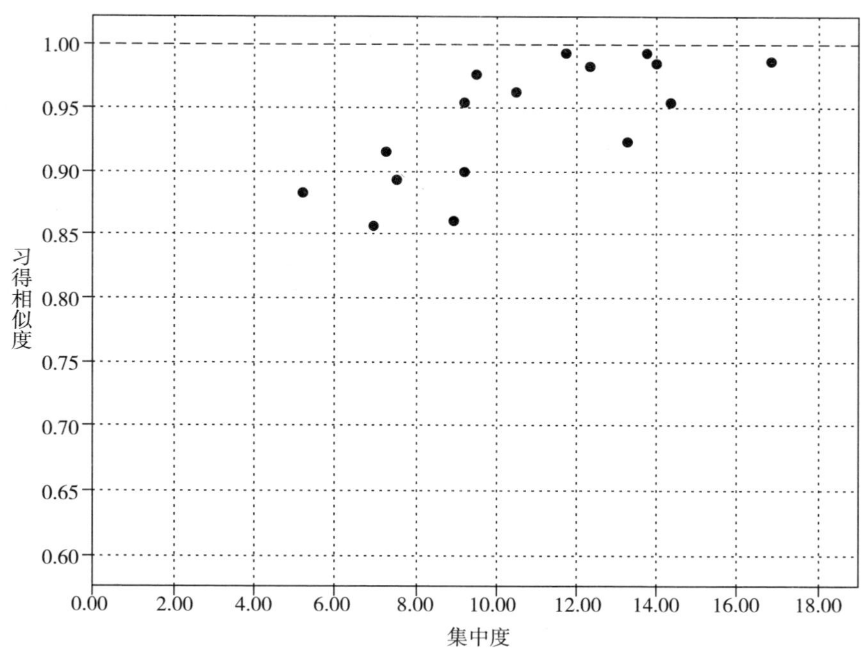

图4　集中度—习得相似度散点分布图

以下为SPSS进行受约束的非线性回归分析，R_2=0.570，说明自变量集中度能够解释因变量习得相似度变化的57%。并且a=0.202，b=0.735。所以，我们可以得出，习得相似度和集中度的关系为：

$$y=\frac{1}{1+e^{-0.202x-0.735}}$$

其中，x∈（0，20.42）。图5为拟合的回归曲线。

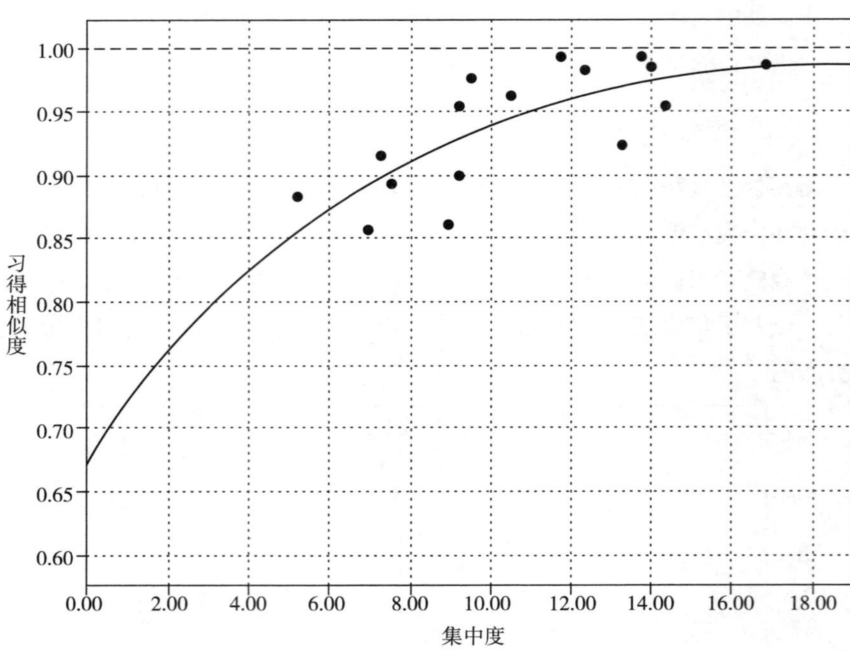

图5　集中度—习得相似度拟合回归曲线

从以上的拟合曲线中，我们可以看出，习得相似度（y）与集中度（x）的关系为：

$$y=\frac{1}{1+e^{-0.202x-0.735}}$$

呈现正相关，随着集中度的增高，习得相似度同时增高。这就说明，集中度越高的动词，学习者习得的情况越好，越容易掌握。但是当集中度越接近极值，习得相似度的增长会趋于平稳。

6.1.4　不同学时级别的习得情况

根据以上讨论，习得相似度的情况会随着动词集中度的变化而变化。对于习得的研究，除了讨论习得情况和目的语言本身的特点关系之外，我们也希望看到随着学时的增长，学习者对于动词句法框架的习得是怎样的变化规律。

6.1.4.1 单一动词不同学时级别的习得情况

我们选取了动词“说”作为研究对象，对动词“说”在“中介语”中的句法框架使用情况进行了标注和统计，并与母语者使用情况进行对比。在习得的对比中，学习者的丰富度和集中度与动词本身的丰富度和集中度是有一定差距的，对于这样的差距，我们认为，差距的大小在一定程度上也能看出动词的使用情况，所以，我们在习得的研究统计中加入了“丰富度差值”和“集中度差值”的概念，就是学习者丰富度或集中度与动词本身丰富度或集中度差的绝对值。这样的差距越大，就说明，学习者在使用这个动词的过程中，与母语者的使用差距越大。表9为“说”习得的具体数据。

表9 动词“说”不同级别学习者习得情况句法框架分布统计详表

统计指标	句法框架分布（%）				
	一级	二级	三级	四级	母语
丰富度	8.00	5.00	8.00	13.00	15.00
集中度差值	1.73	5.09	2.78	1.00	—
丰富度差值	7.00	10.00	7.00	2.00	—
习得相似度	0.9891	0.9777	0.9906	0.9930	—

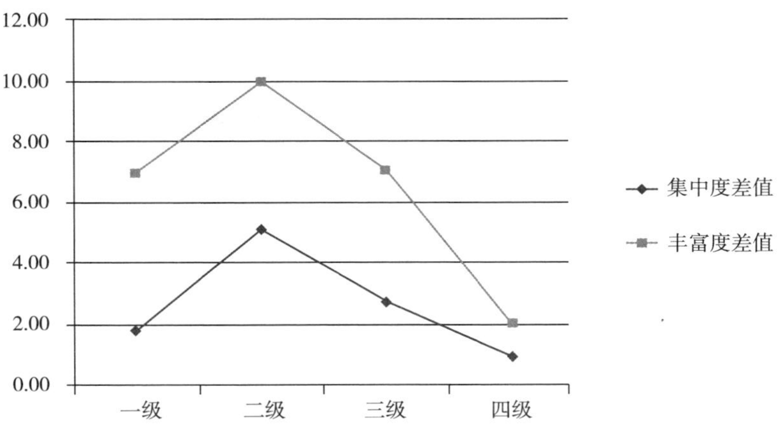

图6 动词“说”不同级别学习者丰富度、集中度差值变化曲线

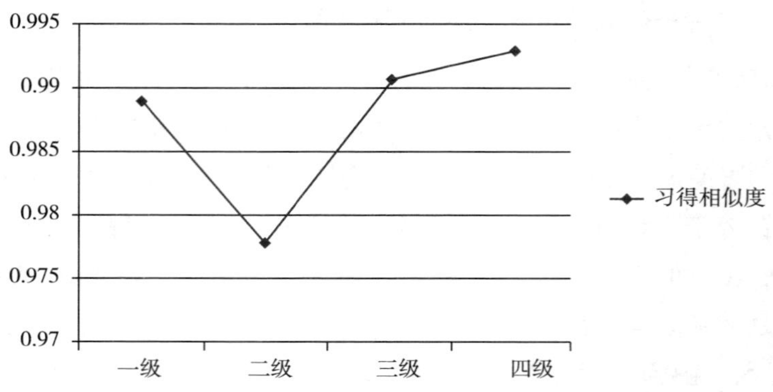

图7 动词“说”不同级别学习者习得相似度变化曲线

从图7中，我们可以看到，丰富度和集中度的差值呈现较为统一的变化。这种学习行为使得在习得的过程中产生了一个倒“U”型效应。但而后，习得的程度随着学习的不断深入而升高并恢复平稳。

6.1.4.2 动词句法框架总体习得情况

以上我们就“说”这样一个单一动词的句法框架习得情况进行了研究，而对于本研究所标注“中介语”中学习者使用句法框架的情况也按照级别进行了分类统计，并希望从总体上对动词句法框架的习得进行观察和研究。以下为总体句法框架习得情况。

表10 不同级别学习者习得情况句法框架分布统计详表

统计指标	句法框架分布（%）				
	一级	二级	三级	四级	母语
丰富度	18.00	12.00	15.00	17.00	24.00
集中度	11.85	10.87	12.77	11.14	7.19
丰富度差值	6	12	9	7	0.00
集中度差值	4.65	4.28	5.58	3.94	0.00
习得相似度	0.9322	0.9314	0.9344	0.9496	1.00

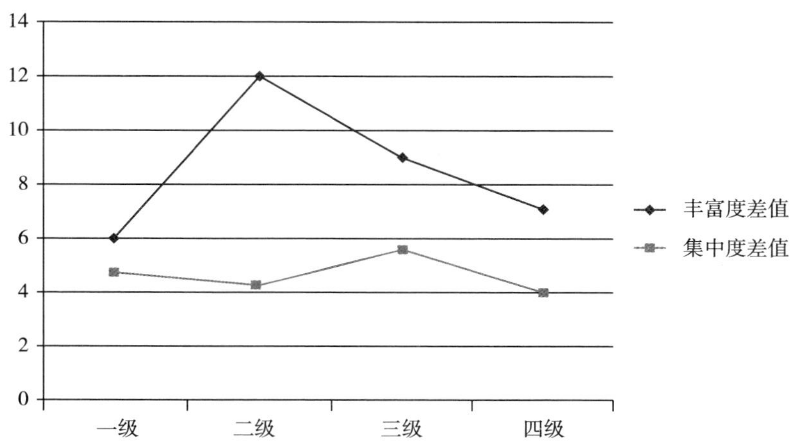

图8　不同级别学习者丰富度、集中度差值变化曲线

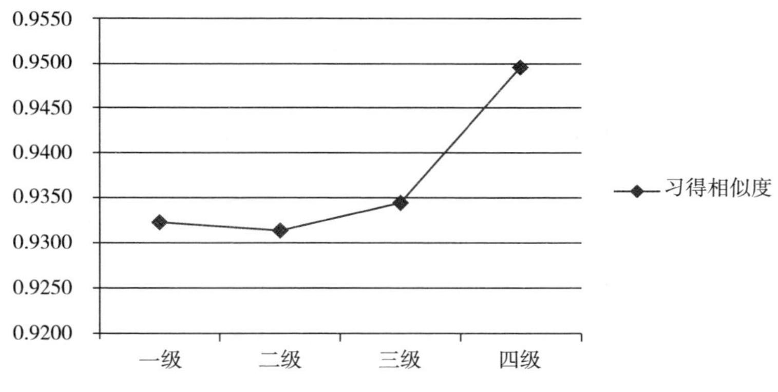

图9　不同级别学习者习得相似度变化曲线

从图12中，我们可以看出从一级到三级，随着学习时间的增长，丰富度同“说”的情况一样，差值呈现倒“U”型。而集中度的差值则呈现折线变化。丰富度差值的变化并没有与集中度差值的变化完全相吻合。可以看出，在二级时期，学习者的习得情况仍然是相对最不理想的，但是随着学习时间的逐渐增长，逐渐趋于平稳。并且也基本呈现倒“U”型。

6.1.4.3　单一动词习得情况与动词总体习得情况关系

从以上的数据我们可以看出，以“说”为代表的单一动词的习得发展规律与动词总体的习得情况总体一直，但稍有差异。这说明，单一动词的习得情况存在着自己的特点，值得对每一个动词的特点进行整理、研究，并针对性的为教学提出意见。从总体看，两种统计都反映出了倒“U”型的特点，既在初级向中级过度的过程中，会出现一个习得的困难期，这个时期，学生接触到大量的句法框架，所以，就会大量进行套用，但这样的使用并不一定是恰当的或者符合母语者使用规律的。这也正是需要我们在教学中注意的时期和问题。

7 结论

本文通过母语语料库的统计以及中介语语料库的对比统计分析，得出以下结论：

动词的句法框架分布是差异性非常大。主要的差异体现在句法框架的丰富度、集中度、优势句法框架、句法成分等方面。

近义动词的句法框架和句法成分存在差异，这样的差异可以帮助进行近义动词的区分。

不同类别的动词在句法框架上有差异，这样的差异可以帮助进行不同类别动词之间的区分和描述。

学习者与母语者使用动词句法框架分布的相似度作为习得的一种反映形式，与集中度呈正相关。既集中度越高的动词，对于学习者使用的情况越接近母语者。

动词句法框架的习得情况并不是随着学时逐渐增长的，而是在初级到中级阶段出现最低点，呈现一定的倒“U”型习得情况。并且，在中高级阶段呈现上升或平稳趋势。

8 综合讨论

本研究提供了词汇知识系统体系的拓展系统。通常的词汇知识体系中存在的信息主要是“是什么”，但是并没有明确的数据信息支撑，没有“怎么用”这样的信息。而本研究提出的方法，正是希望在词汇知识中增加数据信息，通过使用频率对词汇知识进行具象化。

在掌握了单一词汇的句法知识信息的基础上，本研究中提及的词汇研究思路也可以为不同动词之间的比对和研究提供更多的思路和依据。本研究将词汇和句法进行结合，就会从更加深入的角度对习得情况进行研究，并有助于汉语教学，同时，联结主义的观点在习得中也是有所体现的。我们的研究中发现，集中度和习得相似度是呈现正相关的。也就是说明，对于母语者喜欢集中使用的“权重高”的句法框架的动词，学习者在学习过程中对于那些“权重高”的句法框架会被更多地“强调”，在大脑的自组织学习中进行强化，从而使用得更好。这也就知道我们，在教学中，有针对性、科学地进行“强调”，依据联结主义，在强调中反映频率，让学习者在大脑中更好地进行“联结”，并说出更接近母语者的话语。

9 对对外汉语教学的启示

具有动词出发，结合句法进行教学的意识。在一些句法框架的教学中，有意识地使用一些常用这个句法框架的动词进行替换练习。这样有意识地教学会让学习者在潜意识里对句法框架与指定动词之间有一定的强化，这样的强化会对于他们如母语者一样使用动词会起到非常重要的作用。

对于教材和练习的建议。在教材编写中，对于教授的动词，其在课文中出现的重点句子需要是此动词的优势句法框架，作为强化。练习编写的过程中，需要动词造句或替换的练习时，也尽量做到动词和优势句法框架匹配。

参考文献

[1] 北京语言学院句型研究小组（1989）现代汉语基本句型，《世界汉语教学》第1期。

[2] 陈建民（1987）《现代汉语句型论 · 绪论》，北京：语文出版社。

[3] 邓小宁（2011）汉语“N+ V+ 得+ A0”句式的习得过程考察，《华文教学与研究》第2期。

[4] 胡裕树（1962）《现代汉语》，上海：上海教育出版社2011版。

[5] 李临定（1987）划分句型的原则和标准，载《句型和动词》北京：语文出版社。

[6] 李临定（1983）《现代汉语句型》，北京：商务印书馆2011版。

[7] 罗振声（1995）汉语句型自动分析与分布统计系统的研究，《清华大学学报（哲学社会科学版）》第4期。

[8] 施家炜（1998）外国留学生22 类现代汉语句式的习得顺序研究，《世界汉语教学》第4期。

[9] 苏向丽、李如龙（2011）词价研究与汉语词汇知识的深度习得，《语言文字应用》第2期。

[10] 邢福义（1983）论现代汉语句型系统，载《语法研究和探索（一）》，北京：北京大学出版社。

[11] 张宝林（2010）回避与泛化—基于“HSK 动态作文语料库”的“把”字句习得考察，《世界汉语教学》第2期。

[12] 张宝林（2011）外国人汉语句式习得研究的方法论思考，《华文教学与研究》第2期。

[13] 张 博、邢红兵（2006）对外汉语学习词典多义词义项收录排列的基本原则及其实现条件，见《第二届对外汉语学习词典国际研讨会论文集》，北京：中国社会科学出版社。

[14] 赵淑华、刘社会、胡翔（1993）北京语言学院现代汉语精读教材主课文句型统计报告，《汉语教学与研究》第2期。

[15] Nation I.S.P.（1990）*Teaching and Learning Vocabulary*, New York: Newbury House.

[16] Richards（1976）J.The role of vocabulary learning. *TESOL Quarterly*（10）.

基于全句内共现的现代汉语和汉语中介语词汇知识对比研究

曲学智

提要：词语共现是词汇知识的重要组成部分。以往研究中词语共现的范围大都集中在所研究词语左右各5个词语以内。本文根据汉语的实际特点以及研究的需要，将共现范围调整为全句内，开发了基于现代汉语语料库和汉语中介语语料库的“汉语词语全句共现的自动提取”程序，为词汇知识的描述提供了可靠的素材。基于程序所得到的共现信息，本文对比了“看”在现代汉语语料库和汉语中介语语料库之间，以及中介语各水平语料库之间的共现信息的差异。文章将“看”在现代汉语语料库和汉语中介语语料库中的共现词依照《同义词词林》分别进行语义归类，考察各类词语在中介语当中相对于在现代汉语当中使用过度或使用不足的程度，还考察了中介语各水平之间的共现用法的差异。这使得汉语作为第二语言习得的研究不再局限在以往的偏误分析，而是从词汇共现的角度深入考察了中介语和现代汉语之间的用法差异。文章得出的主要结论有：在“看”的共现词的语义分布中，中介语相对于现代汉语使用过度最严重的大类是“助语”，使用不足最严重的大类是“活动”。在学习一年半至两年时，共现词的整体语义大类分布与现代汉语差异最大，随后随着水平的提高，语义大类分布趋同于现代汉语。

关键词：词汇知识　词语共现　全句　中介语对比分析　“看”

1　引言

认知科学从20世纪50年代到今天有很大的发展，很多认知心理学的成果已用于第二语言习得领域。近年来，联结主义理论（connectionism）兴起，并逐渐应用到语言习得领域，给传统的认知观点带来很大冲击（李平，2002）。随着国内外一些学者对联结主义理论的掌握，以及计算机科学的飞速发展，联结主义也开始进入了汉语作为第二语言习得的领域。在汉语作为第二语言的词汇习得领域，很多研究都发现了学习过程的阶段性，并构建了第二语言词汇习得研究框架。

其中，汉语词语之间的共现关系是词汇知识的重要组成。然而，目前汉语词语关系的研究大都集中在特定窗口范围内的搭配研究，很少有在全句范围内提取词语共现关系的，这成为汉语词汇关系研究的一个空白。本文即以此为契机，基于上面理论框架，为汉语词汇研究和汉语作为第二语言习得研究做一些新的合理尝试。

2 文献综述

2.1 关于词汇知识和词汇共现的研究

针对词汇知识，Nation（1990）、Richards（1976）等学者们做过很多研究，而且在很早就关注到词汇的频率、搭配等概念，他们普遍认为词汇知识不仅仅指词语的语义，还同时蕴含形态、意义、用法等等方面，这在学术界是基本达成一致的。

关于第二语言词汇知识的习得，也有很多相应的研究。Jiang（2000）曾提出过一个二语习得的词汇表征和发展模型，同时认为学习者对母语词汇的中介作用产生强烈的依赖，这个依赖是学习者产生“石化”现象的主因。Li（2006）、Zhao和Li（2010）等利用计算机模型模拟了双语者的词汇习得情况，发现了二语词汇表征的“寄生”现象。

在前人研究的基础上，邢红兵（2009）以联结主义为基础建立了第二语言习得研究的框架。他认为词汇的意义是词汇知识的核心，而意义知识又包括：静态知识（从第一语言直接获得的词汇知识）、动态知识（包括词汇频度、家族关系、句法功能、搭配关系等）、词语关系（就是词语之间的相互关系）。词汇知识的获得过程就应该是从静态知识到动态知识最终到词语关系的转变过程。他同时强调，词汇习得中的频度因素应该包含三个方面：使用频度、同现概率、句法功能。

词汇知识中，有关汉语词语共现和搭配关系方面的研究也不在少数。关于共现（co-occurrence）和搭配（collocation）两个概念，学者的观点不一。《现代语言学词典》（2000）中，“共现”（也称“同现”）是指“一种语言按照其语法和词汇规则允许的、单位之间组合关系上的结合”；而“搭配”则是指“个别词项之间习惯性的同现，这种关系在语言学上多多少少可以预测”。综合各家观点来看，“搭配”是一种特殊条件的“共现”，其特殊表现在很多方面，不过至少都有一点——高频。本研究中共现范围的语言单位是句子，即词语与词语在句子范围内的同时出现，即称“共现”。

在以往的研究中，学者的关注大都集中在词语的“搭配”而非“共现”上。Sinclair（1991）认为词语搭配的分布范围一般是[±4]即可。罗建生（2000）、徐立新（2001）在研究英语搭配时提出也可以将这个范围扩展到篇章乃至整个话题。在汉语的研究中，孙茂松、黄昌宁和方捷（1997）使用新华社新闻语料库对“能力”一词的搭配情况进行的考察。此外，汉语搭配的成果还包括《现代汉语实词搭配词典》（1992）和《汉语动词用法词典》（1999）等。

2.2　计算机模拟研究中对词义表征的研究

在计算机模拟研究的领域中，词义表征的方法与词汇共现研究息息相关。根据Rumelhart和McClelland（1986）的PDP（parallel distributed processing，并行分布加工）理论，联结主义主要有两个基本特征：其一，在知识表征层面，它强调分布表征的概念。其二，联结主义认为人学习知识就是学习分布表征的过程，也就是说，人学习知识是通过调节单元和单元之间的关系来完成的。此外，联结主义在对语言学习的看法中还有一个重要的概念就是浮现特征理论，该理论指出语言规则并不是先天固有的，而是在语言获得过程中表现出自然浮现出来的特点，而这个浮现过程正是通过语料的大量输入并加以统计而获得的。

由于人们对知识的表征经历了方位表征和分布表征两个主要的认识，在词义表征的方法上也同样可以分成这两大类（Zhao，Li & Kohonen，2011）。其一，为用方位表征的方式去表征词义，如Plunkett和Elman（1997）。其二，为分布表征，依靠对一组单元的激活模式表示，不同的激活模式表征不同的词。这里又分为两个方法（Riordan & Jones，2011）：基于特征描述的表征和基于语料库的表征。

由于基于语料库的分布表征基于大量文本的且无须人工干预，因此这种方法更贴近联结主义的语言学习理论中的浮现过程。而这种方法的核心就是要利用词语之间的共现关系的信息。这里又分两种对共现的记载方式：计算与目标词共现的词语的频率，计算目标词与其所处的语言背景（句子、段落乃至篇章等）的共现矩阵。其中第二种方式的典型例子是Latent Semantic Analysis（LSA）（Landauer & Dumais，1997）。LSA是基于多文档的语料库来抽取词语的意义表征的工具。不过，这种仅利用文档作为词义的表征信息的方式颇为粗放，很难准确表征词义。

计算与目标词共现的词语的频率是表征词义的主流方法，主要的模型有Hyperspace Analogue to Language（HAL）（Burgess & Lund，1997；Lund & Burgess，1996）、Word Co-occurrence Detector（WCD）（Farkas & Li，2001等）、Bound Encoding of the Aggregate Language Environment（BEAGLE）（Jones & Mewhort，2007）等。

HAL模型是一个多维语义空间模型。不过HAL的表征向量是固定不变的，无法表现人类在学习过程中随着学习的进步而产生动态表征的过程。受HAL构造思路的启发，Farkas和Li等人（Farkas & Li，2001；Li & Farkas，2002；Li，Farkas & MacWhinney，2004）开发了名为WCD的循环神经网络。与HAL不同的是，WCD可以动态建构词义表征，可以用来模拟习得的过程。WCD随后广泛应用于语言习得的模拟上，如Li、Zhao和MacWhinney（2007），Zhao和Li（2009、2010）等。BEAGLE与前面模型的典型不同的在于BEAGLE是在一个句子内处理语境信息的，而LSA的语境是一个文档，HAL和WCD的语境都是一个动态的存放n个词的窗口。

2.3 关于中介语对比分析的研究

在大规模的语料库诞生之前，第二语言习得研究往往局限在定性分析，最为常用的是“对比分析”和“偏误分析”。不过，以上两种分析方法常常被指有一定的局限性，如对比分析将两种语言之间的差异等同于语言习得的难度不合逻辑，偏误分析将研究焦点集中在偏误上，忽视了学习过程中正确的部分和回避使用的部分。

随着大型语料库在语言习得领域中的应用以及人们对各种研究方法的理解不断深入，基于学习者语料库的“中介语对比分析”（Contrastive Interlanguage Analysis，CIA）成了新的二语习得研究方法（Granger，1998；Granger，Hung & Petch-Tyson，2002）。这种对比分析方法可以通过定量分析和定性分析相结合，有效地利用学习者的中介语资源，全方位的对比目的语和中介语之间的多种差异。

2.4 问题提出

前人在通过词语共现来观察词语关系的研究中，很少有将研究共现的距离设置为在全句范围内的。大多数研究将观察窗口开放到5个（如孙茂松等，1997等）。我们认为，以前的研究中取关键词左右各特定个词（常为5个）的表征方法并不精确。首先，因为汉语的相关语义的词语之间位置相对随意和灵活（刘珣，2000：134），有时会导致两个相关词语之间距离较远。其次，利用取左右特定个词的方法时常会跨过句子范围，此时词语之间的“距离”恐怕难以表现词语之间的亲疏关系和语义、句法关系（Jones & Mewhort，2007）。另外，此前研究词汇关系的时候往往局限在“搭配”而非“共现”。基于联结主义的观点看来，作为词义知识的构成，两词之间只要“共现”，不论是否属于“搭配”，都会对大脑产生相应的频率效应。综上所述，我们认为将在整句范围内所有出现的共现词提取出来的方法会使得我们的词语对比研究和词义表征更为充实、丰富、准确。

3 “汉语词语全句共现的自动提取”程序的开发

本研究所使用的现代汉语语料库是北京语言大学“现代汉语义项语料库”（张博、邢红兵，2006）（以下将“现代汉语”简称“现汉”），共包含1523042个词，66591个例句；包含口语、新闻、小说、汉语教材、科技短文五类语体。中介语语料库使用北京语言大学“汉语中介语语料库系统”（储诚志、陈小荷，1993），共520807个词，42221个例句。

如下面的一句话：

（1）我　记得　我　看　过　一　本　有趣　的　书　。
　　−3　−2　−1　0　+1　+2　+3　+4　+5　+6　+7

例如，“看”是我们要研究的词，我们称之为“关键词”，句中的其他的词语，如“我”“记得”等，均称为“看”的“共现词”。共现距离（以下简称“距离”）的计算方法为共现词与关键词之间相隔词语个数再加1，并在前面添加正负号。共现词在关键词右边的，它们之间的距离为正数，反之则为负数。标点符号也记为一个词。

利用程序将在语料库中所有包含关键词的句子序号提取出来另存入一库，然后再在语料库中将这些句子中的所有词语的相关信息全部提取出，按照出现顺序依次存入共现词的语料库，同时计算并记录共现词与关键词之间的距离。由此，我们可以统计出指定关键词的共现词的频次信息。中介语语料库中，共有9种汉语水平学生的信息，我们将学习年限为半年至一年的划为水平1，一年半至两年的划为水平2，两年半至三年的划为水平3，三年半以上的划为水平4。

“汉语词语全句共现的自动提取”程序可以用作记录汉语词语的共现知识（包括共现词、共现频次、共现距离等），从而能够以之考察出词与词之间语义关系的亲疏，也可以通过词汇共现知识库的形式对比汉语中近义词、反义词等的差异，对比现代汉语和汉语中介语的差异，对比汉语中介语中不同水平学生之间的差异。在二语习得的领域，基于中介语对比分析的理论，不再仅限于关注留学生的偏误情况，而是通过上述信息考察留学生使用的汉语和母语者使用的汉语的具体差异，以考察留学生的汉语是否真正“地道”。本程序得出的共现信息的数据将来可以用作计算机模拟研究中的词义表征当中。

4　词语共现知识对比研究

4.1　初步探索

4.1.1　研究方法说明

我们将利用程序做一系列词汇提取的例子。首先选取HSK甲级动词“看”为例阐述我们的对比。在现代汉语语料库中，包含“看”的例句共有5495句，中介语语料库中则有2010句。若一个句子中包含2个“看”，计数时我们将其计为2个句子，以此类推。本文中“共现词的频次（frequency）”指共现词在语料库中与关键词共现的次数总和。

在现代汉语语料库中，与“看”共现的不同词语共有11243个，所有共现词的频次总和为198472次。为方便对比词语的共现情况，我们针对共现词设计了“词语共现率”的概念，其公式如下：

$$词语共现率 = \frac{共现词的频次}{所有共现词的共现频次总和} \times 100\%$$

例如，在现代汉语语料库中，共现词“的”相对于关键词“看”的频次为8333次，所以“的”相对于“看”的词语共现率即为8333÷198472×100%=4.20%。

关键词（如“看”）的所有共现词的词语共现率之和为100%。

4.1.2 现代汉语近义词的共现知识对比——以“看”和“瞧”为例

我们选取了与“看”共现频次最高的100个词语。其结果如附录1所示。初步观察发现，与“看”共现的词语大都为汉语中的常用词。一个有趣的现象是，“看”本身的共现率是相当高的，在共现词语中排名第13位。这个现象在其他动词中也存在，说明动词在句中自身共现是相当普遍的。我们又观察了与“看”距离为±1的共现词的情况，均取频次最高的50个，见附录2、附录3。

随后我们观察了动词“瞧”的情况。“瞧”是HSK乙级动词。附录4列出与“瞧”全句范围内共现频次最高的97个词。

下面我们以部分语气词为例，观察比较动词“看”和“瞧”的细微差异。如表1所示。

表1　现代汉语语料库中与“看”共现的语气词和与“瞧”共现的语气词使用对比

看				瞧			
排名	共现词	频次	词语共现率	排名	共现词	频次	词语共现率
85	吧	262	0.132%	44	吧	5	0.325%
83	呢	265	0.134%	52	呢	4	0.260%
169	啊	152	0.077%	66	啊	3	0.195%

对于“瞧”来说，语气词的词语共现率均大于“看”，可以看出“瞧”常使用于口语化环境。

在“看”与“瞧”的近距共现词对比中，我们发现了一些有趣的现象（与“瞧”距离为+1、-1的所有共现词见附录5、附录6）。在距离为+1的共现词中，动词的区别最大，“看”的共现动词中有很多趋向动词，可组成诸如“看来”“看上去”“看出来”“看起来”等共现词组，而在我们的现汉语料库中，“瞧”则没有类似的共现词组如“瞧上去”等。此外，“瞧”在语料库中还不存在“瞧成”“瞧清”等共现组合。这些都是“看”和“瞧”在用法上的一些具体的细微差异，可以看到“瞧”的用法整体不如“看”丰富。总的来看，距离为-1的共现词对比差异性不明显。这可以看出动词为中心的常用共现词组常出现在动词右边。

4.1.3 汉语中介语与现代汉语的对比——以“看”为例

中介语的共现情况与现代汉语共现情况的一致程度可以作为中介语的“地道性”（idiomaticity）的一个考察指标。

我们考察了共现词使用的丰富程度。将现汉中的所有共现词和中介语中的所有共现词分别视为一个语料库，使用“标准化类符形符比”（standardised type/token ratio）（杨惠中，2002：153）来观察两者用词的丰富程度（这里的“类符”区分以词形为标准）。中介语中和现汉中共现词库的“标准化类符形符比”（以30000词分组）分别为11.22%和13.98%，说明中介语中的共现词不如现汉中的丰富。

我们具体观察了中介语语料库中在全句范围内共现的词语最多的99个（附录7）。简单地看，中介语中的共现名词与现汉中的共现名词相比，具体名词的共现率比重偏大，如“中国”“书”“电视”“朋友”“电影”等的共现率都要高于现汉中的，这与留学生写作的话题局限性有关。连词中，“因为”“所以”“但是”“可是”几个词中介语的共现率均要比现汉的多，这体现出留学生遣词造句中惯用连词的特点。

在两个语料库的与“看”距离为+1的共现词中（中介语的表见附8），“看”后面的“到”均是最高频的，词语共现率基本一致，说明，留学生基本掌握“看到”这一常用用法。此外，中介语中的“起来”要明显高于现汉中的频率，反之，现汉中的“上去”要远高于中介语中的“上去”的词语共现率（0.003%，未出现在附录8中）。这说明留学生过度使用了“看起来”这一结构来表达类似的意思，而事实上汉语中类似的用法还有“看来”“看上去”，且这两者的频率要明显高于“看起来”。相反，留学生则几乎没有掌握“看上去”这一用法。在副词中，中介语中“一下”的共现率（0.003%，附录8中未出现）远远低于现汉当中的。可见，留学生对于“看一下”这个结构也基本没有掌握。这里可以看出留学生掌握的汉语结构还相对比较单一。

4.1.4 汉语中介语各水平之间对比——以“看”为例

我们最后将“看”的中介语中各水平间的使用情况做对比。我们分别计算四个共现词子库的“标准化类符形符比”（以2000词分组），分别为27.37%、29.47%、31.07%、32.40%。可见四个水平的共现词使用是随着水平的提高而丰富的。

在距离较近的对比中（中介语四水平的共现距离为+1、-1的表分别见附录9、附录10），水平1中的“电视”“书”“电影”“中国”以及“朋友”（+1）等具体名词明显高于其他阶段，这同样体现出了汉语低水平的留学生写作过程中话题的局限性。随着水平的提高，留学生的话题也明显丰富起来。水平1中的“常常”“喜欢”（-1）等一些比较简单的共现用法也高于其他阶段，这说明留学生在用词上丰富性不足、简单词语使用泛化的问题在初级水平的学生中尤为明显。此外，水平1中“到”“起来”（+1）明显低于其他阶段，而“上去”“一下”（+1）则基本没有掌握。这也同样说明了他们对“看”的用法丰富性、灵活性都较差。在表中，也可以明显地看出留学生在用词丰富性上的进步。

4.2 全句共现词语的语义分析

4.2.1 “看”的共现词的语义分类

为了进一步整合全句范围内的词语共现信息，我们决定将动词“看”在现汉和中介语语料库中在全句范围内的共现词语分别进行语义归类。在现代汉语语料库中，所有的词语均标有义项。在现汉库中，词语加义项的组合暂称为一个词语“类符”（type）（请注意本节的“类符”与前节所说的“标准化形符类符比”中的“类符”有差异）。现汉语料库中“看”在全句范围内的所有共现词共分为14540个类符。我们选用《同义词词林》（梅家驹等，1983）作为将共现词类符进行语义归类的依据。

《同义词词林》将所有汉语词语根据语义分为12个大类，94个中类，1428个小类。将共现词按照《同义词词林》进行归类，这其实就是一个将共现词形成“聚类”的过程（邢红兵，2009）。邢红兵指出，“聚类”是指在心里词典中将具有相同单元的词语按共用单元的多与少形成的聚合关系，相同单元多，在心理词典中的距离就越近，反之则越远。随后将中介语中“看”的共现词做同样的处理。

4.2.2 “看”的共现词的语义分类情况对比——现代汉语和汉语中介语之间

现汉中“看”的所选共现词的语义分类情况，如附录11、附录12所示。

现在我们来观察中介语的情况并进行对比。大类的对比情况如表2所示。

表2　现代汉语语料库和中介语语料库中全句范围内与“看”共现的较高频词的语义分大类情况对比（以大类代码为序）

大类代码	大类名称	中介语		现汉		中介语使用过度或不足	χ2值
		频次	百分比	频次	百分比		
A	人	3379	12.74%	21838	12.99%	不足	1.21
B	物	816	3.08%	6676	3.97%	不足	49.34
C	时间与空间	1511	5.70%	8127	4.83%	过度	36.44
D	抽象事物	2857	10.77%	16950	10.08%	过度	12.08
E	特征	1503	5.67%	8934	5.31%	过度	5.69
F	动作	789	2.98%	5754	3.42%	不足	14.05
G	心理活动	1008	3.80%	5161	3.07%	过度	40.02
H	活动	1301	4.91%	10849	6.45%	不足	93.48
I	现象与状态	331	1.25%	2805	1.67%	不足	25.47
J	关联	1290	4.86%	9146	5.44%	不足	14.88
K	助语	7388	27.86%	43017	25.58%	过度	62.05
L	敬语	10	0.04%	19	0.01%	过度	10.73
—	标点	4331	16.33%	28477	16.93%	不足	5.92
—	数字	5	0.02%	261	0.16%	不足	31.21
—	符号	0	0.00%	137	0.08%	—	—
—	空格	0	0.00%	19	0.01%	—	—
—	总计	26519	100.00%	168170	100.00%	—	—

表1中，“中介语使用过度或不足”一栏中，若中介语的百分比值小于现汉的百分比值，则填“不足”，反之填“过度”，相等则填“相当”。表中χ2值（通过四格表卡方检验公式）表示了中介语的百分比相对现汉的百分比的差异是否

显著，该数字越大说明中介语使用不足或使用泛化的现象越严重。由表中可以看到，中介语相对于现汉使用过度的大类中，“助语”大类的差异最显著，这说明留学生使用助语（大部分是汉语中的虚词）有比较严重的泛化现象。中介语使用不足的大类中，“活动”大类的差异最显著。

为了更细致地对比，我们再看看中介语和现汉的共现词之间分中类的情况，如附录13所示。

从中介语相对于现汉的共现词偏于泛化的情况来看，χ2值最大的，即过度使用最严重的中类是“抽象事物/文教”，这一中类包括“电影”“电视”“书”“小说”“节目”“广告”等大量与“看”在句法上或者话题上高度相关的词语。其次严重的中类是“抽象事物/社会政法”，第三严重的是“物/地貌”，原因也是如此。

中介语中共现相对不足的中类中，使用不足最严重的是自创的中类“人/专名”（即专有人名）。其次严重是“物/全身”中类。本中类中，“眼”“眼睛”作为“看”的施动器官，与“看”的关系十分紧密，且存在“看在眼里”“高看一眼”等灵活的用法，因此在现汉中两者共现频繁。在中介语中，此类词使用不足。此外还能从语料库中看到很多留学生用词过度和不足的用例，这里不再一一赘述。

4.2.3 “看”的共现词的语义分类情况对比——汉语中介语各水平之间

我们利用同样的办法，对比中介语当中四个水平的使用者之间的使用差异。由于中介语语料库规模太小，我们不区分使用者的母语，也不再对比共现词的所有语义中类的分类情况，只看语义大类的分布情况。四水平情况分别如附录14、附录15、附录16、附录17所示。我们希望观察出语义分布随着水平（学习年限）的提高的变化趋势，如图1所示。

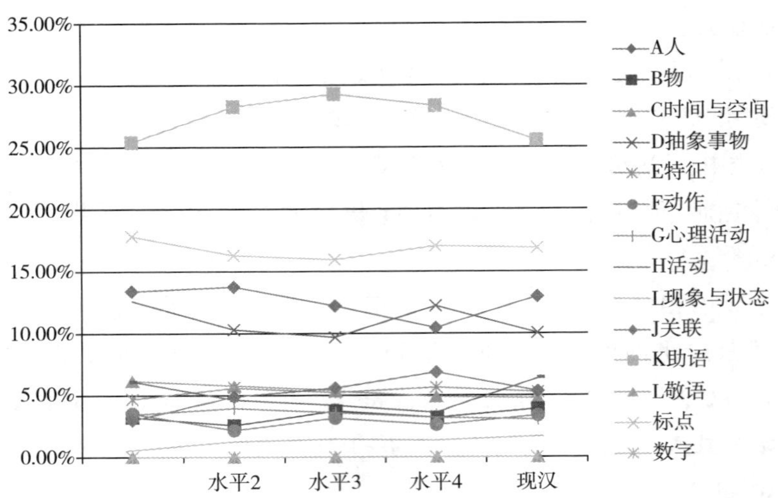

图1　中介语语料库各水平中全句范围内与“看”共现的较高频词的语义分大类情况对比

总的来说，这些大类并没有表现出随着水平增高而趋近于现汉的趋势，而是起伏不定，甚至有的大类的比例与现汉渐行渐远。这一来可能反映了这几个阶段的留学生水平的不稳定，二来可能是由于语料库规模较小，难以反应留学生的使用水平。

留学生词汇知识获得的过程，应该是共现词的语义类型的逐步变丰富的过程。但由于我们每个子库规模不同，因此我们无法看出哪个水平使用的语义类型最丰富。不过我们可以观察每个水平子库和现汉的语义大类分布的拟合程度。葛诗利（2010）通过实验论证，指出在容量不同的语料库之间进行对比时，秩和检验要比卡方检验和对数似然率都要准确。在这里我们利用秩和检验将四个水平的子库分别与现汉进行对比，所得结果如表3所示。

表3　中介语各水平子库与现代汉语语料库全句内“看”的较高频共现词语义大类分布的拟合程度

汉语水平	水平1	水平2	水平3	水平4
Z值	–129.57	–175.58	–167.24	–78.57

表中Z值的绝对值越大的，表明与现汉的整体语义分布差异越显著。这说明在水平2（学习一年半到两年）时，共现词的整体语义分布与现汉的差异最大，随后随着水平的提高，语义分布逐渐趋向现汉。

5 综合讨论

本文是一篇探索性的文章，由于时间有限，另外由于语料库本身的一些局限，我们的研究未能做到尽善尽美，还存在很多不足之处，而这也为将来的研究者提供了崭新的起点，希望今后的研究能够有相应的改进。

5.1 对于词语共现和语义分类的看法

词语在语境中的共现词能够切实反映出词汇知识，在计算机模拟领域还通过共现词来表征词义。以往的研究中共现范围大都限制在关键词左右5个词语以内，而我们取共现的范围是在句子以内，这可以得到大量的信息。如果将这些共现信息通过合理的方法进行整合，所得到的词义知识将比之前在5个窗口的范围内取共现词的方法更为精准。

文中我们提出了一种可行性强的对比方法，即将“看”的所有共现词进行语义分类，然后对比共现词在各个分类的分布中有何不同。这是一次尝试性的研究。我们在4.2节中只进行了全句范围内的共现词的语义分类，没有考虑距离这一因素。从结果中发现，用在全句范围内取共现词且不考虑距离因素的方法整合共现信息更像是一种话题研究。可以说，不考虑距离地、将在全句范围内所有的共现词进行语义归类也能够体现出一部分词汇知识，至少能够观察出被观察的关键词所出现的语境。

建议在今后的研究中，将现代汉语语料库中所有词语“类符”的频次统计出来，并做出语义分类，再将关键词（如“看”）的所有共现词“类符”的进行语义分类，最后将两者的分布情况进行对比。预计的结果是，“看”共现词语义类的比重相比现汉词语语义类的比重多出最多的，就是与“看”关系最密切的语义类。

本文还通过中介语四个水平的子库考察了留学生共现知识的发展情况。共现词的丰富程度随着水平的提高而提高。不过由于子库规模偏小且大小不均，我们仅看到一些初级阶段学生话题丰富性较差的例子，由此想见留学生使用语言是由匮乏到丰富的。在整体语义分布层面，中介语在水平2时与现代汉语差异达到最大，随后逐渐趋同于现汉。这些趋势是共现知识向现汉靠拢的过程，也正是留学生在获取词汇知识的过程。

5.2 对语料库建设的看法

语料库对于包括二语习得、对比分析等语言研究来说都是十分重要的，一个规模大、质量高的语料库就显得十分必要。不过本研究中发现，当前的语料库建设当中存在一些问题。

第一，语料库存在部分标注错误的现象。第二，目前缺少一个质量较好的大规模的汉语中介语语料库。我们所用的北京语言大学“汉语中介语语料库系统”仅有50多万词。现在可供公开使用的语料库还有北京语言大学“HSK动态作文语料库”（张宝林、崔希亮、任杰，2004），现有约424万字，规模较大。不过这个语料库分词后的语料暂未公开，另外这个语料库现在仅收录高级学生的作文语料，没有初级学生的资料，较难看到留学生汉语水平的发展历程。第三，汉语中介语语料库的题材很不广泛，使得在与现代汉语对比的时候很不对等。第四，对于中介语语料库中的标注，还是建议尽可能详尽，以方便后人的研究。

针对汉语中介语语料库中存在的这些问题，崔希亮、张宝林（2011）提出了建设全球汉语学习者语料库的设想。希望这一设想能够早日实现，也希望将来能够进行基于更大规模、更高质量语料库的词汇共现研究。

6 结语

本文得到的主要结论如下：

“汉语词语全句共现的自动提取”程序中的共现信息可以为词汇知识的构建提供丰富的材料。这些素材可以用在汉语词义知识对比、中介语对比分析等多个领域的研究。

基于我们所选的语料库，中介语中“看”的共现词丰富程度不如现代汉语。“看”的共现词的语义分布中，中介语相对于现代汉语使用过度最严重的大类是“助语”，使用不足最严重的大类是“活动”。“看”的共现词中，中介语相对于现代汉语使用过度最严重的中类是“抽象事物/文教”，使用不足最严重中类是“人/专名”。

基于我们所选的语料库，汉语中介语四个水平的子库中，共现词的丰富程度随着水平的提高而提高。“看”的共现词的各语义大类分布情况起伏不定。在学习一年半至两年时，共现词的整体语义大类分布与现代汉语差异最大，随后随着水平的提高，语义分布趋同于现代汉语。

（4）词汇知识是个复杂的系统，涉及全句范围。在留学生的语言中，词汇使用由匮乏到丰富（包括词语共现数量、共现词的语义类型分布等方面）的过程是语言获得的重要过程。

参考文献

[1] 储诚志、陈小荷（1993）建立“汉语中介语语料库系统”的基本设想,《世界汉语教学》第3期。

[2] 崔希亮、张宝林（2011）全球汉语学习者语料库建设方案,《语言文字应用》第2期。

[3] 戴维·克里斯特尔编（2000）《现代语言学词典》（沈家煊译），北京：商务印书馆。

[4] 葛诗利（2010）语料库间词汇差异的统计方法研究,《现代外语》第3期。

[5] 李　平（2002）语言习得的联结主义模式,《当代语言学》第3期。

[6] 刘　珣（2000）《对外汉语教育学引论》，北京：北京语言大学出版社。

[7] 罗建生（2000）搭配在语篇中的形式和交际中的功能,《中南民族学院学报（人文社会科学版）》第2期。

[8] 梅家驹（1983）《同义词词林》，上海：上海辞书出版社。

[9] 孟　琮等（1999）《汉语动词用法词典》，北京：商务印书馆。

[10] 孙茂松、黄昌宁、方　捷（1997）汉语搭配定量分析初探,《中国语文》第1期。

[11] 邢红兵（2009）基于联结主义理论的第二语言词汇习得研究框架,《语言教学与研究》第5期。

[12] 徐立新（2001）语篇中的词汇搭配,《外语与外语教学》第2期。

[13] 杨惠中主编（2002）《语料库语言学导论》，上海：上海外语教育出版社。

[14] 张宝林、崔希亮、任　杰（2004）关于“HSK动态作文语料库”的建设构想，中国应用语言学会编《第三届全国语言文字应用学术研讨会论文集》，香港：香港科技联合出版社。

[15] 张　博，邢红兵（2006）对外汉语学习词典多义词义项收录排列的基本原则及其实现条件，郑定欧、李禄兴、蔡永强主编《对外汉语学习词典学国际研讨会论文集（二）》，北京：中国社会科学出版社。

[16] 张寿康、林杏光编（1992）《现代汉语实词搭配词典》，北京：商务印书馆。

[17] Burgess, Curt & Kevin Lund（1997）Modeling parsing constraints with high-dimensional

context space. *Language and Cognitive Processes* 12: 177–210.

[18] Farkas, Igor & Ping Li（2001）A self-organizing neural network model of the acquisition of word meaning. In Erik M. Altmann, Axel Cleeremans, Christian D. Schunn & Wayne D. Gray（eds.）, *Proceedings of the Fourth International Conference on Cognitive Modeling.*

[19] Granger, Sylviane（1998）*Learner English on Computer.* London & New York: Longman.

[20] Granger, Sylviane, Joseph Hung & Stephanie Petch-Tyson（2002）*Computer Learner Corpora, Second Language Acquisition and Foreign Language Teaching.* Amsterdam/Philadelphia: John Benjamins Publishing Company.

[21] Jiang, Nan（2000）Lexical representation and development in a second language. *Applied Linguistics* 21: 47–77.

[22] Jones, Michael N. & Douglas J. K. Mewhort（2007）Representing word meaning and order information in a composite holographic lexicon. *Psychological Review* 114: 1–37.

[23] Landauer, Thomas K. & Susan T. Dumais（1997）A solution to Plato's problem: The latent semantic analysis theory of the acquisition, induction, and representation of knowledge. *Psychological Review* 104: 211–240.

[24] Li, Ping（2006）Modeling language acquisition and processing in connectionist networks. In Ping Li, Li Hai Tan, Elizabeth Bates & Ovid J. L. Tzeng（eds.）, *Handbook of East Asian Psycholinguistics, Vol. 1: Chinese.*

[25] Li, Ping & Igor Farkas（2002）A self-organizing connectionist model of bilingual processing. In Roberto R Heredia & Jeanette Altarriba（eds.）, *Bilingual sentence processing.*

[26] Li, Ping, Igor Farkas & Brian MacWhinney（2004）Early lexical development in a self-organizing neural networks. *Neural Networks* 17: 1345–1362.

[27] Li, Ping, Xiaowei Zhao & Brian MacWhinney（2007）Dynamic self-organization and early lexical development in children. *Cognitive Science* 31: 581–612.

[28] Lund, Kevin & Curt Burgess（1996）Hyperspace Analogue to Language（HAL）: A general model of semantic representation（abstract）. *Brain and Cognition* 30: 265.

[29] Nation, P（1990）*Teaching and Learning Vocabulary.* New York: Newbury House Publishers.

[30] Plunkett, Kim & Jeffrey L. Elman（1997）*Exercises in Rethinking Innateness: A Handbook*

for Connectionist Simulations. Cambridge, MA: MIT Press.

[31] Richards, Jack C.（1976）The role of vocabulary teaching. *TESOL Quarterly* 10: 77–89.

[32] Riordan, Brian & Micheal N. Jones（2011）Redundancy in perceptual and linguistic experience: Comparing feature-based and distributional models of semantic representation. *Topics in Cognitive Science* 2: 303–345.

[33] Rumelhart, David E. & James L. McClelland（1986）On learning the past tenses of English verbs. In James L. McClelland, David E. Rumelhart & the PDP Research Group（eds.）, *Parallel Distributed Procession: Explorations in the Microstructures of Cognition, Vol.2: Psychological and Biological Models*.

[34] Sinclair, John（1991）*Corpus, Concordance, Collocation*. Oxford: Oxford University Press.

[35] Zhao, Xiaowei & Ping Li（2009）The acquisition of lexical and grammatical aspect in a developmental lexicon model. *Linguistics: An Interdisciplinary Journal of the Language Sciences* 47: 1075–1112.

[36] Zhao, Xiaowei & Ping Li（2010）Bilingual lexical interactions in an unsupervised neural network model International. *Journal of Bilingual Education and Bilingualism* 13: 505–524.

[37] Zhao, Xiaowei, Ping Li & Teuvo Kohonen（2011）Contextual self-organizing map: Software for constructing semantic representations. *Behavior Research Methods* 43: 77–88.

附录

表1　现代汉语语料库中全句范围内与“看”共现的词语频次与词语共现率统计

编号	共现词	频次	词语共现率
1	，	17864	9.001%
2	的	8333	4.199%
3	我	5737	2.891%
4	。	4594	2.315%
5	了	4013	2.022%
6	一	3681	1.855%
7	是	3204	1.614%
8	不	2514	1.267%
9	到	2466	1.242%

续表

编号	共现词	频次	词语共现率
10	他	2128	1.072%
11	在	2124	1.070%
12	就	2106	1.061%
13	看	2014	1.015%
14	着	1857	0.936%
15	个	1756	0.885%
16	:	1700	0.857%
17	你	1692	0.853%
18	人	1636	0.824%
19	说	1508	0.760%
20	有	1356	0.683%
21	上	1228	0.619%
22	也	1220	0.615%
23	这	1150	0.579%
24	都	1130	0.569%
25	我们	1074	0.541%
26	她	1039	0.523%
27	“	937	0.472%
28	”	870	0.438%
29	来	816	0.411%
30	很	812	0.409%
31	那	812	0.409%
32	里	800	0.403%
33	去	758	0.382%
34	得	733	0.369%
35	这个	722	0.364%
36	?	700	0.353%
37	还	700	0.353%
38	地	675	0.340%
39	和	627	0.316%
40	时候	613	0.309%
41	把	603	0.304%
42	要	587	0.296%
43	多	583	0.294%

续表

编号	共现词	频次	词语共现率
44	想	573	0.289%
45	、	572	0.288%
46	什么	561	0.283%
47	没	560	0.282%
48	给	559	0.282%
49	他们	541	0.273%
50	过	528	0.266%
51	大	517	0.260%
52	能	516	0.260%
53	好	512	0.258%
54	自己	505	0.254%
55	觉得	499	0.251%
56	又	496	0.250%
57	从	485	0.244%
58	走	484	0.244%
59	出	463	0.233%
60	主持	428	0.216%
61	对	422	0.213%
62	会	422	0.213%
63	小	415	0.209%
64	没有	409	0.206%
65	种	386	0.194%
66	家	370	0.186%
67	让	366	0.184%
68	像	358	0.180%
69	知道	358	0.180%
70	两	356	0.179%
71	您	352	0.177%
72	下	346	0.174%
73	因为	327	0.165%
74	跟	326	0.164%
75	怎么	317	0.160%
76	做	307	0.155%
77	大家	295	0.149%

续表

编号	共现词	频次	词语共现率
78	现在	283	0.143%
79	孩子	276	0.139%
80	出来	275	0.139%
81	天	270	0.136%
82	老	266	0.134%
83	呢	265	0.134%
84	这样	263	0.133%
85	吧	262	0.132%
86	头	256	0.129%
87	眼	255	0.128%
88	几	254	0.128%
89	年	252	0.127%
90	它	250	0.126%
91	再	248	0.125%
92	电影	246	0.124%
93	严守一	243	0.122%
94	但是	242	0.122%
95	听	242	0.122%
96	可以	241	0.121%
97	可能	232	0.117%
98	所以	231	0.116%
99	手	229	0.115%
100	只	228	0.115%

表2　现代汉语语料库中与“看”共现距离为+1的词语频次与词语共现率统计

编号	共现词	距离	频次	词语共现率
1	到	1	1024	0.516%
2	着	1	484	0.244%
3	，	1	463	0.233%
4	了	1	358	0.180%
5	不	1	197	0.099%
6	我	1	168	0.085%
7	得	1	126	0.063%
8	。	1	118	0.059%

续表

编号	共现词	距离	频次	词语共现率
9	一	1	110	0.055%
10	他	1	105	0.053%
11	过	1	95	0.048%
12	来	1	80	0.040%
13	你	1	79	0.040%
14	上去	1	74	0.037%
15	的	1	69	0.035%
16	出	1	56	0.028%
17	电影	1	56	0.028%
18	她	1	55	0.028%
19	这	1	49	0.025%
20	电视	1	47	0.024%
21	这个	1	44	0.022%
22	完	1	43	0.022%
23	就	1	42	0.021%
24	出来	1	35	0.018%
25	书	1	33	0.017%
26	一下	1	33	0.017%
27	我们	1	29	0.015%
28	起来	1	28	0.014%
29	看	1	25	0.013%
30	您	1	23	0.012%
31	是	1	23	0.012%
32	他们	1	22	0.011%
33	?	1	20	0.010%
34	清	1	20	0.010%
35	成	1	18	0.009%
36	人	1	17	0.009%
37	上	1	17	0.009%
38	什么	1	16	0.008%
39	那	1	15	0.008%
40	自己	1	15	0.008%
41	都	1	14	0.007%
42	也	1	14	0.007%

续表

编号	共现词	距离	频次	词语共现率
43	严守一	1	13	0.007%
44	:	1	12	0.006%
45	去	1	12	0.006%
46	吧	1	11	0.006%
47	门	1	11	0.006%
48	热闹	1	11	0.006%
49	人家	1	11	0.006%
50	谁	1	11	0.006%

表3　现代汉语语料库中与“看”共现距离为-1的词语频次与词语共现率统计

编号	关键词	距离	频次	词语共现率
1	,	-1	542	0.273%
2	我	-1	401	0.202%
3	一	-1	317	0.160%
4	你	-1	177	0.089%
5	去	-1	165	0.083%
6	来	-1	135	0.068%
7	地	-1	97	0.049%
8	能	-1	90	0.045%
9	他	-1	86	0.043%
10	上	-1	83	0.042%
11	我们	-1	74	0.037%
12	就	-1	72	0.036%
13	也	-1	72	0.036%
14	都	-1	70	0.035%
15	没	-1	68	0.034%
16	不	-1	64	0.032%
17	了	-1	58	0.029%
18	您	-1	57	0.029%
19	可以	-1	56	0.028%
20	是	-1	55	0.028%
21	怎么	-1	50	0.025%

续表

编号	关键词	距离	频次	词语共现率
22	在	–1	48	0.024%
23	大家	–1	46	0.023%
24	人	–1	46	0.023%
25	要	–1	45	0.023%
26	严守一	–1	42	0.021%
27	里	–1	41	0.021%
28	：	–1	40	0.020%
29	又	–1	40	0.020%
30	“	–1	35	0.018%
31	她	–1	35	0.018%
32	没有	–1	30	0.015%
33	看	–1	25	0.013%
34	再	–1	25	0.013%
35	着	–1	25	0.013%
36	他们	–1	24	0.012%
37	喜欢	–1	24	0.012%
38	眼睛	–1	24	0.012%
39	别	–1	22	0.011%
40	头	–1	21	0.011%
41	爱	–1	20	0.010%
42	次	–1	20	0.010%
43	会	–1	18	0.009%
44	眼	–1	18	0.009%
45	说	–1	17	0.009%
46	现在	–1	17	0.009%
47	想	–1	17	0.009%
48	方枪枪	–1	16	0.008%
49	中	–1	16	0.008%
50	回头	–1	15	0.008%

表4　现代汉语语料库中全句范围内与“瞧”共现的词语频次与词语共现率统计

编号	共现词	频次	词语共现率
1	，	146	9.499%
2	的	37	2.407%
3	。	36	2.342%
4	了	33	2.147%
5	我	31	2.017%
6	一	29	1.887%
7	你	29	1.887%
8	不	22	1.431%
9	他	20	1.301%
10	就	18	1.171%
11	在	17	1.106%
12	：	17	1.106%
13	着	16	1.041%
14	“	16	1.041%
15	那	15	0.976%
16	地	15	0.976%
17	上	13	0.846%
18	还	13	0.846%
19	个	13	0.846%
20	这	12	0.781%
21	有	12	0.781%
22	说	12	0.781%
23	里	12	0.781%
24	”	12	0.781%
25	也	11	0.716%
26	她	11	0.716%
27	得	11	0.716%
28	是	10	0.651%
29	！	10	0.651%
30	都	9	0.586%
31	多	8	0.520%
32	又	7	0.455%
33	小	7	0.455%
34	来	7	0.455%

续表

编号	共现词	频次	词语共现率
35	人	6	0.390%
36	去	6	0.390%
37	瞧	6	0.390%
38	和	6	0.390%
39	好	6	0.390%
40	对	6	0.390%
41	吃	6	0.390%
42	把	6	0.390%
43	?	6	0.390%
44	月	5	0.325%
45	要	5	0.325%
46	笑	5	0.325%
47	往	5	0.325%
48	快	5	0.325%
49	哭	5	0.325%
50	出	5	0.325%
51	吧	5	0.325%
52	坐	4	0.260%
53	像	4	0.260%
54	我们	4	0.260%
55	稳	4	0.260%
56	缺	4	0.260%
57	你们	4	0.260%
58	呢	4	0.260%
59	脸	4	0.260%
60	口	4	0.260%
61	傅云祥	4	0.260%
62	倒	4	0.260%
63	大	4	0.260%
64	穿	4	0.260%
65	踩	4	0.260%
66	住	3	0.195%
67	猪	3	0.195%
68	知道	3	0.195%

续表

编号	共现词	频次	词语共现率
69	张	3	0.195%
70	站	3	0.195%
71	样子	3	0.195%
72	眼	3	0.195%
73	丫	3	0.195%
74	闻婧	3	0.195%
75	水	3	0.195%
76	谁	3	0.195%
77	似的	3	0.195%
78	三	3	0.195%
79	您	3	0.195%
80	年	3	0.195%
81	能	3	0.195%
82	摸	3	0.195%
83	没	3	0.195%
84	老	3	0.195%
85	看	3	0.195%
86	景	3	0.195%
87	跟	3	0.195%
88	副	3	0.195%
89	犯	3	0.195%
90	得意	3	0.195%
91	到	3	0.195%
92	当	3	0.195%
93	成	3	0.195%
94	别	3	0.195%
95	帮	3	0.195%
96	啊	3	0.195%
97	……	3	0.195%

表5　现代汉语语料库中与“瞧”共现距离为+1的词语频次与词语共现率统计

编号	共现词	距离	频次	词语共现率
1	，	1	8	0.520%
2	我	1	6	0.390%
3	。	1	4	0.260%
4	那	1	4	0.260%
5	你	1	4	0.260%
6	着	1	4	0.260%
7	不	1	3	0.195%
8	他	1	3	0.195%
9	把	1	2	0.130%
10	瞧	1	2	0.130%
11	丫	1	2	0.130%
12	……	1	1	0.065%
13	吧	1	1	0.065%
14	得	1	1	0.065%
15	的	1	1	0.065%
16	韩村河	1	1	0.065%
17	舅舅	1	1	0.065%
18	你们	1	1	0.065%
19	她	1	1	0.065%
20	我们	1	1	0.065%
21	小	1	1	0.065%
22	一会儿	1	1	0.065%

表6　现代汉语语料库中与“瞧”共现距离为-1的词语频次与词语共现率统计

编号	共现词	距离	频次	词语共现率
1	你	-1	9	0.586%
2	，	-1	7	0.455%
3	“	-1	6	0.390%
4	：	-1	2	0.130%
5	地	-1	2	0.130%
6	来	-1	2	0.130%
7	里	-1	2	0.130%
8	瞧	-1	2	0.130%
9	边	-1	1	0.065%
10	都	-1	1	0.065%
11	好好	-1	1	0.065%
12	回头	-1	1	0.065%
13	就	-1	1	0.065%
14	们	-1	1	0.065%
15	你们	-1	1	0.065%
16	您	-1	1	0.065%
17	起来	-1	1	0.065%
18	全	-1	1	0.065%
19	是	-1	1	0.065%
20	偷偷	-1	1	0.065%
21	未必	-1	1	0.065%
22	我	-1	1	0.065%
23	一	-1	1	0.065%
24	这么	-1	1	0.065%
25	着	-1	1	0.065%

表7　中介语语料库中全句范围内与“看”共现的词语频次与词语共现率统计

编号	共现词	频次	词语共现率
1	，	2074	6.628%
2	的	1831	5.851%
3	。	1374	4.391%
4	我	1156	3.694%
5	了	515	1.646%
6	一	499	1.595%
7	到	432	1.381%
8	不	406	1.297%
9	在	400	1.278%
10	他	395	1.262%
11	很	391	1.249%
12	个	341	1.090%
13	是	324	1.035%
14	人	298	0.952%
15	我们	289	0.924%
16	去	276	0.882%
17	看	262	0.837%
18	.	244	0.780%
19	就	238	0.761%
20	有	214	0.684%
21	她	213	0.681%
22	也	202	0.646%
23	着	193	0.617%
24	这	181	0.578%
25	都	178	0.569%
26	中国	178	0.569%
27	过	174	0.556%
28	上	172	0.550%
29	多	167	0.534%
30	时候	163	0.521%

续表

编号	共现词	频次	词语共现率
31	、	150	0.479%
32	他们	142	0.454%
33	书	140	0.447%
34	想	135	0.431%
35	那	131	0.419%
36	和	129	0.412%
37	说	128	0.409%
38	“	121	0.387%
39	得	120	0.383%
40	地	120	0.383%
41	”	118	0.377%
42	电视	117	0.374%
43	天	117	0.374%
44	你	114	0.364%
45	来	112	0.358%
46	所以	110	0.352%
47	跟	106	0.339%
48	起来	105	0.336%
49	能	104	0.332%
50	电影	103	0.329%
51	没	99	0.316%
52	要	96	0.307%
53	朋友	95	0.304%
54	从	90	0.288%
55	什么	89	0.284%
56	还	86	0.275%
57	以后	84	0.268%
58	因为	84	0.268%
59	可以	83	0.265%
60	里	83	0.265%

续表

编号	共现词	频次	词语共现率
61	喜欢	82	0.262%
62	但是	81	0.259%
63	好	80	0.256%
64	次	76	0.243%
65	没有	76	0.243%
66	自己	76	0.243%
67	大	70	0.224%
68	听	70	0.224%
69	一起	69	0.220%
70	又	67	0.214%
71	东西	63	0.201%
72	每	63	0.201%
73	吃	61	0.195%
74	觉得	59	0.189%
75	把	56	0.179%
76	地方	56	0.179%
77	完	55	0.176%
78	对	54	0.173%
79	们	54	0.173%
80	见	53	0.169%
81	生活	53	0.169%
82	一边	53	0.169%
83	它	51	0.163%
84	有的	51	0.163%
85	第	50	0.160%
86	一样	50	0.160%
87	知道	50	0.160%
88	可是	49	0.157%
89	北京	48	0.153%
90	常常	48	0.153%

续表

编号	共现词	频次	词语共现率
91	只	48	0.153%
92	坐	48	0.153%
93	晚上	47	0.150%
94	！	44	0.141%
95	孩子	44	0.141%
96	：	43	0.137%
97	别的	43	0.137%
98	家	43	0.137%
99	样子	43	0.137%

表8 中介语语料库中与“看”共现距离为+1的词语频次与词语共现率统计

编号	共现词	距离	频次	词语共现率
1	到	1	259	0.828%
2	了	1	111	0.355%
3	过	1	107	0.342%
4	电视	1	71	0.227%
5	书	1	70	0.224%
6	我	1	70	0.224%
7	，	1	69	0.220%
8	着	1	65	0.208%
9	起来	1	63	0.201%
10	不	1	57	0.182%
11	电影	1	45	0.144%
12	他	1	45	0.144%
13	得	1	38	0.121%
14	这	1	34	0.109%
15	她	1	29	0.093%
16	的	1	27	0.086%
17	完	1	27	0.086%
18	我们	1	27	0.086%

续表

编号	共现词	距离	频次	词语共现率
19	一	1	27	0.086%
20	中国	1	25	0.080%
21	他们	1	23	0.073%
22	朋友	1	17	0.054%
23	很	1	15	0.048%
24	。	1	13	0.042%
25	那	1	13	0.042%
26	就	1	12	0.038%
27	出	1	11	0.035%
28	你	1	11	0.035%
29	出来	1	10	0.032%
30	它	1	10	0.032%
31	样子	1	10	0.032%
32	成	1	9	0.029%
33	长城	1	9	0.029%
34	报纸	1	8	0.026%
35	自己	1	8	0.026%
36	懂	1	7	0.022%
37	风景	1	7	0.022%
38	孩子	1	7	0.022%
39	小说	1	7	0.022%
40	别的	1	6	0.019%
41	别人	1	6	0.019%
42	广告	1	6	0.019%
43	日出	1	6	0.019%
44	什么	1	6	0.019%
45	在	1	6	0.019%
46	后边	1	5	0.016%
47	话剧	1	5	0.016%
48	作为	1	5	0.016%

表9 各水平中介语语料库中与“看”共现距离为+1的词语频次与词语共现率统计

编号	水平1			水平2			水平3			水平4		
	共现词	频次	词语共现率	共现词	频次	词语共现率	共现词	频次	词语共现率	共现词	频次	词语共现率
1	了	35	0.534%	到	106	0.922%	到	100	0.935%	到	25	0.981%
2	电视	34	0.519%	过	49	0.426%	过	31	0.290%	电视	15	0.588%
3	书	30	0.458%	了	44	0.383%	着	30	0.280%	了	9	0.353%
4	到	28	0.427%	起来	34	0.296%	，	25	0.234%	，	8	0.314%
5	电影	27	0.412%	我	34	0.296%	了	23	0.215%	书	7	0.275%
6	过	23	0.351%	不	26	0.226%	我	20	0.187%	起来	6	0.235%
7	，	15	0.229%	书	24	0.209%	不	19	0.178%	不	5	0.196%
8	他	14	0.214%	，	21	0.183%	起来	19	0.178%	出	4	0.157%
9	我	14	0.214%	着	20	0.174%	他	18	0.168%	得	4	0.157%
10	着	12	0.183%	这	19	0.165%	得	16	0.150%	过	4	0.157%
11	中国	12	0.183%	她	14	0.122%	电视	15	0.140%	完	3	0.118%
12	朋友	11	0.168%	的	13	0.113%	我们	12	0.112%	着	3	0.118%
13	一	9	0.137%	他	13	0.113%	她	10	0.093%	、	2	0.078%
14	的	8	0.122%	完	13	0.113%	这	10	0.093%	日出	2	0.078%
15	不	7	0.107%	他们	12	0.104%	书	9	0.084%	什么	2	0.078%
16	得	7	0.107%	我们	12	0.104%	完	8	0.075%	他们	2	0.078%
17	孩子	5	0.076%	得	11	0.096%	电影	7	0.065%	它	2	0.078%
18	这	5	0.076%	电影	11	0.096%	报纸	6	0.056%	她	2	0.078%
19	。	4	0.061%	一	11	0.096%	成	6	0.056%	我	2	0.078%
20	很	4	0.061%	很	8	0.070%	广告	6	0.056%	象	2	0.078%
21	那	4	0.061%	中国	8	0.070%	就	6	0.056%	自己	2	0.078%
22	起来	4	0.061%	电视	7	0.061%	它	6	0.056%	—	—	—
23	他们	4	0.061%	出来	6	0.052%	一	6	0.056%	—	—	—
24	小说	4	0.061%	—	—	—	—	—	—	—	—	—

表10 各水平中介语语料库中与“看”共现距离为-1的词语频次与词语共现率统计

编号	水平1			水平2			水平3			水平4		
	共现词	频次	词语共现率	共现词	频次	词语共现率	共现词	频次	词语共现率	共现词	频次	词语共现率
1	我	43	0.656%	我	67	0.583%	我	60	0.561%	我	12	0.471%
2	去	36	0.550%	去	48	0.418%	，	43	0.402%	，	10	0.392%
3	，	34	0.519%	，	32	0.278%	一	31	0.290%	能	10	0.392%
4	一	20	0.305%	一	28	0.244%	去	27	0.252%	没	5	0.196%
5	喜欢	17	0.260%	可以	21	0.183%	能	20	0.187%	地	4	0.157%
6	可以	13	0.198%	能	17	0.148%	没	14	0.131%	来	4	0.157%
7	他	13	0.198%	喜欢	17	0.148%	可以	13	0.122%	他	4	0.157%
8	我们	12	0.183%	来	16	0.139%	我们	12	0.112%	我们	4	0.157%
9	常常	11	0.168%	他	16	0.139%	来	11	0.103%	也	4	0.157%
10	没	11	0.168%	地	15	0.131%	着	10	0.093%	一	4	0.157%
11	一边	10	0.153%	我们	14	0.122%	地	9	0.084%	不	3	0.118%
12	你	8	0.122%	也	14	0.122%	就	9	0.084%	都	3	0.118%
13	来	6	0.092%	没	11	0.096%	上	7	0.065%	去	3	0.118%
14	能	6	0.092%	你	11	0.096%	是	7	0.065%	一边	3	0.118%
15	是	5	0.076%	次	9	0.078%	喜欢	7	0.065%	只	3	0.118%
16	她	5	0.076%	想	9	0.078%	也	7	0.065%	别人	2	0.078%
17	要	5	0.076%	都	8	0.070%	别人	6	0.056%	窗	2	0.078%
18	也	5	0.076%	要	8	0.070%	不	6	0.056%	次	2	0.078%
19	一起	5	0.076%	她	7	0.061%	回头	6	0.056%	近	2	0.078%
20	着	5	0.076%	人	6	0.052%	他	6	0.056%	可以	2	0.078%
21	爱	4	0.061%	是	6	0.052%	常常	5	0.047%	里	2	0.078%
22	地	4	0.061%	里	5	0.044%	次	5	0.047%	你	2	0.078%
23	电影院	4	0.061%	着	5	0.044%	都	5	0.047%	上	2	0.078%
24	都	4	0.061%	注意	5	0.044%	里	5	0.047%	喜欢	2	0.078%
25	多	4	0.061%	经常	4	0.035%	你	5	0.047%	要	2	0.078%
26	或者	4	0.061%	没有	4	0.035%	它	5	0.047%	再	2	0.078%
27	家	4	0.061%	晚上	4	0.035%	下	5	0.047%	着	2	0.078%
28	先生	4	0.061%	一边	4	0.035%	想	5	0.047%	—	—	—
29	—	—	—	一直	4	0.035%	又	5	0.047%	—	—	—
30	—	—	—	在	4	0.035%	在	5	0.047%	—	—	—

表11　现代汉语语料库中全句范围内与“看”共现的较高频词的语义分大类情况（以大类代码为序）

大类代码	大类名称	频次	百分比
A	人	21838	12.99%
B	物	6676	3.97%
C	时间与空间	8127	4.83%
D	抽象事物	16950	10.08%
E	特征	8934	5.31%
F	动作	5754	3.42%
G	心理活动	5161	3.07%
H	活动	10849	6.45%
I	现象与状态	2805	1.67%
J	关联	9146	5.44%
K	助语	43017	25.58%
L	敬语	19	0.01%
—	标点	28477	16.93%
—	符号	137	0.08%
—	空格	19	0.01%
—	数字	261	0.16%

表12　现代汉语语料库中全句范围内与“看”共现的较高频词的语义分中类情况（以频次为序）

中类代码	中类名称	频次	百分比
—	标点	28477	16.93%
Ka	助语/疏状	18077	10.75%
Aa	人/泛称	16138	9.60%
Kd	助语/辅助	15163	9.02%
Dn	抽象事物/数量和单位	9672	5.75%
Ed	特征/性质	5280	3.14%
Kb	助语/中介	4943	2.94%
Kc	助语/联接	4601	2.74%
Cb	时空/空间	4501	2.68%
Hj	活动/生活	4437	2.64%
Ca	时空/时间	3626	2.16%
Hi	活动/社交	3273	1.95%

续表

中类代码	中类名称	频次	百分比
Ja	关联/联系	3247	1.93%
Gb	心理活动/心理活动	3097	1.84%
Fc	动作/头部动作	3015	1.79%
Je	关联/影响	2704	1.61%
Ao	人/专名	2571	1.53%
Dk	抽象事物/文教	2166	1.29%
Eb	特征/表象	2106	1.25%
Jd	关联/存在	2029	1.21%
Bk	物/全身	1878	1.12%
Gc	心理活动/能愿	1569	0.93%
Di	抽象事物/社会政法	1519	0.90%
Fa	动作/上肢动作	1471	0.87%
Da	抽象事物/事情情况	1210	0.72%
Ba	物/统称	1118	0.66%
Hf	活动/交通运输	1089	0.65%
Ea	特征/外形	1052	0.63%
Fb	动作/下肢动作	1052	0.63%
Ah	人/亲人眷属	1001	0.60%
Jb	关联/异同	966	0.57%
Ab	人/男女老少	896	0.53%
Bn	物/建筑物	822	0.49%
Hc	活动/行政管理	727	0.43%
Id	现象状态/物体状态	640	0.38%
Hg	活动/教卫科研	623	0.37%
Bp	物/用品	562	0.33%
Df	抽象事物/意识	559	0.33%
Ae	人/职业	554	0.33%
Ih	现象状态/变化	528	0.31%
Dc	抽象事物/外貌	504	0.30%
Ga	心理活动/心理状态	495	0.29%
Ig	现象状态/始末	470	0.28%
Bo	物/机具	428	0.25%
Dm	抽象事物/机构	407	0.24%
Aj	人/关系	385	0.23%
Ic	现象状态/表情	369	0.22%
Ib	现象状态/生理现象	349	0.21%
Bg	物/自然物	334	0.20%
Dd	抽象事物/性能	310	0.18%
Db	抽象事物/事理	297	0.18%
Bi	物/动物	267	0.16%

续表

中类代码	中类名称	频次	百分比
—	数字	261	0.16%
Ie	现象状态/事态	245	0.15%
Ec	特征/颜色味道	241	0.14%
Dj	抽象事物/经济	239	0.14%
Hh	活动/文体活动	233	0.14%
He	活动/经济活动	220	0.13%
Fd	动作/全身动作	216	0.13%
Jc	关联/配合	200	0.12%
Bq	物/衣物	196	0.12%
Bh	物/植物	176	0.10%
Af	人/身份	171	0.10%
Br	物/食品药品毒品	152	0.09%
Ia	现象状态/自然现象	145	0.09%
Bm	物/材料	140	0.08%
Ee	特征/德才	138	0.08%
—	符号	137	0.08%
Bc	物/物体的部分	135	0.08%
Be	物/地貌	133	0.08%
Bl	物/排泄分泌物	119	0.07%
Ef	特征/境况	117	0.07%
Kg	助语/词缀	113	0.07%
Hn	活动/恶行	112	0.07%
Ke	助语/呼叹	109	0.06%
Bf	物/气象	89	0.05%
Al	人/才识	85	0.05%
Bb	物/拟状物	79	0.05%
Hd	活动/生产	79	0.05%
If	现象状态/境遇	59	0.04%
Bd	物/天体	48	0.03%
Dl	抽象事物/疾病	40	0.02%
Hb	活动/军事活动	35	0.02%
De	抽象事物/性格才能	27	0.02%
Hm	活动/公安司法	21	0.01%
Ac	人/体态	19	0.01%
La	敬语/敬语	19	0.01%
—	空格	19	0.01%
Ag	人/状况	18	0.01%
Kf	助语/拟声	11	0.01%
Ad	人/籍属	0	0.00%
Ai	人/辈次	0	0.00%

续表

中类代码	中类名称	频次	百分比
Ak	人/品性	0	0.00%
Am	人/信仰	0	0.00%
An	人/丑类	0	0.00%
Bj	物/微生物	0	0.00%
Dg	抽象事物/比喻物	0	0.00%
Dh	抽象事物/臆想物	0	0.00%
Ha	活动/政治活动	0	0.00%
Hk	活动/宗教活动	0	0.00%
Hl	活动/迷信活动	0	0.00%

表13　现代汉语语料库和中介语语料库中全句范围内与“看”共现的较高频词的语义分中类情况对比（以χ^2值由高至低为序）

中类代码	中类名称	中介语		现汉		中介语使用过度或不足	χ^2值
		频次	百分比	频次	百分比		
Ao	人/专名	27	0.10%	2571	1.53%	不足	354.28
Dk	抽象事物/文教	711	2.68%	2166	1.29%	过度	305.35
Di	抽象事物/社会政法	465	1.75%	1519	0.90%	过度	164.16
Be	物/地貌	88	0.33%	133	0.08%	过度	129.06
Bk	物/全身	99	0.37%	1878	1.12%	不足	125.95
Hc	活动/行政管理	0	0.00%	727	0.43%	不足	115.07
Ig	现象状态/始末	180	0.68%	470	0.28%	过度	109.75
Hi	活动/社交	275	1.04%	3273	1.95%	不足	105.85
Fa	动作/上肢动作	81	0.31%	1471	0.87%	不足	93.87
Eb	特征/表象	517	1.95%	2106	1.25%	过度	83.78
Kd	助语/辅助	2816	10.62%	15163	9.02%	过度	70.17
Id	现象状态/物体状态	17	0.06%	640	0.38%	不足	68.21
Hf	活动/交通运输	67	0.25%	1089	0.65%	不足	60.52
Dn	抽象事物/数量和单位	1215	4.58%	9672	5.75%	不足	59.37
Ca	时空/时间	772	2.91%	3626	2.16%	过度	59.13
Ja	关联/联系	346	1.30%	3247	1.93%	不足	49.56
Aa	人/泛称	2876	10.85%	16138	9.60%	过度	40.54
Gc	心理活动/能愿	349	1.32%	1569	0.93%	过度	34.46
—	数字	0	0.00%	19	0.01%	不足	31.21

续表

中类代码	中类名称	中介语		现汉		中介语使用过度或不足	χ^2值
		频次	百分比	频次	百分比		
Aj	人/关系	109	0.41%	385	0.23%	过度	30.01
Ib	现象状态/生理现象	15	0.06%	349	0.21%	不足	27.97
Af	人/身份	0	0.00%	171	0.10%	不足	26.99
Df	抽象事物/意识	41	0.15%	559	0.33%	不足	23.57
Bm	物/材料	0	0.00%	140	0.08%	不足	22.09
—	符号	0	0.00%	137	0.08%	不足	21.62
Bc	物/物体的部分	0	0.00%	135	0.08%	不足	21.30
Ab	人/男女老少	85	0.32%	896	0.53%	不足	20.59
Jc	关联/配合	6	0.02%	200	0.12%	不足	20.10
Bp	物/用品	45	0.17%	562	0.33%	不足	19.94
Bg	物/自然物	20	0.08%	334	0.20%	不足	19.15
Bl	物/排泄分泌物	0	0.00%	119	0.07%	不足	18.78
Kg	助语/词缀	0	0.00%	113	0.07%	不足	17.83
Hn	活动/恶行	0	0.00%	112	0.07%	不足	17.67
Ie	现象状态/事态	12	0.05%	245	0.15%	不足	17.53
Ke	助语/呼叹	0	0.00%	109	0.06%	不足	17.20
Db	抽象事物/事理	18	0.07%	297	0.18%	不足	16.77
Dj	抽象事物/经济	14	0.05%	239	0.14%	不足	14.08
Bb	物/拟状物	0	0.00%	79	0.05%	不足	12.46
Fd	动作/全身动作	13	0.05%	216	0.13%	不足	12.30
Gb	心理活动/心理活动	569	2.15%	3097	1.84%	过度	11.46
La	敬语/敬语	10	0.04%	19	0.01%	过度	10.73
Ee	特征/德才	39	0.15%	138	0.08%	过度	10.66
Je	关联/影响	497	1.87%	2704	1.61%	过度	10.04
If	现象状态/境遇	0	0.00%	59	0.04%	不足	9.31
Ah	人/亲人眷属	197	0.74%	1001	0.60%	过度	8.16
Ec	特征/颜色味道	20	0.08%	241	0.14%	不足	7.89
Kc	助语/联接	805	3.04%	4601	2.74%	过度	7.62
Dd	抽象事物/性能	29	0.11%	310	0.18%	不足	7.41

续表

中类代码	中类名称	中介语		现汉		中介语使用过度或不足	χ^2值
		频次	百分比	频次	百分比		
Hh	活动/文体活动	55	0.21%	233	0.14%	过度	7.35
Dm	抽象事物/机构	88	0.33%	407	0.24%	过度	7.29
Bi	物/动物	24	0.09%	267	0.16%	不足	7.15
Ia	现象状态/自然现象	10	0.04%	145	0.09%	不足	6.78
Ih	现象状态/变化	59	0.22%	528	0.31%	不足	6.38
Ic	现象状态/表情	38	0.14%	369	0.22%	不足	6.36
Dl	抽象事物/疾病	0	0.00%	40	0.02%	不足	6.31
—	标点	5	0.02%	261	0.16%	不足	5.92
Hb	活动/军事活动	0	0.00%	35	0.02%	不足	5.52
Al	人/才识	5	0.02%	85	0.05%	不足	4.98
Dc	抽象事物/外貌	101	0.38%	504	0.30%	过度	4.87
Hj	活动/生活	761	2.87%	4437	2.64%	过度	4.71
Ed	特征/性质	768	2.90%	5280	3.14%	不足	4.52
De	抽象事物/性格才能	0	0.00%	27	0.02%	不足	4.26
Ba	物/统称	206	0.78%	1118	0.66%	过度	4.25
Hd	活动/生产	5	0.02%	79	0.05%	不足	4.20
Ea	特征/外形	140	0.53%	1052	0.63%	不足	3.59
Hm	活动/公安司法	0	0.00%	21	0.01%	不足	3.31
—	空格	4331	16.33%	28477	16.93%	不足	3.00
Ac	人/体态	0	0.00%	19	0.01%	不足	3.00
Ag	人/状况	0	0.00%	18	0.01%	不足	2.84
Kb	助语/中介	829	3.13%	4943	2.94%	过度	2.78
Fc	动作/头部动作	513	1.93%	3015	1.79%	过度	2.58
Ka	助语/疏状	2938	11.08%	18077	10.75%	过度	2.58
Bh	物/植物	37	0.14%	176	0.10%	过度	2.55
Bn	物/建筑物	148	0.56%	822	0.49%	过度	2.22
Bf	物/气象	20	0.08%	89	0.05%	过度	2.07
Kf	助语/拟声	0	0.00%	11	0.01%	不足	1.73
Jd	关联/存在	296	1.12%	2029	1.21%	不足	1.58

续表

中类代码	中类名称	中介语		现汉		中介语使用过度或不足	χ^2值
		频次	百分比	频次	百分比		
Ga	心理活动/心理状态	90	0.34%	495	0.29%	过度	1.55
Bq	物/衣物	24	0.09%	196	0.12%	不足	1.38
Fb	动作/下肢动作	182	0.69%	1052	0.63%	过度	1.34
Bd	物/天体	11	0.04%	48	0.03%	过度	1.27
Da	抽象事物/事情情况	175	0.66%	1210	0.72%	不足	1.15
Cb	时空/空间	739	2.79%	4501	2.68%	过度	1.06
Ae	人/职业	80	0.30%	554	0.33%	不足	0.54
He	活动/经济活动	39	0.15%	220	0.13%	过度	0.45
Jb	关联/异同	145	0.55%	966	0.57%	不足	0.31
Br	物/食品药品毒品	26	0.10%	152	0.09%	过度	0.15
Ef	特征/境况	19	0.07%	117	0.07%	相当	0.01
Hg	活动/教卫科研	99	0.37%	623	0.37%	相当	0.01
Bo	物/机具	68	0.26%	428	0.25%	过度	0.00
Ad	人/籍属	0	0.00%	0	0.00%	相当	无
Ai	人/辈次	0	0.00%	0	0.00%	相当	无
Ak	人/品性	0	0.00%	0	0.00%	相当	无
Am	人/信仰	0	0.00%	0	0.00%	相当	无
An	人/丑类	0	0.00%	0	0.00%	相当	无
Bj	物/微生物	0	0.00%	0	0.00%	相当	无
Dg	抽象事物/比喻物	0	0.00%	0	0.00%	相当	无
Dh	抽象事物/臆想物	0	0.00%	0	0.00%	相当	无
Ha	活动/政治活动	0	0.00%	0	0.00%	相当	无
Hk	活动/宗教活动	0	0.00%	0	0.00%	相当	无
Hl	活动/迷信活动	0	0.00%	0	0.00%	相当	无
—	总计	26519	100.00%	168170	100.00%	—	—

表14 中介语水平1中全句范围内与“看”共现的较高频词语义分大类情况对比（以χ^2值由高至低为序）

大类代码	大类名称	中介语		现汉		中介语使用过度或不足	χ^2值
		频次	百分比	频次	百分比		
J	关联	163	3.01%	9146	5.44%	不足	61.19
D	抽象事物	687	12.67%	16950	10.08%	过度	38.71
I	现象与状态	31	0.57%	2805	1.67%	不足	39.26
C	时间与空间	337	6.22%	8127	4.83%	过度	21.69
L	敬语	3	0.06%	19	0.01%	过度	8.04
B	物	174	3.21%	6676	3.97%	不足	8.00
E	特征	258	4.76%	8934	5.31%	不足	3.21
—	标点	966	17.82%	28477	16.93%	过度	2.93
H	活动	328	6.05%	10849	6.45%	不足	1.40
—	数字	5	0.09%	261	0.16%	不足	1.36
A	人	726	13.39%	21838	12.99%	过度	0.77
G	心理活动	174	3.21%	5161	3.07%	过度	0.35
F	动作	193	3.56%	5754	3.42%	过度	0.31
K	助语	1376	25.38%	43017	25.58%	不足	0.11
—	符号	—	—	137	0.08%	—	—
—	空格	—	—	19	0.01%	—	—
—	总计	5421	100.00%	168170	100.00%	—	—

表15　中介语水平2中全句范围内与"看"共现的较高频词语义分大类情况对比（以χ^2值由高至低为序）

大类代码	大类名称	中介语		现汉		中介语使用过度或不足	χ^2值
		频次	百分比	频次	百分比		
H	活动	454	4.67%	10849	6.45%	不足	48.98
B	物	253	2.60%	6676	3.97%	不足	45.89
F	动作	214	2.20%	5754	3.42%	不足	42.19
K	助语	2750	28.29%	43017	25.58%	过度	35.31
G	心理活动	391	4.02%	5161	3.07%	过度	27.62
L	敬语	6	0.06%	19	0.01%	过度	16.63
C	时间与空间	557	5.73%	8127	4.83%	过度	15.93
—	数字	0	0.00%	261	0.16%	不足	15.11
I	现象与状态	125	1.29%	2805	1.67%	不足	8.28
A	人	1343	13.82%	21838	12.99%	过度	5.58
J	关联	479	4.93%	9146	5.44%	不足	4.69
—	标点	1586	16.32%	28477	16.93%	不足	2.50
E	特征	551	5.67%	8934	5.31%	过度	2.30
D	抽象事物	1006	10.35%	16950	10.08%	过度	0.74
—	符号	6	0.06%	137	0.08%	—	—
—	空格	—	—	19	0.01%	—	—
—	总计	9721	100.00%	168170	100.00%	—	—

表16　中介语水平3中全句范围内与“看”共现的较高频词语义分大类情况对比（以χ^2值由高至低为序）

大类代码	大类名称	中介语		现汉		中介语使用过度或不足	χ^2值
		频次	百分比	频次	百分比		
H	活动	382	4.31%	10849	6.45%	不足	64.74
K	助语	2593	29.28%	43017	25.58%	过度	60.12
—	数字	0	0.00%	261	0.16%	不足	13.77
G	心理活动	329	3.71%	5161	3.07%	过度	11.67
C	时间与空间	477	5.39%	8127	4.83%	过度	5.56
—	标点	1417	16.00%	28477	16.93%	不足	5.24
A	人	1083	12.23%	21838	12.99%	不足	4.29
I	现象与状态	124	1.40%	2805	1.67%	不足	3.71
L	敬语	3	0.03%	19	0.01%	过度	3.45
D	抽象事物	862	9.73%	16950	10.08%	不足	1.12
B	物	333	3.76%	6676	3.97%	不足	0.98
F	动作	287	3.24%	5754	3.42%	不足	0.84
J	关联	497	5.61%	9146	5.44%	过度	0.49
E	特征	470	5.31%	8934	5.31%	相当	0.00
—	符号	—	—	137	0.08%	—	—
—	空格	—	—	19	0.01%	—	—
—	总计	8857	100.00%	168170	100.00%	—	—

表17　中介语水平4中全句范围内与“看”共现的较高频词语义分大类情况对比（以χ^2值由高至低为序）

大类代码	大类名称	中介语		现汉		中介语使用过度或不足	χ^2值
		频次	百分比	频次	百分比		
H	活动	74	3.64%	10849	6.45%	不足	26.43
A	人	213	10.48%	21838	12.99%	不足	11.21
D	抽象事物	249	12.25%	16950	10.08%	过度	10.40
K	助语	577	28.38%	43017	25.58%	过度	8.28
J	关联	140	6.89%	9146	5.44%	过度	8.16
F	动作	54	2.66%	5754	3.42%	不足	3.57
	数字	0	0.00%	261	0.16%	不足	3.16
B	物	66	3.25%	6676	3.97%	不足	2.76
I	现象与状态	29	1.43%	2805	1.67%	不足	0.72
G	心理活动	68	3.34%	5161	3.07%	过度	0.51
E	特征	115	5.66%	8934	5.31%	过度	0.47
L	敬语	0	0.00%	19	0.01%	不足	0.23
C	时间与空间	101	4.97%	8127	4.83%	过度	0.08
—	标点	347	17.07%	28477	16.93%	过度	0.03
—	符号	—	—	137	0.08%	—	—
—	空格	—	—	19	0.01%	—	—
—	总计	2033	100.00%	168170	100.00%	—	—